Les figures de l'ombre

MARGOT LEE SHETTERLY

Les figures de l'ombre

Le rêve américain et l'histoire inédite des mathématiciennes noires qui ont aidé les États-Unis à remporter la course spatiale

Traduit de l'anglais (États-Unis) par
JOHAN FREDERIK HEL GUEDJ

Harper
Collins
POCHE

Titre original :
HIDDEN FIGURES

Ce livre est publié avec l'aimable autorisation de HarperCollins Publishers, LLC, New York, U.S.A.

HARPERCOLLINS FRANCE

83-85, boulevard Vincent-Auriol, 75646 PARIS CEDEX 13
Tél. : 01 42 16 63 63

www.harpercollins.fr

ISBN 979-1-0339-0201-0

A mes parents,
Margaret G. Lee et Robert B. Lee III,
et à toutes les femmes de la NACA et de la NASA
auxquelles nous sommes tant redevables

Table des matières

Un mot de l'auteur

« Nègres ». « De couleur ». « Les filles ». Dans *Les figures de l'ombre*, les mots choisis froisseront peut-être les oreilles contemporaines de certains lecteurs, mais j'ai fait tout mon possible pour rester fidèle à la période, et aux voix des individualités incarnées dans ce récit.

Prologue

« Mme Land travaillait en tant que calculatrice humaine à Langley », m'a dit mon père en prenant à droite à la sortie du parking de la Première Eglise baptiste de Hampton, en Virginie.

Mon mari et moi rendions visite à mes parents, juste après Noël, en 2010, et nous profitions de ces quelques journées loin de notre quotidien et d'une vie presque exclusivement consacrée au travail qui nous occupaient à plein temps, au Mexique. Ils nous ont emmenés un peu partout en ville dans leur minivan vert bouteille vieux de vingt ans, mon père au volant, ma mère à côté de lui, et Aran, mon mari, et moi, à l'arrière, ceintures attachées comme si nous étions frère et sœur. Mon père, toujours aussi sociable, nous gratifiait de ses commentaires ininterrompus, enchaînant sans transition les nouvelles au sujet d'amis et de voisins que nous croisions en ville, les prévisions météo et des réflexions compliquées sur les éléments de science physique qui sous-tendaient ses dernières recherches de doctorant de soixante-six ans, à l'université de Hampton. Cela lui plaisait de balader mon mari, né et élevé dans le Maine, dans notre trou perdu, tout en me rafraîchissant la mémoire sur la vie et l'histoire locales.

Pendant ce séjour chez mes parents, j'ai passé plusieurs après-midi avec ma mère ; nous allions voir des films au cinéma du quartier, pendant qu'Aran suivait mon père et ses amis aux matchs de football de l'université d'Etat de Norfolk. Nous nous sommes gavés de sandwichs au poisson pané dans des bars miteux derrière les plages de Buckroe Beach, nous avons visité les salles de la collection d'art amérindien du musée de l'université et traîné chez les antiquaires du coin.

A l'époque où j'étais encore une jeune fille inexpérimentée de dix-huit ans sur le point de partir pour l'université, je considérais ma ville natale comme un simple tremplin vers une autre existence, vers d'autres lieux plus ouverts sur le monde : c'était un de ces endroits d'où l'on n'a rien de plus pressé que de s'en aller, pas de ceux où l'on reste. Mais malgré les années et les kilomètres qui me séparaient de chez moi, rien n'a jamais pu atténuer l'emprise de cette ville sur mon identité, et plus j'explorais le monde, plus je découvrais de gens, plus mon sentiment d'appartenance à Hampton revêtait de sens à mes yeux.

Ce jour-là, après l'église, nous avons passé un long moment à échanger des nouvelles avec l'impressionnante Mme Land, qui avait été l'une de mes éducatrices préférées, à l'école du dimanche. A quatre-vingt-dix ans bien sonnés, Kathleen Land, mathématicienne retraitée de la NASA, était encore autonome et ne manquait jamais les cérémonies religieuses dominicales. Après quoi nous lui avons fait nos adieux et nous nous sommes entassés dans le minivan, pour nous rendre à un brunch familial. « Beaucoup de femmes par ici, des noires et des blanches, travaillaient comme calculatrices humaines », a rappelé mon père en jetant un rapide coup d'œil à Aran dans le rétroviseur, mais en s'adressant à nous deux. « Kathryn Peddrew, Ophelia Taylor, Sue Wilder, continua-t-il, en citant quelques autres noms supplémentaires. Et Katherine Johnson, qui a calculé les fenêtres de lancement des premiers astronautes. »

Ce récit réveillait des souvenirs vieux de plusieurs décennies, et notamment celui d'une précieuse journée sans école que j'avais passée au bureau de mon père, au centre de recherches de l'Agence nationale de l'aéronautique et de l'espace, la NASA, à Langley. Nous nous y étions rendus avec la Pontiac, un modèle des années 1970 ; je m'étais ruée dans la voiture pour pouvoir être à l'avant tandis que mon frère, Ben, et ma sœur, Laurence, grimpaient à l'arrière. Pour ces vingt minutes de trajet depuis la maison familiale, nous avons franchi sans ralentir le Virgil I. Grissom Bridge*, au bout de Mercury Boulevard, avant de nous engager sur la route d'accès menant au portail d'entrée. Papa tendit son badge, et nous avançâmes au pas à travers un campus quadrillé de rues parallèles parfaitement rectilignes, bordées de bâtiments anonymes de deux étages en brique rouge. Seul le complexe géant de la soufflerie hypersonique — une sphère annelée gris métallisé longue de trente mètres surplombant quatre globes de métal lisse, de vingt mètres de diamètre chacun — offrait une preuve visible du travail remarquable qui s'accomplissait sur un site par ailleurs d'allure très ordinaire.

Le bâtiment 1236, destination quotidienne de mon père, abritait un ensemble labyrinthique de box du gris le plus officiel, où flottaient ces odeurs propres aux adultes, celles du café et de la fumée de cigarette refroidie. Ses collègues ingénieurs, avec leurs tenues fripées et leurs allures distraites, m'évoquaient des oiseaux exotiques égarés dans une réserve naturelle. A nous, les gosses, ils nous distribuaient des feuilles de papier informatique perforé pour impression continue au format 28 × 35, portant imprimées sur une face des rangées de chiffres énigmatiques, le côté resté vierge devenant le support de nos chefs-d'œuvre dessinés au pastel. La quasi-totalité des box étaient occupés par des femmes ; elles répondaient au téléphone, assises devant des machines à écrire, tout en inscrivant des signes hiéroglyphiques sur des diapositives transparentes, et s'entretenaient avec mon père et d'autres messieurs du service à propos des piles de documents qui encombraient leurs bureaux. Le fait que nombre d'entre elles soient afro-américaines, et souvent du même âge que ma grand-mère, me paraissait tout à fait normal : du temps de ma jeunesse à Hampton, le visage de la science était forcément aussi foncé de peau que le mien.

Mon père avait intégré Langley en 1964 en tant qu'étu-

* Virgil Grissom est l'un des trois astronautes décédés dans l'incendie au sol de la capsule Apollo I, en 1967. (NdT)

diant stagiaire et, à son départ à la retraite, en 2004, il était devenu un climatologue de réputation internationale. Cinq des sept frères et sœurs de mon père ont accédé au statut d'ingénieurs ou de technologues, et certains de ses meilleurs amis — David Woods, Elijah Kent, Weldon Staton — ont mené de brillantes carrières d'ingénieurs à Langley. Notre voisin enseignait la physique à l'université de Hampton. Notre église regorgeait de mathématiciens. Des expertes du vol supersonique occupaient des fonctions dirigeantes à la tête de l'association estudiantine de ma mère, et des ingénieurs en électricité siégeaient au conseil d'administration des associations d'anciens élèves de la faculté de mes parents. Le mari de ma tante Julia, Charles Foxx, était le fils de Ruth Bates Harris, haut fonctionnaire et farouche défenseur de la promotion sociale des femmes et des minorités ; en 1974, la NASA la nomma administratrice adjointe, le plus haut poste jamais détenu par une femme de l'Agence à cette date. Cette communauté comprenait sûrement aussi des professeures d'anglais noires, comme ma mère, ainsi que des médecins et des dentistes noirs, des mécaniciens, des gardiens et des entrepreneurs noirs, des cordonniers, des organisateurs de mariage, des agents immobiliers et des entrepreneurs de pompes funèbres, ainsi que plusieurs avocats, et une poignée de vendeuses dans les enseignes de la chaîne de cosmétiques Mary Kay, tous noirs. Pourtant, enfant, je connaissais tant d'Afro-Américains travaillant dans les domaines de la science, des mathématiques et de l'ingénierie que je m'imaginais que c'était le cas de tous les noirs.

Mon père, qui a grandi à l'époque de la ségrégation, a vécu une réalité différente. « Deviens donc professeur d'éducation physique », conseilla mon grand-père, en 1962, à son fils âgé de dix-huit ans qui tenait absolument à faire des études d'ingénieur en électricité à la Faculté d'Etat de

Norfolk State College, université historiquement réservée aux noirs.

A cette époque, les Afro-Américains qui avaient effectué des études supérieures, en jeunes gens éduqués et les pieds sur terre, misaient sur des postes d'enseignants ou cherchaient à se faire embaucher au bureau de poste. Mais mon père, qui, suite au lancement du Spoutnik en 1957, avait construit sa première fusée en atelier de métallurgie, au collège, avait tenu tête à son propre père et s'était lancé corps et âme dans l'ingénierie. Les craintes de mon grand-père quant aux écueils qu'affronterait un jeune homme noir pour percer dans cette discipline n'étaient pourtant pas infondées. Jusqu'en 1970, date assez tardive, seuls un pour cent des ingénieurs américains étaient noirs — un chiffre qui connaîtrait une évolution ô combien phénoménale, puisqu'il passerait à 2 % en 1984. Or, à cette date, le gouvernement fédéral restait l'employeur le plus sûr des Afro-Américains dans les secteurs des sciences et de la technologie : en 1984, 8,4 % des ingénieurs de la NASA étaient noirs.

Les employés afro-américains de la NASA apprenaient peu à peu à trouver leurs repères dans la culture ingénieuriale de l'Agence spatiale et, à son tour, leur réussite ouvrait à leurs enfants un accès auparavant inimaginable à la société américaine. Moi qui ai grandi en côtoyant des amis blancs et fréquenté des écoles « intégrées »*, je considérais une bonne part des bases qu'ils avaient jetées comme allant de soi.

Tous les jours, je regardais mon père enfiler un costume, se mettre au volant de sa Pontiac, sortir de l'allée en marche arrière, pour effectuer le trajet de vingt minutes jusqu'au Bâtiment 1236 où il exigeait chaque jour le meilleur de lui-même, pour le programme spatial et pour sa famille. Grâce à son travail à Langley, il a pu nous assurer à tous une place

* La formule « école intégrée » désigne une école pratiquant la mixité ethnique, accueillant indifféremment élèves noirs et blancs (et censément d'autres ethnies). La première fut créée dans le Massachusetts en 1843. (NdT)

confortable au sein de la classe moyenne, et Langley est devenu l'un des points d'ancrage de notre vie sociale. Tous les étés, mes frères et sœurs et moi économisions notre argent de poche pour nous acheter des billets de tours de poney lors de la fête foraine annuelle organisée par la NASA. Année après année, j'ai remis ma liste de cadeaux au Père Noël de l'Agence, à l'occasion du Noël des enfants. Les jeudis soir, avec Ben, Laurence et ma sœur cadette, Jocelyn, encore toute petite, nous prenions place sur les gradins du Bâtiment des Activités de Langley, encourageant mon père et son équipe de la « NBA » (la NASA Basket-ball Association), nos stars. J'étais un pur produit de la NASA, tout comme la conquête de la Lune.

Cette étincelle de curiosité s'est assez vite muée en passion dévorante. J'ai assailli mon père de questions sur son arrivée à Langley au milieu des années 1960, des questions que je n'avais jamais posées auparavant. Le dimanche suivant, j'ai interrogé Mme Land au sujet du pôle de calcul, au tout début, quand la nécessité de savoir où se situaient les toilettes signalisées pour les employés « de couleur » faisait partie de ses obligations professionnelles. Et, moins d'une semaine plus tard, je me suis retrouvée dans le salon de Katherine Johnson, assise dans son canapé sous un drapeau américain, protégé dans un cadre, qui était allé sur la Lune, et j'ai écouté une femme de quatre-vingt-treize ans, à la mémoire plus aiguë que la mienne, se remémorer les bus ségrégués, les années passées à enseigner, à élever une famille, et à calculer la trajectoire du vol spatial de John Glenn. J'ai écouté les histoires de Christine Mann Darden, désormais mariée, qui m'a raconté ses longues années de travail d'analyste de données, dans l'attente d'avoir la chance de faire ses preuves comme ingénieure.

Ayant moi-même travaillé dans un univers intégré, j'avais été plus souvent qu'à mon tour la seule noire dans une salle des plans ou dans un conseil d'administration ; et je me doutais du culot qu'il fallait à une Afro-Américaine, sur un lieu de travail ségrégué, situé dans le Sud des Etats-Unis, pour soutenir à ses chefs que ses calculs permettraient à un homme de poser le pied sur la lune. Les trajectoires de ces femmes m'ont ouvert la voie ; cette immersion dans leur histoire m'a aidée à comprendre la mienne.

Même si ce récit avait débuté et s'était achevé avec les cinq premières femmes noires parties travailler en mai 1943 dans le quartier ouest ségrégué de Langley — ces femmes que l'on désigna plus tard sous le nom de « Calculatrices Ouest » —, je me serais quand même employée à recueillir leur histoire. Tout comme les îles — lieux isolés à la biodiversité unique et riche — revêtent une importance pour les autres écosystèmes de la planète, l'étude d'individus et d'événements apparemment isolés ou négligés révèle des liens et des éclairages inattendus pour l'époque contemporaine. L'idée que des femmes noires aient été recrutées pour travailler comme mathématiciennes sur le site de la NASA dans le Sud des Etats-Unis au temps de la ségrégation dépasse tout ce que l'on aurait pu imaginer et remet en cause une bonne part de notre connaissance de l'histoire américaine. Ce sont des faits extraordinaires qui, en soi, méritent d'être racontés.

Au tout début de mes recherches sur ce livre, j'ai fait part de mes découvertes à des experts de l'histoire de l'Agence spatiale. Tous, sans exception, m'ont encouragée dans ce qu'ils considéraient comme un précieux apport à la somme des connaissances en la matière, même si certains d'entre eux remettaient en cause l'ampleur du phénomène.

« De combien de femmes parlons-nous ? Cinq ou six ? »

Moi-même qui, rien qu'en grandissant à Hampton, en avais croisé davantage, j'étais surprise de constater que leur nombre ne cessait de croître au fur et à mesure de mon enquête. Ces femmes apparaissaient sur des photos, dans des annuaires, des sources aussi inattendues qu'inhabituelles.

Ici, la mention d'un poste à pourvoir, à Langley, dans une petite annonce publiée par le *Norfolk Journal and Guide*. Là, une poignée de noms communiqués par la fille d'une des « Calculatrices Ouest ». Ailleurs, une note interne datée de 1951, provenant d'un directeur du personnel de Langley qui informe sa hiérarchie sur le nombre et le statut de ses employés noirs, et fait subitement référence à une femme noire, « une chercheuse à l'échelon GS-9 »[1]. J'ai aussi exhumé un document relatif aux effectifs, datant de 1945, décrivant une véritable ruche : un bureau du nouveau bâtiment de la partie ouest de Langley composé de vingt-cinq femmes noires qui extrayaient des données chiffrées de leurs machines à calculer, vingt-quatre heures sur vingt-quatre, sous l'autorité de trois chefs d'équipe noirs qui rendaient eux-mêmes compte à deux directeurs blancs du pôle de calcul[2]. Et, alors que je mets la dernière main à cet ouvrage, j'en suis encore à établir le décompte exact. Je suis certes capable de nommer presque une cinquantaine de femmes qui ont travaillé comme calculatrices, mathématiciennes, ingénieures ou scientifiques au Laboratoire aéronautique Langley Memorial de 1943 à 1980, mais j'ai l'intuition que d'autres recherches dans les archives permettraient d'y dénicher une vingtaine de noms supplémentaires.

Et si ces femmes noires restent les mathématiciennes les moins connues de la NACA, le Comité consultatif national pour l'aéronautique (National Advisory Committee for Aeronautics), et plus tard de la NASA, elles ne furent pas les seules à demeurer dans l'ombre : les blanches qui composèrent la majorité de l'équipe des calculatrices humaines de Langley au cours de toutes ces années n'ont guère été reconnues pour leurs contributions au succès à long terme de l'Agence. Virginia Biggins, journaliste au *Daily Press*, a couvert pour le quotidien le programme spatial de Langley à partir de 1958. « Tout le monde me disait : "Celui-ci, c'est un scientifique, celui-ci, un ingénieur", et c'était toujours un homme », déclara-t-elle au cours d'une table ronde sur les ordinateurs humains de Langley, en 1990[3]. Elle n'avait jamais eu l'occasion de rencontrer aucune de ces femmes. « Je supposais qu'elles étaient secrétaires », ajouta-t-elle[4]. Cinq femmes, des blanches, avaient intégré le premier pôle de calcul humain en 1935, et en 1946, quatre cents femmes, « les filles », comme on les appelait, avaient déjà été formées à devenir de vrais petits soldats de l'aéronautique[5]. Dans une étude parue en 1994, l'historienne Beverly Golemba estime que Langley a employé « plusieurs centaines » de femmes à titre d'ordinateurs humains[6]. Arrivée au terme de ma recherche pour *Les figures de l'ombre*, je m'aperçois maintenant que ce chiffre pourrait dépasser le millier.

Pour une auteure qui rédige son premier ouvrage et qui n'a pas de formation d'historienne, écrire sur un sujet pratiquement absent des livres d'histoire est un défi de taille. « Des mathématiciennes noires à la NASA » : je n'ignore pas la dissonance cognitive que soulève cette formule*. D'emblée, j'ai su que j'aurais à soumettre ma recherche au même genre de raisonnement analytique que ces femmes appliquaient à la leur. Il était certes passionnant d'exhumer ces noms les uns après les autres, mais ce n'était que le début. Le véritable défi consistait à rendre compte de leur travail. Plus encore que le nombre étonnamment élevé de femmes, noires et blanches, demeurées invisibles dans une profession perçue universellement comme blanche et masculine, l'ampleur des travaux qu'elles nous ont légués a été pour moi une révélation.

Il y avait Dorothy Hoover, qui a travaillé pour Robert T. Jones en 1946 et publié en 1951 des recherches théoriques sur sa fameuse aile delta de forme triangulaire. Il y avait Dorothy Vaughan, qui, avec les « Calculateurs Est » blancs, a conçu un manuel de méthodes algébriques pour les machines à calculer mécaniques, leurs compagnes de tous les instants.

* En psychologie sociale, la dissonance cognitive désigne la simultanéité de cognitions entraînant un inconfort mental en raison de leur caractère inconciliable, ou une contradiction entre une cognition et une action. (NdT)

Il y avait aussi Mary Jackson, qui a défendu son analyse face à John Becker, l'un des meilleurs aérodynamiciens du monde ; Katherine Coleman Goble Johnson, qui a défini la trajectoire orbitale du vol de John Glenn, et son rapport novateur de 1959 dont les calculs mathématiques possèdent l'élégance, la précision et la majesté d'une symphonie ; Marge Hannah, calculatrice humaine blanche qui a été la première supérieure de ces femmes noires, cosignataire d'un rapport avec Sam Katzoff, devenu le premier directeur scientifique du laboratoire ; ou encore Doris Cohen, la première auteure féminine de la NACA, qui a placé la barre très haut avec son rapport de recherches, en 1941.

Mon enquête finissait par virer à l'obsession ; je tenais à suivre la moindre piste jusqu'au bout, si cela me permettait de retrouver la trace d'un de ces ordinateurs humains. J'étais déterminée à prouver leur existence et leur talent, afin que leur œuvre ne sombre plus jamais dans l'oubli. A mesure que ces photos, ces notes, ces équations et ces histoires de famille s'incarnaient dans des êtres bien réels, que ces femmes devenaient mes compagnes, grâce à ce retour à leur prime jeunesse ou à la vie, j'ai fini par avoir envie de leur offrir autre chose ; je ne pouvais pas me contenter de rappeler qu'elles avaient existé. J'ai souhaité leur donner le récit ample et ambitieux auquel elles avaient droit, le genre d'histoire américaine qui mérite d'avoir sa place à côté de celles des frères Wright et des astronautes, d'Alexander Hamilton et de Martin Luther King. Je n'allais pas le raconter isolément, j'allais l'inscrire au cœur de l'histoire de l'Amérique, telle que nous la connaissons tous. Elles ne seraient plus en marge mais au centre de l'action, les vraies héroïnes de l'histoire. Et pas seulement parce qu'elles sont noires, ou parce que ce sont des femmes, mais parce qu'elles s'inscrivent dans l'épopée de l'Amérique.

Aujourd'hui, ma ville natale — ce hameau qui, en 1962, s'inventa le surnom de « Spacetown USA » — ressemble à n'importe quelle banlieue résidentielle d'une Amérique moderne et hyperconnectée[7]. Des gens de toutes ethnies et de toutes nationalités se mélangent sur les plages et aux arrêts de bus de Hampton ; les écriteaux du passé, « RÉSERVÉ AUX BLANCS », sont désormais relégués au musée d'histoire locale et dans les mémoires des survivants de la révolution des droits civiques. Mercury Boulevard n'évoque plus des images de la mission du même nom qui envoya les premiers Américains dans l'espace, et chaque jour le souvenir de Virgil Grissom s'efface un peu plus du pont qui porte son nom. Un programme spatial réduit et des décennies de coupes budgétaires ont durement frappé la région ; aujourd'hui, une étudiante en licence ambitieuse qui aurait la bosse des maths viserait plutôt un stage dans une start-up de la Silicon Valley ou dans l'une des nombreuses sociétés de haute technologie qui partent à la conquête du NASDAQ depuis les banlieues de Virginie, aux portes de Washington.

Mais avant que cette masse de calculs ne soit exécutée par un objet inanimé, l'ordinateur, avant que le Centre de contrôle de mission ne se soit installé à Houston, que Spoutnik n'ait changé le cours de l'histoire, que la NACA ne soit devenue la NASA, avant que la Cour Suprême, avec son arrêt *Brown v. Board of Education of Topeka*, n'ait jugé qu'en réalité, être séparés interdisait d'être égaux*, et avant que la poésie du discours de Martin Luther King, « I have a Dream », n'ait résonné sur les marches du Lincoln Memorial, les calculatrices humaines du quartier Ouest de Langley aidaient l'Amérique à assurer sa domination dans le secteur aéronautique, la recherche spatiale et la technologie informatique. Elles se sont créées une place de mathématiciennes qui étaient aussi des noires, et de mathématiciennes noires qui étaient aussi des femmes. Pour un groupe d'Afro-

* Le 17 mai 1954, dans l'arrêt *Brown*, une Cour unanime déclarait : « Nous en concluons que la doctrine du "séparés mais égaux" n'a pas sa place dans le domaine de l'éducation publique. Des bâtiments pédagogiques séparés sont inégaux par nature. » Cette doctrine avait été instaurée par un précédent arrêt de 1896, imposant la ségrégation dans les chemins de fer. (NdT) Source : Stephen Breyer, *La Cour suprême, l'Amérique et son histoire*.

Américaines brillantes, ambitieuses, promises à de belles carrières en mathématiques et désireuses de pénétrer dans la cour des grands, Hampton, en Virginie, était probablement le centre de l'univers.

LES FIGURES DE L'OMBRE

1

Une porte s'ouvre

Melvin Butler, chef du personnel du Laboratoire aéronautique de Langley Memorial, avait un problème, dont il signifia clairement l'ampleur et la nature dans un télégramme de mai 1943 au chef du service des Opérations. « Cet établissement a un besoin urgent d'approximativement 100 physiciens et mathématiciens de premier niveau, 100 calculatrices assistantes, 75 apprentis laborantins, 125 aides-stagiaires, 50 sténographes et dactylos », proclamait cette missive[8]. Tous les matins, à 7 heures, Butler, son nœud papillon et son équipe passaient à l'action[9] : ils envoyaient le break du labo chercher les hommes et les femmes — de plus en plus nombreuses — qui affluaient vers cette langue de terre isolée sur la côte de Virginie[10]. La navette acheminait les recrues jusqu'à la porte du Bâtiment des Services du laboratoire, dans l'enceinte de Langley Field. A l'étage, l'équipe de Butler les aidait à rapidement régler les démarches de cette première journée : formulaires, photos, et prestation de serment : *Je déclare [...] soutenir et défendre la Constitution des Etats-Unis contre tout ennemi, qu'il vienne de l'extérieur ou de l'intérieur [...] avec l'aide de Dieu.*[11]

Une fois briefés, les jeunes agents se dispersaient et, tout fourmillants déjà d'idées, allaient prendre leurs quartiers dans l'un des multiples bâtiments du complexe, en pleine expansion. Dès que Sherwood Butler, le directeur du département des Achats du laboratoire, avait posé la dernière brique d'un nouveau bâtiment, son frère, Melvin, se chargeait de le remplir de nouveaux employés. Les placards et les couloirs, les pièces de rangement et les ateliers se transformaient en autant de bureaux improvisés. Quelqu'un eut la brillante idée de placer deux tables de travail face à face et de bricoler un nouveau meuble en y adjoignant un strapontin, afin de placer trois personnes dans un espace conçu pour deux[12]. Au cours des quatre années postérieures à l'invasion de la Pologne par Hitler — et depuis que la conjonction des intérêts des Américains et le conflit en Europe avaient engendré une guerre mondiale —, l'effectif du laboratoire allait passer de 500 à 1 500 personnes[13]. Pourtant, l'énorme machine de guerre les avait tous absorbés et en réclamait davantage.

Les bureaux du bâtiment administratif donnaient sur un terrain d'aviation en forme de croissant de lune. Seul le flot d'individus en civil qui se rendaient au laboratoire, l'avant-poste historique du Conseil consultatif national de l'aéronautique (NACA), distinguait celui-ci d'autres bâtisses en briques identiques utilisées par l'US Army Air Corps*. Les deux structures s'étaient développées en même temps : la base aérienne se consacrait à l'accroissement des capacités militaires aériennes de l'Amérique ; le laboratoire était devenu une agence civile chargée de faire progresser les connaissances scientifiques dans le domaine de l'aéronautique, et de diffuser ses découvertes auprès de l'armée et du secteur industriel privé. Depuis le début, l'armée avait autorisé le laboratoire à opérer dans l'enceinte du terrain d'aviation. Cette relation étroite avec les aviateurs militaires servait à rappeler constamment aux ingénieurs que chacune

* L'United States Army Air Corps (USAAC), la force aérienne des Etats-Unis entre 1926 et 1941, devient l'United States Army Air Forces (USAAF) le 20 juin 1941. (NdT)

des expériences qu'ils conduisaient avait des implications dans le monde réel.

Le double hangar — deux bâtiments côte à côte, longs de 33 mètres — avait été revêtu d'une peinture camouflage en 1942, afin de mieux tromper les regards ennemis en quête de cibles. A l'intérieur, un vaste espace plongé dans la pénombre protégeait les machines et leurs opérateurs des éléments. Des hommes en combinaison de toile, souvent en groupes, circulaient en camions et en jeeps, d'avion en avion, s'arrêtant pour tourner autour de tel ou tel appareil comme des insectes pollinisateurs ; ils les contrôlaient, se chargeaient de remplir le réservoir de carburant, de remplacer des pièces, de les examiner, ne faisant qu'un avec eux avant de s'envoler dans les cieux. La musique cyclique des moteurs et des hélices aux stades successifs du décollage, du vol et de l'atterrissage débutait avant le lever du soleil pour se prolonger jusqu'au crépuscule, et le son de chacun de ces engins était aussi unique aux oreilles de leurs anges gardiens que les pleurs d'un bébé pour sa mère. Derrière les voix de ténor des moteurs grondait la ligne de basse des souffleries du laboratoire, qui soumettaient les avions — que ce soit des pièces détachées, des modèles réduits ou des appareils grandeur nature — à des ouragans programmés sur commande.

Deux petites années auparavant, alors que les nuages de tempête s'accumulaient en Europe, le président Roosevelt mettait la nation américaine au défi d'accroître sa production d'avions à cinquante mille unités par an[14]. Pour un secteur industriel qui, en 1938, n'avait fourni à l'Army Air Corps que quatre-vingt-dix appareils par mois, la tâche semblait impossible[15]. L'industrie aéronautique américaine s'était alors transformée en miracle industriel, dépassant facilement, de plus de la moitié, le niveau fixé par Roosevelt. C'était devenu la première industrie du monde, la plus productive, la plus sophistiquée, représentant plus du triple de celle des Allemands et près du quintuple de celle des Japonais[16].

Pour tous les belligérants, la réalité était claire : la conquête finale viendrait du ciel.

Pour les jeunes pilotes de l'Air Corps, les avions étaient des engins destinés au transport de troupes et d'approvisionnement vers les zones de combat, des machines ailées lestées d'armements destinés à anéantir l'ennemi, des rampes de lancements qui volaient très haut dans le ciel, larguant des bombes qui coulaient des navires. Ils passaient leurs véhicules en revue, se livrant à des vérifications prévol avant de s'arracher à la terre. Les mécaniciens se retroussaient les manches, rien ne leur échappait ; un piston cassé, un harnais de sécurité mal verrouillé, un voyant de réservoir de carburant défectueux, c'étaient là autant de failles qui pouvaient coûter des vies. Mais avant même que l'avion ne réagisse à la caresse habile du pilote, sa nature, son véritable ADN — de la forme de ses ailes au capot de son moteur — avaient été manipulés, affinés, désossés et recomposés par les ingénieurs du bâtiment voisin.

Bien avant de lancer la production d'un aéronef, les constructeurs américains envoyaient un prototype fonctionnel au laboratoire de Langley ; là, on le testait, on l'améliorait. La quasi-totalité des modèles d'avion à haute performance produits par les Etats-Unis ralliaient ce laboratoire, qui en corrigeait la traînée : les ingénieurs installaient l'appareil en soufflerie, repéraient les surfaces perturbant le flux d'air, les fuselages trop ventrus, les inégalités de géométrie des ailes. Aussi prudents et méticuleux que de vieux médecins de famille, ils examinaient chaque aspect des flux d'air s'écoulant autour de l'engin, en consignant l'évolution de ses signes vitaux avec précision. Les pilotes d'essai de la NACA prenaient les commandes le temps d'un vol, parfois avec un ingénieur en place droite. La machine était-elle sujette à des mouvements de roulis inattendus ? A des pertes de vitesse ? Etait-elle difficile à manœuvrer, résistant au pilote comme un caddy de supermarché à la roulette coincée ? Les ingénieurs soumettaient les avions à des tests, engrangeant et analysant les données, recommandant des améliorations, certaines légères, d'autres plus importantes. De menues optimisations de la vitesse et de l'efficacité multipliées par des millions de kilomètres de vol finissaient par entraîner des modifications susceptibles, à long terme, de faire pencher la balance en faveur des Alliés.

« La victoire grâce à la puissance aérienne ! » entonnait Henry Reid, l'ingénieur à la tête du laboratoire de Langley, devant ses employés ; ce mantra se voulait un rappel de l'importance de l'avion dans l'issue du conflit. « La victoire grâce à la puissance aérienne ! » se répétaient mutuellement les recrues de la NACA en veillant au moindre écart d'un dixième de point, absorbées dans des équations différentielles et des courbes de répartition de pression jusqu'à s'en fatiguer les yeux. Dans la bataille de la recherche, la victoire serait à eux.

A moins, bien sûr, que Melvin Butler ne parvienne pas à alimenter en cerveaux frais et dispos cette structure qui fonctionnait à raison de trois équipes par jour, six jours par semaine. Les ingénieurs n'étaient que la partie émergée de l'iceberg, car chacun d'eux requérait le soutien d'un certain nombre d'autres collègues : des artisans pour construire les maquettes des avions testées dans les souffleries, des mécaniciens pour entretenir les souffleries en question, et des petits génies en calcul mental pour traiter le déluge numérique issu de ces recherches. Portance et traînée, frottement et flux. Qu'est-ce qu'un avion, si ce n'est un faisceau de données physiques ? Et la physique est synonyme de mathématiques, et les mathématiques réclament des mathématiciens. Or, depuis le milieu de la décennie précédente, ces mathématiciens étaient des femmes. Le premier pôle de calcul féminin de Langley, créé en 1935, avait provoqué une tempête de protestations chez les hommes du laboratoire[17]. Comment des femmes pouvaient-elles s'attaquer à une matière aussi rigoureuse et aussi précise que les mathématiques ? Quelle idée d'investir 500 dollars* dans une machine à calculer pour qu'elle soit utilisée par une femme [18]! Mais « les filles » avaient été bonnes, très bonnes — en fait, meilleures en calcul que bien des ingénieurs, ces messieurs eux-mêmes l'admettaient à contrecœur[19]. Sachant que seule une poignée de ces « filles » avaient décroché le titre de « mathématicienne » — une désignation professionnelle qui les plaçait sur un pied d'égalité avec les employés de sexe masculin du bas de l'échelle —, le fait que la plupart des calculatrices soient cantonnées à des postes d'« assistantes » ne pouvait qu'être bénéfique à l'équilibre budgétaire du laboratoire[20].

Mais en 1943, les filles en question étaient plus difficiles à trouver. Virginia Tucker, calculatrice en chef de Langley, écumait la côte Est des Etats-Unis à la recherche d'étudiantes d'établissements mixtes possédant un minimum de compétences analytiques ou mécaniques, espérant les enrôler afin de pourvoir les centaines de postes vacants de calculatrices, d'assistantes scientifiques, de maquettistes, d'assistantes de laboratoire et, incroyable mais vrai, de mathématiciennes. Elle embauchait des classes entières de licenciées en mathématiques issues de sa propre université en Caroline du Nord, le Greensboro College for Women, et cherchait la perle rare dans des établissements de Virginie comme Sweetbriar, à Lynchburg, ou au State Teachers College de Farmville (Institut pédagogique d'Etat de formation des maîtres).

Melvin Butler s'appuyait autant qu'il le pouvait sur la Commission fédérale de la fonction publique et la Commission de la main-d'œuvre en temps de guerre**, afin que le laboratoire obtienne l'absolue priorité sur ce vivier limité de candidates qualifiées. Il rédigea des annonces pour

* Soit 8 811 dollars en 2016. *Source : Federal Bureau of Labor. (NdT)*

** La War Manpower Commission, agence fédérale créée pendant la Seconde Guerre mondiale, planifiait et répartissait les besoins de main-d'œuvre entre l'agriculture, l'industrie et les forces armées. (NdT) le *Daily Press* : « Allégez-vous de vos tâches ménagères ! Les femmes qui n'ont pas peur de se retrousser les manches et d'occuper des postes précédemment réservés aux hommes sont invitées à contacter le Laboratoire Aéronautique Langley Memorial », indiquait l'une de ces annonces[21]. De vibrants appels émanant du service du personnel étaient publiés dans la lettre d'information des employés, *Air Scoop* : « Y a-t-il des membres de votre famille ou d'autres personnes de votre connaissance qui aimeraient jouer un rôle pour nous permettre d'accéder à la suprématie aérienne ? Avez-vous des amis des deux sexes qui aimeraient se charger d'une mission importante afin d'abréger et de gagner la guerre ? » Les hommes étant requis par le service militaire, et les femmes déjà très sollicitées par des employeurs exigeants, le marché du travail était à bout de souffle, autant que les travailleurs participant à l'effort de guerre.

Un espoir se présenta lorsqu'un autre protagoniste fut confronté à un problème de taille. A. Philip Randolph, qui était à la tête du syndicat noir le plus important du pays, exigea de Roosevelt qu'il rende les emplois les plus lucratifs liés à l'effort de guerre accessibles aux candidats « nègres », menaçant à l'été 1941 de rameuter cent mille de ces « nègres » pour aller protester à Washington si le président refusait d'accéder à sa demande. « Mais bon sang, qui est ce Randolph ? » fulmina Joseph Rauh, le conseiller du président[22]. Le propos ne pouvait que faire tiquer Roosevelt.

« Grand personnage élégant, à la diction shakespearienne et au regard d'aigle », Asa Philip Randolph, ami intime d'Eleanor Roosevelt, dirigeait la Confrérie des Porteurs des Wagons-Lits, forte de 35 000 adhérents[23]. Ces porteurs attendaient les passagers des trains, où sévissait la ségrégation, endurant quotidiennement préjugés et humiliations de la part des blancs. Néanmoins, au sein de la communauté noire, ces emplois étaient convoités parce qu'ils procuraient une certaine stabilité économique et un statut social. Croyant les droits civiques indissolublement liés aux droits économiques, Randolph se battit inlassablement pour le droit des

« nègres » américains à participer de manière équitable à la richesse du pays qu'ils avaient aidé à construire. Vingt ans plus tard, lors d'une autre marche, à Washington, il s'adresserait à une foule innombrable avant de céder la tribune à un jeune pasteur charismatique d'Atlanta, un dénommé Martin Luther King.

Les générations futures associeraient le mouvement pour la liberté des noirs au nom du révérend King, mais en 1941, alors que, pour la deuxième fois en moins de trente ans, les Etats-Unis orientaient toutes les composantes de leur société vers la guerre, la vision à long terme de Randolph et le spectre de cette marche qui n'eut jamais lieu réussirent à ouvrir une porte restée aussi fermée qu'une chambre forte, depuis la fin de l'époque de la Reconstruction*. En deux traits de plume — l'Ordre exécutif 8802, ordonnant la déségrégation dans l'industrie de la défense, et l'Ordre exécutif 9346, créant la Commission pour des pratiques non-discriminatoires en matière d'emploi, chargée de suivre la politique nationale d'intégration économique** —, Roosevelt amorça la pompe qui permit à un nouveau vivier de main-d'œuvre de s'insérer dans un processus de production très lourd.

Près de deux ans après l'épreuve de force déclenchée par Randolph en 1941, alors que les demandes en personnel du laboratoire commençaient à remonter, les premiers dossiers de candidates noires et qualifiées arrivèrent jusqu'au Bâtiment de l'administration de Langley, et furent examinés par le service en charge du recrutement. Aucune photo censée indiquer la couleur de peau de l'impétrant n'était requise —

* La Reconstruction (1863-1877) désigne la période où l'Amérique se recomposa, suite à la guerre de Sécession. L'Ordre exécutif 8802 interdisait toute discrimination raciale au sein des agences fédérales, des syndicats et des entreprises engagés dans l'effort de guerre. (NdT)

** Le Fair Employment Practice Committee (FEPC), créé en juin 1941, demeura actif jusqu'en juin 1946. (NdT) cette obligation, instituée sous l'administration de Woodrow Wilson, fut abrogée lorsque l'administration Roosevelt essaya de mettre un terme aux pratiques discriminatoires frappant les procédures d'embauche. Mais l'université d'origine des candidats était un indice bien suffisant : l'université d'État de Virginie occidentale, l'université Howard (surnommée la Harvard noire), la faculté d'Agriculture, de Mécanique et Institut universitaire d'Arkansas, l'Institut Hampton, à l'autre bout de la ville — tous accueillaient exclusivement des noirs. Dans ces dossiers figuraient uniquement les compétences concernant l'emploi visé. En tout état de cause, ces femmes, qui souvent avaient enseigné plusieurs années en sus de leurs diplômes de maths ou de science, arrivaient avec davantage d'expérience que les candidates blanches.

Il leur faudrait un espace à part, Melvin Butler ne l'ignorait pas. Ensuite, ils devraient nommer quelqu'un à la tête de ce nouveau groupe, une fille chevronnée — blanche, évidemment —, dont le tempérament correspondrait au caractère sensible de la mission. L'Entrepôt, un tout nouveau bâtiment qui ressemblait à tout sauf à un lieu de travail, situé à l'ouest du laboratoire, sur une partie du site encore sauvage, pourrait faire l'affaire. Le groupe de son frère Sherwood s'y était déjà installé, tout comme certains employés du service du personnel[24]. Sollicités nuit et jour pour tester les avions alignés dans le hangar, les ingénieurs ne seraient pas mécontents de se voir prêter main-forte. Beaucoup d'entre eux étaient des gens du Nord des Etats-Unis, relativement indifférents à la question de la couleur de peau, mais passionnés par tout ce qui touchait aux talents mathématiques.

Melvin Butler était lui-même originaire de Portsmouth, à l'autre bout de la baie, en face de Hampton[25]. Il n'avait pas besoin de trop se creuser la cervelle pour deviner ce que certains de ses compatriotes de Virginie penseraient lorsqu'ils apprendraient que des femmes noires intégraient les bureaux de Langley : ces « transplantés » (c'est ainsi que les Virginiens appelaient les nouveaux venus) et leurs étranges façons pouvaient aller au diable. Il y avait toujours eu des employés noirs au labo — gardiens, personnel de la cafétéria, aides-mécaniciens, agents d'entretien des espaces verts. En revanche, ouvrir la porte à des « nègres » qui seraient leurs pairs sur le plan professionnel, c'était nouveau.

Butler se fit discret : aucun communiqué dans le *Daily Press*, pas d'annonce en fanfare dans *Air Scoop.* Mais il se montra également très ferme : rien ne devait annoncer l'arrivée de femmes noires au laboratoire, mais rien ne devait non plus faire capoter l'événement. Melvin Butler était peut-être en avance sur son temps et sur la région dans laquelle il vivait, ou peut-être se contentait-il d'agir en fonctionnaire qui accomplissait son devoir. Ou bien les deux. Les lois de l'Etat de Virginie — et ses us et coutumes — l'empêchaient d'agir de façon véritablement progressiste, mais la promesse d'un bureau où s'exercerait la ségrégation constituait peut-être simplement la couverture nécessaire pour permettre à ces femmes noires de franchir ce seuil, un cheval de Troie qui ouvrirait une porte sur l'intégration. Quelles qu'aient été ses conceptions personnelles en matière d'ethnicité, une chose était claire : Butler était un pur produit de Langley, loyal envers le laboratoire, envers la mission, la vision du monde et les responsabilités de son institution durant le conflit mondial. Par nature — et de par le mandat qui leur incombait —, les autres membres de la NACA étaient avant tout des esprits pratiques[26].

C'était aussi le cas d'A. Philip Randolph. L'activisme infatigable de ce dirigeant, son insistance inlassable et ses talents d'organisateur hors pair jetèrent les bases de ce qui, dans les années 1960, deviendrait le mouvement des droits civiques. Mais en aucun cas Randolph, les hommes du laboratoire ou qui que ce soit d'autre n'auraient pu prédire qu'engager un groupe de femmes mathématiciennes noires au Laboratoire d'Aéronautique Langley Memorial aboutirait à la conquête de la Lune.

Les immenses progrès aéronautiques qui pulvériseraient l'idée que le vol au-delà de la vitesse du son se heurtait à une impossibilité physique, et les appareils de calcul électronique qui amplifieraient le pouvoir de la science et de la technologie dans des proportions inconcevables étaient encore imperceptibles. Personne ne s'attendait à ce qu'après la guerre des millions de femmes refusent de quitter le monde du travail et transforment définitivement la signification du labeur féminin ou que, refusant de se laisser fléchir, des noirs américains exigent d'être intégrés aux idéaux fondateurs de leur pays. Les mathématiciennes noires arrivées à Langley en 1943 se retrouveraient à la croisée de ces grandes transformations ; leur vivacité d'esprit, l'acuité de leur ambition contribueraient à ce que les Etats-Unis considéreraient comme l'une de leurs victoires les plus éclatantes.

Mais en 1943, l'Amérique vivait dans l'urgence du moment présent. Réagissant aux besoins immédiats, ce fut Butler qui prit l'initiative d'installer, en se notant d'ajouter un autre article à la liste de demandes apparemment sans fin de Sherwood, un écriteau métallique signalant les toilettes et portant ces mots : FEMMES DE COULEUR[27].

2

Mobilisation

En cet été 1943, il était impossible d'échapper à la canicule, que ce soit dans les eaux tumultueuses du Pacifique Sud, dans les cieux brûlants de Hambourg et de la Sicile ou à la blanchisserie industrielle de Camp Pickett, dans laquelle travaillaient un groupe de femmes noires. A l'intérieur des installations de l'armée, la température et l'humidité étaient si élevées que se glisser dehors, en été, au mois de juin, dans le centre de la Virginie, par plus de 37 °C, était un soulagement[28].

La salle de la blanchisserie appartenait à ces officines obscures d'un monde en guerre tout en constituant un dispositif sophistiqué, efficace, capable de traiter dix-huit mille ballots de linge par semaine, un véritable microcosme de la guerre proprement dite[29]. Un groupe de femmes mettaient le linge sale dans d'énormes lessiveuses. D'autres soulevaient les masses de vêtements dégoulinants pour les charger dans les sécheuses. Une troisième équipe actionnait les machines à repasser comme des cuisinières devant une gigantesque plaque de cuisson. Dorothy Vaughan, âgée de trente-deux ans, était postée à la station de triage[30], où elle s'occupait de réassortir les chaussettes et les pantalons égarés aux sacs de linge correspondants. C'étaient les vêtements de soldats, des noirs et des blancs, qui arrivaient à Camp Pickett par trains entiers, pour quatre semaines d'entraînement de base, avant d'être dirigés vers le port d'embarquement de Newport News[31]. Le grondement et le bourdonnement des lessiveuses et des sécheuses géantes ne couvraient pas tout à fait les propos échangés sur les maris, les enfants, la vie de famille ou la guerre toujours présente. *On lui a organisé une belle réunion pour son départ, tout le quartier est venu. C'est pas plus mal qu'on ne trouve plus de bas nulle part, avec cette chaleur. Ce M. Randolph, c'est vraiment quelqu'un, et il est ami avec Mme Roosevelt, en plus !* Elles se parlaient de leurs maris, de leurs frères et de leurs pères partis faire cette guerre si lointaine, si éloignée de leurs nécessités quotidiennes et de leurs vies en Virginie, et pourtant si présente dans leurs prières et leurs rêves.

La majorité des femmes qui se retrouvaient dans cette salle de la blanchisserie militaire avaient renoncé à des emplois de domestiques ou d'écoteuses dans les fabriques de tabac[32]. La blanchisserie était un enfer moite, et le travail y était aussi monotone qu'inconfortable. Les blanchisseuses évoluaient tout en bas de la grande pyramide des emplois de guerre, à la fois anonymes et précieux. Un dirigeant de l'industrie aéronautique estima que chacune de ces ouvrières de la blanchisserie répondait aux besoins de trois ouvriers de ses usines [33] ; grâce à ces travailleuses qui se chargeaient de leur linge sale, les hommes et les femmes des chaînes de montage affichaient des taux d'absentéisme plus bas. Les blanchisseuses gagnaient 40 cents de l'heure, ce qui les rangeait parmi les plus mal payés de tous les travailleurs participant à l'effort de guerre, mais comme peu d'offres d'emplois se présentaient à elles, cela leur paraissait une manne inespérée[34].

Une semaine seulement s'était écoulée entre la fin de l'année scolaire au lycée Robert Russa Moton, établissement réservé aux noirs de Farmville, en Virginie, où Dorothy enseignait comme professeure de mathématiques, et sa première journée de travail à Camp Pickett[35]. Diplômée de l'université et enseignante, elle se situait non loin des sommets auxquels pouvaient prétendre la plupart des femmes noires. Les enseignants étaient considérés comme représentant « le niveau supérieur de formation et d'intelligence de la race », une phalange d'éducateurs qui ne se borneraient pas à transmettre une éducation livresque[36], mais qui vivaient au cœur de la communauté noire, « orientaient ses réflexions et prenaient la tête de ses mouvements sociaux »[37]. Ses beaux-parents étaient des piliers de l'élite noire de la ville. Ils possédaient une échoppe de barbier, une salle de billard et une station-service[38]. Les activités de la famille fournissaient régulièrement de la matière à la chronique mondaine de la section consacrée à Farmville dans le *Norfolk Journal and Guide*, le principal quotidien noir du sud-est des Etats-Unis. Dorothy, son époux Howard et leurs quatre jeunes enfants habitaient une grande maison victorienne pleine de coins et de recoins, dans South Main Street, avec les parents et les grands-parents de Howard[39].

A l'été 1943, Dorothy sauta sur l'occasion qui lui était offerte de rejoindre Camp Pickett et d'aller y gagner un peu d'argent supplémentaire pendant la période des vacances scolaires. Si enseigner apportait du prestige, la rémunération restait modeste. Au niveau national, les enseignants blancs de Virginie se classaient dans le quart inférieur des salaires de l'enseignement public[40], et leurs homologues noirs pouvaient gagner moitié moins[41]. Nombre d'enseignants noirs du Sud donnaient cours dans des écoles comptant une ou deux salles de classe et que l'on aurait à peine pu qualifier de bâtiments. Les enseignants étaient priés de faire le nécessaire pour maintenir les salles propres, les rendre sûres et accueillantes pour leurs élèves. Elles pelletaient du charbon en hiver, réparaient les carreaux cassés, récuraient les sols et préparaient le repas de midi. Quand la cagnotte de la classe était à sec, elles puisaient dans leur porte-monnaie fatigué.

Dans la situation de Dorothy, une autre femme aurait pu juger inconcevable d'accepter ce poste à la blanchisserie, et ce en dépit du contexte économique. N'était-ce pas tout l'intérêt d'un diplôme universitaire que de pouvoir échapper à la nécessité d'accepter des métiers sales et pénibles ? Et la localisation du camp, quarante-cinq kilomètres au sud-est de Farmville, lui imposait d'habiter un logement ouvrier en semaine et de ne rentrer chez elle que les week-ends. Mais les 40 cents de l'heure qu'elle touchait comme trieuse de linge dépassaient ce qu'elle gagnait comme enseignante, et, avec quatre enfants, le salaire d'un été passé à travailler serait immédiatement utilisé à bon escient[42].

Et Dorothy était d'une indépendance d'esprit peu ordinaire, tolérant mal les prétentions qui allaient parfois de pair avec les membres de son ethnie jouissant de la plus grande mobilité sociale. A Camp Pickett, elle n'essayait jamais d'attirer l'attention sur elle et ne faisait aucune distinction entre les autres femmes et elle. Quelque chose dans son allure transcendait sa voix douce et sa taille menue. Ses yeux illuminaient son ravissant visage au teint caramel — des yeux en amande, écartés, au regard intense, qui semblaient tout voir. L'éducation figurait en tête de la liste de ses idéaux ; c'était la plus sûre des protections contre un monde qui se montrerait plus exigeant envers ses propres enfants qu'envers les enfants blancs, non sans tenter de leur donner moins en échange. Sur l'échelle qu'escaladaient les noirs pour accéder au rêve américain, des barreaux manquaient, et ceux d'entre eux qui affichaient les plus beaux signes extérieurs de réussite redoutaient que, d'un instant à l'autre, les forces de la discrimination ne puissent réduire leur sécurité économique à néant. Les idéaux sans solutions pratiques n'étaient que vaines promesses. Rester toute la journée en position debout dans cette blanchisserie étouffante n'en constituait pas moins une opportunité, si les monceaux d'uniformes militaires permettaient d'acheter de nouvelles tenues pour l'école, et si chaque chaussette représentait un acompte sur les frais d'études supérieures de ses enfants.

La nuit, dans sa couchette du logement ouvrier, s'efforçant de créer une petite brise susceptible de fendre l'air nocturne immobile, Dorothy songeait à Ann, âgée de huit ans, à

Maida, six ans, à Leonard, trois ans, et à Kenneth, qui avait tout juste huit mois. Leur existence et leur avenir lui inspiraient chacune des décisions qu'elle prenait. Comme pratiquement toutes les femmes noires qu'elle connaissait, elle s'évertuait à trouver un équilibre entre le temps passé à la maison avec ses enfants et le temps passé *pour* eux, pour sa famille, à travailler.

Dorothy était née en 1910, à Kansas City, Missouri. A la mort de sa mère, elle avait tout juste deux ans et, moins d'un an plus tard, son père, Leonard Johnson, un serveur, s'était remarié[43]. Sa belle-mère, Susie Peter Johnson, travaillait comme femme de ménage au dépôt de la grande gare d'Union Station, afin de contribuer aux besoins de la famille[44]. Elle avait élevé Dorothy comme sa propre fille et l'avait poussée à réussir, apprenant à cette fillette précoce à lire avant même son entrée à l'école[45], ce qui avait valu à la petite de sauter deux classes[46]. Elle avait aussi encouragé ses dons musicaux naturels en l'inscrivant à des leçons de piano[47]. Dorothy avait huit ans quand la famille avait déménagé à Morgantown, en Virginie occidentale, où son père avait accepté un emploi chez un restaurateur noir réputé[48]. Elle y fréquenta la Beechhurst School, une école noire regroupée* située juste derrière l'université de Virginie occidentale, principale vitrine des établissements supérieurs blancs de l'Etat[49]. Sept ans plus tard, elle récoltait la récompense de son travail acharné en sortant première de sa promotion et en obtenant une bourse d'études couvrant l'intégralité de ses frais de scolarité à la Wilberforce University, le plus ancien établissement supérieur noir du pays, situé à Xenia, dans l'Ohio[50]. La Convention épiscopale méthodiste africaine des écoles du dimanche de Virginie occidentale, qui lui versait cette bourse, rendit hommage à la jeune Dorothy, âgée de

* Les écoles regroupées, ou « consolidated schools », sont constituées de plusieurs établissements plus modestes, surtout en milieu rural. (NdT)

quinze ans, dans un opuscule de huit pages qu'elle publia et distribua aux membres de l'église, louant son intelligence, son tempérament travailleur, sa gentillesse naturelle et son humilité. « C'est l'aube de la vie, une promesse naissante. Nous qui avons eu la chance de guider ce génie et d'aider à le façonner, ne fût-ce que pendant une brève période, nous la suivrons avec intérêt au cours des années à venir », écrivait Dewey Fox, le vice-président de l'organisme[51]. Dorothy était le genre de jeune personne qui remplirait la « race noire » de l'espoir de pouvoir connaître, en Amérique, un avenir plus doux que ne l'avait été son passé.

A Wilberforce, Dorothy obtint des « notes excellentes » et choisit les maths pour matière principale[52]. Alors étudiante de troisième et quatrième années, l'un de ses professeurs lui recommanda d'enchaîner sur un doctorat de troisième cycle en mathématiques[53], à l'université Howard, en intégrant la première classe créée autour d'une maîtrise en cette matière[54]. L'université Howard, située à Washington, représentait le summum des cycles d'études supérieures réservés aux noirs. Elbert Frank Cox et Dudley Weldon Woodard, les deux premiers « nègres » ayant jamais décroché un doctorat de mathématiques, diplômes décernés respectivement par Cornell et par l'université de Pennsylvanie, dirigeaient le département[55]. Les préjugés régnant dans les établissements destinés aux blancs étaient aussi une aubaine pour ceux réservés aux noirs : privés de toute possibilité ou presque d'accéder à un poste d'enseignant dans une faculté dédiée aux blancs, de brillants sujets noirs comme Cox, Woodard et W. E. B. Du Bois, le sociologue et historien qui fut le premier noir lauréat d'un doctorat de Harvard, enseignaient presque exclusivement dans des établissements pour étudiants de couleur, mettant ainsi des étudiantes comme Dorothy en contact étroit avec certains des plus brillants esprits de la planète.

L'université Howard représentait pour elle une opportunité unique, conforme aux attentes ambitieuses du comité des bourses de l'Eglise épiscopale méthodiste africaine. Habitée d'une confiance qui lui interdisait d'imputer ses carences à son origine ethnique ou à son sexe, elle saisit cette chance de faire ses preuves dans un domaine universitaire très concurrentiel. Mais eu égard à la réalité économique qu'elle dut affronter en fin de premier cycle, la poursuite de ses études supérieures apparaissait comme une extravagance teintée d'irresponsabilité. A l'orée de la Grande Dépression, ses parents, comme un tiers des Américains, eurent du mal à trouver un emploi stable[56]. Un revenu complémentaire aiderait le foyer à se maintenir à flot et améliorerait les chances de voir sa sœur l'imiter et entrer à l'université. Agée de dix-neuf ans seulement, Dorothy estimait de son devoir de s'assurer que la famille puisse se sortir de cette période difficile, même si cela supposait de refermer la porte sur ses propres ambitions, du moins pour le moment[57]. Elle se décida pour un diplôme de sciences de l'éducation et continua d'enseigner, la carrière la plus stable qui soit pour une femme noire détentrice d'un titre universitaire.

Par l'intermédiaire d'un vaste réseau informel, les facultés noires recevaient des appels d'établissements de tous les Etats-Unis demandant des enseignants, et elles y répondirent en envoyant leurs anciens étudiants occuper toutes sortes de postes vacants, qu'il s'agisse d'établissements scolaires installés dans d'anciens hangars à papier goudronné ou de la Dunbar High School, un lycée d'élite à Washington. Les nouveaux éducateurs espéraient enseigner leur matière, naturellement, mais on attendait d'eux qu'ils assument toutes les tâches jugées nécessaires. Après son diplôme, en 1929, Dorothy fut invitée à rejoindre la phalange des enseignants noirs, telle une missionnaire laïque.

Son affectation initiale d'enseignante de mathématiques et d'anglais dans une école noire de la commune rurale du village de Tamms, Illinois ne se prolongea pas au-delà de sa première année scolaire[58]. L'effondrement du cours du coton, qu'entraîna la Grande Dépression, frappa durement la région, et les établissements scolaires fermèrent tout bonnement leur porte, privant les élèves noirs de ce comté rural d'instruction publique. Elle ne fut pas mieux lotie à son poste suivant, dans une région côtière de Caroline du Nord où, au milieu de l'année scolaire, l'école, à court d'argent, cessa simplement de la payer[59]. Dorothy subvint à ses besoins et contribua à ceux de la famille en travaillant comme serveuse dans un hôtel de Richmond, en Virginie, jusqu'en 1931, où elle entendit parler d'un emploi proposé par l'école de Farmville.

Il n'était guère surprenant que cette nouvelle venue aux si beaux yeux ait attiré l'attention d'un des plus beaux partis de Farmville. Grand, charismatique et toujours souriant, Howard Vaughan travaillait comme porteur intérimaire dans des hôtels de luxe, ses itinérances le conduisant l'hiver au sud, en Floride, et l'été dans le nord de l'Etat de New York et le Vermont[60]. Certaines années, il trouvait du travail plus près de chez lui, au Greenbrier, le luxueux complexe hôtelier de White Sulphur Springs, en Virginie occidentale, une destination appréciée des gens fortunés et de toutes sortes de personnalités fabuleuses venues du monde entier[61].

Si son futur mari était en déplacement constant du fait de son métier, cela n'empêcha pas Dorothy de troquer ses chaussures de voyageuse contre la vie à Farmville, le train-train familial, la stabilité d'un travail régulier et les liens avec une communauté. Cependant, atteindre la majorité et entrer sur le marché du travail au plus fort de la Grande Dépression affecta définitivement sa vision du monde. Elle s'habillait simplement et discrètement, rejetait toute extravagance et ne manquait jamais une occasion de placer de l'argent à la banque. Bien qu'elle fût membre de l'église Beulah de l'Eglise épiscopale méthodiste africaine (AME) de Farmville, ce fut la Première église baptiste qui profita de son jeu au piano très apprécié, le dimanche matin, puisqu'ils l'avaient engagée comme pianiste attitrée.

*
* *

La guerre s'intensifiant, le bureau de poste de la petite ville était inondé d'annonces pour des postes de fonctionnaires, faites pour attirer l'attention des gens de la région autant que celle des étudiants. Ce fut en se rendant au bureau de poste, au printemps 1943, que Dorothy repéra le panneau signalant une offre d'emploi à la blanchisserie de Camp Pickett[62]. Mais son œil s'arrêta aussi sur un autre panneau, où elle lut ce mot : « mathématiques ». Une agence fédérale de Hampton recherchait des femmes afin de pourvoir un certain nombre de postes dans cette discipline, en rapport avec la construction d'avions. Cette annonce, rédigée par Melvin Butler et le service du personnel de la NACA, était très certainement destinée à être lue par des blancs, des étudiantes de familles aisées fréquentant l'Institut universitaire pédagogique de Farmville. Le laboratoire avait envoyé des formulaires de candidature, des bulletins d'examen d'entrée dans la fonction publique et des brochures présentant le travail de la NACA aux bureaux de placement de la faculté, priant le corps enseignant et le personnel administratif de faire circuler auprès des candidates potentielles l'information relative aux emplois vacants. « Cet organisme prévoit d'organiser une série de visites dans certaines facultés de la région et de s'entretenir avec des étudiants des cycles supérieurs ayant choisi les mathématiques pour matière majeure, avait écrit le laboratoire[63]. Il est prévu de proposer aux éléments les plus remarquables des postes dans ce laboratoire »[64]. Cette année-là, une série d'entretiens permirent aux sections de calcul du laboratoire de recruter quatre nouvelles jeunes filles de Farmville.

La maison de Dorothy, sur South Main Street, se situait tout au bout de la rue du campus universitaire. Tous les matins, en effectuant à pied le trajet des deux rues qui la séparaient de son travail au lycée de Moton, un bâtiment en U perché sur un pâté d'immeubles en forme de triangle, du côté sud de la ville, Dorothy apercevait les étudiantes de l'Institut pédagogique universitaire mixte, avec leurs livres, disparaissant dans ce sanctuaire à l'ombre des arbres.

Et elle se dirigeait ensuite vers son établissement scolaire, sur le trottoir d'en face, en longeant la ligne invisible qui les séparait d'elle.

Jamais l'idée qu'un endroit au nom aussi baroque que le Laboratoire aéronautique de Langley Memorial lancerait un appel à candidatures auprès de femmes noires ne lui serait venue à l'esprit. Cela lui aurait paru tout aussi invraisemblable que les jeunes femmes de l'institut universitaire, de l'autre côté de la rue, lui fassent signe de franchir les portes d'entrée de leur enclave impeccablement entretenue. Toutefois, les quotidiens destinés au lectorat noir œuvraient inlassablement à diffuser partout l'information de ces postes vacants liés à l'effort de guerre, et exhortaient leurs lecteurs à se porter candidats. Certains qualifièrent l'Ordre exécutif 8802 et la Commission pour des pratiques non-discriminatoires en matière d'emploi d'« initiative la plus importante du gouvernement depuis la Proclamation d'Emancipation »[*65]. La propre belle-sœur de Dorothy était partie s'installer à Washington pour travailler au Département de la Guerre[66].

Au cours de la première semaine de mai 1943, le *Norfolk Journal and Guide* publia un article qui allait alerter Dorothy, comme un panneau indicateur lui rappelant la direction qu'elle n'avait pas empruntée. « Ouvrir la voie aux femmes ingénieurs », annonçait le titre[67]. Il était illustré d'une photo montrant onze femmes noires bien habillées devant le laboratoire Bemis de l'Institut Hampton, diplômées d'un cours de formation intitulé « Ingénierie pour femmes », institué dans le cadre de l'effort de guerre. Fondé en 1868, l'Institut Hampton s'était développé à partir des classes tenues par Mary Peake, enseignante noire bénévole, à l'ombre d'un arbre majestueux, le Chêne de l'Emancipation. A la veille de la Seconde Guerre mondiale, c'était l'une des meilleures

* La Proclamation d'Emancipation fit l'objet de deux décrets du président Abraham Lincoln, signés le 22 décembre 1862 et le 1er janvier 1863, déclarant libre tout esclave résidant sur le territoire de la Confédération sudiste. (NdT)

facultés destinées aux noirs d'Amérique et l'épicentre de la participation de leur communauté au conflit.

Ces femmes étaient venues de différents endroits du nord et du sud de la Côte Est, et de la ville même. Pearl Bassette, l'une des nombreuses candidates locales, était la fille d'un avocat noir réputé, dont la famille remontait aux origines de Hampton. Ophelia Taylor, originaire de Géorgie, était diplômée de l'Institut Hampton, et, avant d'entamer ces cours, dirigeait une école maternelle[68]. Mary Cherry venait de Caroline du Nord, Minnie McGraw de Caroline du Sud, Madelon Glenn du lointain Connecticut[69]. Miriam Mann, un petit bout de femme infatigable qui avait enseigné en Géorgie, était arrivée en ville avec sa famille quand son mari, William, avait accepté un poste d'instructeur en atelier à l'Ecole fédérale de formation navale de l'Institut Hampton[70].

Il y avait des emplois pour les noirs, et il y avait les *bons* emplois pour les noirs. Trier le linge à la blanchisserie, faire les lits dans les maisons des blancs, écoter les plants de tabac — c'étaient là des emplois pour les noirs. Posséder une échoppe de barbier ou un salon funéraire, travailler à la poste, ou sillonner les lignes de chemins de fer comme porteur des wagons Pullman — c'étaient de *bons* emplois pour les noirs. Enseignant, pasteur, docteur, avocat — il s'agissait là de *très bons* emplois, procurant la stabilité et la considération qui allaient de pair avec une formation universitaire.

Mais ce poste au laboratoire d'aéronautique était une nouveauté, si inattendue qu'elle ne faisait pas encore partie des rêves collectifs. Même le projet resté depuis longtemps dans l'impasse de garantir l'égalité des salaires des « nègres » par rapport à ceux de leurs homologues blancs ne pouvait prendre le pas sur pareille opportunité. La guerre pourrait bien s'achever dans six mois ou dans un an, un salaire bien plus élevé, ne fût-ce que pendant ce bref laps de temps, la rapprocherait un peu plus de son objectif d'assurer l'avenir de ses enfants.

Ce printemps-là, Dorothy Vaughan remplit et posta soigneusement deux formulaires de candidature : l'un pour aller travailler à Camp Pickett, où le besoin de main-d'œuvre était si écrasant, si indifférencié qu'il était pratiquement impossible qu'elle n'y soit pas retenue. L'autre, bien plus long, l'obligeait à mentionner ses qualifications de façon détaillée[71]. Antécédents professionnels. Références personnelles. Etablissements scolaires fréquentés : lycée et faculté. Langues étrangères parlées (le français, qu'elle avait étudié à Wilberforce). Voyages à l'étranger (Aucun). *Accepteriez-vous un poste à l'étranger ?* (Non). *Accepteriez-vous un poste à Washington ?* (Oui). *Sous quel délai seriez-vous prête à commencer ?* Elle connaissait la réponse avant de l'inscrire dans l'espace libre : 48 heures, écrivit-elle[72]. Je peux être prête à partir dans les quarante-huit heures.

3

Le passé en guise de prologue

L'année scolaire 1943, au lycée Robert Russa Moton de Farmville, débuta de la même manière que les précédentes : plus d'élèves, mais pas plus d'espace. Le « nouvel » établissement, construit en 1939 pour accueillir 180 collégiens, était déjà presque obsolète dès son ouverture[73]. Lors de la première année, 167 adolescents se présentèrent aux cours[74]. Quatre ans plus tard, Dorothy Vaughan et ses douze collègues enseignants recevaient 301 jeunes gens avides d'apprendre, poussés par des parents désireux d'offrir à leurs enfants une vie meilleure que celle des manufactures de tabac. Pour rejoindre l'école, les élèves marchaient des kilomètres ou couraient le risque, tous les matins, de monter dans des bus qui n'étaient pratiquement plus en état de rouler, et qui effectuaient leur tournée jusqu'aux confins du comté de Prince Edward.

Membre de l'association des parents d'élèves de Moton et membre fondateur du conseil d'administration de la section de Farmville de la NAACP*, Dorothy travaillait dur pour améliorer les perspectives d'instruction à long terme des jeunes de Farmville[75]. En sa qualité d'enseignante, ses ambitions

* La NAACP (National Association for the Advancement of Colored People), ou Association nationale pour la promotion des gens de couleur, fondée en 1909, eut W. E. B. Du Bois pour fondateur. Elle compte 300 000 membres. (NdT)

étaient plus immédiates : avec seulement huit salles de classe, pas de gymnase, pas de casiers ou de cafétéria, et une salle des fêtes équipée de chaises pliantes, il lui fallut toute son autorité et toute sa créativité pour créer un environnement un tant soit peu organisé, propice à l'étude[76]. Dans cette salle des fêtes, où deux autres classes se déroulaient simultanément à la sienne, elle réussit néanmoins à transmettre les finesses de l'arithmétique et de l'algèbre. Le bâtiment scolaire avait beau être modeste, les exigences de Dorothy ne l'étaient pas. Un jour, ayant découvert une erreur dans l'un des manuels de mathématiques qu'elle utilisait avec sa classe, elle rédigea aussitôt une lettre à l'éditeur l'informant de sa bévue (la maison d'édition rectifia l'erreur et lui envoya une lettre de remerciements). Le Bon Dieu en personne se serait contorsionné sur son siège, dans sa classe, si Mme Vaughan l'avait pris en flagrant délit de n'avoir pas fait ses devoirs d'algèbre. Après la fin de sa journée de cours, elle consacrait du temps à des cours particuliers pour ceux de ses élèves qui avaient besoin d'un coup de pouce. Elle se chargeait aussi du chœur de l'école ; sous sa direction, plusieurs quatuors vocaux de Moton avaient remporté des concours de musique dans l'Etat[77]. En 1935, un article du *Norfolk Journal and Guide* couvrant la manifestation annuelle de l'établissement la qualifia de « directrice la plus enthousiaste et la plus travailleuse de la fête »[78]. En 1943, Dorothy et la professeure de musique, Altona Johns, mirent les élèves à l'épreuve en dirigeant les répétitions de la cantate de Noël de l'année, « La Lumière brille encore »[79].

Un été fiévreux laissa la place aux feuillages et aux fraîches matinées d'automne, mais la nécessité de s'adapter à la guerre avait changé les habitudes. Le club 4-H de l'école confectionnait des colis pour les soldats sur le départ[80] et accueillit un groupe de discussion communautaire intitulé : « Que pouvons-nous faire pour gagner la guerre ? »[81] Le bureau scolaire de Moton mettait des timbres de guerre en vente, chaque achat compensant à sa très modeste mesure les coûts monumentaux de la production de matériel militaire[82]. La collectivité organisait des fêtes de départ et préparait des festins pour les jeunes hommes qui allaient se diriger vers le front[83]. Dorothy mit ses classes au diapason en leur proposant un cours intitulé « Mathématiques en temps de guerre », apprenant aux élèves à appliquer les opérations arithmétiques aux budgets des ménages et aux carnets de rationnement, et actualisant des problèmes classiques en remplaçant les voitures par des avions[84].

Il lui semblait parfois n'avoir jamais vécu sans Farmville, ou que Farmville n'avait jamais vécu sans elle. La ville l'avait accueillie avec toute la chaleur que l'on réserve à une fille du pays ; elle se sentait là chez elle, ce qu'elle n'avait jamais connu à ce point, dans aucun autre endroit où elle avait vécu, en trente-deux années d'existence. Et pourtant, à tous égards, sa vie était un symbole du grand engouement de l'Amérique pour la mobilité sociale. Dans ses moments de profonde réflexion, alors qu'elle attendait une réponse à sa candidature pour cet emploi à Hampton, au-delà de l'espoir pragmatique d'une amélioration de sa situation sur le plan économique, elle aurait pu déceler ce qui se ranimait là, un lit de braises inextinguible qui se rallumait après avoir longtemps couvé douze années durant, depuis son arrivée à Farmville.

Une résolution couchée sur le papier était une chose, le caractère désordonné de la vraie vie en était une autre. Elle n'était plus une simple étudiante à l'âme vagabonde, mais une épouse et une mère de quatre enfants. Cet emploi à Langley était un poste à plein temps et lui imposerait une semaine de travail de six jours, dans un bureau trop éloigné de son domicile pour qu'elle puisse rentrer les week-ends, comme elle l'avait fait durant son été à Camp Pickett. Et pourtant, quand la lettre espérée, et à moitié oubliée, arriva enfin, elle avait déjà pris sa décision. Et quand elle avait décidé quelque chose, personne — ni son mari, ni ses beaux-parents, ni le directeur de Moton — n'aurait pu la détourner de son objectif.

*Par la présente, vous êtes nommée Mathématicienne, au Grade P-1, avec un salaire annuel de 2 000 dollars**, *pour la période pendant laquelle vos services pourront être nécessaires, mais qui ne pourra s'étendre au-delà de la durée de la guerre en cours et d'un délai de six mois après son terme*[85].

Ces émoluments représentaient plus du double des 850 dollars de salaire annuel qu'elle gagnait en enseignant à Moton[86].

Les adieux de Dorothy furent tout aussi simples et sobres que la lettre arrivée de la NACA cet automne-là. Aucune fête, aucune fanfare ne marquèrent son départ, rien de plus qu'une simple ligne dans la section Farmville du *Norfolk Journal and Guide* : « Mme D. J. Vaughan, enseignante de mathématiques au lycée depuis plusieurs années, a accepté un poste à Langley Field, Virginie »[87]. Peu encline aux longs adieux, elle resta auprès de ses enfants, dans la maison de South Main Street, jusqu'à ce que l'on sonne à la porte d'entrée[88]. « Je serai de retour à Noël », leur promit-elle, en les serrant chacun leur tour une dernière fois dans ses bras. Pendant ses douze années d'enseignement, tous les matins, elle avait tourné à gauche en sortant de chez elle pour se rendre au travail. Ce jour-là, le taxi tourna à droite, et elle disparut dans la direction opposée.

La salle d'attente des gens de couleur, à la gare routière des autocars Greyhound, tenait lieu de poste de contrôle dans un monde en transit. Dorothy embarqua à bord du

* Soit 28 000 dollars en 2016. *Source : Bureau Fédéral des Statistiques. Département du Travail.* (NdT)

car et, à chaque kilomètre qui défilait, sa vie à Farmville s'estompait dans le lointain. Ce poste à Langley, pure abstraction depuis six mois, se dessinait avec plus de netteté. Ses voyages précédents — du Missouri à la Virginie occidentale, de l'Ohio à l'Illinois, de la Caroline du Nord à la Virginie — éclipsaient les 220 kilomètres qui séparaient Farmville de Newport News, où elle avait réussi à se procurer un logement temporaire en consultant une liste de chambres pour locataires de couleur. En revanche, elle n'avait encore jamais parcouru de distance aussi grande sur le plan émotionnel. Dans l'espace de transition que représentait cet autocar, elle retournait les questions qu'elle gardait constamment en tête depuis qu'elle avait envoyé son formulaire de candidature, six mois plus tôt. A quoi cela ressemblerait-il de travailler avec des blancs ? Se retrouverait-elle côte à côte avec des jeunes femmes comme celles de l'Institut pédagogique universitaire ? Les collines bleues et ondoyantes du Piedmont virginien lui manqueraient-elles, ou tomberait-elle amoureuse des grands espaces de la baie de Chesapeake et de la multitude de rivières, d'anses et de zones humides qui émaillaient la côte de Virginie ? Comment supporterait-elle le temps et la distance qui la séparaient de ses enfants, de la chaleur de leurs étreintes encore présente sur sa peau en cet instant où le bus filait vers le sud ?

Entourés de grands-parents et de dizaines d'oncles et tantes et de cousins, au sein d'une communauté où les voisins faisaient partie de la famille — un rôle qu'ils assumaient quand les parents étaient indisponibles —, la vie des enfants de Dorothy resterait sensiblement la même. Habitués aux absences prolongées de leur père et aux longues journées de travail de leur mère, cette dernière leur manquerait, mais son départ n'interromprait pas le cours de leurs existences pleines d'entrain, que la famille, les amis et l'école suffisaient à remplir.

En revanche, cela compliquerait son mariage avec Howard, car le temps qu'ils avaient dû vivre séparés se comptait déjà en semaines ou en mois plutôt qu'en jours. En 1932, année de leur mariage, elle avait vingt-deux ans, et elle était alors prête à assumer une vie familiale traditionnelle[89]. Elle qui avait grandi sans grands-parents savourait la stabilité et la chaleur de la famille élargie des Vaughan, mais face à l'absence d'un mari, des beaux-parents aimants ne peuvent dispenser qu'un peu de baume au cœur. La séparation géographique entre l'épouse et l'époux symbolisait la distance affective qui se creusait entre eux, à mesure que les années s'écoulaient, révélant une disparité peut-être présente dès le début de leur relation.

Quand il rentrait chez lui après ses pérégrinations hôtelières, Howard recherchait les plaisirs simples que peut offrir une petite ville de province : passer du temps auprès des siens, de ses amis, et manier la queue de billard dans la salle dédiée de la maison familiale. Dorothy, en revanche, comblait chaque heure de liberté avec ses activités, des réunions de la NAACP aux répétitions de piano à l'église. Howard se satisfaisait de son diplôme d'études secondaires ; mais des années après avoir choisi d'enseigner plutôt que de poursuivre une maîtrise à l'université Howard, Dorothy décida d'effectuer une fois par semaine, pendant un semestre, le trajet jusqu'à la faculté d'Etat de Virginie pour les noirs, non loin de Richmond, afin d'y suivre un cours de formation permanente en sciences de l'éducation[*90].

Elle qui connaissait si bien l'attrait des voyages était certainement capable de comprendre en partie l'attirance de Howard pour une carrière itinérante et atypique, et elle le soutenait du mieux qu'elle pouvait. En 1942, la famille tout entière l'avait accompagné à White Sulphur Springs, en Virginie occidentale, en louant une maison en ville, assez proche de son lieu de travail de porteur au Greenbrier pour qu'il puisse s'y rendre à pied[91]. Mis en garde par leurs parents,

* Le Virginia State College for Negroes (1902-1946) est devenu la Faculté d'Etat de Virginie en 1946, puis l'Université d'Etat de Virginie en 1979. (NdT)

qui leur défendaient de même *songer* à mettre le pied dans le parc de l'hôtel[92], les enfants Vaughan s'approchaient autant que possible de l'enceinte de l'immense complexe hôtelier à colonnades blanches[93], observant à la dérobée, à travers la clôture en fer forgé recouverte de plantes grimpantes[94], les détenus allemands et japonais enfermés dans un camp de prisonniers de guerre improvisé, aménagé sur les lieux[95].

La maison qu'ils louaient se trouvait en face du domicile d'un couple noir âgé, Joshua et Joylette Coleman[96]. Joshua et Howard exerçaient le même métier de porteur à l'accueil du Greenbrier. Pendant que les hommes travaillaient, Dorothy et les enfants passaient la journée avec Joylette, institutrice à la retraite. Les enfants Vaughan finirent par se prendre d'affection pour les Coleman ; c'était comme d'avoir de nouveaux grands-parents. Dorothy, qui avait vécu sept ans en Virginie occidentale dans sa jeunesse, leur racontait des anecdotes sur sa vie dans l'Etat et écoutait les Coleman leur faire fièrement le récit des exploits de leur progéniture, en particulier ceux de leur fille cadette, Katherine.

Charles, Margaret, Horace et Katherine Coleman avaient grandi là, dans cette ville. Agée de vingt-quatre ans, Katherine habitait à Marion, en Virginie, une minuscule bourgade, simple mouchetis sur la carte du sud-ouest rural de l'Etat. Avant de s'installer et de fonder une famille, elle avait aussi exercé comme enseignante en mathématiques. Comme Dorothy, ses facultés intellectuelles, tout particulièrement dans cette matière, lui avaient permis de prendre de l'avance dans sa scolarité. Elle avait passé son examen de fin d'études secondaires à quatorze ans au lieu de dix-sept et s'était inscrite à l'Institut d'Etat de Virginie occidentale, une faculté réservée aux noirs située à l'entrée de Charleston, la capitale[97]. Dès sa première année, elle avait acquis toutes les notions de mathématiques du programme[98] et un jeune professeur, William Waldron Schieffelin Claytor, qui avait créé des cours de maths avancés rien que pour elle, la prit sous son aile[99]. Claytor, qui avait obtenu un doctorat de mathématiques de l'université de Pennsylvanie en 1933, était le troisième noir du pays à pouvoir s'enorgueillir d'un tel titre universitaire[100]. Il avait passé son diplôme à l'université Howard en 1929 et s'était inscrit au cursus inaugural d'une maîtrise en mathématiques d'un an — cette même offre que Dorothy n'avait pas été en mesure d'accepter[101].

Dorothy et Katherine ne se sont peut-être jamais rendu compte que le brillant Claytor était une de leurs relations communes — Dorothy ne parlait presque jamais de son admission à Howard — ; mais la trajectoire de Katherine, après son diplôme universitaire (une maîtrise avec mention très honorable en maths et en français), dut beaucoup rappeler à Dorothy son propre parcours[102]. En 1936, le Fonds de défense juridique de la NAACP, dirigé par Charles Hamilton Houston, plaida avec succès devant la Cour Suprême ; la décision *Murray v. Pearson* mit un terme à des politiques d'admission en doctorat qui faisaient explicitement obstacle aux étudiants noirs. S'appuyant sur cette victoire, l'organisation remporta un autre succès devant la haute juridiction, avec une décision de 1938, *Missouri ex rel. Gaines v. Canada*, requérant des Etats soit qu'ils ouvrent aux étudiants noirs des programmes universitaires de deuxième cycle ou d'enseignement professionnels séparés (mais « égaux »), soit qu'ils leur permettent d'intégrer des établissements réservés aux blancs. Certains Etats, comme la Virginie, refusèrent tout simplement d'obtempérer : en 1936, une étudiante noire de Richmond, Alice Jackson Stuart, déposa sa candidature à l'université de Virginie pour y étudier le français, mais se vit refuser son admission[103]. La NAACP intenta une procédure en son nom, et, en réaction, l'Etat de Virginie instaura un fonds de remboursement des frais de scolarité, subventionnant ainsi le cursus de licence d'étudiants noirs partout *sauf* en Virginie, une politique qui se poursuivit jusqu'en 1950[104].

En revanche, la Virginie occidentale opta pour l'intégration. Discrètement, rapidement, et sans protestation, trois étudiants noirs « aux capacités inhabituelles » entamèrent des études de premier cycle à l'université de Virginie occidentale, à Morgantown, durant l'été 1940[105]. Katherine, la fille des Coleman, en faisait partie ; c'était la reconnaissance à la fois de ses dons universitaires et de sa force de caractère, qui lui permettait de résister à l'isolement et aux regards scrutateurs qui, aux prémices de la déségrégation, allaient de pair avec le statut d'une étudiante noire. Mais la maîtrise de mathématiques échapperait à Katherine, tout comme elle avait échappé à Dorothy. Après la session d'été, elle décida de quitter le programme de licence de l'université de Virginie occidentale pour se consacrer à plein temps à sa vie maritale et maternelle, sa vocation de mère de famille l'emportant sur ses ambitions de carrière[106].

Ses parents aimaient leur gendre, Jimmy, un professeur de chimie que Katherine avait rencontré là où elle avait commencé à exercer comme enseignante, et étaient fous de leurs trois petites-filles. Quand leur fille décida d'accorder la priorité à sa vie de famille, cela n'entama nullement la fierté que son parcours universitaire inspirait à ses parents. Se demanda-t-elle jamais, comme Dorothy, où cette opportunité aurait pu la conduire ? S'imaginait-elle à quoi pourrait mener son talent s'il était poussé à la limite ? Katherine avait arrêté son choix deux ans plus tôt. Dorothy, elle, avait laissé passer sa chance plus de quinze ans auparavant ; les possibilités de voir sa carrière évoluer semblaient bel et bien révolues.

Et pourtant, à la fin novembre 1943, une seconde opportunité, qui serait enfin susceptible de libérer son potentiel, se présenta à Dorothy Vaughan, alors âgée de trente-deux ans. Elle apparut subrepticement, sous la forme d'un congé temporaire, d'une parenthèse censée s'achever et la ramener à l'enseignement dans l'univers familier de Farmville, à la fin d'un conflit long et sanglant. La fille cadette des Coleman devait saisir la même opportunité et suivrait Dorothy Vaughan sur la route de Newport News, transformant le hasard d'une rencontre, au cours d'un été au Greenbrier, en ce qui ressemblerait beaucoup au destin.

Par la fenêtre de l'autocar Greyhound, les douces collines

du Piedmont s'aplatissaient et s'élargissaient ; le car dépassa la capitale de l'Etat tandis que la plaine côtière de la région de Tidewater se rapprochait de Dorothy à la vitesse de soixante kilomètres à l'heure : parmi toutes les villes-champignons surgies de terre en temps de guerre, l'une des plus débordantes d'activité lui ouvrait grand les bras.

4

Le double V de la victoire

Dorothy Vaughan avait embarqué à bord de cet autocar Greyhound dans une certaine Amérique et elle découvrit à son arrivée une autre facette de son pays, aussi anxieuse, pleine d'espoir et impatiente qu'une immigrée tout juste débarquée de ses terres lointaines. Le chapelet de villes et de hameaux qui entourait le port de Hampton Roads — Newport News et Hampton au nord, Portsmouth, Norfolk et Virginia Beach au sud — regorgeait de ces migrants de l'intérieur. L'époque où cette région était encore rustique avait reflué au rythme des vagues successives de nouveaux arrivants. Des forêts, des poissonneries et des terres agricoles d'un Etat digne de l'Arcadie antique avait émergé une puissante capitale militaire, un centre névralgique qui accueillait des centaines de milliers d'habitants depuis le début du conflit[107]. A présent, la guerre constituait la principale activité des gens de Hampton Road.

Qu'on l'aborde par la terre ou par la mer, Newport News, avec son vaste complexe de quais de chargement de charbon et d'échafaudages, de grues et de cheminées crachant de la fumée, de rails, d'ascenseurs, de monte-charges et de bassins de mouillage sur la rivière James, donnait une idée de toute la puissance que l'armée américaine, de l'ampleur d'un complexe de fabrication et de production aux proportions presque inconcevables, d'un empire militaro-industriel à son apogée, sans égal dans toute l'histoire de l'humanité. Des centaines de contremaîtres et de gréeurs maniaient des treuils et chargeaient des caisses de rations et de munitions dans les cales des bâtiments de guerre qui patientaient à leur poste d'amarrage. Des files de jeeps grimpaient à bord des navires, créant sur les docks des embouteillages comme on n'en n'avait encore jamais vus. Des soldats poussaient des escouades de mules sur des passerelles, des chiens policiers embarquaient à bord de ces vaisseaux avec leurs fidèles compagnons bipèdes. Les troupes alliées stationnées à Camp Patrick Henry, à huit kilomètres de là, sur la route nationale militaire, étaient ensuite acheminées par le train jusqu'aux docks. C'était toute la mosaïque de la population américaine qui défilait là, des jeunes gens ayant à peine franchi le seuil de l'adolescence et des hommes au corps bien découplé, dans la fleur de l'âge et de la virilité, à peine arrivés des métropoles, des bourgades et des campagnes, et qui confluaient vers ces villes de guerre comme les ruissellements d'eau de pluie l'été. C'était aussi là que s'entassaient des régiments de soldats noirs en provenance de tout le pays. Un détachement était entièrement composé de nippo-américains. Des engagés des pays alliés, notamment des médecins-majors chinois et le Premier Régiment caribéen, se présentaient aux officiers du commandement portuaire avant d'appareiller. Des compagnies du Women's Army Corps (WAC) saluaient, raides comme des piquets. L'orchestre du port jouait pour le départ des soldats, « Boogie Woogie Bugle Boy », « Carolina in My Mind », « La Marseillaise » — tous ces airs issus de centaines de cœurs, importés de leurs villes natales[108].

Dans cette ville-champignon, l'essentiel des emplois était dévolu aux femmes. Le spectacle de ces filles en combinaison de travail dans les stations-service de toute la zone devenait si courant qu'il n'attirait plus les regards[109]. Elles ciraient les chaussures, trimaient sur les chantiers navals et peuplaient les bureaux des installations militaires. La main-d'œuvre féminine comblait le vide que laissaient les hommes partis au front, et les entreprises locales déployaient quantité d'efforts extraordinaires pour recruter et retenir des employées de sexe féminin. Le Département de la Guerre eut recours à des femmes mannequins pour qu'elles prennent la pose, debout, dans les vitrines du grand magasin Smith & Welton de Norfolk, avec pour mission d'inciter leurs congénères à se porter candidates à des postes participant à l'effort de guerre[110].

Entre 1940 et 1942, la population civile de la région explosa, passant de 393 000 à 576 000 âmes[111], et c'était sans compter avec un décuplement des effectifs militaires, qui gonfla de 15 000 individus à plus de 150 000[112]. L'industrie de guerre tournait vingt-quatre heures sur vingt-quatre — à raison de trois équipes, huit heures par jour — et les entreprises s'empressaient de maintenir la cadence. Le commerce local était soutenu — trop soutenu dans certains cas : un écriteau indiquant « PRIÈRE DE FAIRE VOTRE LESSIVE CHEZ VOUS » attendait les clients de la laverie du Norfolk Laundromat qui avaient tendance à trop profiter des bonnes choses[113]. A Norfolk, le Norva Theatre organisait des séances de 11 heures à minuit, et des films comme *This Is the Army* et *Casablanca* faisaient salle comble[114]. La danse de ces images à l'écran offrait à la fois un exutoire et une dose roborative de patriotisme. Les actualités, avant et après le film, claironnaient les exploits des Américains sur les champs de bataille. Les studios Walt Disney y participèrent même avec un film d'animation intitulé *Victoire dans les airs*, vantant les vertus des machines volantes comme armes de guerre. Regorgeant de liquidités, les banques restaient ouvertes tard pour encaisser les chèques des travailleurs[115]. Les réseaux de distribution d'eau, les centrales électriques, les établissements scolaires et les hôpitaux s'efforçaient tous de suivre le rythme de croissance de la population. Jour après jour, les nouveaux venus faisaient la queue devant les hôtels, à trois personnes de front. Les propriétaires doublaient leurs loyers et, malgré cela, affichaient encore des listes d'attente[116].

Toutefois, rien n'était autant à même de traduire la taille, l'ampleur et l'impact économique de la guerre sur la région de Hampton Roads que la construction de grands ensembles financés par des fonds fédéraux, dans l'East End de Newport News, destinés à soulager le manque criant de logements pour les travailleurs engagés dans l'effort de guerre. Pour louer l'une de ces 5 200 habitations préfabriquées démontables, 1 200 à Newsome Park, destinées aux noirs, et 4 000 dans Copeland Park, un quartier en tous points identique, conçu pour les blancs, les immigrants devaient faire la queue[117]. De la Quarante-et-Unième Rue à la Quarante-Sixième Rue, de Madison Avenue à Chestnut Avenue, le plus vaste programme au monde de logements rattachés à la défense nationale — deux villes plus petites, séparées l'une de l'autre, à l'intérieur de la grande ville — remédiait en partie à la pénurie d'hébergement dans la péninsule de Virginie.

Dorothy Vaughan arriva à Newport News un jeudi et commença de travailler au Centre aéronautique Langley Memorial le lundi suivant[118]. Le service du personnel tenait à jour un fichier des logements disponibles pour les nouveaux employés, soigneusement segmenté par origines ethniques afin d'« instaurer des relations cordiales » et d'« éviter tout inconvénient »[119]. Pour cinq dollars par semaine[120], Dorothy pouvait bénéficier d'un toit, de deux repas par jour et des attentions délicates de Frederik et Annie Lucy, un couple noir d'une soixantaine d'années[121]. Ils possédaient une épicerie[122] et ouvraient leur spacieux intérieur, situé à la périphérie du lotissement de Newsome Park, aux locataires. Plus vaste que le quartier que Dorothy avait quitté, l'East End était peuplé de familles noires bien établies habitant des maisons proprettes, de commerces locaux prospères et d'une classe moyenne en plein essor ; nombre d'habitants travaillaient déjà sur les docks avant cette période d'expansion. A l'angle de la rue des Lucy, un pharmacien avait acheté un terrain avec le projet d'ouvrir la première pharmacie noire du pays[123]. Il y avait aussi un hôpital tout neuf à proximité : le

Whittaker Memorial avait ouvert un peu plus tôt au cours de l'année 1943, créé par des médecins noirs et construits par des architectes noirs[124].

Son mari et ses enfants au loin, son lieu de vie ayant rapetissé d'une maison spacieuse à une seule pièce, sa valise lui servant de placard, l'existence quotidienne de Dorothy se réduisait à sa plus simple expression. Ces quelques journées de battement suffirent à peine à régler les aspects essentiels de sa nouvelle vie : la localisation de l'église méthodiste africaine la plus proche, les horaires des repas chez les Lucy et les moyens de transport pour se rendre à son travail.

Les autobus et les trolleybus circulaient du matin au soir, déjà bondés de voyageurs avant que ne surgissent les lueurs orange et rose de l'aube, lorsque les employés des équipes de nuit pointant à la fin de leur service croisaient les lève-tôt qui entamaient à peine leur journée. La tension de la guerre n'était nulle part plus évidente que parmi ces foules d'étrangers aux destinées liées qui se bousculaient dans la promiscuité de ces tournées de ramassage. Organiser le déplacement de ces multitudes de gens dans des espaces aussi restreints aurait déjà été compliqué dans les circonstances les plus favorables, mais les réglementations alambiquées des lois Jim Crow régissant les transports en commun transformaient les allers-retours entre le domicile et le travail en épreuve pour tous les usagers*. Les blancs montaient et descendaient par l'avant du bus[125] et s'asseyaient dans la partie blanche, à l'avant. Les noirs étaient censés entrer et sortir par une porte à l'arrière et trouver de la place dans le fond, derrière la ligne séparant les « gens de couleur » des autres voyageurs ; si l'arrière du véhicule était plein, ils étaient aussi censés céder leurs sièges aux usagers blancs. La plupart du temps, du fait de l'absence de contrôleurs à l'arrière, les noirs entraient en fait par la porte avant et devaient se

* Les lois Jim Crow, série d'arrêtés et de règlements promulgués par les communes du Sud entre 1876 et 1955, restés parfois en vigueur jusqu'en 1965, étaient l'un des fondements de la ségrégation au quotidien. (NdT)

frayer un passage au milieu d'une file de passagers blancs afin de gagner la partie réservée aux noirs. Ensuite, pour quitter le bus, ils devaient jouer des coudes dans l'allée centrale. Et si des passagers blancs à bord d'un des trop rares véhicules dotés de deux contrôleurs de la compagnie se retrouvaient à l'arrière, ils devaient eux aussi se faufiler jusqu'à l'avant, car la loi interdisait aux blancs d'utiliser la porte arrière. Si les lois ségrégationnistes étaient conçues pour réduire les risques de friction en maintenant les deux communautés ethniques séparées, dans la pratique, elles avaient l'effet inverse.

Des bus surchargés, une semaine de travail de six jours, du bruit et des chantiers en permanence, des pénuries de sucre, de café, de beurre et de viande, de longues files d'attente pour tout, du comptoir de la cafétéria, à l'heure du déjeuner, jusqu'à la station-service... D'un bout à l'autre des Etats-Unis, les contraintes de la vie quotidienne dans ces villes-champignons poussaient des relations interethniques et communautaires déjà tendues à la limite de la rupture. Jusqu'alors, Hampton Roads avait évité les affrontements qu'avaient connus Detroit, Mobile et Los Angeles, où les tensions entre blancs et noirs (et, à Los Angeles, entre les jeunes mexicains, noirs et philippins en tenues zazou et les militaires blancs qui les agressaient) avaient dégénéré en confrontations violentes.

Alors que les résidents blancs de ces villes en croissance exponentielle pouvaient croire ces conflits engendrés par la guerre, les noirs, depuis longtemps habitués à l'hostilité ethnique en situation de promiscuité, étaient las de ces mêmes vieilles batailles. Ceux que l'on surprenait aux places assises dans les sections blanches des bus et des trolleys, si bondés soient-ils, s'exposaient à des amendes. Plus d'un de ces contrevenants se faisait traîner hors des bus, certains sous les volées de coups des policiers. Des membres d'un club féminin, au nom français, « Les Femmes », écrivirent un courrier à la compagnie d'autobus pour se plaindre du traitement désobligeant que les chauffeurs infligeaient régulièrement aux noires[126]. Sur un itinéraire entre Newport News et Hampton, un conducteur refusa l'accès au véhicule à des noirs vêtus en uniforme de l'armée[127]. Partout aux Etats-Unis, certains considéraient les soldats noirs comme des individus qui n'avaient pas su rester à la place qui leur était assignée, s'attirant des insultes et même des coups.

Depuis l'accostage du premier navire transportant des Africains réduits à l'esclavage à Old Point Comfort, sur les rivages de Hampton, en 1609, la résistance noire à cette injustice était demeurée vivace. Toutefois, la guerre et la phraséologie qui l'accompagnait suscitèrent chez les membres de la communauté noire une volonté impérieuse de voir leur pays solder sa dette à leur égard, longtemps demeurée en souffrance. « Des hommes de toute croyance et de toute race, où qu'ils vivent dans le monde[128] » avaient droit à « Quatre Libertés »[129] : la liberté de parole et d'expression, la liberté de culte, la liberté de vivre à l'abri de la peur et de la liberté de vivre à l'abri du besoin, avait déclaré Roosevelt, en s'adressant au peuple américain, lors de son discours sur l'Etat de l'Union, pour l'année 1941. Il engageait les Etats-Unis à vaincre les dictateurs qui priveraient les autres de liberté. Les noirs se joignirent à leurs concitoyens dans un même refus des horreurs que l'Allemagne avait imposées à ses citoyens juifs en exerçant des restrictions sur le type de professions qu'ils étaient autorisés à exercer et les entreprises qu'ils pouvaient créer, les emprisonnant sans raison et les privant de l'accès à une justice équitable et de tous leurs droits de citoyens, les soumettant à des humiliations et à des violences approuvées par l'Etat, en les reléguant dans des ghettos et, enfin, en les forçant à travailler jusqu'à la mort dans des camps et en les vouant à l'extermination. Comment un noir américain aurait-il pu observer l'anéantissement à l'œuvre en Europe sans songer aux quatre siècles de lutte de ses ancêtres contre les privations, à la suppression de son droit de vote, à l'esclavagisme et à la violence ?

L'Ordre Exécutif 8802 et l'instauration de la Commission pour des pratiques non-discriminatoires en matière d'emploi avaient suscité une vague d'optimisme, et nombreux avaient été ceux, au sein de la communauté noire, à espérer que les portes de l'avenir qui s'ouvraient enfin ne se refermeraient jamais. Mais près de trente ans plus tôt, la Première Guerre mondiale avait aussi été présentée comme l'événement qui scellerait la rupture avec le préjugé racial. « Grâce à des milliers de vos fils dans des camps militaires et en France, vous ne devez rien espérer de moins de ce conflit que la jouissance de droits de citoyenneté pleins et entiers — les mêmes que ceux dont jouissent tous les autres citoyens », avait juré le président Woodrow Wilson, originaire de Virginie, aux noirs américains, lors du précédent conflit mondial[130]. Dès cette époque, les noirs étaient prêts à donner leur vie en échange de ce legs attendu depuis si longtemps. Mais l'armée leur interdisait de servir aux côtés des blancs, les jugeant mentalement inaptes aux rigueurs du combat. La plupart d'entre eux furent affectés à des bataillons de travail, en tant que cuisiniers, contremaîtres, manœuvres et fossoyeurs. Les rares qui réussirent à se hisser au rang des officiers devaient utiliser des latrines répugnantes, des uniformes de deuxième main, des douches ségréguées et subir l'irrespect des soldats blancs. Un homme qui avait survécu aux périls du champ de bataille frayait avec le danger rien qu'en marchant dans les rues de sa ville natale en uniforme.

L'opposition inflexible de Charles Hamilton Houston à la discrimination institutionnalisée de l'Amérique venait en partie de ses expériences de jeune soldat en France durant la Première Guerre mondiale. L'homme qui deviendrait le principal juriste de la NAACP et les autres soldats de couleur de son régiment avaient souffert de mauvais traitements continuels de la part d'officiers blancs. Finalement de retour aux Etats-Unis, Houston et l'un de ses amis, encore en uniforme, rentraient chez eux en train quand un blanc refusa de s'asseoir à côté d'eux dans la voiture-restaurant. « J'étais sacrément content de ne pas avoir perdu la vie en me battant pour mon pays », se souvenait-il, en 1942, dans un éditorial publié par le *Pittsburgh Courier*[131].

Après la Guerre de Sécession et pendant l'époque de la Reconstruction, le gouvernement fédéral avait rendu des postes accessibles aux noirs, en offrant une chance d'ascension sociale en particulier à ceux qui étaient issus de milieux instruits. A la fin du XIXe siècle, la réforme de la fonction publique avait réduit le népotisme et la corruption et introduit un système méritocratique permettant aux noirs de poser le pied sur le premier barreau de l'échelle. Sous la présidence de Woodrow Wilson, en revanche, le rideau de fer de la ségrégation s'abattit sur les emplois fédéraux. Un règlement de 1915 requérant une photo pour tout dossier de candidature faisait de l'origine ethnique un élément crucial avant la prise de décision finale[132]. Au sein d'entités administratives aussi diverses que le Bureau des Gravures et Impression, équivalent de l'Imprimerie nationale française, la Poste des Etats-Unis et le Département de la Marine, les fonctionnaires de l'administration Wilson provoquèrent une véritable débâcle, purgeant les effectifs de la fonction publique de leurs hauts fonctionnaires noirs[133]. Ceux qui restaient furent relégués dans des régions où sévissait la ségrégation ou bien cantonnés derrière des rideaux, de manière à ce que les fonctionnaires et visiteurs blancs ne soient pas obligés de les voir.

L'intransigeance des forces opposées à la revendication égalitaire des noirs apparut avec une évidence criante, presque insupportable, en 1943, dans cette réflexion de Mark Etheridge, rédacteur en chef du *Louisville Courier-Journal*, qui avait été le premier président de la Commission pour des pratiques non-discriminatoires en matière d'emploi. « Il n'existe pas une seule puissance au monde — même pas dans toutes les armées mécanisées de la terre, celles des Alliés ou celles de l'Axe — qui serait aujourd'hui capable de forcer les blancs du Sud à renoncer au principe de la ségrégation sociale », déclarait-il, en homme blanc et en progressiste souvent vilipendé pour son soutien à la promotion sociale des noirs[134]. Le système qui cantonnait la communauté noire tout en bas de l'échelle de la société américaine était si profondément enraciné dans l'histoire du pays qu'il demeurait imperméable aux idéaux d'égalité propres à l'Amérique. Les restaurants qui refusaient de servir Dorothy Vaughan ne voyaient aucun inconvénient à servir les Allemands d'un camp de prisonniers de guerre regroupés dans un centre de détention sous le pont de la rivière James, à Newport News. Cette contradiction écartelait les « nègres », à titre individuel et en tant que peuple, soumettait leur identité américaine à un conflit à outrance avec leur âme noire. Ce supplice permanent d'une double conscience trouva une voix dans le livre éclairant de W.E.B. Du Bois, *The Souls of Black Folk* [Les Ames du peuple noir][*135].

Les membres les plus véhéments de la communauté refusaient d'intérioriser cette contradiction, assimilant ouvertement les dirigeants racistes de régimes étrangers que l'Amérique avait pris l'initiative d'anéantir aux racistes américains qu'elle choisissait d'accepter. « Toutes ces brutalités perpétrées par les Allemands au nom de la race, dans nos territoires du Sud, on inflige régulièrement les mêmes au Nègre, elles font partie de son pain quotidien », expliquait Vernon Johns, le mari d'Altona Trent Johns, l'ancienne collègue de Dorothy Vaughan[136]. Le « brillant prédicateur érudit » de Farmville s'était acquis une renommée à l'échelle nationale grâce à ses sermons éloquents et à ses opinions non-conformistes sur le progrès racial[137]. Pour l'époque, ses idées étaient radicales. Toutefois, sa ligne politique sans compromis face à toutes sortes de sévices racistes exercerait une influence à la fois directe et indirecte sur les actions lancées en matière de droits civiques au cours des années 1950 et 1960.

Les quotidiens noirs — ouvertement partisans sur les questions touchant aux « gens de couleur » — refusaient de se censurer, malgré la menace du gouvernement fédéral de porter contre eux des accusations de sédition. « Aidez-nous

* William Edward Burghardt Du Bois (1868-1963), sociologue, historien militant des droits civiques, premier diplômé afro-américain de Harvard, et l'un des fondateurs de la NAACP. (NdT)

d'abord à accéder à certains des bienfaits de la démocratie, ici, chez nous, avant de sauter en marche dans le train de la "libération des autres peuples" et de nous prier d'aller mourir dans un pays étranger », déclarait P.B. Young, propriétaire du *Norfolk Journal and Guide*, dans un éditorial de 1942[138]. Comme dans toutes les affaires relatives à la sécurité, à l'éducation, à la mobilité économique, au pouvoir politique et à l'humanité, la presse noire affichait sans retenue les sentiments de ses lecteurs vis-à-vis de la guerre.

James Thompson, employé de cafétéria âgé de vingt-six ans, formulait avec éloquence le dilemme « nègre » dans une lettre qu'il adressa au *Pittsburgh Courier* : « Etant un Américain au teint foncé, écrivait Thompson, ces questions me traversent l'esprit[139] : "Dois-je sacrifier ma vie pour vivre en demi-Américain ?"... "L'Amérique que je connais mérite-t-elle d'être défendue ?"... "Les Américains de couleur subiront-ils encore les sévices indignes qu'on leur a infligés par le passé ?" Ces questions-là, et d'autres encore, appellent une réponse ; je veux le savoir, et je crois que tout Américain de couleur, qui réfléchit, le veut également. »

Pourquoi nous battons-nous ? se demandaient-ils.

Question qui se répercutait sous les plafonds voûtés de l'auditorium de l'Ogden Hall, à l'Institut Hampton. Elle résonnait dans les sanctuaires de la Première Eglise baptiste, de l'église baptiste de Queen Street, de l'église méthodiste africaine de Bethel et de milliers d'églises noires dans tout le pays. Elle planait au Club de l'United Service Organization (USO) de King Street, l'un des nombreux centres destinés à maintenir un moral élevé sur le front intérieur ; l'USO appliquait elle-même la ségrégation, avec des clubs séparés pour les « nègres », les blancs et les juifs*. Elle dominait les gros titres du *Pittsburgh Courier*, du *Norfolk Journal and Guide*, du *Baltimore Afro-American*, du *Chicago Defender*, et de tous les autres journaux noirs du pays. La communauté

* L'USO (United Services Organization), créée en 1941, offre des programmes et services de divertissement aux personnels militaires. (NdT)

noire posait la question, en privé et en public, et sur tous les tons possibles : celui de la rhétorique, de la colère, de l'incrédulité, de l'espoir. Que signifiait cette guerre, pour « le dixième homme de l'Amérique », ce citoyen sur dix qui faisait partie du groupe minoritaire le plus important du pays ?

Ce n'étaient pas des agitateurs du Nord qui poussaient les noirs à remettre leur pays en cause, comme tant de blancs du Sud voulaient le croire. Ce qui inspirait le peuple noir, c'était leur fierté, leur patriotisme, leur foi profonde, indéfectible dans la possibilité d'une démocratie. Et pourquoi pas, en effet ? Qui connaissait la démocratie américaine plus intimement que le peuple noir ? Du fait même de son absence profonde et persistante dans leurs existences, les noirs connaissaient toutes les vertus, tous les vices et tous les défauts de ce régime, ils savaient identifier sa voix et son profil. L'incapacité à se voir assurer les bienfaits de la démocratie, tel était le trait distinctif qui définissait le mieux leur vie en Amérique. Tous les dimanches, ils se dirigeaient vers les sanctuaires de leur foi et priaient avec ferveur le Seigneur de leur envoyer un signe que la démocratie leur deviendrait enfin accessible.

Quand la république américaine leur fit à nouveau signe, après l'attaque de Pearl Harbor, ils serrèrent les rangs, comme ils l'avaient fait pendant la guerre d'Indépendance, la guerre de Sécession, la guerre hispano-américaine, la Première Guerre mondiale et toutes les autres guerres de l'Amérique ; ils se tinrent fin prêts à combattre, pour l'avenir de leur pays, et pour le leur. Les églises noires, les *sororities* et *fraternities*, ces associations d'étudiantes et d'étudiants noirs, la Ligue urbaine, le Conseil national des femmes noires, Les Femmes Sans Souci*, les Bachelor-Benedict, les collèges universitaires noirs d'un bout à l'autre du pays — tous, ils passèrent à l'action en faisant preuve d'une capacité

* En français dans le texte. (NdT)

d'organisation qui éclipsa celle du gouvernement fédéral*. La presse noire faisait office de corps des transmissions, assurant la communication entre les dirigeants et les troupes sur le terrain, faisant circuler le mot d'ordre, afin que la communauté noire avance en synchronie avec l'Amérique, mais surtout, plus important encore, qu'elle fasse bloc. Chacune de ses actions portait l'espoir de la victoire finale.

De la fêlure omniprésente de leur conscience divisée en deux naquit cette idée de la double victoire, formulée par James Thompson dans sa lettre au *Pittsburgh Courier* : « Que les Américains de couleur adoptent le double V, marque d'une double victoire ; le premier V pour la victoire sur nos ennemis de l'extérieur, et le deuxième pour la victoire sur nos ennemis de l'intérieur. Car il est certain que ceux qui nourrissent ces épouvantables préjugés cherchent tout aussi sûrement que les forces de l'Axe à détruire ce qui constitue notre mode de gouvernement démocratique »[140].

Le premier jour de décembre 1943, alors que les dirigeants des Etats-Unis, de Grande-Bretagne et de Russie concluaient la conférence de Téhéran au cours de laquelle ils planifièrent une invasion de la France pour l'été 1944 — une opération qui resterait dans l'histoire sous le nom de D-Day, ou Jour-J —, Dorothy Vaughan veillait à se placer derrière la ligne marquant la partie réservée aux gens de couleur à bord du bus du réseau Citizens Rapid Transit, en route pour sa première journée de travail au laboratoire aéronautique de Langley Memorial.

* La National Urban League, créée en 1910 à New York, est la plus ancienne association de défense des droits civiques des noirs américains ; le National Council of Negro Women (Conseil national des femmes noires), fondé en 1935 à Washington, est une association de promotion sociale des femmes noires ; le Bachelor-Benedict Club fut fondé en 1910 par des noirs de la haute bourgeoisie, notamment le fils du seul Afro-Américain élu gouverneur de Louisiane. (NdT)

5

*Une destinée manifeste**

Lors de sa première journée à Langley, Dorothy Vaughan passa la matinée au service du personnel à remplir les documents requis. Levant la main droite, elle prêta le serment de la fonction publique des Etats-Unis, confirmant ainsi son statut d'employée de la Commission nationale consultative de l'aéronautique. Mais ce fut son badge d'employée — un cercle de métal bleu où apparaissait sa photo encadrée du logo aux deux paires d'ailes de la NACA — qui scella son statut de membre du club, de porteuse d'un insigne qui lui permettait d'avoir librement accès aux installations du laboratoire. En montant dans le bus de Langley qui assurait la navette et l'attendait, Dorothy Vaughan se dirigeait vers sa destination finale, dans la Zone Ouest du laboratoire.

« Si le responsable du personnel juge bon de t'affecter sur une terre lointaine et désolée, une terre de marais et de moustiques innombrables connue sous le nom de Zone Ouest, ne le maudis pas. Mais équipe-toi de cuissardes, tiens compte de ce que ton hospitalisation sera prise en charge, lance-toi dans ce safari qui te mènera au cœur d'un désert sauvage et désolé, et ne rumine pas sur ton triste sort », plaisantait

* *Manifest Destiny*, notion apparue en 1845 sous la plume d'un journaliste, désigne la croyance en une mission divine de la nation américaine : diffuser la démocratie et la civilisation vers l'Ouest. (NdT)

un contributeur dans la lettre d'information hebdomadaire des employés, *Air Scoop*[141].

Depuis sa création en 1917, les travaux du laboratoire étaient restés concentrés dans l'enceinte de la base militaire de Langley Field, sur les rives de la Back River, à Hampton, dans la baie de Cheasapeake. Doté au début d'un seul bâtiment, celui de l'Administration, avec une unique soufflerie, le laboratoire avait grandi jusqu'à ce que des contraintes de place le poussent vers l'ouest, sur plusieurs vastes terrains dont la provenance remontait aux plantations de l'ère coloniale. Certains Hamptoniens se rappelaient encore que ces drôles de gens du laboratoire avaient sauvé la ville du marasme économique, à l'époque de la Prohibition. Enormément de citoyens de Hampton gagnant leur vie grâce à la vente de liqueurs, au cours de la deuxième décennie du XXe siècle, la pénurie d'approvisionnement en alcool qui s'abattit sur le pays s'avéra potentiellement catastrophique[142]. Le greffier du tribunal de la ville, Harry Holt, faisant discrètement cause commune avec plusieurs de ses acolytes comprenant Frank Darling, magnat de l'ostréiculture, dont l'entreprise, J. S. Darling et Fils, était la troisième entreprise de conditionnement d'huîtres du monde, entreprit de racheter en catimini des parcelles autrefois propriétés de riches virginiens, notamment George Wythe. Holt regroupa ces parcelles et les revendit au gouvernement fédéral, pour que ce dernier puisse y installer l'aérodrome et le laboratoire. « L'avenir de cette portion favorisée de la Virginie est assuré », pavoisa le journal local[143]. C'était l'événement le plus crucial qui soit arrivé à cette région depuis que Collis Huntington avait installé ses chantiers navals à Newport News. Les autochtones étaient tellement ravis de recevoir « l'énergie dispensatrice de vie » de l'argent fédéral qu'ils ne tinrent même pas rigueur à Holt et à ses comparses du coquet bénéfice qu'ils réalisèrent grâce à cette opération de spéculation foncière[144].

La construction de la Zone Ouest débuta véritablement en 1939. Et, en ce jour où Dorothy et les autres passagers de la navette arrivaient au bout de la petite route de campagne boisée qui reliait les deux parties de l'enceinte, le panorama s'ouvrait sur un paysage étrange composé de bâtiments terminés, en brique, hauts de deux étages, et de chantiers de construction où des édifices à moitié achevés se dressaient au milieu de terrains qui n'étaient encore que des friches. Derrière un bâtiment se dressait une gigantesque conduite de métal cerclé, haute de trois étages, évoquant une chenille échappée du cerveau de H. G. Wells. Ce circuit d'air pulsé, baptisé « Soufflerie à grande vitesse de 4,90 mètres », fut achevé deux jours seulement avant l'attaque contre Pearl Harbor et formait un circuit fermé inscrit dans un rectangle de 91 mètres de longueur sur une trentaine de largeur. Ajoutant à l'aspect futuriste du paysage, dès 1942, tous les bâtiments de la Zone Ouest — en fait, tous les bâtiments du laboratoire et tous ceux qui composaient la base aérienne — avaient été peints en vert foncé, un camouflage destiné à protéger les lieux contre une attaque éventuelle des forces de l'Axe.

Le bus de la navette fit le tour de la Zone Ouest, s'arrêta pour déposer Dorothy devant la porte d'un avant-poste : l'Entrepôt. Rien ne distinguait ce bâtiment ou ses bureaux des autres espaces anonymes figurant à l'inventaire des immeubles du laboratoire : mêmes fenêtres étroites avec vue sur des chantiers de construction progressant à une cadence frénétique, mêmes éclairages de bureau blafards, faits de plafonniers à néons, même mobilier officiel, des tables disposées comme des pupitres dans une salle de classe. Avant même de franchir le seuil de ce qui serait désormais son lieu de travail quotidien, Dorothy entendit la musique des machines à calculer à l'intérieur de la pièce : un déclic, chaque fois que l'opératrice tapait sur une touche pour saisir un chiffre, une suite de claquements en réponse à une touche d'opération, et un véritable roulement de tambour quand la machine effectuait un calcul complexe ; l'ensemble évoquait la salle de répétition des percussionnistes de l'armée. Le même phénomène se répétait dans toutes les salles où des femmes étaient absorbées dans des recherches en aéronautique au plus haut niveau de précision, du pôle central de calcul de la Zone Est aux groupes plus restreints de calculatrices humaines rattachées à des souffleries ou à des groupes d'ingénieurs plus spécifiques. Seule différence entre les autres salles de Langley et celle où elle entra, les femmes assises à ces postes de travail, occupées à soutirer à leurs machines des réponses à la question « *qu'est-ce qui permet de voler* ? », étaient noires.

Les femmes blanches de l'Institut universitaire pédagogique, en face de la maison de Dorothy, à Farmville, et celles de Sweetbriar, Hollins et du New Jersey College pour femmes, opéraient ensemble, au sein du pôle de calcul de la Zone Est. Dans la Zone Ouest, le bureau de calcul où Dorothy commencerait à travailler, les instrumentistes de la symphonie des machines à calculer venaient de l'université d'Etat de Virginie réservée aux noirs, de la Faculté d'Agriculture, de Mécanique et Institut universitaire de l'Arkansas et de l'Institut Hampton. Cette salle, aménagée pour accueillir une vingtaine d'employés, était presque pleine. Miriam Mann, Pearl Bassette, Yvette Brown, Thelma Stiles et Minnie McGraw vinrent y occuper les cinq premières places, fin mai. Au cours des six mois suivants, d'autres diplômées du cours de formation de l'Institut féminin d'ingénierie de Hampton rejoignirent le groupe, ainsi que d'autres femmes venues d'encore plus loin, comme Lessie Hunter, diplômée de l'université de Prairie View, au Texas. Comme Dorothy, elles apportaient souvent avec elles à ce poste des années d'expérience dans l'enseignement.

Dorothy prit place, et les autres femmes la saluèrent, au milieu du vacarme des machines à calculer ; sans avoir à leur poser la question, elle savait qu'elles faisaient toutes partie de la même confédération de facultés réservées aux noirs, d'associations d'anciens élèves, d'organisations civiques et d'églises noires. Nombre d'entre elles appartenaient à ces *sororities* estudiantines dont le nom grec s'écrivait en caractères cyrilliques, comme Delta Sigma Theta ou Alpha Kappa Alpha, où elle s'était elle-même inscrite, à Wilberforce. Et, en occupant ces postes de la section de Calcul Ouest, à Langley, elles avaient désormais prêté allégeance à l'une des *sororities* les plus fermées de la planète. En 1940, seuls 2 % à peine des femmes noires étaient titulaires d'un diplôme universitaire, et 60 % de ces femmes devinrent enseignantes, surtout dans l'enseignement élémentaire et les lycées et collèges[145]. Très exactement aucune de ces diplômées ne devint ingénieure[146]. Et pourtant, à une époque où tout juste 10 % des femmes blanches et pas même un tiers des hommes blancs étaient détenteurs d'un diplôme d'études supérieures[147], les calculatrices de la Zone Ouest avaient trouvé un emploi et s'étaient rencontrées dans le « meilleur complexe de recherche aéronautique du monde »[148].

Devant la salle, comme des professeures, étaient assises deux anciennes calculatrices de la Zone Est : Margery Hannah, chef de la section Calcul Ouest, et son assistante, Blanche Sponsler. Grande et mince, des yeux immenses dissimulés derrière des lunettes qui l'étaient encore plus, Margery Hannah avait commencé de travailler au laboratoire en 1939 après être sortie diplômée de l'université d'Etat de l'Idaho, alors que, depuis peu, le pôle Calcul de la Zone Est avait dépassé les capacités des locaux qu'il partageait avec la physicienne Pearl Young[149]. Mme Young, embauchée en 1922 et qui fut pendant presque vingt ans la seule femme ingénieure du laboratoire, y occupait à présent la fonction d'éditeur technique (la « critique anglaise », comme on l'appelait d'ordinaire) et dirigeait une petite équipe, essentiellement féminine, responsable de la fixation des normes des rapports de recherche de la NACA[150]. Virginia Tucker, que son ascension avait conduite au poste de chef de l'unité, dirigeait tout le département calculs de Langley, composé de deux cents femmes, et supervisait le travail de Margery Hannah et des autres chefs de section. Le travail confié à une section en particulier émanait généralement du sommet de la pyramide : des ingénieurs venaient soumettre des missions de calcul à Virginia Tucker ; cette dernière redistribuait ces tâches aux chefs de section, qui répartissaient ensuite le travail. Avec le temps, les ingénieurs finirent aussi par apporter directement leurs travaux au chef de section, ou même à une jeune femme en particulier dont ils appréciaient le sérieux.

Le manque de personnel affectant les capacités du laboratoire à exécuter des calculs d'amélioration de la traînée et d'autres tests destinés à rendre les appareils militaires aussi puissants, sûrs et économes en carburant que possible, les calculatrices de la Zone Ouest apportaient à l'intensification des efforts de recherche de l'Agence un contingent de cerveaux indispensables. Au cours des trois années suivantes, la NACA projetait de doubler la taille de la Zone Ouest. La maison mère de Langley avait donné naissance à deux nouveaux laboratoires : le Laboratoire aéronautique Ames, à Moffett Field, Californie, en 1939, et le Laboratoire de recherche sur les moteurs d'avions de Cleveland, Ohio, en 1940. Pour mettre sur pied leurs premières équipes, les deux laboratoires puisèrent dans les effectifs de Langley, notamment parmi les calculatrices. L' Agence s'efforçait tant bien que mal de soutenir le rythme du miracle productif de l'industrie aéronautique américaine, passée du troisième rang de l'appareil industriel des Etats-Unis en 1938 au premier rang *mondial* en 1943.

Demeuré depuis le début de son existence une entité indépendante et de petite taille, ce laboratoire, figure de proue de la NACA, s'était transformé en structure bureaucratique aux strates multiples, regorgeant de nouveaux visages. Les groupes d'ingénierie gagnant en nombre et en complexité, l'emploi du temps quotidien d'un employé était moins sujet aux révolutions du laboratoire dans son ensemble qu'aux fluctuations de chaque groupe de travail. Les employés prenaient toujours place aux côtés des mêmes personnes pour le café du matin, déjeunaient ensemble, à l'horaire qui leur était attribué à la cafétéria, et, ensemble, repartaient pour attraper le bus de la navette du soir. *Air Scoop* publiait de tout, des comptes rendus d'interventions de notables de l'aéronautique aux résultats de championnat de softball en salle et au programme de bal du Noble Ordre de la Vache Verte, le club à la mode des membres blancs du laboratoire. Ce bulletin hebdomadaire tenait les personnels informés de toute cette activité permanente et entretenait le moral des troupes, mais au cours d'une année hallucinante où les effectifs du laboratoire allaient pratiquement doubler, il n'était pas facile pour les employés de prendre pleinement la mesure de l'impact de la mission si singulière de cet organisme ou de l'ensemble peu ordinaire des individus qui la menaient à bien.

Mais tout juste un mois avant l'arrivée de Dorothy, *Air Scoop* couvrit la visite-éclair d'une journée du Secrétaire à la Marine, Frank Knox, au laboratoire. Mille cinq cents employés entrèrent à la file dans le Laboratoire de recherches d'ingénierie des structures, un vaste complexe situé à l'autre bout d'un terre-plein poussiéreux, en face de l'Entrepôt, pour y entendre l'allocution du ministre Knox. Il félicita la NACA d'avoir pris la tête de toutes les agences fédérales dans les souscriptions de titres d'emprunt de guerre — un support plus étoffé que les timbres d'épargne de guerre en vente au collège Moton — et fit l'éloge de ses employés dont les recherches avaient permis de transformer un prototype de bombardier en piqué à la fiabilité médiocre en appareil « lent mais meurtrier », le SBD Dauntless, un atout décisif dans la bataille de Midway et la victoire remportée par la marine américaine, en juin 1942.

« Vous, hommes et femmes qui travaillez ici loin du tonnerre des tambours et des canons, en qualité de civils, conformément à vos qualifications hautement spécialisées, vous gagnez la part de cette guerre qui vous incombe : la bataille de la recherche, déclara-t-il[151]. Cette guerre se livre dans les laboratoires autant que sur les champs de bataille. »

Les employés occupaient toute la salle, des premiers rangs jusqu'au fond ; cette masse humaine saturait cet immense volume comme un gaz dans un ballon d'air chaud. Le ministre

Knox, réduit à un simple point, se tenait sur une estrade devant un gigantesque drapeau américain[152]. Des premiers aux derniers rangs, les hommes blancs prédominaient, en tenues variées, une alternance de chemises avec cravate, de vestes et de pulls, plus un bon nombre de combinaisons de mécaniciens et de manœuvres. Un petit groupe d'éminents personnages en costume de tweed, identifiés par un brassard, composaient l'escorte du secrétaire à la Marine et son entourage, postés devant l'estrade, sur le côté. Les jeunes prodiges de l'époque — John D. Bird, Francis Rogallo, John Becker, dont les noms circulaient déjà dans les hautes sphères de la discipline — étaient assis quelques rangées plus en retrait, tout sourire. Une vingtaine d'hommes noirs se tenaient regroupés dans le coin gauche, tous vêtus de blouses et de salopettes, une tenue parfois agrémentée d'une casquette de crieur de journaux ou d'un chapeau à larges bords. Des femmes blanches étaient disséminées dans la foule, un bon nombre au premier rang, leur jupe longue jusqu'aux genoux sagement assortie de souliers pratiques, capables de résister à tous les trajets dans l'enceinte de Langley. D'autres visages féminins encadraient celui de John Becker — des visages à la peau brune, observant la scène au milieu de l'auditoire. Thelma Stiles souriait, les lunettes de Pearl Bassette scintillaient sous la lumière des flashs. La tête minuscule de Miriam Mann était à peine visible au-dessus d'une marée d'épaules. Qui aurait pensé qu'un tel mélange de noirs et de blancs, d'hommes et de femmes, de cols bleus et de cols blancs, de ceux qui travaillaient de leurs mains et de ceux qui maniaient les chiffres, était réellement possible ? Et qui aurait deviné que Hampton, une ville du Sud, en Virginie, serait le lieu d'un tel mélange ?

Après la présentation, les femmes de Calcul Ouest se dirigèrent vers la cafétéria[153]. Des employés qui ne se voyaient jamais, qui travaillaient au sein de groupes ou dans des bâtiments différents, pouvaient s'y croiser, entrevoir Henry Reid ou le très flegmatique secrétaire général de la NACA, John Victory, en ville pour une visite, ou peut-être entendre les déclarations savoureuses de John Stack, qui dirigeait les souffleries utilisées dans les recherches sur les hautes vitesses. Trente petites minutes avant de retourner travailler. Juste le temps d'un repas chaud et d'une petite conversation.

La plupart des groupes se retrouvaient ensemble à la même table, par habitude. Pour les Calculatrices Ouest, c'était par obligation. Un écriteau en carton blanc était posé sur une table dans le fond de la cafétéria, avec des lettres noires aux contours nets, indiquant clairement la hiérarchie en vigueur dans cette salle à manger : CALCULATRICES DE COULEUR[154]. C'était le seul écriteau de la cafétéria de la Zone Ouest ; aucun autre groupe ne se voyait attribuer ses places de cette façon. Les gardiens, les manœuvres et les employés de la cafétéria eux-mêmes ne prenaient pas leur déjeuner dans la cafétéria principale. Les femmes de Calcul Ouest étaient les seules employées noires du laboratoire — pas exactement exclues, mais pas tout à fait incluses pour autant.

Dans la hiérarchie des vexations d'ordre racial, cet écriteau n'avait rien d'inhabituel. Il ne présageait nullement des violences racistes susceptibles de surgir de nulle part, de frapper même les noires les plus à l'abri sur le plan économique, comme du kérosène que l'on verserait sur des braises encore rougeoyantes. C'était le genre de ségrégation ordinaire qu'avec les années les noires avaient appris à tolérer, si ce n'est à accepter, afin de pouvoir vaquer à leurs occupations quotidiennes. Mais là, dans l'environnement si noble de ce laboratoire, un lieu où on les avait sélectionnées pour leurs facultés intellectuelles, cet écriteau semblait particulièrement ridicule et, en un sens, encore plus offensant.

Elles tentèrent de l'ignorer, de l'écarter pendant leur déjeuner. Au bureau, les femmes s'estimaient toutes égales. Mais à la cafétéria, et dans les toilettes destinées aux calculatrices de couleur, ces écriteaux rappelaient que même au sein de la méritocratie de la fonction publique des Etats-Unis, même après l'Ordre exécutif 8802, certains restaient plus égaux que d'autres. Même l'intitulé anodin du groupe était à la fois purement descriptif et un peu trompeur, permettant au laboratoire de se conformer au Fair Employment Act, la loi sur l'égalité de l'emploi* — Calcul Ouest étant simplement une description fonctionnelle dans l'organigramme —, tout en visant à se concilier les lois discriminatoires du Commonwealth de Virginie, selon le principe « séparés, mais égaux ». Cet écriteau de la cafétéria constituait la preuve que la loi ouvrant aux Calculatrices Ouest les portes de Langley ne pouvait rivaliser avec les lois de l'Etat qui les maintenaient à leur place, séparées des autres. La porte d'entrée du laboratoire était ouverte, mais beaucoup d'autres restaient closes, comme celles du Anne Wythe Hall, un dortoir pour les femmes blanches célibataires travaillant à Langley[155]. Alors que Dorothy parcourait tous les matins plusieurs rues à pied, de la maison des Lucy jusqu'au bus, les femmes du dortoir bénéficiaient d'un service de transport spécial. Les noires n'avaient pas la faculté de changer cela, pas plus que les toilettes séparées destinées aux « Femmes de couleur ». Mais cet écriteau, à la cafétéria…

C'est Miriam Mann qui avait finalement décidé que c'en était trop. « Tiens, voilà mon écriteau du jour », s'écriait-elle à son entrée dans la cafétéria, en apercevant le carton imprimé désignant leur table au fond de la salle[156]. Du haut de son petit mètre cinquante, ses pieds effleuraient à peine le sol quand elle s'asseyait ; sa force de caractère, exceptionnelle, était inversement proportionnelle à sa taille minuscule.

Les Calculatrices Ouest regardaient leur collègue retirer le carton et le reléguer dans les profondeurs de son sac à main, un petit acte de défiance inspirant à la fois de l'angoisse et un sentiment d'affirmation[157]. Ce rituel se répétait avec une absurde régularité. L'écriteau, placé par une main invisible, rendait explicites les règles non avouées de la cafétéria. Dès que Miriam l'escamotait, l'objet s'absentait quelques jours, peut-être une semaine, voire plus longtemps, avant d'être remplacé par un nouvel écriteau parfaitement identique,

* Le Fair Employment Act était l'autre appellation de l'Ordre exécutif 8802, signé le 25 juin 1941. (NdT)

aux lettres d'une fixité tout aussi menaçante que celles de son prédécesseur.

Ces écriteaux et leur escamotage étaient un sujet de conversation récurrent parmi les femmes de Calcul Ouest, qui débattaient entre elles de la prudence d'un tel acte. Tandis que ce mélodrame se jouait dans la cafétéria de Langley, un incident qui aurait des répercussions à l'échelon national eut lieu dans le Comté de Gloucester, à une trentaine de kilomètres. Irene Morgan travaillait à la chaîne de montage des B-26 Marauder de la Glenn L. Martin Company, un constructeur aéronautique qui avait son siège à Baltimore[158]. A l'été 1944, elle rentra dans sa famille, en Virginie, à bord d'un bus Greyhound, pour rendre visite à sa mère, mais fut appréhendée sur le trajet du retour vers Baltimore pour avoir refusé de changer de place et d'aller s'asseoir dans la section réservée aux gens de couleur. Le Fonds de défense juridique de la NAACP s'empara de l'affaire afin de remettre en cause les règlements ségrégationnistes dans les transports entre Etats[159]. En 1946, la Cour Suprême, avec sa décision *Morgan v. Virginie*, considéra que la ségrégation dans les bus inter-Etats était illégale. Mais quel espoir avaient les Calculatrices Ouest de transformer un événement aussi banal qu'un écriteau de cafétéria en affaire de niveau fédéral ? Très vraisemblablement, ceux qui plaçaient ces écriteaux sur la table se borneraient simplement à considérer qu'il était temps de se débarrasser des fauteurs de trouble. « A cause de cette histoire d'écriteau, ils vont te virer, Miriam », l'avertit son mari, William, un soir au dîner[160]. En Amérique, la vie des noirs n'était qu'une série de négociations sans fin : quand décider de se battre et quand choisir de céder. Là, décida-t-elle, il fallait se battre. « Eh bien qu'ils le fassent », répliqua-t-elle à son mari.

Les Mann habitaient sur le campus de l'Institut Hampton. Bien que le corps étudiant soit majoritairement noir, le président de l'établissement et la plupart des enseignants étaient blancs. Malcolm MacLean, ancien administrateur de l'université du Minnesota, avait pris les commandes de l'école en 1940, et il était déterminé à ce que le plein engagement de l'établissement dans l'effort de guerre fasse partie du legs qu'il laisserait à l'Institut. Alors que le laboratoire d'aéronautique poursuivait son expansion vers l'ouest pour répondre aux exigences de la guerre, son jumeau de Langley Field était destiné à accueillir les activités en plein essor de l'Army Air Corps. Un philanthrope de Boston avait légué à l'Institut Hampton une ancienne plantation, Shellbanks Farm, qui servait de laboratoire d'études agricoles aux étudiants noirs et indiens de l'institution[161]. En 1941, MacLean procéda à la vente d'un terrain de 310 hectares au gouvernement fédéral, réservé à l'usage de Langley Field, ce qui en faisait l'une des bases aériennes les plus vastes de la planète[162].

Sous l'autorité de MacLean, la faculté créa aussi une école de formation navale, transformant ainsi le campus en base militaire opérationnelle. La police militaire était postée à toutes les entrées, et ses patrouilles surveillaient les allers et venues de tout le monde dans l'enceinte. Plus de mille marins, des recrues noires venues de tout le pays, furent envoyés dans cette école pour y recevoir une formation de réparateurs de moteurs d'avions et de bateaux[163]. Ensuite, les diplômés partirent servir les Etats-Unis sur des bases comme la Naval Air Station de Patuxent River, dans le Maryland, centre névralgique de toutes les activités d'essais en vol de la marine[164]. Hampton tenait à être à la pointe de tous les établissements supérieurs proposant des Programmes de formation à l'ingénierie, à la science et à la gestion en temps de guerre (ESMWT), établissements qui avaient attribué leurs diplômes aux premiers membres de Calcul Ouest. Des hommes et des femmes se pressèrent dans les salles de cours de l'Institut Hampton où l'on enseignait toutes sortes de disciplines, des sciences et techniques de la transmission radio à la chimie. Lors d'une conférence sur le travail en temps de guerre que l'Institut Hampton organisa en 1942,

MacLean déclara à son auditoire que la guerre pouvait offrir « aux minorités la plus grande chance de leur histoire »[165].

Beaucoup de blancs de la région jugeaient MacLean d'un progressisme répugnant, et même dangereux, avec ses appels retentissants à renforcer la participation des noirs à l'effort de guerre. Mais en réalité, ce fut son adhésion à la mixité ethnique dans le contexte social qui attisa les flammes. Dans ses discours, il enjoignait les facultés réservées aux blancs à employer des professeurs noirs[166]. Il recevait des invités blancs et noirs à la résidence du président (que l'on appelait Mansion House), les autorisant même à fumer. Lors d'une sauterie sur le campus, il alla jusqu'à danser avec une étudiante des sections mixtes de Hampton, scandalisant la bonne société locale (et marquant des points auprès des étudiants)[167]. En défenseur sincère des principes de la Victoire avec un Double V, il semblait véritablement croire en la nécessité de promouvoir la position des noirs dans la société américaine.

Henry Reid, l'ingénieur à la tête du laboratoire de Langley, n'avait rien d'un boutefeu. Personnage discret, diplômé en ingénierie électrique de l'Institut polytechnique Worcester du Massachusetts, il était l'ambassadeur compétent de l'institution, où prédominaient les yankees nordistes, en répondant à des invitations à des cérémonies d'inauguration de ponts dans la région avec la même diligence et la même promptitude qu'il mettait à correspondre avec Orville Wright[168]. Il noua d'étroites relations avec les Club Kiwani de Hampton et de Newport News, que MacLean avait éconduits[169]. Et pourtant, à certains égards, les deux hommes étaient taillés dans la même étoffe : passionnés par leurs domaines respectifs, pragmatiques par nature, c'étaient deux « transplantés » dont les centres d'intérêts et les responsabilités s'étendaient bien au-delà des sensibilités sudistes et des obligations sociales de la petite ville où ils travaillaient. Il est presque certain que, tout à leurs tentatives effrénées de pousser leurs institutions respectives à satisfaire aux exigences de la guerre, ils se retrouvèrent au même moment au même endroit. Ils veillèrent l'un et l'autre à ne pas laisser leur empreinte dans la décision de Langley d'engager des mathématiciennes noires[170]. Garder publiquement leurs distances en cette affaire pouvait représenter une décision stratégique : si le processus de validation se déroulait dans la discrétion, par l'intermédiaire des rouages bureaucratiques de la Commission de la fonction publique civile américaine, neutre quant à la couleur de la peau, il y avait moins de risque d'enrayer une progression utile à leurs missions respectives. La nouvelle concernant les Calculatrices de Couleur fit le tour de la ville, naturellement, et certains virent dans leur embauche la preuve que le monde était proche de sa fin[171]. Même parmi la bonne société qui assistait aux concerts et aux pièces de théâtre que l'on donnait à Ogden Hall, le grand auditorium de l'Institut Hampton, il y avait ceux qui s'asseyaient aux premiers rangs, à l'écart des professeurs et des administrateurs noirs de la faculté.

Certains employés blancs de Langley défiaient ouvertement les conventions du Sud. Margery Hannah, chef calculatrice, se donna le plus grand mal pour traiter les femmes de la Zone Ouest en égales, et elle en avait invité certaines chez elle à des soirées à caractère professionnel. C'était presque du jamais-vu, et cela suffit à faire d'elle une paria aux yeux de ses collègues blancs[172].

L'un des ingénieurs les plus brillants de l'équipe du laboratoire prit une part active à la résistance contre les préjugés qu'il voyait à l'œuvre en ville. Robert « R. T. » Jones, dont la théorie sur les ailes delta des avions, de forme triangulaire, révolutionnerait la discipline, marchait un soir dans les rues de Hampton quand il tomba sur une escouade de policiers qui malmenaient un noir[173]. Jones leur hurla d'arrêter. Ils laissèrent le noir tranquille et l'autorisèrent à partir, emmenant Jones en garde à vue. Pour sa peine, il passa la nuit au trou. Un autre ingénieur, Arthur Kantrowitz, paya sa caution le lendemain matin[174].

Sur la question de la mixité ethnique, les ingénieurs des

Etats du Nord et de l'Ouest étaient probablement partagés. Si, pour la plupart d'entre eux, il devait leur paraître impensable d'élargir leurs cercles de relations pour y inclure des collègues noirs, dans le contexte étroitement circonscrit du bureau, ils se montraient cordiaux, et même amicaux. Ils finissaient par bien connaître ces femmes grâce à leur travail, réclamant celles qui avaient leur préférence pour les associer à des projets, ouverts à l'idée d'accorder à une personne intelligente — noire ou blanche, homme ou femme — la chance d'aboutir à des calculs exacts au terme d'un travail opiniâtre. Cette majorité de gens pragmatiques étaient aussi ceux, les Calculatrices Ouest ne l'ignoraient pas, qui détenaient le pouvoir d'abattre les barrières existantes à Langley.

Elles avaient beau travailler dans des bâtiments séparés, les Calculatrices Ouest en étaient convaincues : elles se révéleraient égales ou meilleures que les autres, ayant intégré le « théorème noir » leur imposant d'être deux fois supérieures pour aller ne serait-ce que moitié moins loin. Elles portaient leurs tenues professionnelles comme une armure. Elles maniaient leurs travaux comme des armes, parant à toute présomption d'infériorité sous prétexte qu'elles étaient des noires ou des femmes. Elles corrigeaient mutuellement leurs équations et, tels des soldats, maintenaient l'ordre dans leurs rangs contre le manque de ponctualité, le relâchement de la tenue et l'idée qu'elles auraient des mœurs dissolues. Elles contraient les stéréotypes négatifs qui hantaient les noirs comme des ombres, appliquant le principe du « qui aime bien châtie bien » afin de protéger à la fois l'individu égaré et le groupe contre leurs défaillances éventuelles. Et chaque fois que le laboratoire passait la sébile pour le compte de l'Oncle Sam, les Calculatrices Ouest plongeaient la main dans leur sac, comme elles l'avaient fait lorsqu'elles étaient enseignantes, de sorte que Calcul Ouest pouvait revendiquer une participation de 100 % de ses membres aux souscriptions aux titres d'emprunt de guerre[175].

*
* *

A un certain stade de la guerre, l'écriteau CALCULATRICES DE COULEUR disparut dans le sac à main de Miriam Mann et ne réapparut jamais. Le bureau séparé subsistait, tout comme les toilettes ségréguées, mais dans la bataille de la cafétéria de la Zone Ouest, la main invisible avait été forcée de concéder la victoire à son adversaire, menue mais inflexible. Les Calculatrices Ouest n'avaient pas pour autant échafaudé de plans d'invasion d'une table voisine — elles entendaient juste exercer leur domination sur leur table d'angle, dans le fond. L'insistance que mit Miriam Mann à expédier cet écriteau humiliant aux oubliettes lui donna, ainsi qu'aux autres femmes de Calcul Ouest, un tout petit peu plus de dignité, et l'assurance que le laboratoire pouvait leur appartenir, à elles aussi.

La main invisible et ses collaborateurs en étaient peut-être arrivés à la conclusion que la résistance silencieuse des Calculatrices Ouest constituait une force qu'il valait mieux avoir de son côté, car s'il y avait une chose que la guerre avait exigée ces trois dernières années, et que les noirs possédaient en abondance, c'était l'endurance. Ceux qui avaient prévu une issue rapide et victorieuse au conflit se trompaient. Les combats s'enlisaient, requérant sans cesse davantage d'hommes, d'argent, d'avions et de technologie. Un jour, la guerre prendrait fin, mais ce ne serait pas pour demain. Le vent avait beau tourner en la faveur des Alliés, il restait encore quantité de batailles à gagner, et la victoire requerrait de la persévérance.

Tout le monde n'était pas fait pour travailler à Langley, pour affronter ces horaires interminables et ces enjeux écrasants, mais la plupart des femmes de la Zone de Calcul Ouest estimaient que si elles n'étaient pas capables de résister à la pression, elles compromettraient leur avenir, et peut-être celui des femmes qui viendraient après elles. Ces emplois à Langley comportaient davantage d'enjeux pour elles que pour la majorité des gens. Les relations qu'elles nouèrent au début de leur travail dans la Zone devaient s'épanouir en amitiés durables, tout au long de la vie de ces femmes et au-delà, à travers leurs enfants. Dorothy Vaughan, Miriam Mann et Kathryn Peddrew finissaient par former un trio de sœurs, au travail et en dehors, chaque journée les rapprochant les unes des autres et les rattachant un peu plus à ces lieux qui les transformaient et qu'elles contribuaient à transformer.

Dorothy écouta attentivement Marge Hannah qui l'informait de divers aspects de ce métier, en prenant soin de bien noter ce que l'on attendait d'elle avec le même œil exigeant qu'elle avait en notant ses élèves à Moton : *Exactitude des opérations. Savoir-faire dans l'application des techniques et des procédures. Exactitude des jugements ou décisions. Fiabilité. Initiative.* Même si cet emploi devait durer seulement six mois, elle allait profiter de cette chance au maximum. Pour un jeune esprit mathématique ambiticux — et même quand il n'était pas si jeune —, il n'y avait pas de meilleure place au monde.

6

Oiseaux de guerre

Les lecteurs des journaux noirs du pays suivaient les exploits des aviateurs de Tuskegee avec une intensité qui confinait à l'obsession. Qui prétendait qu'un nègre était incapable de piloter ! Le colonel Benjamin O. David Junior et le 332e Fighter Group menaient la guerre contre les puissances de l'Axe à onze mille mètres d'altitude. Les journaux envoyaient des correspondants spéciaux suivre les pilotes comme leur ombre dans les cieux d'Europe, et chaque dépêche du front européen provoquait des frissons de ravissement. *Nos pilotes aident à écraser les nazis ! Des pilotes noirs coulent un navire de guerre nazi ! Le 332e descend 25 appareils ennemis, bat le record de victoires en un week-end* [176]! Aucun feuilleton radiophonique ne réussissait à rivaliser avec les exploits bien réels des hommes qui représentaient l'incarnation de la Victoire avec un double V.

Les « Tan Yanks » (les Yankees Bronzés), comme la presse surnommait les GI's noirs combattant au-delà des océans, adoraient leurs avions, comme tous les autres pilotes américains[177]. Leurs vies, et celles des équipages de bombardiers qu'ils escortaient, dépendaient de leur connaissance de chacune des forces et des faiblesses de leur machine, des fredaines et des excentricités dont elle était capable, de leur capacité à l'amadouer, à la contraindre et à valser avec elle dans l'éther. Initialement dotés de Bell P-39 Airacobras, ils passèrent sur Republic P-47 Thunderbolt, et, à l'été 1944, le 332e prit les commandes de North American P-51 Mustang. « A l'orée d'une phase décisive de la guerre, la dotation du formidable P-51 Mustang à tous les pilotes noirs laisse présager pour eux d'importantes missions et de fameuses incursions[178] », écrivait le *Norfolk Journal and Guide*[179].

« C'est l'archétype de l'"avion pour pilote" », déclarait un haut responsable militaire américain dans un article paru en première page du *Washington Post*[180]. « Très rapide, il est remarquablement maniable à grande vitesse. Après quelques instants aux commandes, les aviateurs ont l'impression d'avoir toujours su comment le piloter. » Equipé d'une grande hélice à quatre pales et d'un moteur Rolls-Royce Merlin, le Mustang filait dans le ciel comme un crack sur un champ de course. Une fois en l'air, il grimpait pendant une éternité, en poussant à six cents kilomètres à l'heure avec l'aisance d'un break familial en balade dominicale. Et, en combat aérien, c'était un adversaire redoutable. Aux yeux des aviateurs de Tuskegee, c'était le meilleur avion du monde.

« Je vais te faire monter là-haut, te permettre d'accomplir ton travail et te ramener au sol en toute sécurité », promettait le Mustang, et il se montrait à la hauteur[181]. Pourquoi, comment ? Cela importait peu au pilote ; en revanche, c'était le nouveau job de Dorothy Vaughan, qui devait faire en sorte que la promesse soit tenue.

« Laboratoires en guerre ! » s'exclamait *Air Scoop*[182]. La NACA cherchait tout bonnement à écraser l'Allemagne par la voie des airs, à détruire son appareil industriel et à contrecarrer les progrès technologiques encore susceptibles de lui conférer l'avantage militaire. Langley constituait l'une des armes offensives les plus puissantes des Etats-Unis — une arme secrète, ou quasi secrète, dissimulée au vu et au su de tous dans une petite ville du Sud.

Les Tan Yanks auraient certainement été stupéfaits d'apprendre que les performances de leur bien-aimé Mustang reposaient sur un groupe de ces Calculatrices de Couleur. Mais alors que la moindre manœuvre exécutée par le 332e Fighter Group aux commandes de ces Mustangs à queue rouge alimentait les gros titres, le travail quotidien des Calculatrices Ouest et du reste des employés du laboratoire était de nature sensible, confidentielle ou secrète. Henry Reid conseillait aux employés de rester à l'affût d'éventuels espions déguisés en soldats de Langley Field et les mettait en garde contre les taupes de la cinquième colonne susceptibles de soutirer à des employés de laboratoires, à leur insu, de précieuses informations sur leurs recherches. Des directeurs réprimandèrent un groupe de coursiers qu'on avait entendu colporter des rumeurs de bureaux dans un petit restaurant de la région, et des ingénieurs surpris en pleine discussion professionnelle, à voix haute et de façon détaillée, lors d'une manifestation organisée par l'USO, se retrouvèrent sur la sellette. *Air Scoop* sonna l'alarme : « Si vous en parlez à quelqu'un qui le répète à quelqu'un et qu'un autre à la solde de l'Axe entend tout, une PERSONNE que vous connaissez... peut en mourir ! »[183] Les employés apprirent à tenir leur langue sur le front du travail, y compris le soir au dîner, autour de la table familiale. Pourtant, même s'ils avaient envie de partager les détails de leur journée de labeur, trouver quelqu'un à l'extérieur de Langley qui soit capable de comprendre de quoi ils parlaient était à peu près impossible.

Depuis que le laboratoire de Langley s'était lancé, vingt-quatre ans plus tôt, les sommités du monde de l'aéronautique s'étaient pressées à Hampton pour y accomplir leur pèlerinage. Orville Wright et Charles Lindbergh siégeaient au comité exécutif de la NACA. Amelia Earhart avait failli perdre son manteau en fourrure de raton laveur, happé par la turbine géante d'une soufflerie, en visitant les locaux[*184]. En 1934, le magnat Howard Hughes fit une apparition à un séminaire de recherches du laboratoire, et Hollywood investit le terrain d'aviation pour y tourner le film *Pilote d'essai*, en 1938, avec Clark Gable, Spencer Tracy et Myrna Loy dans

* Amelia Earhart (1897-1937) fut la première aviatrice à traverser l'Atlantique en vol solitaire, un an après Lindbergh, en 1928. (NdT)

les rôles principaux. Les interlocuteurs que souhaitaient voir les célébrités — Eastman Jacobs, Max Munk, Robert Jones, Theodore Theodorsen* — étaient les esprits les plus affûtés d'une nouvelle discipline passionnante. Et pourtant, malgré cela, la plupart des gens de la région ignoraient tout de la manière dont ces brillants sujets et leurs collègues passaient leurs journées ; et, à dire vrai, ils les trouvaient plus que singuliers. Leur manière d'être et leur accent indiquaient souvent des individus originaires de Californie, d'Europe, des Yankees des Etats du Nord, et même, à Dieu ne plaise, des « juifs new-yorkais »[185]. Ils portaient des chemises froissées sans cravate et des sandales ; certains se laissaient pousser la barbe. Les gens du cru les surnommaient « les grosses têtes » ou les « fêlés de la NACA » ; les moins polis les traitaient de « givrés »[186].

Questionnés sur leurs missions, ils biaisaient. Au grand magasin de la ville, armés d'un tournevis, devant des clients et des vendeurs perplexes ou horrifiés, ils démantelaient un grille-pain afin de vérifier que la résistance brunirait les tranches exactement à leur goût[187]. Un employé se présenta dans un magasin muni d'un manomètre du labo afin de tester la puissance de succion d'un modèle d'aspirateur. Quand un des types de Langley venait se garer sur leur parking, les vendeurs de voiture auraient préféré lui tourner le dos et faire le mort, tant ils redoutaient un feu roulant de questions techniques absurdes auxquelles il était impossible de répondre. Ils osaient prendre la route du bureau avec un manuel calé sur le volant[188]. Les crânes d'œuf de la NACA croyaient toujours connaître une meilleure méthode pour réaliser les choses — peu importe quoi — et n'hésitaient

* Eastman Jacobs (1902-1987) était un aérodynamicien américain. Max Michael Munk (1890-1986) était un ingénieur aérospatial allemand, spécialiste des profils d'aile. Robert Thomas Jones (1910-1999) était aussi aérodynamicien, salué en 2005 par la NASA comme l'un des plus « grands ingénieurs aéronautiques du XXe siècle. L'américano-norvégien Theodore Theodorsen (1897-1978) était un théoricien de l'aérodynamique, spécialiste des turbulences. (NdT) Source : NASA.

pas à s'en vanter devant les gens de la région. La tentative légendaire d'Eastman Jacobs de lancer une voiture fixée à un planeur en utilisant la très huppée Cheasapeake Avenue de Hampton comme piste d'envol ne fit que confirmer aux Hamptoniens leur sentiment que le Seigneur n'avait pas toujours jugé bon de prêter à certains individus à la fois science et bon sens[189].

Mais Langley était également la société secrète des meilleurs aérodynamiciens du monde, la fine fleur de la technologie qui ne se contentait pas de modifier la nature de la guerre, mais transformait aussi celle du transport civil et de l'économie. Le délai entre la découverte de nouveaux concepts aérodynamiques par la NACA et leur application aux problèmes d'ingénierie les plus pressants était si court, et la cadence de leurs travaux de recherche et développement si soutenue, qu'un poste au bas de l'échelle au laboratoire représentait le meilleur programme de premier cycle en ingénierie au monde[190]. Des garçons enthousiastes, arrivés tout droit des premiers rangs des amphithéâtres du MIT, de l'université du Michigan, de celle de Purdue dans l'Indiana et du Virginia Tech, faisaient tout pour essayer de franchir la porte de la pièce où Dorothy avait désormais sa place.

Dans le but de transformer des enseignantes de mathématiques en ingénieures expertes de premier niveau, le laboratoire parraina un cours accéléré de génie physique destiné aux nouvelles calculatrices — une version avancée du cours proposé à l'Institut Hampton. Deux jours par semaine, après le travail, Dorothy et les autres nouvelles entraient en file indienne dans une salle de classe improvisée, au laboratoire, pour une séance d'immersion totale dans la théorie fondamentale de l'aérodynamique[191]. Elles assistaient aussi à une session hebdomadaire de deux heures de formation pratique dans l'une des souffleries[192], qui impliquaient en moyenne quatre heures de leçons à domicile — tout cela venant s'ajouter à une semaine de travail de six jours[193]. Leurs professeurs étaient les jeunes talents les plus prometteurs du laboratoire, des hommes comme Arthur Kantrowitz, simultanément physicien à la NACA et doctorant à Cornell sous la supervision d'Edward Teller, le physicien atomiste*[194].

Pour Dorothy Vaughan, qui avait enseigné pendant douze ans, les rôles étaient inversés, et, pour la première fois depuis son diplôme de l'université de Wilberforce, elle se consacra pleinement à la discipline qui captivait le plus son esprit juvénile. Elle avait bouclé la boucle et alla même au-delà, essayant d'habituer son oreille aux formules argotiques que ne cessaient de s'échanger les occupants du laboratoire, qui tous cherchaient la réponse à cette question fondamentale : « Qu'est-ce qui permet de voler ? » Comme la majorité des Américains, Dorothy n'était jamais montée dans un avion, et, avant d'aboutir à Langley, n'avait selon toute vraisemblance jamais réfléchi à cette question, si ce n'est de façon superficielle.

Les premiers cours abordaient les fondements de l'aérodynamique. Pour une aile qui se déplace dans le ciel, l'air, en s'écoulant plus lentement sur l'intrados (le plan inférieur), exerce une force plus grande que celui qui s'écoule plus vite sur l'extrados (le plan supérieur). Cette différence de pression crée la portance, force quasi magique qui permet à l'aile, et à l'avion (ou à l'oiseau) qui lui est rattaché, de s'élever dans les airs. La fluidité de l'air qui s'écoule autour de l'aile permet à l'avion de glisser dans le ciel en rencontrant un minimum de friction, comme les meilleurs nageurs fendent l'eau. Comme les tourbillons et remous des rapides d'une rivière, les écoulements turbulents opposent une résistance à l'avion, le ralentissent et le rendent plus difficile à manœuvrer. L'une des grandes contributions de la NACA à l'aérodynamique consiste en une série de profils laminaires, des formes d'aile conçues pour maximiser la fluidité de l'écoulement de l'air. Les constructeurs d'avions pouvaient alors équiper leurs appareils de certains types

* Edward Teller (1908-2003) fut l'un des pères de la bombe à hydrogène. Réputé instable, c'était aussi le modèle dont s'inspira Stanley Kubrick pour le personnage du Docteur Folamour. (NdT)

d'ailes, en se fondant sur des spécifications de la NACA, comme on consulte un catalogue pour choisir les équipements de cuisine de sa nouvelle maison. Le P-51 Mustang fut le premier appareil produit en série à utiliser l'un des profils laminaires de la NACA, un facteur qui contribua à la supériorité de ses performances[195].

Les générations futures tiendraient ces avancées pour acquises, mais dans les premiers temps, les oiseaux mécaniques ne livrèrent leurs secrets qu'avec lenteur, et sous la pression conjuguée d'une expérimentation méthodique, de calculs mathématiques rigoureux, de la perspicacité et de la chance. A l'âge d'or des frères Wright et du laboratoire qui portait le nom de Samuel Langley, inventeur et chercheur, ceux qui envisagèrent de fabriquer une machine volante adoptèrent une démarche faite d'essais et d'erreurs : énoncer certaines hypothèses, construire un avion, essayer de le faire voler, et, si vous n'étiez pas mort au terme de l'expérience, appliquer vos découvertes à votre prochaine tentative[*]. Des premiers pas balbutiants de la petite enfance à la robustesse de l'adolescence, l'évolution de l'aéronautique donna naissance aux professions d'ingénieur aéronautique et de pilote d'essai. Des hommes audacieux — à l'exception d'Ann Baumgartner Carl[**] sur le terrain d'aviation de Wright Field dans l'Ohio, c'étaient en effet tous des hommes[196] —, les pilotes d'essai se chargeaient du « boulot de cinglé » de faire voler un avion en recherchant son point faible[***197]. Chaque fois que le pilote poussait l'appareil à la limite, cernant la manière d'améliorer

* Samuel Pierpont Langley (1834-1906), astronome, physicien et pionnier de l'aviation, dirigea la Smithsonian Institution dont il fonda l'observatoire astronomique. (NdT)

** Ann Baumgartner Carl (1918-2008) fut la première femme à piloter un jet, le biréacteur Bell 59A, le 1er octobre 1944. (NdT)

*** James C. Collins, pilote d'essai de Grumman, auteur du livre *Test Pilot*, qui inspira le personnage de Clark Gable dans le film *Pilote d'essai* (1938), définissait son métier en ces termes : « It's a damn fool's job ». Il se tua en vol le 22 mars 1935. (NdT) les bons avions et d'éliminer les mauvais, il risquait sa vie et la perte d'un matériel très coûteux.

Les souffleries permettaient de récolter une bonne partie des données de recherche propres au vol d'essai, le danger en moins. Les fondements de cet outil reposaient sur un concept simple, déjà connu de Léonard de Vinci : le déplacement d'air à une vitesse donnée autour d'un corps stationnaire est similaire au déplacement de ce corps dans les airs à la même vitesse. Dans sa version la plus simple, une soufflerie est une grosse boîte reliée à un gros ventilateur. Les ingénieurs soufflaient une masse d'air sur des avions, parfois des appareils grandeur nature, ou bien des maquettes, ou même des ailes ou des fuselages désossés, en observant attentivement le flux d'air s'écoulant autour de l'objet afin d'extrapoler son comportement en vol.

L'essentiel des travaux effectués à Langley entrait dans la catégorie des tests à « air comprimé », recherche menée dans l'une des souffleries dont le nombre ne cessait de croître. Les noms de ces souffleries — Soufflerie à densité variable, Soufflerie en vol libre, Soufflerie de soixante centimètres à générateur de fumée, Soufflerie de vingt-huit centimètres à grande vitesse — mettaient les non-initiés au défi d'imaginer la combinaison dimensionnelle de pression et de vélocité à laquelle obéissaient ces appareillages. La Soufflerie à échelle réelle, longue de vingt mètres et large de dix, présentait une ouverture assez large pour avaler un avion. La Soufflerie de 4,90 mètres à grande vitesse possédait un exosquelette de la taille d'un navire de guerre, et pourtant, la veine d'essai — la zone où les ingénieurs, installés devant un tableau de commandes, observaient l'écoulement de l'air sur la maquette — n'était pas plus grande qu'une barque. Mais afin d'accélérer l'écoulement de l'air à la vitesse nécessaire, de gigantesques turbines en bois devaient propulser le flux dans tout le circuit de la soufflerie.

A l'évidence, si déplacer un flux d'air autour d'un corps présentait des similarités avec le vol aérien, les phénomènes n'étaient pas identiques. En conséquence, l'une des premières notions que Dorothy dut maîtriser fut le nombre de Reynolds, véritable jiu-jitsu mathématique permettant de mesurer le degré de proximité des performances en soufflerie par rapport au vol véritable. Pour la NACA, la maîtrise du nombre de Reynolds, et savoir se servir de cette connaissance pour construire des souffleries capables de simuler les conditions réelles, constituait la clef de la réussite. Faire fonctionner ces souffleries en temps de guerre représentait aussi un défi logistique supplémentaire, car l'opérateur local rationnait le courant électrique. Les « fêlés » de la NACA faisaient tourner leurs turbines géantes au petit matin si nécessaire, les ingénieurs cherchant à soutirer aux machines des réponses à leurs questions comme le hibou chassant le mulot. Les riverains proches de Langley se plaignaient du rugissement des turbines, qui perturbait leur sommeil. S'ils en avaient su davantage concernant la nature des travaux qui provoquaient ce vacarme, et les succès attribués aux étranges individus qui hantaient les lieux, ces voisins auraient peut-être demandé si la visite était autorisée.

La qualité à la portée des données et des analyses accumulées dans les souffleries[198] de Langley était indépassable. Le laboratoire possédait aussi les meilleurs ingénieurs spécialisés dans la recherche aéronautique, qui travaillaient en étroite relation avec les pilotes d'essai, parfois même en place passager, afin de saisir des données en temps réel, à bord d'appareils en vol réel. Ainsi que l'apprit Dorothy — les Calculatrices de la Zone Ouest se voyaient confier beaucoup de travaux par la Division de la Recherche en vol —, il ne suffisait pas de dire qu'un avion volait bien ou mal ; les ingénieurs quantifiaient désormais les performances d'un véhicule donné en les confrontant à une liste de vérification de neuf pages dans trois grandes catégories, stabilité et contrôle longitudinal (le mouvement vers le haut et vers le bas), stabilité et contrôle latéral (le mouvement vers la droite et la gauche), et perte de vitesse (la soudaine perte de portance, la force vitale du vol)[199]. Les données brutes issues des travaux de ces ingénieures « à l'air libre » aboutissaient aussi sur le bureau de Dorothy.

Ce que la guerre totale et le miracle industriel américain mirent nettement en lumière — et ce que Dorothy ne tarda pas elle-même à apprendre —, c'était qu'un avion n'était pas une machine à fonction unique : il constituait un ensemble de phénomènes physiques d'une extrême complexité qu'il était possible d'affiner pour répondre aux besoins de situations différentes. Comme les pinsons de Darwin, les oiseaux mécaniques avaient entamé leur différenciation, se ramifiant en espèces distinctes adaptées pour mener leurs missions à bien dans des environnements spécifiques. Leurs désignations reflétaient leur emploi : les chasseurs — également dénommés avions de chasse — se voyaient assigner les lettres *F* ou *P* : par exemple, le Chance Vought F4U Corsair ou le North American P-51 Mustang. La lettre *C* identifiait un avion-cargo comme le Douglas C-47 Skytrain, construit pour le transport de troupes et de cargaisons militaires et, par la suite, de passagers de vols commerciaux. Le *B* désignait le bombardier, comme la colossale Superforteresse B-29, au nom parfaitement choisi. Et le X correspondait aux appareils expérimentaux encore au stade du développement, conçus à des fins de recherche et d'essai. Ces appareils perdaient leur désignation par la lettre X — le B-29 était le descendant direct du XB-29 — quand ils entraient en production de série.

Les mêmes forces évolutionnistes s'imposaient dans la reproduction des caractéristiques positives d'un modèle précis, afin d'éliminer traînée et instabilité. Le P-51A Mustang était un bon avion ; le P-51B et le P-51C étaient des avions remarquables. Après plusieurs phases d'améliorations successives en soufflerie à Langley, le Mustang atteignit son apothéose avec le P-51D. Plusieurs découvertes, certaines importantes, d'autres plus modestes, contribuèrent à la rapidité, à la manœuvrabilité et à la sécurité de cette machine qui symbolisa la puissance et le potentiel d'une Amérique en pleine ascension vers une domination mondiale sans équivalent. La guerre approchant son paroxysme, chaque appareil militaire américain alors en production reposait fondamentalement — et, dans bien des cas, jusque dans ses moindres caractéristiques — sur les résultats de recherches et les recommandations de la NACA[200].

Que les ingénieurs conduisent leurs tests en soufflerie ou en vol réel, le résultat était le même : des torrents, des quantités, des paquets, des volumes, des masses, des montagnes, des piles, des monceaux, des déluges de chiffres. Des chiffres issus de manomètres, mesurant les différentes valeurs de pressions distribuées le long de l'aile. Des chiffres émanant de jauges de contrainte, mesurant les forces agissant sur diverses parties de la structure de l'avion. Si l'instrument nécessaire à une mesure précise n'existait pas, les ingénieurs l'inventaient, procédaient au test et envoyaient les chiffres aux calculatrices, avec des instructions relatives aux équations à utiliser pour traiter les données. Les seuls groupes qui n'effectuaient pas de calculs basés sur les tests travaillaient dans la petite Division de Recherche théorique et physique et dans la Division de Recherche sur la stabilité — celles des ingénieurs « au sol ». Au lieu de tirer des conclusions fondées sur l'observation directe des performances d'un avion, ces ingénieurs recouraient à des théorèmes mathématiques afin de modéliser ce que les ingénieurs de l'air comprimé observaient en soufflerie et ce que les ingénieurs de l'air libre testaient dans le ciel pour réussir à comprendre. Les jeunes femmes au sol finirent par se considérer comme « un cran au-dessus de ceux qui ne faisaient rien d'autre que de manipuler les machines »[201].

Ce que Marge confiait à Dorothy et aux femmes de Calcul Ouest représentait d'ordinaire une petite partie d'une mission plus vaste, un travail que, par nécessité, il fallait découper et redistribuer en de plus petits éléments, pour un traitement rapide, efficace et exact. Lorsque ces travaux finissaient par atteindre le bureau de la calculatrice, ils pouvaient se réduire à une série d'équations et de chiffres usants pour les yeux, dépouillés de toute signification physique. Elle pouvait ne plus entendre parler de ces travaux jusqu'à ce qu'un article paraisse dans *Air Scoop*, *Aviation* ou *Air Trails*. Ou même plus jamais. Pour beaucoup d'hommes, une calculatrice humaine était un composant matériel vivant, une machine à calculer qui absorbait un ensemble de chiffres et en recrachait un autre. Une fois qu'une de ces jeunes femmes avait terminé une tâche précise, ses calculs disparaissaient dans le royaume obscur des ingénieurs. « S'ils font de toi une calculatrice, malheur à toi, plaisantait une chronique dans *Air Scoop*[202]. Car l'Ingénieur du projet s'attribuera tout le crédit de ce que tu auras fait d'intelligent et de glorieux. Mais s'il se fiche dedans, et s'il effectue un mauvais calcul, quand on lui demandera des comptes, il déposera cette erreur devant ta porte et dira : "De toute façon, que peut-on attendre de calculatrices femelles ?" »

Cependant, de temps à autre, quand la NACA obtenait un succès si important que la nouvelle était reprise dans la presse populaire, comme ce fut le cas avec le Boeing B-29 Superforteresse, tout le monde paradait pour s'en attribuer le mérite. Les journaux écrivirent sur la Superforteresse et ses exploits avec l'adulation flagorneuse réservée à des stars de cinéma comme Cary Grant. Ce fut l'un des avions qui passa du statut d'objet de désir des aviateurs et des initiés de l'aviation à celui de symbole, connu et reconnu de tous, des prouesses et de la valeur de la technologie américaine. Le modèle XB-29 avait cumulé plus de cent heures dans la Soufflerie de 2,40 mètres à grande vitesse du laboratoire.

« Personne, dans ce Laboratoire, ne doit estimer qu'il n'a pas joué un rôle fondamental dans le bombardement du Japon, déclara Henry Reid aux employés. Les ingénieurs qui ont apporté leur aide, les mécaniciens et les maquettistes qui ont fait leur part, les calculatrices qui ont vérifié les données, les secrétaires qui ont tapé et retapé les résultats, les gardiens et les femmes de ménage qui ont maintenu la soufflerie en état de propreté et en état de fonctionner ont tous apporté leur contribution aux ultimes bombardements du Japon »[203].

Pendant sept mois, Dorothy Vaughan s'était formée aux mathématiques, acquérant sans cesse davantage de confiance dans le maniement des notions, des chiffres et des individus de Langley. Son travail eut une incidence notable quant à l'issue du conflit. Et elle eut aussi sa part dans les dévastations évoquées par Henry Reid. Affûtés avec la précision d'une lame de rasoir par les femmes et les hommes du laboratoire, volant plus loin, plus vite et avec un chargement de bombes plus important que n'importe quel autre avion dans l'histoire, les B-29 lâchaient des bombes à guidage de haute précision sur l'archipel nippon, à de très hautes altitudes. Ils portèrent leurs bombes incendiaires au plus près de leurs cibles, puis semèrent l'anéantissement — et une nouvelle terreur moderne — avec les bombes atomiques. La guerre, la technologie et le progrès social — les deux derniers allaient apparemment toujours de pair avec la première. Le travail de la NACA — plus intense et plus intéressant qu'elle ne l'aurait jamais imaginé — resterait aussi le sien pour toute la durée du conflit. Et jusqu'à la fin de la guerre, sans que l'on sache quand elle adviendrait, Dorothy ferait partie de ces fêlés de la NACA.

7

Dans la durée

Dorothy Vaughan serait amenée à effectuer le voyage entre Farmville et Newport News de nombreuses fois, mais le rythme acharné des recherches à Langley rendait tout retour chez elle impossible, hormis pour les séjours les plus brefs. La Soufflerie à l'Echelle réelle tournant jour et nuit et le reste des groupes d'ingénierie repoussant les limites de leurs capacités, elle devint une experte de la journée de dix-huit heures et, quand elle en trouvait le temps, elle prenait le premier bus pour Farmville. Elle s'attardait avec ses enfants aussi longtemps qu'elle le pouvait, avant de regagner son poste tard dans la nuit, le rouage qu'elle occupait dans la machine de guerre. Le lendemain, les chiffres de ses feuilles de calculs flottaient devant ses yeux fatigués. Même les jours fériés, plus flexibles mais encore considérés comme des journées de travail, il était difficile d'obtenir des moments de temps libre, en particulier parce qu'elle avait encore le statut d'une employée en temps de guerre à titre temporaire.

Pour ce qui était de savoir quand (et si) le laboratoire lui ferait une offre d'emploi permanent, la question n'était pas à l'ordre du jour. Lors de la fête du Quatre-Juillet 1944, elle décida de convertir son statut personnel de résidente temporaire à Newport News pour en adopter un autre, beaucoup plus durable. Elle signa un bail pour un appartement neuf de deux chambres, à Newsome Park, et se vit remettre les clefs d'un logement tout blanc aux volets noirs, identique aux 1 199 autres qui avaient été construits à cet emplacement[204]. Les sols étaient recouverts d'un papier protecteur — de couleur rose, un choix inexplicable — et, quand ces appartements disparaîtraient, leurs occupants se souviendraient de leur premier coup d'œil sur ces sols tapissés de papier rose[205]. Comme si elle déballait un énorme cadeau, Dorothy Vaughan arracha ce papier, faisant de cet appartement le sien.

Ou, plus précisément, le *leur*. Tout comme elle était retournée à Farmville auprès des siens à deux ou trois reprises depuis son arrivée à Newport News, elle avait amené Farmville à elle, s'arrangeant pour prendre les enfants lors des vacances scolaires[206]. Ce n'était pas tant qu'elle ait organisé la chose : elle s'était imposée d'elle-même, comme un lent lever de soleil. En effet, elle avait peu à peu cerné les facteurs qui feraient pencher la balance de son existence pendulaire entre Farmville et Newport News vers une vie plus calme, dans sa nouvelle ville.

Trouver un endroit convenable où habiter n'avait pas été facile. L'offre de logements n'était tout simplement pas suffisante pour satisfaire la demande d'une population noire croissante, dont la majorité plaçait le choix d'un lieu de vie confortable et sûr en tête de la liste des Quatre Libertés clairement énoncées par Roosevelt pendant la guerre. Il y avait Aberdeen Gardens[207], un lotissement datant de l'époque de la Grande Dépression, construit « pour des noirs par des noirs », sur un domaine de 178 hectares incluant des terres cultivables rachetées à l'Institut Hampton[208], récemment complété par Mimosa Crescent, un « ensemble résidentiel de standing spécialement prévu pour familles noires » et des quartiers plus petits comme Lassiter Courts, Orcutt Homes et Harbor Homes[209].

Evaluant son budget, ses besoins et les contraintes permanentes de son métier, elle décida que Newsome Park, quartier plus ou moins identique à celui où elle avait fini par prendre ses marques depuis les neuf derniers mois, constituait le meilleur choix. A l'origine réservé aux ouvriers des chantiers navals et aux employés de la défense, comme elle, l'endroit commençait à attirer des noirs de tous les milieux sociaux. Des personnels de maison, des manœuvres, des petits commerçants et beaucoup de médecins, d'avocats, de pasteurs et d'enseignants y emménagèrent aux côtés de foreurs, de gréeurs et de fonctionnaires. Sa démolition, prévue à une date ultérieure, avait été décidée d'entrée : Newsome Park et le lotissement limitrophe de Copeland Park, réservé aux blancs, étaient voués à ne durer que le temps que durerait la guerre. Mais les travailleurs migrants vinrent s'établir dans ces logements temporaires comme s'ils étaient construits sur des fondations solides.

Newsome Park offrait la copie conforme et gigantesque de pratiquement tous les quartiers noirs du Sud, où la ségrégation raciale favorisait l'intégration économique. Le gouvernement dotait le lotissement des avantages qu'il jugeait indispensables au maintien d'un moral élevé sur le front de l'intérieur. Le centre social de Newsome Park était pourvu d'une cuisine et d'un espace de banquet, de salles consacrées à des ateliers d'artisanat et à des réunions de clubs, des courts de basket-ball et de tennis, et d'un terrain de base-ball dédié à l'équipe semi-professionnelle des Newsome Park Dodgers. Le directeur du centre, Eric Epps, ancien professeur dans un collège réservé aux noirs dont l'activisme en faveur d'une égalité des salaires entre les enseignants avait conduit à sa révocation, exhortait les habitants à venir au centre faire des radios pulmonaires ou un dépistage du diabète, et sollicitait des versements de fonds auprès des organisations locales, confréries confessionnelles et autres organismes civiques afin de financer des programmes de soutien scolaire.

Le centre commercial de Newsome Park, bien entretenu et peint en vert, comprenait une épicerie, une pharmacie, un salon de barbier, un salon de beauté, un bar à bière, un pressing et une boutique de réparateur de télévision. Et pour tout ce qui n'était pas à vendre en magasin, on venait frapper jusqu'à votre porte : le charbonnier, le laitier, le glacier, le poissonnier, le marchand de légumes et bien d'autres encore effectuaient leur tournée, colportant leurs articles et leurs denrées dans tout le voisinage[210]. Il y avait une école maternelle qui accueillait les tout-petits, une aubaine pour les mères qui, pendant la guerre, travaillaient six jours par semaine. Plus important encore aux yeux de Dorothy, l'école élémentaire de Newsome Park se situait à deux pas de son nouvel appartement. C'était son logement, et son nom était mentionné sur le bail pour la première fois depuis l'époque où elle était jeune enseignante.

Sa belle-mère tenta de freiner des quatre fers pour empêcher que ne se creuse encore davantage la distance entre son fils et sa belle-fille, évolution qu'elle devait croire inévitable depuis un certain temps déjà. « Tu ne me retireras pas mes bébés », dit-elle à Dorothy, luttant contre les changements provoqués par la lettre de Langley, mais qui possédaient des racines bien plus profondes. Un an après son départ de Farmville, ses quatre enfants en firent donc autant et, à l'automne 1944, ils entamèrent la nouvelle année scolaire à l'école élémentaire de Newsome Park. La baby-sitter les ayant accompagnés afin de faciliter la transition, l'appartement était plein à craquer. Howard continua d'exercer son métier d'itinérant dans les hôtels. Pour sa part, Dorothy s'était engagée dans une voie divergente, et les enfants avec elle. Malgré les nombreux déplacements d'Howard vers des destinations exotiques, sa vie très cyclique conservait les mêmes points de départ et d'arrivée, à Farmville. Il rejoignait Newport News quand il le pouvait : l'appartement était trop plein, trop bruyant, trop loin de sa mère désormais très âgée pour qu'il puisse se laisser convaincre d'y rester longtemps. Dorothy renvoyait les enfants à la maison pour les vacances d'été, et elle y retournait elle-même quand c'était possible, non sans réticence, mais elle n'avait ni l'envie ni la force de trancher les liens avec les êtres qu'elle aimait profondément et qu'elle considérerait toujours comme faisant partie de sa famille. Son mariage avec Howard entra dans une phase d'incertitude, où ils n'étaient jamais ensemble, mais jamais complètement séparés non plus. C'était une stabilité faite d'instabilité qui durerait jusqu'à la mort d'Howard, qui surviendrait plusieurs dizaines d'années avant celle de Dorothy.

En 1945, dans le sud-est de la Virginie, cinq adultes sur dix travaillaient pour l'Oncle Sam, directement ou indirectement. Les champs ponctués d'arbres, les forêts et les rivages avaient été déboisés, asphaltés, et on y avait construit des routes, des ponts, des hôpitaux, des chantiers navals, des prisons et des bases militaires, de véritables villes à partir de rien. Les lotissements de logements qui s'étendaient sur des kilomètres devenaient une nouvelle caractéristique du paysage, ni urbains ni ruraux ; les noms de ces nouveaux espaces asphaltés reflétaient les espaces verts qu'ils remplaçaient : Ferguson Park, Stuart Gardens, Copeland Park, Newsome Park, Aberdeen Gardens. La route nationale militaire pénétrait la péninsule, un ruban de route moderne dont les voies larges et lisses reliaient tous les points accessibles le long de cette langue de terre entre Old Point Comfort, à Fort Monroe et les chantiers navals de Newport News, avec deux sorties à l'aérodrome de Langley Field et Langley. Tout cela était le produit de l'urgence imposée par la guerre. Mais que deviendrait une ville-champignon, née de la guerre, sans la guerre ?

Le jour de la victoire survint le 15 août 1945 à 7 h 03, heure de la Côte est en temps de guerre*. Un « joyeux tumulte » s'engouffra dans le vide laissé par l'attente et l'angoisse[211]. Toutes les émotions refoulées d'une nation épuisée par quatre années de conflit éclatèrent et atteignirent leur paroxysme dans les régions qui avaient pris la tête de l'effort de guerre, sur le front intérieur. De Camp Patrick Henry à la base navale de Norfolk, de Langley Field à Fort Monroe, une marée humaine de soldats et de civils envahirent

* De janvier 1942 à septembre 1945, l'Eastern War Time était calquée sur l'heure d'été de la Côte est. (NdT)

les rues. Les bars et les clubs de l'USO poussèrent un grand hourra. Les commerçants baissèrent leur rideau de fer et se joignirent à une foule innombrable de soldats et de civils pour des festivités qui se prolongèrent toute la nuit. Washington Avenue, à Newport News, fut le théâtre de défilés spontanés. A Norfolk, des aspirants formèrent une chaîne humaine en se tenant par la main et, survoltés, dansèrent autour des voitures, encerclèrent les files de véhicules à l'arrêt comme des gamins d'une école maternelle. Des cris de jubilation et « toutes sortes d'engins créèrent un vacarme indescriptible » qui retentit dans la nuit[212]. Une pluie de confettis improvisés se déversaient des fenêtres sur la foule en liesse. Tout à leur exubérance, quelques fêtards entassèrent ces masses de papiers, y mirent le feu, et des bûchers alimentèrent encore un peu plus l'allégresse primitive de ces débordements de joie. Les fidèles remplirent les églises, chantant des actions de grâce et implorant leur Créateur de faire en sorte que cette guerre soit véritablement la dernière.

Passé ce déluge, l'incertitude prit le dessus. Trois semaines après le jour de la victoire sur le Japon, le *Norfolk Journal and Guide* annonçait les licenciements de 1 500 ouvriers des chantiers navals de Newport News et une « baisse des effectifs chez les ouvrières, femmes blanches ou de couleur ». « Il semble impossible d'échapper à la conclusion que la main-d'œuvre dans les chantiers navals et les établissements gouvernementaux de la région de Hampton Roads subira des coupes drastiques », observa le *Washington Post*[213]. A leur retour, les soldats étaient censés avoir priorité de candidature pour les postes restés disponibles sur le marché du travail en temps de paix. Tout comme la « victoire » avait été le mot d'ordre des quatre années précédentes, c'était à présent la « reconversion » que l'on mettait en avant, les Etats-Unis d'Amérique s'efforçant d'adapter leur psychologie collective et leur économie à un monde pacifié. La guerre était comparable à un train de marchandises, fonçant droit devant, à vitesse maximale. Qu'en était-il à présent des passagers à son bord, qui continuaient sur leur lancée, mus par une force d'inertie considérable ? En soi, le terme « reconversion » impliquait la possibilité d'un retour à une période antérieure, ou même d'un complet renversement au terme de tous les changements, petits et grands, qui avaient transformé la vie de l'Amérique.

L'état d'urgence du conflit mondial refluant dans le passé, et sans les contraintes que la guerre exerçait sur la production, les femmes ne seraient plus embauchées à tout prix. Avant même le tombé de rideau final, fin août, deux millions d'Américaines, toutes couleurs de peau confondues, reçurent leur avis de licenciement. Nombre d'entre elles savouraient d'avance un retour aux bonheurs de la vie de famille. D'autres, qui s'étaient épanouies dans le travail, résistaient à cette obligation de se reconvertir aux tâches de cuisine et de puériculture auxquelles on les destinait. Le travail leur conférait la sécurité financière et leur donnait davantage voix au chapitre dans les affaires du ménage, ce qui mettait certaines d'entre elles en butte avec leur époux. « A leur retour chez eux, beaucoup de maris s'apercevront que les petites épouses sans défense qu'ils avaient quittées à leur départ étaient devenues des femmes adultes, indépendantes », écrivit la chroniqueuse Evelyn Mansfield Swann dans le *Norfolk Journal and Guide.*

La victoire sur l'ennemi de l'extérieur étant assurée, les « nègres » prirent la mesure de leur nouveau champ de bataille. Presque immédiatement après la victoire, certains employeurs renouèrent avec leurs politiques d'embauche limitée aux blancs et aux non-juifs[214]. En dépit de son réel affaiblissement durant le conflit, la Commission pour des pratiques non-discriminatoires en matière d'emploi (FEPC) était néanmoins devenue un puissant symbole de progrès en ce domaine pour les « nègres » et d'autres minorités ethniques. Face à un marché du travail déclinant, le rêve de nombreux dirigeants noirs de pouvoir instaurer une Commission permanente se dissipa en même temps que l'état d'urgence imposé par la guerre, et ce malgré le soutien du président Truman.

Personne ne s'était davantage opposé à la FEPC que le sénateur démocrate de Virginie, Harry Byrd, qui la qualifiait d'« idée la plus dangereuse jamais envisagée avec un peu de sérieux »[215], et pour qui cela revenait à « suivre l'exemple des Communistes », un terme explosif à une période où les Etats-Unis commençaient à considérer leur allié du temps de guerre comme la nouvelle menace[216]. Ancien gouverneur, Byrd descendait d'une des « Premières familles de Virginie », membre de l'élite de l'Etat depuis plusieurs générations. Héritier d'un journal et d'une fortune issue de la culture des pommes, la ségrégation était sa religion et dirigeait une puissante machine politique qui entretenait les divisions entre pauvres de toutes origines ethniques et les maintenait tout en bas de la pyramide économique. « La Machine de Byrd constitue la dictature la plus urbaine et la plus distinguée d'Amérique », écrivait le journaliste John Gunther dans son livre, *Inside USA*, un best-seller paru en 1947[217]. Le père de Byrd, lui aussi puissant homme politique de l'Etat, avait aidé un autre Virginien, Woodrow Wilson, à accéder à la Maison Blanche, en 1912[218]. Il était apparemment trop tôt pour savoir si l'activisme et les acquis économiques réalisés pendant le conflit mondial se verraient pérennisés dans le futur ou céderaient du terrain face à l'action subversive de politiciens tels que Byrd, comme cela avait été le cas après la Première Guerre mondiale. Toutefois, les généraux du combat en faveur des noirs — des chefs de file comme Randolph, Houston et Mary McLeod Bethune, qui fut conseillère du président Roosevelt* — ne baissèrent pas la garde. Ils résistèrent, prêts à parier que les changements économiques engendrés par ces quatre années de conflit, et qui avaient changé leurs vies, perdureraient.

Le pari n'était pas dénué de risques. Dorothy s'engagea dans la location de l'appartement de Newsome Park alors

* Mary McLeod Bethune (1875-1955), éducatrice et militante des droits civiques, fonda une école privée pour Afro-Américains, en Floride. (NdT)

même que Langley n'avait pas pérennisé son statut d'employée en temps de guerre. L'avenir du quartier n'était pas moins incertain. Leurs voisins de Hilton Village, un grand ensemble de logements datant de la Première Guerre mondiale et destiné aux directeurs blancs des chantiers navals et aux familles issues de la classe moyenne, tentaient de démanteler Newsome et Copeland Parks en application des lois régissant la démolition des taudis. Les autorités fédérales projetaient de désolidariser les constructions de leur soubassement et de les envoyer aux « populations d'Europe minées par la guerre »[219]. Tandis que le gouvernement et leurs voisins négociaient sur le statut de Newsome Park — le site fut déclaré « à caractère non temporaire », tout en considérant que sa « localisation actuelle n'était pas définitive [220] » —, les occupants débordaient de tout l'idéalisme de l'après-guerre, se concertant pour créer une « communauté modèle, non seulement pour Newport News, mais pour tous les Etats-Unis ». Pourquoi Newsome Park devrait-il disparaître ? L'immense machinerie de la défense et toutes les niches et communautés qu'elle avait engendrées ces quatre dernières années n'étaient pas sur le point de péricliter. C'en était fini du rythme tranquille des petites villes et du temps des bateliers, remplacés par les liaisons avec le vaste monde les rêves ardents de la classe moyenne. Les emplois, le logement, les relations, les habitudes du quotidien — autant d'aspects de l'existence suscités par l'état d'urgence et qui en faisaient désormais tellement partie intégrante qu'il était aisé de croire qu'il en avait toujours été ainsi. Malgré toutes leurs bonnes intentions d'en revenir à leurs anciennes vies, les « transplantés » demeurèrent là, ayant pris conscience, au cours de ces quatre années de conflit, par petites touches successives — ou cette réalité leur sautant aux yeux lorsque les hostilités s'achevèrent brusquement — qu'ils ne voulaient plus, ou ne pouvaient plus, rentrer chez eux.

Les aînés de Dorothy avaient déploré la perte de la liberté qu'ils associaient à leur petite ville et la sensation d'espace qui allait de pair avec la grande maison de Farmville. Dorothy avait beau être une mathématicienne douée, elle avait peut-être raté sa vocation militaire : elle menait la maisonnée de Newport News avec l'autorité d'un général et le sens de l'économie d'un intendant militaire, renvoyant finalement la baby-sitter à Farmville et offrant une chambre en pension complète à un soldat rentré du service actif et à son épouse en échange de la garde des petits dans la journée[221].

Tandis que ses enfants fréquentaient l'école, affrontant la transition entre leur vie précédente dans une petite ville, où leurs visages étaient connus de tous, et leur existence actuelle, où ils étaient devenus des visages anonymes au milieu de la foule, Dorothy entreprit de reconstituer le puzzle de son existence, sur lequel elle travaillait depuis son arrivée, en donnant une soirée pour près de vingt personnes dans son petit logement de la Quarante-Huitième Rue[222]. Elle avait rencontré certaines de ces personnes au travail, et d'autres venaient du quartier ou de l'église Saint-Paul de l'Eglise méthodiste africaine. Elle se rapprocha de Miriam Mann et sa famille, et les deux femmes, avec leurs enfants, finirent par former en quelque sorte une vaste famille élargie, profitant souvent des nombreuses activités proposées sur le campus de l'Institut Hampton. Dès l'instant où Marian Anderson, contralto de renom, annonça un concert à l'Ogden Hall, l'auditorium de la faculté, les deux femmes savaient qu'elles iraient ensemble y assister. La cantatrice s'était beaucoup produite depuis ses toutes premières prestations professionnelles d'adolescente. Elle était ensuite allée chanter sur quatre continents, mais elle était accueillie avec une chaleur et un enthousiasme tout particuliers dans la salle de spectacle de l'Institut Hampton. Dans le public, nombre de mélomanes étaient venus l'entendre à chacun de ses récitals. Dorothy et Miriam Mann achetèrent des billets à l'avance, pour être certaines d'avoir des places. Le soir du concert, les Vaughan se mirent sur leur trente et un et retrouvèrent les Mann devant l'entrée, en prenant soin d'arriver tôt pour que tout le groupe puisse être assis côte à côte.

Ce fut une représentation exceptionnelle. Dorothy observait

ses enfants du coin de l'œil, si jeunes mais déjà envoûtés par cette voix de contralto qui donnait à chaque spectateur de l'auditoire l'impression de chanter pour lui, rien que pour lui. Elle comprit aussitôt que ce serait un moment qu'elle n'oublierait jamais.

8

Ceux qui vont de l'avant

Katherine Goble aurait fini par reprendre le chemin de la salle de classe quoi qu'il arrive, mais un accès de fièvre hâta le processus : en 1944, son mari Jimmy, le professeur de chimie de Marion, le lycée de Virginie réservé aux noirs, était tombé malade, atteint de « fièvre ondulante », l'appellation populaire de la brucellose. Dans le comté de Smyth, cet été-là, huit personnes au moins avaient contracté la maladie, provoquée par l'absorption d'un lait non pasteurisé[223]. Des semaines, parfois des mois, de suées, de fatigue, de mauvais appétit et de souffrances, voilà ce qui attendait les malheureuses victimes. Il était exclu que Jimmy puisse reprendre les cours à l'automne, aussi le directeur proposa-t-il à la place un contrat d'un an à Katherine. Epouse et mère à plein temps depuis quatre ans, elle avait veillé à préserver la validité de son diplôme d'enseignement[224].

Ce serait la deuxième fois qu'elle enseignerait dans cette école. En 1937, alors âgée de dix-huit ans, récemment diplômée de l'Institut d'Etat de Virginie occidentale, Katherine présentait sa candidature à l'école de Marion, située juste derrière la frontière de Virginie. « Si vous savez jouer du piano, le poste est à vous », indiquait le télégramme[225]. Elle fit ses adieux à son Etat natal, embarqua dans un bus pour Charleston, la capitale, et s'installa pour un trajet de trois heures jusqu'à Marion. A l'entrée en Virginie, les autres passagers noirs et elle-même, mélangés avec les blancs dans le bus, reçurent l'ordre de se déplacer vers l'arrière[226]. Un petit moment après, le chauffeur expulsa les passagers noirs, en annonçant qu'il n'effectuerait pas la desserte des quartiers noirs de la ville[227]. Katherine paya un taxi pour se rendre au domicile du directeur de l'école de Marion, où elle s'était organisée pour louer une chambre.

Pendant ses deux années d'enseignement à Marion, Katherine gagna 50 dollars mensuels, moins que les 65 dollars versés par l'Etat aux enseignants blancs du comté, à la formation similaire[228]. En 1939, le Fonds de défense juridique de la NAACP introduisit une action en justice contre l'Etat de Virginie, au nom d'un professeur noir du lycée Booker T. Washington de Norfolk. L'enseignante noire et ses collègues, parmi lesquels le directeur, gagnaient moins que le concierge blanc de l'établissement[229]. Les juristes éminents de la NAACP, sous l'égide du principal conseil juridique du fonds, Charles Hamilton Houston, et du principal adjoint de ce dernier, un grand échalas diplômé de la faculté de droit de l'université Howard à l'esprit vif comme l'éclair, un dénommé Thurgood Marshall*, réussirent à porter l'affaire *Alston v. Norfolk* devant la Cour suprême, qui ordonnait à la Virginie de revaloriser les salaires des enseignants noirs au niveau de celui des blancs. C'était une victoire, mais qui survenait un an trop tard pour Katherine : quand une offre d'emploi rémunérée 110 dollars par mois était arrivée d'un lycée de Morgantown, en Virginie occidentale, pour l'année scolaire 1939, elle l'avait saisie au vol[230]. Si en Virginie l'égalité des salaires restait l'enjeu d'une bataille, en revanche, la Virginie occidentale y adhéra sans lutter.

Katherine veillait toujours à ce que les gens sachent qu'elle était originaire de Virginie *occidentale*, pas de Virginie. Grâce au relief montagneux de la première, on

* Thurgood Marshall (1908-1993) devint le premier avocat général noir des Etats-Unis, puis le premier juge noir de la Cour suprême, deux des plus hautes fonctions du système judiciaire américain. (NdT)

y profitait de la fraîcheur de la brise du soir, tandis que l'autre Virginie était étouffante, l'on y attrapait la malaria. Le système des plantations d'avant la guerre de Sécession ne s'y était jamais enraciné, comme c'était le cas plus à l'est et au sud. Durant la guerre civile, cet Etat montagneux fit sécession de la Virginie et rejoignit l'Union. Cela ne suffit pas à le transformer en oasis d'opinions progressistes sur les questions raciales — la ségrégation maintenait la séparation entre les noirs et les blancs dans les logements, les écoles, les salles publiques et les restaurants —, mais l'Etat permettait tout de même à sa minuscule population noire de respirer un peu. Par comparaison, estimaient ses habitants noirs, la Virginie, c'était le Sud, le vrai.

Née et élevée à White Sulphur Springs, Katherine était la cadette des quatre enfants de Joshua et Joylette Coleman. « Tu n'es pas meilleure que les autres et personne n'est meilleur que toi », répétait Joshua à ses enfants, une philosophie qu'il incarnait au plus haut point[231]. Impeccablement vêtu d'un veston et d'une cravate chaque fois qu'il avait à faire en ville, Joshua suscitait tranquillement l'admiration des noirs et des blancs de cette petite bourgade ; et, en effet, on n'avait jamais à prier quiconque de respecter Josh Coleman.

Quoique ayant interrompu sa scolarité dès la fin de la sixième, le père de Katherine était un matheux capable de calculer combien de pieds-planches (une unité de mesure du bois de sciage) on pourrait tirer d'un arbre, rien qu'en le regardant[232]. Dès que leur plus jeune fille sut parler, Joshua et Joylette comprirent qu'elle avait hérité le tempérament engageant de son père et son esprit mathématique. Katherine comptait tout ce qui croisait son chemin — les plats, les marches et les étoiles dans le ciel. D'une curiosité insatiable envers le monde, cet enfant bombardait ses professeurs de grammaire de questions et sauta du CE1 au CM2[233]. Quand les professeurs au tableau se retournaient et découvraient un pupitre inoccupé à la place de Katherine, ils savaient qu'ils trouveraient leur élève dans la salle de classe voisine, aidant son frère aîné à apprendre une leçon[234]. L'école, la seule réservée aux noirs de toute la région, s'arrêtait à la sixième (assurée par l'école élémentaire). Quand la sœur aînée de Katherine, Margaret, termina cette première étape de sa scolarité à White Sulphur Springs, Joshua loua une maison à 200 km de là pour que les quatre enfants, guidés par leur mère, puissent continuer leur éducation à l'école laboratoire que tenait l'Institut de l'Etat de Virginie occidentale.

Durant les années de vaches maigres de la Grande Dépression, les revenus de la ferme Coleman se réduisirent comme peau de chagrin. Tenant absolument à trouver un moyen de subvenir aux besoins du foyer et de couvrir le coût de la scolarité des enfants, Joshua installa toute la famille en ville et accepta un poste de portier au Greenbrier, le lieu de villégiature le plus sélect du pays. (Ce fut là que, quelques années plus tard, il fit la connaissance du mari de Dorothy Vaughan, Howard). L'immense hôtel aux colonnades blanches, construit dans le style néoclassique, s'étendait sur un domaine impeccablement tenu au cœur de White Sulphur. En 1914, Joseph et Rose Kennedy[235] y avaient passé leur lune de miel, dans la chambre 145. Bing Crosby, le duc de Windsor[236], le champion de base-ball Lou Gehrig, Henry Luce, l'éditeur du magazine *Life*, l'actrice Mary Pickford, le jeune Malcolm Forbes, président du magazine financier éponyme, l'empereur du Japon, et divers membres des dynasties Vanderbilt, Du Pont et Pulitzer fréquentèrent tous White Sulphur Springs dans les années 1920, 1930 et 1940, où ils dansaient le charleston, le cha-cha-cha et la rumba jusqu'au petit jour. Alors que les files d'attente s'étiraient devant les soupes populaires des villes américaines et que la sécheresse réduisait à néant les moyens de subsistance de dizaines de milliers de familles de fermiers, l'« Old White », tel qu'était surnommé le vaste bâtiment à colonnades blanches, continuait d'attirer des clients internationaux de haute volée venus jouer au golf, prendre les eaux des sources réputées de la station thermale et se prélasser dans un luxe débridé.

Le Greenbrier compartimentait soigneusement ses catégories de serviteurs[237]. Les « nègres » étaient femmes de chambre, portiers, aides en cuisine, tandis que les immigrants italiens et est-européens formaient la brigade de la salle du restaurant. L'été, durant leur séjour loin de l'Institut, les garçons Coleman effectuaient des stages de porteurs, et Katherine et sa sœur travaillaient comme domestiques de certains clients. Katherine s'acquittait à merveille de tâches ingrates, se chargeant du ménage, de la lessive, du repassage et du rangement des vêtements, allant au-devant des souhaits des clients tout en paraissant invisible, satisfaisant aux moindres exigences de la bonne société en villégiature. Une comtesse française particulièrement exigeante, qui avait l'habitude de rester pendue des heures au téléphone avec des amies à Paris, finit par suspecter que les murs avaient des oreilles. « Tu entends tout ce que je dis, n'est-ce pas ? »[238] s'enquit-elle en voyant sa domestique noire si réservée écouter attentivement chacun de ses bons mots. Katherine hocha la tête, l'air penaud. La comtesse l'expédia dans les cuisines de la résidence et, durant le reste de l'été, la lycéenne passa son déjeuner à discuter avec le chef parisien du Greenbrier[239]. Bientôt, aidée par des bases solides, elle parla presque couramment le français avec un accent parisien, ce qui stupéfia son professeur de langues, à la rentrée d'automne. L'été suivant, faisant bien meilleur usage de ses dons de communication, l'hôtel la plaça au poste de vendeuse à la boutique d'antiquités des salons de la réception. Henry Waters Taft, avocat réputé, spécialisé dans les procédures anti-monopolistiques et frère du président William Howard Taft, fréquentait le Greenbrier, et un jour, à la boutique, Katherine lui apprit les chiffres romains[240].

En 1933, elle entrait à la Faculté d'Etat de Virginie occidentale, petite nouvelle âgée de quinze ans, dotée d'une bourse d'études que lui avaient value ses brillants résultats dans le secondaire. Le président de l'établissement, le professeur John W. Davis, était une personnalité impressionnante qui, comme W.E.B. Du Bois et Booker T. Washington, faisait partie de la confrérie très fermée des « figures de la communauté noire »*, ces pédagogues et intellectuels de couleur qui ouvrirent le débat sur ce que devaient être les meilleures voies du progrès pour l'Amérique noire. Sans atteindre la taille et l'influence d'établissements comme l'Institut Hampton ou les universités Howard et Fisk, situées à Nashville, dans le Tennessee, cette faculté possédait néanmoins une solide réputation académique. John Davis s'employa à attirer les plus brillants esprits du monde universitaire noir sur son campus. Au début des années 1920, Carter G. Woodson, un historien et professeur qui avait obtenu son doctorat d'histoire à Harvard dix-sept ans après Du Bois, y occupait la fonction de doyen[241]. James C. Evans, diplômé en ingénierie du MIT, y dirigeait le programme d'études commerciales et de mécanique avant d'accepter un poste de Conseiller civil au Département de la guerre, en 1942[242].

William Waldron Schieffelin Claytor, un bel homme au profil de star de cinéma, à la peau dorée et aux yeux profonds, ourlés de longs cils, exerçait au sein du département de mathématiques. Agé de tout juste vingt-sept ans, Claytor jouait Rachmaninov avec doigté et se révélait un tennisman aguerri[243]. Il conduisait une voiture de sport, pilotait son avion, et on se souvint longtemps du jour où, frôlant en rase-mottes la maison du président de l'université, il vola si bas que ses roues labourèrent la toiture en provoquant un vacarme de tous les diables[244]. Les étudiants en mathématiques s'émerveillaient d'entendre le professeur Claytor, originaire de Norfolk, énoncer des preuves mathématiques complexes avec son accent traînant si « rural »[245].

La brusquerie de ses façons de faire intimidait la plupart des étudiants, incapables de suivre lorsque leur professeur traçait comme un forcené des formules mathématiques au tableau noir d'une main, en les effaçant aussi vite de

* En 1903, Booker T. Washington publiait *The Negro Problem*, recueil d'articles d'Afro-Américains éminents. W. E. B. Du Bois y insistait sur la nécessité de créer un groupe de « *race men* », élite intellectuelle noire. (NdT) Source : Encyclopedia of African American Education.

l'autre[246]. Il voltigeait d'un sujet au suivant, sans concessions et sans faire aucun cas de leur mine décontenancée. Mais Katherine, studieuse, le visage encadré de fins cheveux bouclés et ses lunettes au bout du nez, arriva si vite au bout du programme que Claytor dut créer un cursus plus avancé rien que pour elle.

« Vous feriez une bonne chercheuse en mathématiques, annonça-t-il à sa star d'étudiante, alors âgée de dix-sept ans, au terme de sa seconde année de licence. Et je vais vous préparer à cette carrière. [247] »

En 1929, il avait lui-même obtenu à Harvard une licence de mathématiques avec mention et, comme Dorothy, avait reçu une proposition d'intégrer le cours inaugural du programme de premier cycle en mathématiques de l'établissement[248]. Le doyen, Dudley Weldon Woodard, qui avait été son directeur de thèse, lui avait recommandé de suivre la même voie que lui en continuant avec un doctorat de l'université de Pennsylvanie. Le sujet de mémoire de Claytor, concernant la topologie générale et ayant fait le bonheur du corps professoral, enthousiasma le monde des mathématiques, qui avait salué une avancée importante dans la discipline[249].

Brillant et ambitieux, Claytor attendit en vain d'être recruté par les meilleurs départements de mathématiques des Etats-Unis, mais l'offre de l'université d'Etat de Virginie occidentale fut la seule à se présenter. « Si de jeunes hommes de couleur reçoivent une formation scientifique, l'université noire du Sud sera pour ainsi dire leur seul débouché, observait W.E.B. Du Bois en 1939[250]. Dans le Sud, les bibliothèques, musées, laboratoires et collections scientifiques [des blancs] sont soit complètement fermés aux chercheurs noirs, soit partiellement accessibles, et dans des conditions humiliantes »[251]. Mais comme c'était malheureusement le cas dans de nombreuses universités réservées aux noirs, un poste à la faculté allait de pair avec « une charge d'enseignement très lourde, un isolement scientifique, aucun accès à une bibliothèque et aucune opportunité de pouvoir participer à des colloques scientifiques »[252].

Comme s'il essayait de compenser sa déception professionnelle grâce à la réussite de l'une des rares étudiantes dont les capacités répondaient à ses critères d'exigence extrêmes, il conservait une foi inébranlable en la réussite future de Katherine dans la recherche en mathématiques, envers et contre tout. Dans cette discipline, pour une femme noire, les perspectives d'avenir étaient forcément sombres. Si Dorothy Vaughan avait été en mesure d'accepter la proposition d'admission en licence de l'université Howard, elle aurait sans doute été la seule condisciple de sexe féminin de Claytor, pratiquement sans aucune possibilité de carrière, en dehors de l'enseignement, même avec une maîtrise en main. Dans les années 1930, aux Etats-Unis, à peine plus d'une centaine de femmes exerçaient en tant que mathématiciennes[253]. Certains employeurs imposaient ouvertement une discrimination envers les Irlandaises et les juives titulaires d'un diplôme de mathématiques ; les chances d'une femme noire de pouvoir trouver du travail en ce domaine étaient quasi nulles[254].

— Mais où vais-je trouver un emploi ? demanda Katherine[255].

— Ce sera en effet votre problème, lui répliqua son mentor.

Katherine et Jimmy Goble se rencontrèrent alors qu'elle était enseignante à Marion. Né là-bas, Jimmy était de retour chez lui pour les vacances universitaires. Ils étaient tombés amoureux et, avant que Katherine ne parte pour la Virginie occidentale, ils se marièrent sans rien dire à personne[256]. La Virginie occidentale avait eu beau adhérer à une politique d'égalité, elle maintenait l'interdiction des salles de classe aux femmes mariées.

Au printemps 1940, à la fin d'une journée scolaire chargée, Katherine fut surprise de trouver le professeur Davis, président de son ancienne université, qui l'attendait devant sa salle de classe[257]. Après avoir échangé quelques plaisanteries avec son ancienne étudiante, il lui révéla le motif de sa visite. En tant que membre du conseil d'administration du Fond de défense juridique de la NAACP, il travaillait en étroite collaboration avec Charles Houston et Thurgood

Marshall sur des procédures judiciaires lentes, souvent démoralisantes, et parfois dangereuses, pour le compte de plaignants noirs dans le Sud. L'affaire des enseignants de Norfolk n'était qu'un dossier parmi tous ceux qui s'inscrivaient dans le cadre de leur stratégie de démantèlement du système d'apartheid alors en vigueur dans les écoles et sur les lieux de travail d'Amérique.

Dans l'attente de ce jour qui était enfin là, en dirigeant politique aussi habile qu'il était bon pédagogue, il avait refusé une offre de 4 millions de dollars de l'assemblée législative de Virginie occidentale destinée à financer un programme de licence à l'université de l'Etat[258]. Son pari était le suivant : si cette faculté dédiée aux noirs n'offrait pas de cursus de licence, l'université de Virginie occidentale serait obligée d'admettre des noirs dans ses cursus, en application de la décision de la Cour suprême de 1938, *Missouri ex rel Gaines v. Canada*. Le gouverneur Homer Holt mesura la gravité de l'enjeu : il avait le choix de l'intégration ou, comme son voisin de l'est, de camper sur ses positions et de contester la décision. Au lieu de lutter, il prit l'initiative de l'intégration dans les facultés publiques de premier cycle de l'Etat, en invitant son ami Davis à une entrevue secrète destinée à choisir trois titulaires de licences de l'université d'Etat de Virginie occidentale, afin de mettre en œuvre la déségrégation à l'université de l'Etat, à partir de l'été 1940.

« Et je vous ai donc choisie », annonça Davis à Katherine ce jour-là, devant sa salle de classe [259]; deux hommes, qui occupaient alors des postes de directeurs dans d'autres régions de Virginie occidentale, se joindraient à elle. Intelligente, charismatique, travailleuse et imperturbable, Katherine constituait la recrue idéale. Lorsqu'elle franchit la porte, pour sa dernière journée au lycée de Morgantown, le directeur, qui était aussi professeur auxiliaire au département de mathématiques de l'Université d'Etat de Virginie occidentale, lui fit cadeau d'une collection complète de manuels mathématiques de référence dont elle se servirait à l'université, une parade contre les éventuels « inconvénients » susceptibles de se présenter quand elle aurait besoin de consulter la bibliothèque de la faculté « blanche »[260].

Elle s'inscrivit à la session de l'été 1940 de l'université de Virginie occidentale. La mère de Katherine s'installa à Morgantown pour partager une chambre avec sa fille, pour la réconforter et lui donner confiance avant ses premières journées dans cet établissement blanc. Katherine et les deux autres étudiants noirs, deux hommes qui entraient en faculté de droit, bavardaient au moment de leur inscription, le premier jour. Elle ne les revit plus jamais sur le campus et se mit en chemin, seule, vers le département de mathématiques. La plupart des étudiants blancs l'accueillirent avec cordialité, et certains se montrèrent des plus amicaux. Le seul camarade de classe qui protesta contre sa présence n'eut pas recours aux épithètes, préférant l'arme du silence. Mais surtout, les professeurs la traitèrent convenablement, et elle possédait amplement le niveau requis. Le plus grand défi auquel elle fut confrontée fut de trouver un cours qui ne reproduise pas le tutorat méticuleux du professeur Claytor.

A la fin de la session d'été, toutefois, Katherine et Jimmy apprirent qu'ils attendaient leur premier enfant[261]. Convoler discrètement, c'était une chose ; être mariée et devenir mère, c'en était une autre. Le couple savait qu'il fallait annoncer le mariage à Joshua et Joylette, et qu'ils allaient bientôt devenir parents. Joshua avait toujours espéré que Katherine obtiendrait une licence, mais les circonstances lui interdisaient d'achever son cursus. Son amour pour Jimmy et sa confiance en sa nouvelle vie adoucit l'intransigeance de son père au sujet de ce premier cycle universitaire, et il ne pouvait résister à l'émotion liée à l'arrivée du premier des petits-enfants de la famille. Quoique déçus, ni lui, ni les autres hommes influents de son existence — le professeur Claytor et le professeur Davis — n'auraient jamais demandé à Katherine de renier son amour ou de sacrifier une famille à la promesse d'une carrière.

Au cours des quatre années écoulées depuis qu'elle avait quitté la faculté de premier cycle, elle n'avait pas une seule fois regretté sa décision d'échanger un poste universitaire de premier plan contre sa vie de famille. Tous les jours ou presque, elle s'estimait la personne la plus chanceuse du monde, amoureuse de son mari et comblée par ses trois filles qu'elle adorait. A ses moments perdus, elle repensait au professeur Claytor et à la carrière imaginaire qu'il lui avait assidûment préparée. L'idée de devenir chercheuse en mathématiques était toujours restée une abstraction et, le temps passant, il était facile de considérer que ce poste n'avait existé que dans l'imagination de ce professeur excentrique. Mais à Hampton, en Virginie, Dorothy Vaughan et des dizaines d'autres anciennes professeures prouvaient que les chercheuses en mathématiques ne dépendaient pas seulement de mesures prises en temps de guerre, mais constituaient une force puissante sur le point de propulser l'aéronautique américaine au-delà de ses limites.

9

Abattre des murs

Après la fin de la guerre, les prisonniers de guerre japonais et italiens enfermés au Greenbrier rentrèrent chez eux, mais Howard Vaughan resta sur place et conserva son emploi d'été au grand hôtel, aux côtés de Joshua Coleman. Les vies parallèles que Dorothy Vaughan et lui menaient désormais s'entrecroisaient à une fréquence assez suffisante, à Farmville et à Newport News, pour que deux autres enfants viennent s'ajouter à la famille, Michael, en 1946, et Donald, en 1947. Les cadets des enfants Vaughan étaient natifs de Newport News, et Newsome Park était la seule petite ville qu'ils aient jamais connue. La vaste maison de famille de Farmville était pour eux l'endroit où ils allaient passer leurs vacances scolaires, et nullement un foyer qu'ils auraient quitté.

Il n'avait jamais fait aucun doute que Dorothy retournerait travailler dès que possible, après les naissances de ses deux petits derniers, dès qu'ils seraient assez grands pour s'épanouir au milieu de leurs frères et sœurs, des baby-sitters et des locataires qui leur apportaient à la fois un cadre de vie et une attention de tous les jours. Il était tout simplement exclu qu'elle reste à la maison pour s'occuper d'eux. La famille avait toujours compté sur son revenu, et maintenant, plus que jamais, c'était son emploi à Langley qui leur procurait à tous la stabilité économique.

Les aînés des enfants Vaughan s'adaptaient aux changements qui avaient à la fois agrandi et restreint leur cadre de vie. Newsome Park leur apportait son lot d'amis et de limites, l'une d'elles coïncidant avec l'étang que leur quartier partageait avec Copeland Park, une banlieue jouxtant la leur. Leonard Vaughan et ses amis avaient compris les règles du jeu[262]: s'ils arrivaient à l'étang les premiers, l'endroit était à eux pour la journée. Si les gamins blancs s'y présentaient avant eux, ils avaient tous les droits sur les lieux. S'ils déboulaient en même temps, ils se partageaient l'étang, nageaient et jouaient en s'observant du coin de l'œil avec curiosité et en échangeant quelques mots au passage.

La grande famille issue du bureau des Calculatrices Ouest comblait le vide laissé par les tantes, les oncles et les cousins de Farmville. Dorothy Vaughan, Miriam Mann et les Peddrew — Kathryn (surnommée Chubby, « Rondouillarde », à cause de ses formes généreuses) et sa belle-sœur Marjorie, qui rejoindrait le bureau à la fin des années 1940 — nouèrent des liens autour des courbes de distribution de pression, mais aussi grâce à leurs enfants et à leur vie de quartier, en dehors des horaires de travail. Dorothy comptait même dans ce groupe un véritable membre de sa famille : pendant la guerre, Matilda West, une parente de la belle-sœur de Howard Vaughan[263], avait suivi Dorothy de Farmville à Hampton avec son mari et leurs deux jeunes fils. L'été, les familles organisaient un pique-nique, vite devenu une tradition, à Log Cabin Beach, un modeste lieu de villégiature au fond des bois, donnant sur la rivière James, construit exclusivement pour « les personnes de la race »[264]. Avant le grand départ, les femmes passaient des semaines à élaborer le menu, s'affairant en cuisine et multipliant les coups de téléphone pour s'accorder sur le choix des délices culinaires de leur petite excursion[265]. Sept membres de la famille Vaughan, cinq de la famille Mann et deux quatuors composant le clan Peddrew, y compris le chien de Chubby Peddrew, s'acheminaient en caravane par la Route 60 jusqu'à leur retraite en bord de rivière, s'amusant comme des fous pendant une journée couronnée par un goûter de marshmallows rôtis autour du feu[266].

Tout cela leur inspirait fraîcheur et nouveauté, cette façon de se divertir en toute liberté, loin de la vie en société traditionnelle et structurée qui, pour la majorité des noirs, avait lieu à la maison et à l'église, ou dans le maillage des organisations sociales ou civiques qui absorbaient le précieux temps libre d'une classe moyenne noire naissante. Des touristes noirs profitaient du soleil, des plaisirs et des loisirs de Shore Beach, à Hampton Bay, depuis qu'un groupe d'hommes d'affaires noirs, parmi lesquels le comptable de l'Institut Hampton et un chef d'entreprise local noir, John Mallory Phillips, qui faisait commerce de fruits de mer, avaient créé la station en 1898[267]. Mais la plage de Bay Shore Beach, séparée par une corde de celle de Buckroe Beach, plus grande et réservée aux blancs, rappelait encore aux clients qu'il existait un sable « nègre » et un sable blanc. A Log Cabin Beach, les noirs qui avaient les moyens de profiter des charmes de l'endroit oubliaient complètement les écriteaux pour gens de « couleur ». Ils pouvaient occuper tout l'espace, affranchis de ces injonctions qui les restreignaient physiquement dans leurs mouvements et de la double conscience qui les étranglait*.

Dorothy aimait permettre à ses enfants de prendre des initiatives et de s'aventurer dans le monde sans surveillance ; c'est pour leur permettre d'expérimenter de nouvelles choses qu'elle avait décidé de bouleverser leur petit univers en venant s'installer à Hampton Roads. Même avec un salaire de 2 000 dollars annuels [268]— dans les années 1940, le salaire mensuel moyen des femmes noires s'établissait à 96 dollars [269]—, la nécessité de pourvoir aux besoins de

* La « double conscience », formule forgée par W.E. Du Bois, ou « double vision », chez l'écrivain Richard Wright, désigne le conflit intérieur propre aux groupes sociaux oppressés. Elle s'est étendue à d'autres formes d'inégalité sociale en Amérique, notamment celle qui touche les femmes. (NdT)

six enfants ne permettait pas de s'offrir si souvent ou si facilement de telles escapades à Log Cabin Beach. L'ombre de la Grande Dépression n'ayant jamais cessé de lui hanter l'esprit, Dorothy Vaughan cousait ses vêtements et ceux de ses enfants, découpait les bons de réduction et usait ses chaussures jusqu'à la semelle. Si elle était en mesure d'en offrir davantage à ses enfants en sacrifiant son propre confort, elle n'hésitait pas. Plus d'un soir, après avoir servi le repas à ses enfants une fois rentrée du travail, elle était sortie faire le tour du pâté de maisons, jusqu'à ce qu'ils aient terminé leur assiette[270]. Ensuite, seulement, elle se servait les restes. Elle n'avait pas envie d'être confrontée à la tentation de manger un seul des morceaux qui devaient d'abord nourrir leurs organismes en pleine croissance.

La prédiction selon laquelle la fin de la guerre précipiterait le déclin économique de Hampton Roads se révéla inexacte. La région où Dorothy Vaughan avait désormais élu domicile était sur le point de connaître une vague d'expansion de l'industrie de la défense qui ne se mesurerait pas en années, mais en décennies. Après la guerre, la base navale de Norfolk conserva le commandement de la flotte de l'Atlantique et devint le quartier général de l'aéronavale. Aux installations et sous-traitants militaires locaux vinrent s'ajouter l'Ecole logistique de l'armée, implantée à Fort Eustis, à Newport News, et la base des Coast Guards à Portsmouth, tandis que l'activité des chantiers navals de Newport News et de Portsmouth restait soutenue. En 1946, l'armée décida de faire de Langley Fields le quartier général de son Tactical Air Command, l'un des principaux commandements de l'Air Corps de l'US Army[271]. Un an plus tard, l'importance des avions pour la défense des Etats-Unis fut encore mise en exergue par le changement de statut de l'Army Air Corps, promu au rang d'arme à part entière, indépendante des autres : l'United States Air Force.

Pendant toute la durée du conflit mondial, l'emprise du secteur de la défense sur l'économie du sud-est de la Virginie était devenue si forte, son influence si essentielle pour le bien-être matériel des habitants que, comme Hampton Roads, autrefois l'archétype de la ville-champignon développée grâce à la guerre, la Virginie était devenue un Etat-providence, tributaire des dollars d'une industrie militaire qui vint irriguer la région comme les vagues baignaient son littoral. Hampton Roads était désormais l'incarnation de ce que Dwight D. Eisenhower, président de la guerre froide, qualifierait dix ans plus tard de « complexe militaro-industriel »[272].

L'inévitable réduction des forces que subit Langley — juste avant le jour de la victoire, les effectifs avaient culminé à plus de trois mille employés [273]— fut de courte durée et peu marquée, et s'accomplit surtout à travers les départs automatiques de ceux qui jugeaient que le moment de rompre avec leur existence sur la base était venu. Beaucoup de calculatrices et d'autres employées du laboratoire troquèrent le quotidien d'une vie de bureau contre un poste à plein temps de femme au foyer ; elles furent nombreuses à épouser les hommes avec lesquels elles travaillaient. Les services d'agence matrimoniale rendus par l'institution égalèrent ses prouesses dans le domaine de la recherche. *Air Scoop* regorgeait d'anecdotes sur le « diams » repéré à l'annulaire d'une célibataire employée au service du personnel ou sur le *happy end* que vivait ce couple enamouré après avoir trouvé le parfait amour devant des maquettes de test à la Soufflerie de vol libre.

Il s'ensuivit un flot régulier de faire-part de naissances. Les futures mères qui souhaitaient retourner travailler quand leurs enfants étaient assez grands pour être confiés durant la journée avaient toujours la latitude de recourir aux congés d'invalidité ou à des cumuls de congés maladie, mais le degré de facilité de la chose dépendait des dispositions de leurs directeurs. Pendant leur grossesse, beaucoup de femmes remettaient leur démission et demandaient à être réembauchées au laboratoire dès qu'elles étaient de nouveau prêtes à travailler, en espérant trouver un moyen de récupérer leur ancien poste[274].

Mais les calculatrices de talent, en particulier celles qui jouissaient de plusieurs années d'expérience, restaient de précieuses ressources. L'encre d'imprimerie du bulletin d'*Air Scoop* annonçant la réduction d'effectifs avait à peine séché que Melvin Butler rendait public un plan d'offres d'affectations permanentes aux employés des services de la défense. Quelques directeurs haut placés déployèrent de gros efforts pour maintenir les femmes les plus productives en poste en leur accordant les souplesses dont elles avaient besoin pour s'occuper de leur famille[275].

A Langley, en trois ans, Dorothy Vaughan s'était révélée plus qu'à la hauteur de la tâche, en remettant à Marge Hannah et Blanche Sponsler des travaux sans erreur tout en respectant parfaitement toutes les échéances, ce qui lui valut des notes « excellentes » de ses supérieurs[276]. Durant la guerre, ses deux collègues, Ida Bassette, native de Hampton (et cousine de Pearl Bassette, de la Zone de Calcul Ouest) et Dorothy Hoover, originaire de Little Rock, dans l'Arkansas, et elle-même, avaient été nommées chefs d'équipe[277], chacune d'elles dirigeant le tiers d'un groupe dont l'effectif atteignait maintenant vingt-cinq femmes[278]. Au plus fort du conflit mondial, quand le laboratoire opérait vingt-quatre heures sur vingt-quatre, Dorothy, qui travaillait souvent entre trois heures et onze heures du matin, était responsable de huit calculatrices chargées d'établir des feuilles de données, de déchiffrer des microfilms et d'aligner des chiffres[279]. Il n'était peut-être guère surprenant que Dorothy fasse partie des employées retenues, mais elle dut être soulagée quand, en 1946, elle accéda à un poste de fonctionnaire titulaire.

La quasi-totalité des Calculatrices Ouest avait décidé de faire ce qu'il fallait pour s'accrocher à leur place. En 1945, leur section étant désormais à l'étroit dans les locaux de l'Entrepôt, le groupe s'installa dans « deux espaces de bureaux spacieux », au premier étage de l'Aile Ouest du nouveau bâtiment de la Division des Facteurs de charge aérodynamiques[280].

Noires ou blanches, de l'est ou de l'ouest, célibataires ou mariées, mères ou sans enfants, les femmes constituaient désormais un élément fondamental de tout le processus de la recherche aéronautique. Moins d'un an après la fin des hostilités, les annonces habituelles d'emplois vacants au sein du laboratoire, y compris pour des postes de calculatrices, refirent leur apparition dans le bulletin d'information[281]. Alors que les Etats-Unis, après leur course effrénée vers la victoire, réduisaient la voilure de leur activité économique et que le laboratoire commençait à oublier qu'il avait un jour fonctionné sans ses calculatrices féminines, Dorothy eut le temps de réfléchir aux implications à long terme d'une carrière de mathématicienne. Comment pourrait-elle se réjouir à l'idée de retourner à Farmville et de renoncer à un métier où elle réussissait si bien, qu'elle appréciait et qui était deux ou trois fois plus rémunérateur que l'enseignement ? Travailler comme chercheuse en mathématiques à Langley, c'était un excellent emploi, pour une femme noire. L'industrie aéronautique était florissante, et les ingénieurs avaient autant d'intérêt à continuer de s'assurer les services des femmes qui effectuaient ces calculs que les constructeurs aéronautiques en avaient eu à garder les blanchisseuses qui simplifiaient tant la vie de leurs ouvriers.

Pendant la guerre, des milliers de femmes, d'un bout à l'autre des Etats-Unis, avaient accepté des postes de calculatrices : à Langley ; dans d'autres laboratoires de la NACA (au Laboratoire de recherches Ames de Moffett Field, en Californie, fondé par l'agence en 1939, et au centre de recherches sur la Propulsion en vol, ou Flight Propulsion Research, de Cleveland, inauguré en 1941) ; au Jet Propulsion Laboratory de l'armée, sous l'égide de l'Institut de technologie de Californie ; au « CalTech », le Bureau des normes de Washington ; ou encore chez des constructeurs d'avions comme Curtiss Wright, où l'on appelait ces jeunes femmes des « Cadettes »[282]. Un nouvel avenir s'ouvrait devant elles, mais Dorothy Vaughan et les autres en étaient au début d'une carrière, avec peu de modèles pour les guider. Tout comme elles avaient appris les techniques de la recherche aéronautique sur le tas, les plus ambitieuses d'entre elles devraient définir par elles-mêmes ce qui leur permettrait à elles, des femmes, de progresser dans une profession régentée par des hommes.

Des aérodynamiciens réputés, Eastman Jacobs, John Stack et John Becker, étaient arrivés au laboratoire alors qu'ils n'étaient que de jeunes ingénieurs frais émoulus, et furent rapidement autorisés à concevoir et conduire leurs propres expérimentations*. R.T. Jones, l'ingénieur qui était intervenu pour défendre un homme noir contre la police de Hampton, avait immédiatement séduit ses directeurs par son agilité d'esprit. Il n'avait jamais achevé ses études supérieures et, à son embauche, en 1934, occupait un poste de technicien scientifique assistant, la catégorie dans laquelle entraient la plupart des femmes[283]. Malgré des évaluations de résultats positives, il ne pouvait être classé P-1, cette notation requérant un diplôme d'études secondaires. Ses supérieurs s'entendirent donc pour le faire accéder au niveau P-2 qui, selon les règles ésotériques de la bureaucratie, ne requérait pas les mêmes conditions[284].

Des chercheurs chevronnés prirent les impétrants de sexe masculin sous leur aile, les initiant aux arcanes de leur nouvelle confrérie au cours de déjeuners[285], à la cafétéria et autour d'un verre après le travail, entre hommes, et entre fumeurs[286]. Les collègues les plus prometteurs assistaient leurs directeurs dans la mise en œuvre des précieuses souffleries et des installations de recherches du laboratoire,

* John Stack (1906-1972) fut double lauréat du Collier Trophy (1947 et 1951). John Becker, né en 1913, fut l'un des ingénieurs du X-15. (NdT)

apprentissages qui pouvaient ouvrir la porte à des missions de recherche de haut niveau et, par la suite, à une promotion à la tête d'une section, d'une branche ou d'une division. A la fin des années 1930, R. T. Jones avait été promu à la tête de la section Analyse de la stabilité, officine influente des ingénieurs « au sol » qui recouraient aux mathématiques théoriques plutôt qu'aux expérimentations en soufflerie ou aux essais en vol pour comprendre de quelle manière améliorer les performances d'un avion.

En revanche, les dirigeants n'attendant que très peu de choses de leur part, les femmes devaient manier leur intellect comme on manie la faux. Une employée qui travaillait au sein des principales équipes de calculatrices n'était plus qu'à un échelon du statut de chercheur, et les missions que leur confiaient les ingénieurs manquaient parfois des éléments de contexte susceptibles de l'informer sur l'utilisation qui serait faite des chiffres qui hantaient ses journées. Elle pouvait consacrer des semaines à calculer une courbe de distribution de pression sans savoir quel type d'avion était soumis à ces tests ou si l'analyse qui dépendait de ces formules mathématiques avait débouché sur des conclusions importantes. Le travail de la plupart de ces femmes, comme celui des machines à calculer Friden, Marchant ou Monroe qu'elles utilisaient, demeurait anonyme. Même celle qui avait travaillé en étroite collaboration avec un ingénieur sur le contenu d'un rapport de recherches était rarement récompensée par la mention de son nom à côté du sien sur la publication finale. Pourquoi les calculatrices auraient-elles nourri le même désir de reconnaissance qu'eux ? se disaient nombre d'ingénieurs. Après tout, c'étaient des *femmes*.

Toutefois, le travail de ces ordinateurs humains prenant de l'ampleur et de l'importance, une jeune fille dont les prouesses mathématiques impressionnaient les ingénieurs pouvait être invitée à les rejoindre à plein temps, dans leur soufflerie ou au sein de leur groupe. La multiplication des groupes signifiait aussi pour ces femmes davantage d'opportunités de se rapprocher des unités de recherche et de faire valoir leur sérieux. Les équipes de calculatrices rattachées à des souffleries ou à des branches spécifiques s'étoffaient, engendraient leurs propres superviseurs et fournissaient aux femmes exerçant ces professions une occasion de se spécialiser dans un sous-domaine de l'aéronautique. Une calculatrice capable de traiter des données sur-le-champ et de comprendre comment les interpréter était plus précieuse pour l'équipe qu'une calculatrice membre d'un pôle, détentrice des connaissances plus génériques. Ce type de spécialisation serait la clef de la gestion d'une recherche aéronautique qui, au cours de l'après-guerre, se révélerait de plus en plus complexe. Affranchis des impératifs d'affinement de la traînée en temps de guerre — d'un processus de perfectionnement d'appareils existants afin d'en tirer de petites améliorations de performances —, les aérodynamiciens s'attaquèrent à un ennemi plus difficile à vaincre que les forces de l'Axe : le mur du son.

Au début des années 1940, le développement du turboréacteur offrit enfin aux ingénieurs de Langley un système de propulsion assez puissant pour faire réellement *voler* leurs prototypes d'ailes, comme les ailes delta de R.T. Jones à angle de flèche élevé, évoquant celles des hirondelles — un oiseau des hautes altitudes. Langley ajouta des installations ultramodernes en Zone Ouest, comme la Soufflerie à grande vitesse de 2 mètres par 3 et les quatre souffleries supersoniques de 120 centimètres de côté, des machines capables de déchaîner sur des maquettes des vents approchant ou dépassant cette mystérieuse vitesse du son. L'empire de la NACA poursuivit son expansion vers l'ouest, étoffant ses effectifs et agrandissant ses installations des laboratoires Cleveland et Ames.

En 1947, un groupe de treize employés de Langley, parmi lesquels deux anciennes de Calcul Est, furent transférés dans le désert de Mojave pour y installer le Centre Dryden de Recherche sur les hautes vitesses, destiné à s'attaquer de front aux problèmes du vol supersonique[287]. La vitesse du son, soit environ 1 224 km à l'heure au niveau de la mer et dans une atmosphère sèche à 15° C, variait selon la température, l'altitude et le taux d'humidité. Elle fut longtemps perçue comme une limite physique à la vitesse maximale d'un objet se déplaçant dans l'atmosphère. Quand un avion volant au niveau de la mer approche de Mach 1, ou 100 % de la vitesse locale du son, les molécules d'air situées devant l'appareil s'accumulent et se compriment, formant une onde de choc, qui correspond à ce bruit que l'on associe à un fouet qui claque ou à un coup de feu.

Certains scientifiques avaient émis l'hypothèse que si un pilote réussissait à pousser son appareil au-delà du mur du son, l'avion, l'homme ou les deux se désintégreraient du fait de la puissance de ces ondes de choc. Mais le 14 octobre 1947, pour la première fois de l'histoire, lors d'un vol au-dessus du désert de Mojave, à bord d'un appareil expérimental mis au point par la NACA, le Bell X-1, un pilote d'essai, Chuck Yeager, perça le mur du son, un fait confirmé par les calculatrices au sol qui analysèrent les données provenant des instruments du jet de Yeager[288].

Il y avait trop peu de femmes à Muroc pour que cela justifie de les affecter à une section séparée. Dans l'isolement du désert, travaillant dans une certaine promiscuité sur un site précaire aux dortoirs spartiates, les calculatrices de Muroc se coulèrent sans difficulté dans leur rôle d'ingénieures débutantes. L'ascension sociale était plus difficile dans le cadre bureaucratique de la maison mère, à Langley, avec sa structure hiérarchique rigide. Et pourtant, même dans ce contexte, quelques pionnières parvinrent d'une certaine manière à ouvrir une voie que d'autres femmes emprunteraient à leur suite. La mathématicienne Doris Cohen, une New-Yorkaise qui avait commencé à travailler au laboratoire à la fin des années 1930, fut pendant de nombreuses années la seule à signer des articles pour la NACA[289]. Pearl Young, première femme ingénieure de l'agence et fondatrice de son rigoureux processus de validation éditoriale, ne laissa elle-même pas de travaux de recherches signés de son nom.

De 1941 à 1945, Doris Cohen publia neuf rapports documentant des expériences conduites à la frontière de la recherche aéronautique sur les hautes vitesses[290], cinq dont elle était le seul auteur, et quatre autres cosignés avec R.T. Jones (qu'elle épouserait par la suite)[291]. Cette production phénoménale, même des aspirants ingénieurs de sexe masculin n'auraient pu espérer l'imiter. Inscrire son nom en tête d'un rapport constituait une première étape obligée dans la carrière d'un ingénieur. Pour une femme, c'était un résultat important et qui sortait de l'ordinaire. Cela lui apportait la reconnaissance publique de sa contribution à une recherche digne de ce nom et marquait de son empreinte des découvertes qui bénéficieraient d'une large diffusion au sein de la communauté aéronautique. Les auteurs d'un rapport devenaient des membres importants d'une équipe ; leur degré de proximité par rapport à ces travaux était essentiel. Plus on transférait de femmes issues des pôles de calculatrices vers les groupes d'ingénierie — et plus on engageait de nouvelles calculatrices dans certaines sections dès leur première journée de travail, sans qu'elles passent par les pôles de calcul —, plus cela leur donnait de chances de s'éloigner du « maniement des calculettes » et du calcul mécanisé pour se rapprocher de la rédaction de ces rapports de recherche, produit capital du laboratoire.

Lorsque la femme la plus en vue de ce groupe arriva au terme du parcours, ce fut la preuve criante des progrès réalisés par les calculatrices de Langley dès les premières années d'après-guerre. En douze ans, Virginia Tucker, calculatrice en chef du laboratoire, s'était hissée du rang d'assistante à celui de la femme la plus puissante de l'institution. Elle avait beaucoup œuvré pour transformer la fonction de calculatrice, poste proto-administratif, en l'un des atouts les plus précieux du laboratoire. Ses inlassables efforts de recrutement à la Faculté féminine de l'université de Caroline du Nord — en 1949, la plus grande université féminine de tous les Etats-Unis — et dans d'autres établissements pour femmes avaient ouvert à des centaines de jeunes filles instruites la porte d'une carrière dans les mathématiques. Tous les employés de l'agence dédiés au calcul, à Langley, à Cleveland, Ames et Muroc, étaient issus de ce vivier initial et du travail de Virginia Tucker, la première femme chargée de superviser une section de calcul. Entre 1942 et 1946, quatre cents calculatrices de Langley reçurent une formation sous son égide[292].

La Zone de Calcul Est des années de guerre, une section comptant tellement d'employées que les femmes avaient été forcées de s'installer dans des couloirs, des placards, dans le moindre recoin susceptible de les accueillir, était maintenant victime de son succès. Les anciennes de la Zone Est l'avaient quittée pour des postes permanents dans les souffleries, et aucune nouvelle n'avait été embauchée dans le pôle des calculatrices pour les remplacer. Le noyau qui était logé dans des locaux de la Soufflerie sous pression de 5,80 m de la Zone Est se rétrécit. Les jeunes femmes dépendaient désormais directement de leurs ingénieurs ou des calculatrices superviseuses attachées au groupe. Virginia Tucker était une directrice respectée, mais à l'inverse de Doris Cohen, elle ne s'était pas engagée dans la voie de la recherche et son nom n'était crédité d'aucun travail en ce domaine. Elle détenait un poste élevé pour une femme, mais se retrouva sans débouché à Langley. En 1947, le laboratoire démantela l'équipe de Calcul Est, réaffectant tous les effectifs à Calcul Ouest[293]. Virginia Tucker décida elle aussi de se diriger vers l'ouest. Elle accepta un emploi chez Northrop Corporation, l'un des nombreux constructeurs aéronautiques implantés dans les périphéries tentaculaires de Los Angeles[294].

Comparé au flux des Calculatrices Est qui avaient migré de leurs locaux vers d'autres installations, plus spacieuses, du laboratoire, sous l'effet de la ségrégation, le déplacement de la Zone de Calcul Ouest continuait au compte-gouttes. Quand les trois Calculatrices Ouest sautèrent le pas, à la fin des années 1940, pour rejoindre Cascade Aerodynamics, un groupe qui étudiait les propriétés aérodynamiques des hélices, des turbines et d'autres éléments rotatifs, cela provoqua un tollé[295]. Beaucoup d'employés blancs du laboratoire, en particulier dans le Quartier Est, ignoraient l'existence d'un groupe de calcul entièrement réservé aux noirs[296]. Une minorité conservatrice percevait ce mélange ethnique dans le domaine des mathématiques comme une marque du crépuscule de leur civilisation. Mais la compétence des Calculatrices Ouest fit taire toute opposition ou presque ; vu de près, il était difficile de se plaindre de leur bonne éducation et de leurs manières policées, toutes noires qu'elles étaient.

Il était inévitable que l'une de ces femmes finisse par avoir accès à un poste de chercheur. Dorothy Hoover — l'autre Dorothy de Calcul Ouest, l'une des chefs d'équipe — avait obtenu une licence en mathématiques de l'université AM & N de l'Arkansas, une faculté réservée aux noirs qui avait joué un rôle actif dans les programmes de formation ESMWT, durant la Seconde Guerre mondiale. Elle avait achevé une maîtrise de mathématiques à l'université d'Atlanta, puis enseigné en Arkansas, en Géorgie et dans le Tennessee[297] avant d'arriver à Langley, en 1943, où elle avait été embauchée en qualité de mathématicienne, au grade P-1[298]. Comme Doris Cohen, Dorothy Hoover possédait une maîtrise exceptionnelle des concepts mathématiques abstraits et des équations complexes, et Marge Hannah lui attribuait les travaux mathématiques les plus rigoureux, provenant de la Section d'analyse de la stabilité dirigée par R.T. Jones. Les ingénieurs lui fournissaient de longues équations définissant la relation entre la forme de l'aile et les performances aérodynamiques et lui donnaient pour instruction de leur substituer d'autres équations, formules et variables. C'est seulement après réduction suffisante de la série d'équations qu'elle entamait le processus consistant à y introduire des valeurs et qu'elle en tirait des chiffres, en se servant de machines à calculer[299].

Ses collègues de la Section d'analyse étaient aussi réputés pour leur progressisme que pour leur vivacité d'esprit. Nombre d'entre eux étaient juifs, et du Nord des Etats-Unis. R. T. Jones, son épouse Doris Cohen, ainsi que Sam Katzoff et Eastman Jacobs, deux des analystes les plus respectés du laboratoire[300], et un professeur d'économie blanc de l'Institut Hampton, Sam Rosenberg, se retrouvaient souvent au domicile d'Arthur Kantrowitz, un chercheur de Langley, où ils passaient des soirées à écouter de la musique classique et à discuter politique[301]. Ils allaient voir des films au cinéma de l'Institut Hampton, se mêlant sans difficulté aucune à la population de la faculté noire. Ils étaient plus ouverts que d'autres à l'idée de rompre la barrière de la couleur de peau en intégrant une Calculatrice Ouest dans leur groupe. En mathématicienne talentueuse, et même douée, dotée d'une indépendance d'esprit comparable à la leur, Dorothy Hoover était la candidate idéale de la section et, en 1946, R.T. Jones l'invita à travailler à ses côtés[302].

Les travaux de calculs de la Zone Est s'étant ajoutés à la charge de travail déjà existante, Dorothy Vaughan et les Calculatrices de la Zone Ouest restaient sur la brèche. Le laboratoire engageait plus de femmes noires au sein du pôle qu'il n'en transférait vers d'autres postes ; celles-ci étaient généralement affectées à des missions temporaires avant de revenir, et d'occuper les deux bureaux au maximum de leur capacité, du moins pour le moment.

Après la guerre, la directrice de Calcul Ouest, Margery Hannah, décida d'accepter une offre de la Division de recherche à l'Echelle réelle, un poste passionnant, qui l'amena à travailler pour Sam Katzoff. En trois ans, elle rejoindrait les rangs des femmes signataires de recherches, en publiant avec Katzoff une étude visant à mesurer le degré d'interférence des vagues se répercutant sur les parois de la soufflerie avec l'écoulement de l'air sur une maquette[303]. Comme les ondes sonores dans un auditorium ou le clapot de l'eau contre les bords d'une piscine, dans une soufflerie, les rafales de vent ricochaient contre l'enceinte, et les résultats de ces essais devaient permettre de relever les écarts provoqués par l'interférence.

L'ascension de Marge engendra des opportunités à l'échelon inférieur : Blanche Sponsler prit son poste à la tête du groupe. Blanche, âgée de trente-cinq ans — deux ans de moins que Dorothy —, était jeune mariée ; elle avait convolé en 1947[304]. Originaire de Pennsylvanie, elle jouait dans le championnat de bowling « duckpin » de Langley et était un membre fidèle du club de bridge*. Avec sa sœur, qui avait épousé un soldat posté à Fort Monroe, elle disputa le tournoi de bridge duplicate du laboratoire en 1947 et finit à la deuxième place. Séduite par l'idée de déménager plus à l'ouest, elle demanda son transfert au laboratoire Ames[305]. Ses directeurs à Langley lui rédigèrent des lettres de recommandation — depuis son arrivée, en 1940, elle avait bénéficié d'évaluations très positives et d'un avancement régulier —, mais à cette période, il n'y avait aucun poste vacant, et elle conserva ses fonctions à la tête du groupe de Calcul Ouest.

Dorothy travaillait avec Blanche depuis 1943. Elles entretenaient de bonnes relations professionnelles, et les évaluations de Blanche à son endroit furent excellentes. Le rôle de chef d'équipe de Dorothy valorisait sa position vis-à-vis des ingénieurs. Tout à la fois consultantes et enseignantes, les chefs de pôle devaient elles-mêmes se montrer des calculatrices hors pair, capables de saisir les besoins de l'ingénieur et de clairement expliquer ces exigences à leurs subordonnées. Elles répondaient au pied levé aux questions des calculatrices et il leur fallait une assez bonne maîtrise des

* Le bowling duckpin est une variante du bowling à dix quilles. Le bridge duplicate est une variante du bridge par équipes ou par paires, dans laquelle la même donne est jouée plusieurs fois, à toutes les tables. (NdT)

mathématiques pour les guider et les aider à surmonter leurs lacunes. Assigner une mission précise à la bonne personne relevait en grande partie de la responsabilité de la chef de service. Elles détenaient toutes les compétences requises pour exécuter des tâches de calcul élémentaire, mais savoir repérer la plus perfectionniste dans le maniement des machines à calculer, celle qui serait capable de livrer des graphiques parfaits et dans un bref délai, était essentiel à un traitement efficace des données. Une petite élite, dont Dorothy Hoover faisait partie, possédait des aptitudes à traiter des calculs mathématiques complexes si solides qu'elles dépassaient de beaucoup celles d'ingénieurs du laboratoire.

Dorothy Vaughan aurait pu faire pression pour suivre Margery Hannah et Dorothy Hoover à un poste directement rattaché à une section d'ingénierie. En tant que chef calculatrice, elle entrait en contact avec des ingénieurs appartenant à divers groupes, dont certains se présentaient au bureau en insistant pour qu'elle se charge personnellement de leurs travaux. Toutefois, en 1949, un événement tragique et inattendu lierait Dorothy au bureau de calcul de la Zone Ouest pour les dix années à venir.

A la fin 1947, Blanche avait quitté le groupe dirigé par Dorothy, pour un mois de congé maladie[306]. Elle avait repris le travail, apparemment rétablie, mais dut subir un deuxième arrêt qui se prolongea aux mois de juillet et août 1948[307]. Cette fois encore, elle revint au bureau, renoua aussitôt avec un emploi du temps normal, et continua quelques mois sans le moindre incident. Mais le matin du 26 janvier 1949, une calculatrice Ouest passa un appel urgent à Eldridge Derring, l'un des administrateurs du labo[308]. Ces derniers jours, expliqua-t-elle à Derring, Blanche avait agi bizarrement[309]. A cet instant, elle se trouvait dans les bureaux, où elle « avait un comportement irrationnel »[310], et la calculatrice implora l'administrateur de se rendre au Bâtiment des facteurs de charge aérodynamiques pour aider les femmes du service à gérer cette situation. Accompagné de James Tingle, médecin chef du laboratoire, et de Rufus House, l'assistant de Henry Reid, le directeur de Langley[311], Derring gagna en toute hâte le bâtiment où plusieurs calculatrices Ouest, visiblement inquiètes, les attendaient à l'accueil[312].

Ils se rendirent tous ensemble dans l'un des bureaux de la Zone de Calcul Ouest où Blanche, debout au milieu de la pièce, se préparait à la réunion de 10 heures du matin. Elle avait couvert le tableau noir de « mots et de symboles dénués de sens » et elle ouvrit la séance d'une manière qu'elle semblait considérer comme normale[313]. Pourtant, pour ceux qui se trouvaient face à elle, Blanche était complètement inintelligible. Rufus House s'approcha d'elle pour lui demander ce que signifiait le charabia qu'elle avait inscrit au tableau.

« J'essaie d'expliquer comment passer du grade SP-1 à l'échelon P-20 », lui répondit-elle314, précisant que le nombre d'employés SP-1 au sein du groupe était de « 0 ±1 à trois décimales près »315, et que la section comptait « un P-75 000 »316. Elle ajouta ensuite qu'elle essayait d'exposer la différence entre le zéro et l'infini (« Tout à fait rationnel, commenta House après coup, dans une note détaillant les événements de la matinée, puisque certains étudiants ont eux-mêmes eu des difficultés à saisir cette différence »)317. A partir de là, le reste du monologue de Blanche devint plus incohérent. Rufus House la pria de l'accompagner à la Zone Est, espérant la conduire chez le psychiatre de l'hôpital de la base aérienne. Elle refusa de s'en aller, mais les trois hommes n'usèrent pas de la force, craignant que toute provocation ne la rende violente, et qu'en pareil cas il ne faille « au moins quatre hommes costauds » pour la maîtriser318. Finalement, elle tourna le dos au groupe, en silence. Elle fondit en larmes, s'essuyant les yeux avec un mouchoir. Les administrateurs annulèrent la réunion, et les autres femmes passèrent dans le bureau voisin, laissant Blanche seule avec eux.

Dans les années 1940, si pudibondes, afficher de la sorte une maladie mentale, même si elle avait été guérissable, revenait à mettre un terme à sa carrière. Cet après-midi-là, on conduisit Blanche Sponsler au Sanatorium Tucker, situé à Richmond, la capitale de l'Etat[319]. Elle avait été admise dans ce même hôpital pour y être traitée lors de son arrêt maladie précédent, en 1948, et ce problème était sans doute aussi déjà la raison de son absence, en 1947. Elle se morfondit trois mois entre les murs de ce Sanatorium Tucker, avant son transfert à l'Eastern State Hospital de Williamsburg. Cette fois, elle fut incapable de retourner à sa vie antérieure.

« Apparemment, sa maladie va se prolonger pour une durée indéterminée », remarqua Eldridge Derring devant le chef du personnel de Langley, Melvin Butler, deux semaines plus tard[320].

Les femmes de Calcul Ouest ne revirent jamais Blanche Sponsler. Le 3 juin 1949, un faire-part dans *Air Scoop* tint lieu d'épilogue à la fonction qu'avait occupée leur ancienne chef de service au laboratoire : « Blanche Sponsler Fitchett, chef de la section de Calcul Ouest, souffrante depuis six mois, s'est éteinte dimanche dernier »[321]. La cause de sa mort telle qu'indiquée sur son certificat de décès, que ne révélaient ni le faire-part d'*Air Scoop* ni sa nécrologie dans le *Daily Press*, mentionnait la « démence précoce »[322]. Seuls ses médecins et sa famille surent les véritables causes du décès de Blanche, que ce soit les suites de son traitement pour une maladie que l'on appellerait plus tard la schizophrénie, le suicide, ou peut-être autre chose encore.

Si son absence laissait un bureau de Calcul Ouest vacant, elle ne créait pas de vide. Ce n'était pas ainsi que Dorothy aurait souhaité aborder l'étape suivante de sa carrière, mais la tragédie de Blanche lui permit néanmoins de gravir un échelon. En avril 1949, six semaines après le départ définitif de la malheureuse, le laboratoire nomma Dorothy Vaughan directrice par intérim de Calcul Ouest[323].

***

A Langley, une calculatrice blanche avait des accès limités aux postes de direction. Si l'on faisait partie de ces jeunes femmes, trouver le moyen de sortir du rang pour devenir l'une des chefs réclamait du temps et de la persévérance, du cran et de la chance, et les places disponibles étaient peu nombreuses : alors qu'un simple directeur de sexe masculin du bas de l'échelle pouvait diriger le travail de ces calculatrices, il était tout simplement impensable qu'un homme soit sous les ordres d'une femme. Les femmes qui visaient un poste à responsabilité devaient se contenter de diriger une section dans l'un des pôles de calcul désormais décentralisés ou dans une autre division comptant un grand nombre d'employées de sexe féminin, comme la direction du personnel.

Pour une femme noire, il n'existait très exactement qu'une seule voie : elle débutait tout au fond des bureaux de calculs de la Zone Ouest et s'achevait au premier rang, celui qu'occupait maintenant Dorothy Vaughan. Depuis le bureau de la chef de service, le spectacle, avec ces rangées de visages à la peau brune levant les yeux vers leur nouvelle supérieure, n'était pas si différent de ce qu'il était à l'époque où elle donnait des cours à Moton : les lois ségrégationnistes en vigueur dans l'Etat s'appliquaient avec autant de sévérité à une salle pleine de licenciés à la formation universitaire poussée que jadis à des élèves noires du comté rural de Prince Edward. Pourtant, avec ses éclairages crus, son mobilier officiel, ses machines à calculer de modèles récents et sa proximité avec des outils de recherche aéronautique valant des dizaines de millions de dollars, Calcul Ouest était aux antipodes du bâtiment à moitié délabré du lycée de Moton, de ses chaises branlantes et des manuels défraîchis, ainsi que de l'atmosphère générale d'impuissance qui régnait sur les lieux.

Il faudrait deux années à Dorothy Vaughan pour mériter le titre à part entière de chef de section. Les hommes pour lesquels elle travaillait à présent — Rufus House était son nouveau directeur — la maintenaient dans l'incertitude, attendant soit qu'un candidat plus acceptable se présente, soit d'être convaincus qu'elle était de taille à assumer cette fonction de façon permanente. A moins peut-être que l'idée d'introniser la toute première chef de service noire de l'empire de la NACA, en pleine expansion au niveau national, ne les ait freinés, par peur d'attiser des inquiétudes d'ordre ethnique chez les membres du laboratoire et en ville.

Malgré l'éventuel scepticisme des autorités quant aux qualifications de Dorothy, et en dépit de tout le travail d'influence et des plaidoyers auxquels l'intéressée dut se livrer, une note diffusée en janvier 1951 trancha enfin la question. « Par la présente, Dorothy J. Vaughan, qui occupait la fonction de chef de l'unité des Calculatrices de la Zone Ouest par intérim, est nommée à la tête de cette unité, à compter de ce jour »[324]. Dorothy devait le savoir. Les filles qui étaient sous ses ordres et ses homologues en étaient convaincues, tout comme beaucoup d'ingénieurs, et ses chefs en étaient arrivés à la même conclusion. L'histoire leur donnerait raison à tous : personne n'était mieux qualifiée pour ce poste que Dorothy Vaughan.

10

La maison au bord de la mer

En ce jour d'avril 1951 où la navette du laboratoire acheminait Mary Winston Jackson, alors âgée de vingt-six ans, du bureau d'inscription des nouveaux employés au service du personnel à Calcul Ouest, il ne subsistait pratiquement plus aucune trace des racines agricoles de la terre qu'occupait désormais Langley. A l'instar de la phalange de Yankees, de Mountaineers de Virginie occidentale et de Tar Heels de Caroline du Nord* qui avaient tous investi le laboratoire pendant la guerre, les « transplantées » comme Dorothy Vaughan et son groupe de sœurs jumelles auraient pléthore d'histoires à raconter sur les transformations auxquelles elles avaient assisté depuis que le district rural de Hampton Roads s'était métamorphosé en un ensemble effervescent de villes et de périphéries dynamiques rattachées à l'industrie de la défense. Pourtant, Mary Jackson se souvenait encore du hameau d'avant-guerre où les vacanciers noirs rejoignaient Bay Shore Beach en tramway. Elle avait grandi en écoutant les chants de travail des femmes noires[325], les ouvreuses

* Mountaineers (montagnards ou trappeurs) était l'autre nom des soldats nordistes et sudistes qui peuplaient les montagnes pendant la guerre de Sécession. Le Tar Heel State désignait la Caroline du Nord, dont les vastes forêts de résineux alimentèrent une industrie du goudron (*tar*). (NdT)

d'huîtres à l'usine de J.S. Darling, les odeurs de crustacés flottant jusqu'aux piétons qui empruntaient le pont de Queen Street Bridge en surplomb. Du temps où Mary était enfant, les personnes âgées qui fréquentaient les églises noires situées en plein centre de Hampton racontaient encore l'époque où l'on s'asseyait sous un chêne majestueux, sur l'autre rive du fleuve ; elles parlaient du campus qui deviendrait l'Institut Hampton, et des soldats de l'Union que l'on entendait lire la Proclamation d'Emancipation. Ces ancêtres arrivaient devant cette assemblée de nordistes en étant la propriété de leur maître, et ressortaient en citoyens libres des Etats-Unis d'Amérique. Il n'y avait pas plus enracinée que Mary Jackson.

Le quartier d'Olde Hampton où elle avait grandi, au cœur de la ville, état littéralement bâti sur les fondations du Grand Camp de Contrebande*, fondé par des esclaves qui, pendant la guerre de Sécession, avaient décidé de s'affranchir des familles qui leur avaient volé leur travail et leur vie. Les réfugiés avaient cherché refuge en tant que « contrebande de guerre » dans un camp fortifié de l'Union, à Fort Monroe, situé à Old Point Comfort, à la pointe de la péninsule de Virginie. Les individus de couleur ainsi affranchis édifièrent le centre de Hampton sur les cendres de « l'enfer allumé par les Confédérés », qui consuma la ville en 1862[326]. Les noms de rues d'Olde Hampton — Lincoln, Grant, Union, Liberty — commémoraient les espoirs d'un peuple en lutte pour unifier son histoire à l'épopée de l'Amérique. Durant les années d'optimisme postérieures à la guerre de Sécession, avant que le rideau de fer de la ségrégation selon Jim Crow ne s'abatte sur le sud des Etats-Unis, la population noire de Hampton s'était acquise une certaine réputation grâce à ses « jeunes gens éduqués, à ses hommes adultes ambitieux

* Le Grand camp de contrebande, créé en 1861, au début de la guerre de Sécession, fut le refuge des esclaves en fuite et la première communauté de peuplement noir des Etats-Unis. (NdT)

et travailleurs, à ses hommes d'affaires prospères et à ses politiciens habiles »[327].

Il était assez paradoxal que Woodrow Wilson, le président qui avait autorisé la création de la NACA et reçu le Prix Nobel de la Paix pour sa défense de l'humanitarisme à travers la Société des Nations, ait été aussi celui qui voulait à tout prix que la ségrégation dans la fonction publique fasse partie de son legs le plus durable. Et maintenant, la présence de Mary au laboratoire, construit sur la plantation, lui valait les remontrances de ses compatriotes virginiens, intolérants et étroits d'esprit. La famille de Mary, les Winston, possédait les mêmes racines profondes, à Hampton, que Pearl et Ida Bassette. La sœur de Mary, Emily Winston, avait travaillé avec Ophelia Taylor dans la même école maternelle pendant la guerre, avant qu'Ophelia ne parte intégrer le programme de formation de l'Institut Hampton. Nombre de Calculatrices Ouest, notamment Dorothy Vaughan, étaient membres d'Alpha Kappa Alpha, la société d'étudiantes à laquelle Mary avait adhéré quand elle fréquentait le premier cycle à l'Institut Hampton. Mary était sortie du lycée Phenix en 1938 avec les plus hautes distinctions[328]. Ce lycée Phenix, situé sur le campus de l'Institut Hampton, était identique aux classes du secondaire que Katherine Goble fréquentait sur celui de l'université d'Etat de Virginie. Il tenait lieu *de facto* d'établissement d'enseignement secondaire pour les collégiens noirs de la ville, car la scolarité que leur offrait la municipalité s'arrêtait à l'école élémentaire. Mary suivit la tradition familiale qui voulait que l'on s'inscrive à l'Institut Hampton, d'où son père, Frank Winston, sa mère, Ella Scott Winston, et plusieurs de ses dix frères et sœurs, étaient sortis diplômés. La philosophie de l'école en matière de promotion sociale des noirs par l'entraide et une formation à caractère pratique et industriel reflétait les aspirations et la philosophie de la communauté noire de la région — c'était là l'« Idéal de Hampton », étroitement associé à Booker T. Washington, son diplômé le plus célèbre.

La plupart des étudiantes de l'Institut Hampton obtenaient un diplôme d'économie domestique ou de puéricultrice, mais Mary Jackson avait un fort penchant pour l'analyse, et, repoussant ses limites, elle effectua un double cursus dans deux matières majeures exigeantes, mathématiques et sciences physiques[329]. Avec ce diplôme, elle se destinait à l'enseignement, naturellement ; sa famille comptait pratiquement autant d'enseignants que de diplômés de l'Institut Hampton. Elle effectua sa formation pédagogique au lycée Phenix et, après son examen final, en 1942, accepta un poste de professeur de mathématiques dans un lycée du Maryland, réservé aux noirs. Toutefois, à la fin de l'année scolaire, elle retourna à Hampton prendre soin de son père souffrant. Les lois contre le népotisme l'empêchaient d'enseigner dans l'une des écoles élémentaires publiques accueillant les noirs de Hampton, puisque le système éducatif local employait déjà deux de ses sœurs[330]. Mais ses remarquables dons d'organisation, sa maîtrise des nombres et de bonnes notes au cours de dactylographie de la faculté en faisaient la candidate idéale pour l'USO de King Street qui, en 1943, recherchait une secrétaire ayant des compétences en comptabilité[331].

Tandis que les élèves du cours d'Ingénierie pour femmes de l'Institut Hampton se préparaient à leur nouvelle carrière de calculatrices, Mary Jackson gérait les modestes comptes financiers de l'USO et accueillait les visiteurs à la porte du club[332]. Toutefois, son emploi du temps quotidien incluait régulièrement des tâches qui n'étaient pas directement rattachées à son poste, car le club devint rapidement l'un des foyers de la communauté noire de la ville. Elle aidait des familles de militaires et de travailleurs de la défense à trouver un logement décent, jouait du piano lors de soirées où l'on chantait et où chacun s'amusait follement, et coordonnait un calendrier émaillé de sorties avec la troupe des éclaireuses et de rassemblements militaires[333]. Elle organisait des bals au club, s'assurant de la disponibilité des « Junior Hostesses » et autres « Victory Debutantes » pour accueillir et divertir les soldats en permission*. Les gens venaient au club pour une soirée cinéma ou une loterie de cartouches de cigarettes, pour recevoir des conseils sur les lieux de culte ou se faire couper les cheveux, ou juste pour boire une tasse de café, appréciant l'énergie, la chaleur et le dynamisme de la jeune femme présente au bureau d'accueil. Si Mary Jackson ne détenait pas la réponse à une question, on pouvait être sûr qu'elle saurait où dénicher la personne compétente.

« Partage et compassion », c'était la devise de sa famille, et même au milieu d'une communauté de citoyens déjà très actifs, les Winston se distinguaient par leur infatigable dévouement, leur piété et leur esprit humanitaire[334]. Son père, Frank Winston, était un « pilier » de l'église méthodiste africaine de Bethel à Olde Hampton[335]. Sa sœur, Emily Winston, avait reçu du président Roosevelt un éloge dans lequel il la remerciait d'avoir consacré plus d'un millier d'heures de service exemplaire en tant qu'aide-soignante, durant la guerre[336]. Les Winston incarnaient la Victoire avec un double V, et Mary prenait sa tâche de secrétaire avec autant de sérieux que si elle dirigeait elle-même le club.

Sans surprise, l'USO fut le théâtre de plus d'une idylle de guerre. Des soldats noirs de Fort Monroe et Langley Field ou de l'école navale, située sur le campus de l'Institut Hampton, se libéraient de leurs soucis en compagnie des célibataires les plus séduisantes de la société locale. La piste de danse de l'USO était toujours investie par de belles jeunes femmes, mais l'un des engagés stationnés à l'école navale n'avait d'yeux que pour la secrétaire du club. L'agilité intellectuelle de Mary, son caractère posé mais plein d'autorité, et son esprit empreint d'un humanisme universaliste auraient eu de quoi faire fuir un homme moins sûr de lui, mais c'était précisément cette force de caractère qui attira Levi Jackson,

* Les Junior Hostesses, âgées de 17 à 25 ans, se chargeaient de toutes sortes d'activités et travaux au profit des soldats, à raison d'un minimum de deux heures par semaine. Les Victory Debutantes prenaient notamment part à des bals. (NdT)

natif de l'Alabama. Leur idylle était née dans la griserie de la guerre, et ils se marièrent en 1944, au domicile familial des Winston, sur Lincoln Street. Faisant toujours preuve d'indépendance d'esprit, Mary évita la traditionnelle robe longue et blanche de mariée, en préférant une autre, certes blanche, mais plus courte, pailletée de noir, complétée de gants et d'escarpins noirs, et d'un corsage rose vif[337].

La fin de la guerre entraîna la fermeture de l'USO de King Street et la suppression du poste de Mary. Elle travailla un bref laps de temps comme comptable au service Santé de l'Institut Hampton, qu'elle quitta après la naissance de son fils, Levi Junior, en 1946. Tandis que Levi père partait exercer son métier de peintre à Langley Field, Mary restait à la maison, en adoration devant son petit garçon. Avec un emploi du temps bien rempli, entre la nécessité de prendre soin de son fils, ses obligations familiales et ses activités de bénévolat, c'était une mère au foyer aussi occupée que si elle avait travaillé à l'extérieur.

Son temps libre était absorbé par sa fonction de chef de la troupe de girls scouts n° 11 de l'Eglise méthodiste épiscopale de Bethel. Le scoutisme serait l'une des passions de sa vie. L'engagement du mouvement scout, qui préparait les jeunes femmes à prendre leur place dans le monde, et dont la mission consistait à promouvoir le respect envers Dieu et l'Amérique, l'honnêteté et la loyauté, offrait en quelque sorte une autre version, ornée de l'écharpe verte piquée d'insignes scouts, de tout ce que Frank et Ella Winston avaient enseigné à leurs enfants. Plusieurs de ces filles de la troupe n° 11 étaient issues de familles de la classe ouvrière, ou même pauvres — enfants de serviteurs, de ramasseurs de crabes, de journaliers, dont les parents consacraient le plus clair de leurs journées à tenter de joindre les deux bouts[338]. La porte de la maison des Jackson, dans Lincoln Street, leur était toujours ouverte. Mary devint à la fois enseignante, grande sœur, marraine et bonne fée, aidant les jeunes filles à faire leurs devoirs d'algèbre, à coudre leurs robes pour leur bal de fin d'année, tout en les guidant sur la voie de l'université[339].

Surtout, elle s'évertuait à leur procurer le type d'expériences susceptible d'élargir leur perception du possible et leur vision de l'existence. Grâce à une cheftaine aussi créative qu'elle, jamais la troupe n° 11 ne se laissa freiner par ses maigres ressources. Au lieu de s'asseoir, manuel des éclaireuses en main, et de passer en revue les règles régissant les insignes comme s'il s'agissait simplement d'une version « week-end » d'un cours en sciences sociales, elle transforma l'exploration de ces insignes aux joyeuses broderies en véritable aventure, les emmenant faire des marches de cinq kilomètres dans les parcs de la région ou des visites à l'usine de crabes, à seule fin d'en savoir davantage sur le métier de leurs parents[340]. Concernant le badge de l'hospitalité, Mary fit en sorte que la troupe soit reçue pour le thé à la Mansion House de l'Institut Hampton, résidence majestueuse désormais occupée pour la première fois par un président noir, Alonzo G. Moron[341]. M. Moron reçut les jeunes filles avec élégance ; l'équipe qui prenait soin d'elles était composée d'étudiantes du département d'Economie domestique de la faculté[342]. C'était un spectacle que ces jeunes filles n'oublieraient jamais : un personnel noir impeccable, dans une fabuleuse demeure, servant une famille *noire* et aisée. Aucun film ne pouvait rivaliser avec l'éclat et le prestige d'un après-midi pareil.

Un jour, lors d'un rassemblement de la troupe à l'Eglise méthodiste épiscopale de Bethel, Mary dirigeait ses ouailles dans l'interprétation d'un air populaire, « Pick a Bale of Cotton », agrémenté d'une pantomime d'esclaves travaillant dans les champs[343]. C'était un air connu, qu'elle avait déjà chanté auparavant sans trop réfléchir. Ce jour-là, pourtant, elle fut soudain frappée par les paroles (« *We're gonna jump down, turn around, pick a bale of cotton !* »*) et par

* « On saute, on se retourne, on ramasse une balle de coton. »

la vision éculée du noir courbant servilement l'échine que véhiculait ce numéro*[344].

« Attendez une minute ! » s'exclama-t-elle subitement, interrompant l'exécution du morceau au milieu d'un couplet[345]. Les jeunes filles dévisagèrent Mary Jackson, stupéfaites. Elle demeura silencieuse un long moment, comme si elle entendait cette chanson pour la première fois. « Nous ne chanterons plus jamais ça », décréta-t-elle, tâchant d'exposer son point de vue aux jeunes filles ébahies[346]. Cette chanson renforçait les stéréotypes les plus grossiers sur ce qu'un noir pouvait ou devait être. Parfois, elle ne l'ignorait pas, les batailles les plus importantes pour la préservation de la dignité, de la fierté et du progrès se livraient à travers les actes les plus simples.

Pour les jeunes filles de la Troupe n° 11, ce fut un moment fort. Mary ne détenait pas le pouvoir de libérer les filles des contraintes que la société leur imposait, mais il était de son devoir, estimait-elle, de contribuer à lever les restrictions qu'elles pourraient s'imposer à elles-mêmes. Leur peau foncée, leur sexe, leur statut économique — rien de tout cela ne constituait d'excuses acceptables pour s'empêcher de laisser libre cours à son imagination et à ses ambitions. « Vous avez mieux à faire — *nous* avons mieux à faire », leur répétait-elle pour ponctuer chacun de ses propos et de ses actes. Pour elle, il était essentiel de se fixer des objectifs toujours plus élevés.

Quand le petit Levi eut quatre ans, Mary Jackson déposa un dossier pour entrer dans la fonction publique, se portant candidate pour un poste d'employée de bureau dans l'armée et de calculatrice à Langley. En janvier 1951, elle fut rapi-

* En anglais, *shuckin' and jivin'*, formule argotique désignant le discours et les comportements que l'on adopte face à une figure d'autorité, habiles mensonges et inventions, art de l'esquive pour s'éviter une punition. (NdT)

dement appelée à un emploi de commis-dactylographe, à Fort Monroe. Le poste comportait la dactylographie, le classement, la distribution du courrier, la copie carbone — rien de particulier comparé à son poste précédent, mais en raison du caractère sensible des documents qui transitaient par ce bureau, elle reçut une habilitation de sécurité de niveau « secret-défense »[347]. L'inquiétude des Etats-Unis vis-à-vis de la menace que représentait l'Union soviétique n'avait cessé de croître depuis la fin de la Seconde Guerre mondiale, et elle s'intensifia encore en 1949, lorsque l'URSS fit exploser sa première bombe atomique. L'un des documents en circulation à Fort Monroe était un plan émanant de l'armée, à exécuter en cas d'attaque nucléaire[348].

En 1950, la rivalité entre les anciens alliés dégénéra en conflit armé le long de la frontière entre Corée du Nord et Corée du Sud, rendant les enjeux du nouvel affrontement très concrets, tant pour la majorité des Américains que pour la NACA. Dans les cieux coréens, des chasseurs russes « trop rapides pour être identifiés » — le MIG-15, volant à une vitesse presque supersonique — s'attaquaient aux B-29 Superforteresses américains[349]. « La Russie posséderait le chasseur le plus rapide », annonçait un article du *Norfolk Journal and Guide* de 1950[350]. Les Américains avaient ouvert une brèche dans le mur du son, avec Chuck Yeager aux commandes du X-1, mais en cette année 1950, la NACA estimait que « les Russes avaient consacré au moins trois fois plus de personnel à leurs institutions de recherche » que les Etats-Unis n'en avaient inscrit à leur budget. De nouveau, la NACA présentait les choses de manière à tirer profit de tensions internationales croissantes, proposant devant le Congrès de doubler l'ensemble de ses effectifs, qui passeraient de sept mille personnes en 1951 à quatorze mille en 1953.

La longue liste des postes vacants publiée dans *Air Scoop* rappelait l'époque d'expansion de la guerre précédente et venait étayer la promesse de l'Amérique de ne baisser la garde devant aucun rival dans les airs. Avec l'entrée en service de nombreuses nouvelles installations, le laboratoire ratissa large pour rechercher les alchimistes de sexe féminin capables de transmuer des chiffres en or aéronautique. Eu égard aux aptitudes de Mary, il n'était pas surprenant que l'Oncle Sam en ait conclu qu'elle serait plus utile à un poste de calculatrice à la NACA qu'à celui de secrétaire dans un service de l'armée. Après trois mois à Fort Monroe, elle accepta de travailler pour Dorothy Vaughan.

Au cours des huit années qui s'étaient écoulées depuis que Dorothy Vaughan avait effectué ce même trajet pour sa première journée de travail, les champs et le reste de forêts de la Zone Ouest de Langley s'étaient couverts de routes et de trottoirs, et s'y dressaient désormais ces bâtiments caractéristiques, en brique rouge et tout en longueur, un véritable village aéronautique plein à craquer. Un gigantesque hangar de 89 mètres par 92, portant également l'appellation de Bâtiment 1244, la plus vaste structure de ce type dans le monde, abritait la flotte d'appareils de recherche du laboratoire, notamment la série X, descendante du X-1, avec lequel Chuck Yeager avait percé le mur du son[351]. Cet exploit lui avait valu, ainsi qu'à Lawrence Bell — dont la compagnie, Bell Aircraft, avait produit le X-1 — et à John Stack, le directeur-adjoint de Langley, qui avait défendu le développement de cet avion comme outil de recherche[352], un Collier Trophy, la récompense la plus prestigieuse de l'industrie aéronautique. Plus importante, la brèche ouverte dans cette barrière physique orienta les esprits des chercheurs vers la vaste palette des possibilités du vol motorisé et de ses défis. Lorsqu'un avion accélérait, passant des vitesses subsoniques maximales aux premières vitesses supersoniques et traversant la région « transsonique » instable comprise entre Mach .8 et Mach 1.2, la présence simultanée de flux d'air subsoniques et supersoniques entraînait vibrations et instabilité. Les aérodynamiciens affûtèrent leurs crayons afin de comprendre les changements soudains de portance et de traînée que subit un avion volant à vitesse transsonique, un régime tenant lieu de salle d'attente pour tout véhicule cherchant à dépasser la vitesse du son. Le bang supersonique, assez éloquent en soi, indiquait que l'avion avait passé cette région transsonique volatile pour entrer dans des flux plus fluides, entièrement supersoniques.

Une fois Mach 1 atteint, l'imagination des ingénieurs s'affranchit de toutes les limites qui avaient pu la restreindre par le passé. Sans relâcher ses efforts pour arracher toutes sortes d'améliorations en vol subsonique et pour affronter les complications du vol transsonique, la NACA se lança dans une action concertée pour transposer ce qu'elle avait appris grâce à ses avions expérimentaux afin de concevoir des appareils militaires produits en série, capables de voler à vitesse supersonique. « Pour que l'Amérique préserve sa suprématie aérienne, actuellement menacée, il lui faudra développer un appareil militaire tactique qui volera plus vite que le son, avant que toute autre nation soit en mesure d'en faire autant », souligna John Victory, qui fut longtemps le secrétaire exécutif de la NACA, dans un article du *Journal and Guide*. Le plus visionnaire de tous ces cerveaux espérait ardemment qu'un jour un pilote serait en mesure de se lancer dans une escapade hypersonique aux commandes d'une de leurs machines : Mach 5 ou au-delà. En 1950, on révéla les détails d'un programme au nom mystérieux, le Projet 506[353], désignant une soufflerie hypersonique, dont la section réservée aux essais, mesurant vingt-cinq petits centimètres, était néanmoins capable de soumettre des maquettes à des vents proches de Mach 7[354]. Cette installation, et un vaste complexe en construction, le Laboratoire de Dynamique des gaz[355], qui permettrait des essais de soufflerie jusqu'à Mach 18, suffisaient à révéler l'intérêt de l'Agence pour des vitesses de vol si élevées qu'elles ne seraient réalisables qu'aux limites de l'atmosphère terrestre[356]. Les sphères à vide en cours de construction, destinées à alimenter les essais de soufflerie du Laboratoire de Dynamique des gaz — trois globes de vingt mètres de diamètre aux parois métalliques parfaitement lisses et une sphère annelée d'une trentaine de mètres de longueur qui en surplombait trois autres — deviendraient l'un des sites les plus aisément reconnaissables de la péninsule de Virginie.

Le jour même où Mary Jackson commençait son nouvel emploi à Langley — le 5 avril 1951 —, un tribunal fédéral de New York condamnait Ethel et Julius Rosenberg, un couple de New-Yorkais accusés d'espionnage pour le compte des Russes, à la peine capitale[357]. La Guerre froide ne se livrait pas seulement en Corée ou dans une Europe divisée entre une moitié orientale alliée aux Soviétiques et une moitié occidentale amie des Etats-Unis. Le procès Rosenberg suscita au sein même des Etats-Unis la crainte que le pays n'abrite partout sur son territoire des sympathisants communistes complotant pour renverser le gouvernement. Des films de propagande officielle comme *He May Be a Communist* avertissaient les Américains : leurs voisins eux-mêmes avaient pu unir leur destin à celui des Rouges[358]. Les amis et la famille pouvaient être communistes en secret, faisant ainsi partie de ceux « qui ne montrent pas leur vrai visage »[359]. Pour bon nombre de citoyens, le procès Rosenberg constituait une preuve suffisante de ce que leur pays avait été infiltré par des agents radicalisés de l'Union soviétique.

Ce procès et ses répercussions atteignirent aussi Langley d'un peu trop près. Un dénommé William Perl, ingénieur de son état, qui avait travaillé sur la base jusqu'à son transfert au laboratoire de la NACA de Cleveland en 1943, fut accusé d'avoir volé des documents classifiés et de les avoir transmis à l'Union soviétique par le canal des Rosenberg[360]. Parmi les secrets qu'aurait divulgués Perl figuraient des plans pour un avion à propulsion nucléaire et les caractéristiques d'un profil d'aile à grande vitesse de la NACA[361]. Certains croyaient même que l'empennage en forme de « T » des MIG qui abattaient des pilotes américains au-dessus de la Corée provenait des dessins de l'Agence[362]. Par la suite, Perl fut traduit en justice et disculpé de ces accusations d'espionnage, mais fut néanmoins condamné pour avoir menti sur ses liens avec les Rosenberg.

Le FBI avait commencé de constituer le dossier à la fin des années 1940, en interrogeant des employés de Langley sur ce qu'ils savaient de Perl et de ses possibles acolytes dans cette conspiration. Des agents fédéraux avaient terrorisé des membres du personnel en se présentant sans prévenir, à leur logement de Hampton et de Newport News, sonnant à leur porte au beau milieu de la soirée pour leur poser des questions[363]. Le Bureau fédéral d'investigation suivit la trace d'un ancien ingénieur de Langley, Eastman Jacobs, connu pour être un sympathisant de gauche, et alla l'interroger à son nouveau domicile de Californie[364]. Les agents passèrent des heures à questionner Pearl Young, qui avait quitté l'Agence à la fin des années 1940 pour enseigner la physique à Penn State, l'université de Pennsylvanie[365]. La Division de Recherche sur la Stabilité, où travaillait Dorothy Hoover, constituait une cible de choix, car Perl avait été membre du groupe avant de partir pour Cleveland.

L'enquête puisa dans les gisements d'antisémitisme affleurant sous le préjugé racial, tant au laboratoire que dans la société locale. Quelques employés se plaignirent discrètement de « ces communistes de New York » et de « ces juifs new-yorkais plus ou moins insupportables » recrutés pour venir travailler à Langley[366]. Une calculatrice juive qui avait invité sa colocataire noire de l'université à lui rendre visite en Virginie avait provoqué un scandale[367]. Quelles qu'aient été leurs actions politiques véritables, les progressistes du groupe de Recherche sur la Stabilité prêtaient certainement le flanc à des accusations de subversion en raison de leur adhésion à des idées « dangereuses » comme l'intégration ethnique, les droits civiques et l'égalité des femmes.

Les enquêteurs se penchèrent sur des rumeurs à propos d'ingénieurs de la Division de Recherche sur la stabilité et d'une « calculatrice noire » avec laquelle ils s'étaient liés d'amitié, et que l'on avait surpris en train de brûler les formulaires devant faire état de leur loyauté, que le président

Truman imposait à tous les fonctionnaires de signer, depuis 1947[368]. En 1951, *Air Scoop* publia une longue liste d'organisations que le gouvernement avait qualifiées de totalitaires, de communistes ou de subversives, signifiant clairement que l'adhésion à l'une ou l'autre d'entre elles risquait de compromettre l'emploi de la personne concernée[369]. Vers la même période, Matilda West, parente de Dorothy Vaughan, et qui était peut-être cette calculatrice noire accusée de déloyauté, fut licenciée de son poste au laboratoire. Elle militait sans se cacher pour une amélioration du statut des noirs et était l'une des dirigeantes de la section locale de la NAACP. La NAACP n'était pas incluse dans la liste du gouvernement, mais c'était depuis longtemps la cible du sénateur du Wisconsin, Joseph McCarthy. Le procès Rosenberg avait jeté une ombre sur la NAACP et ses pratiques en matière de sécurité, et le Congrès examinait à la loupe les demandes budgétaires croissantes de la NACA. Dès lors, les administrateurs du laboratoire pouvaient en conclure que compter une calculatrice noire « radicale » au sein du personnel posait un problème dont ils se passeraient volontiers.

Ce fut un congédiement qui ébranla toute la zone de Calcul Ouest, et dont les conséquences risquaient de remettre aussi en cause la carrière de Dorothy Vaughan. Les frayeurs causées par les Rouges et l'hystérie anticommuniste de la fin des années 1940 et du début des années 1950 ruinèrent des réputations, réduisirent des vies à néant, ainsi que le démontrait la situation de Matilda West. La peur du communisme constituait une manne pour les ségrégationnistes comme le sénateur de Virginie, Harry Byrd. Ce dernier plaquait l'épithète de « communiste » sur tout ce qui menaçait de chambouler sa conception des coutumes et des valeurs américaines « traditionnelles », parmi lesquelles la suprématie des blancs. (Une séquence du film *He May Be a Communist* montrait, sans guère s'encombrer de subtilités, une marche de protestation un peu factice où les participants brandissaient des pancartes À BAS LA TERREUR DU KKK [Ku Klux Klan] et PAS DE BASES MILITAIRES EN AFRIQUE.)

Il était très risqué d'oser critiquer le gouvernement et, une fois encore, ceux qui se battaient pour la promotion sociale des noirs durent s'engager dans un épineux pas de deux, dénonçant les ennemis de l'Amérique à l'extérieur tout en bataillant contre leurs adversaires à l'intérieur. Même A. Philip Randolph, en socialiste déclaré qui prononça un sermon enflammé en faveur de l'égalité face à l'emploi et d'une législation sur les droits civiques devant une salle comble à Norfolk, en 1950, veillait dans ses discours à dénoncer le communisme comme contraire aux intérêts du peuple noir.

Paul Robeson, Josephine Baker et W.E.B. Du Bois comptaient parmi les dirigeants noirs qui établirent un lien entre le traitement réservé par l'Amérique à ses citoyens de couleur et le colonialisme européen. Lors de leurs voyages à l'étranger, ils multiplièrent les discours où ils déclaraient leur solidarité avec les peuples d'Inde, du Ghana et d'autres pays qui vivaient leurs débuts de nations indépendantes, sous de nouveaux régimes, ou qui œuvraient de toutes leurs forces pour y parvenir en luttant contre leurs maîtres coloniaux. Le gouvernement américain alla jusqu'à restreindre ou annuler la validité des passeports de ces boutefeux, en espérant ainsi atténuer l'impact de leurs critiques de la politique intérieure américaine dans les nations devenues indépendantes et que les Etats-Unis souhaitaient vivement persuader de se ranger à leurs côtés dans la Guerre froide.

Les étrangers qui effectuaient le voyage aux Etats-Unis étaient souvent et directement confrontés à ce système de castes. En 1947, un hôtel du Mississippi refusa ses services au secrétaire haïtien à l'Agriculture, arrivé dans cet Etat pour prendre part à une conférence internationale[370]. La même année, un restaurant du Sud ferma sa porte au médecin personnel du Mahatma Gandhi, inspirateur de l'Indépendance indienne, en raison de sa couleur de peau[371]. Les diplomates se rendant de New York à Washington par la Route 40 se voyaient souvent refuser l'accès aux restaurants du Maryland où ils s'arrêtaient pour le déjeuner. Ces humiliations, si courantes aux Etats-Unis qu'elles ne suscitaient guère la réprobation et éveillaient encore moins l'intérêt de la presse, alimentaient toutes les conversations dans les pays d'origine de ces émissaires. De gros titres comme celui-ci, « Les castes d'intouchables interdites en Inde : objets de culte en Amérique », qui barrait la première page d'un quotidien de Bombay en 1951, suffirent à mortifier le corps diplomatique américain[372]. De par leur inaptitude à résoudre leurs problèmes ethniques, les Etats-Unis offraient à l'Union soviétique l'une des armes de propagande les plus efficaces de son arsenal.

D'un bout à l'autre de la planète, des pays ayant récemment accédé à l'indépendance, désireux de nouer des alliances qui viendraient renforcer leur identité émergente, étaient confrontés à une autre version de cette même question que les noirs américains avaient pu se poser pendant le conflit mondial. Pourquoi une nation d'hommes à la peau noire ou brune miserait-elle son avenir sur le modèle de la démocratie américaine quand, à l'intérieur de leurs propres frontières, les Etats-Unis discriminaient et brutalisaient leurs semblables ?

L'opinion internationale, et son avis sur les problèmes ethniques américains, commençait à beaucoup compter aux yeux des dirigeants américains, et cela suffit à nourrir assez de craintes pour influencer la décision de Truman, en 1947, de lever la ségrégation au sein de l'armée américaine, avec l'Ordre exécutif 9981. Au début de la guerre de Corée, les « Tan Yanks »[373] restés en service actif dans l'US Air Force furent mobilisés dans le cadre d'un escadron intégré, composé de blancs et de noirs[374].

En même temps, Truman signait l'Ordre exécutif 9980, renforçant ainsi le mandat ayant contribué, en temps de guerre, à la création de la Zone de Calcul Ouest. La nouvelle loi allait plus loin que la mesure prise par A. Philip Randolph et le président Roosevelt et rendait les chefs de chaque département fédéral « personnellement responsables » de la préservation d'un environnement de travail exempt de toute discrimination liée à l'origine ethnique, à la couleur de peau ou à la nationalité. La NACA nomma un agent de l'Egalité devant l'emploi chargé d'appliquer la mesure et prit l'habitude de répondre à un questionnaire trimestriel, rendant compte de son activité relative au nombre croissant de ses employés noirs.

« Le laboratoire comporte une équipe composée entièrement de femmes noires, les Calculatrices Zone Ouest, qui peut tomber dans la catégorie des unités professionnelles où s'exerce la ségrégation », écrivait le directeur administratif de Langley, Kemble Johnson, dans une note interne datée de 1951[375]. « Toutefois, un fort pourcentage d'employés est généralement affecté à des unités exemptes de ségrégation pour des périodes d'une semaine à trois mois. Les membres de cette unité sont fréquemment transférés vers d'autres activités de recherche à Langley, où ils sont intégrés dans des unités non ségréguées. Les mêmes activités porteuses de promotion sociale sont aussi accessibles aux Calculatrices Zone Ouest qu'aux autres calculatrices de Langley ».

Les avions et missiles supersoniques déterminèrent le cours de la Guerre froide, mais les « manuels scientifiques et les relations ethniques harmonieuses »[376] également. Les Calculatrices Zone Ouest servirent de munitions sur les deux fronts de ce conflit, et pourtant elles demeurèrent l'un des secrets les mieux gardés du gouvernement fédéral. En revanche, parmi la classe moyenne et la communauté professionnelle noire du sud-est de la Virginie, la nouvelle se répandit comme une traînée de poudre : le service de Mme Vaughan embauchait. Christine Richie entendit parler de Calcul Ouest en salle des professeurs du lycée de Huntington[377]. Aurelia Boaz, sortie diplômée de l'Institut Hampton en 1949, eut vent de la nouvelle sur le campus[378]. Il n'y avait apparemment pas une église noire de la péninsule qui n'ait un membre travaillant à Langley. On remettait sa candidature lors des pique-niques d'anciens étudiants, organisés sur les parkings, le hayon du break abaissé, lors des répétitions des chorales, des rencontres des associations d'étudiantes Sigma Theta et Alpha Kappa Alpha et des associations de parents d'élèves de Newsome Park. Mary Jackson entretenait des relations avec tant de calculatrices que le seul aspect surprenant de son arrivée à Langley était que cela lui ait pris si longtemps.

11

La loi des aires

Au début des années 1950, Dorothy Vaughan passait rarement une journée sans rien faire. Les activités de recherche étant concentrées sur la Zone Ouest du campus de Langley, elle était chargée d'une série ininterrompue de travaux de calcul, distribuant les missions qui lui étaient confiées aux jeunes femmes de son service et envoyant de plus en plus fréquemment ses calculatrices auprès de divers groupes d'ingénieurs situés à proximité. L'essentiel des travaux que recevait le service du calcul de la Zone Ouest provenait des souffleries du Quartier Ouest ou de la Division des recherches en vol, localisée dans le Bâtiment 1244, le nouveau hangar du Quartier Ouest. Bien que le Quartier Est ait à présent une taille et des activités plus réduites que le Quartier Ouest de Langley, en pleine expansion, des installations comme la Soufflerie de vrille (un bâtiment en forme de cheminée trapue, où les ingénieurs analysaient des maquettes soumises à de dangereuses manœuvres de vrille) et les Réservoirs n° 1 et 2 (des canaux longs d'un kilomètre pour les essais d'hydravions) restaient actives. Dans la Soufflerie à Echelle réelle, la pièce maîtresse du travail de correction de traînée mené par le laboratoire pendant la Deuxième Guerre mondiale, on continua de tester toutes sortes d'appareils, des avions volant à basse vitesse conçus pour ailes delta aux hélicoptères. Durant les périodes d'activité intense, si la charge de travail dépassait les effectifs disponibles, les directeurs des équipes de calcul travaillant en Zone Est pouvaient passer un coup de téléphone à « Dot » Vaughan, ainsi qu'on la surnommait, pour réclamer des renforts.

Ce fut à l'une de ces occasions, deux ans après l'arrivée de Mary à Calcul Ouest, que Dorothy Vaughan envoya cette dernière au Quartier Est, l'affectant à un projet aux côtés de plusieurs autres calculatrices blanches[379]. Sa matinée de travail au Quartier Est se déroula sans encombre — jusqu'à ce qu'un besoin naturel se fasse sentir.

« Pouvez-vous m'indiquer les toilettes ? » demanda-t-elle aux femmes blanches[380].

Les autres se mirent à glousser. Comment sauraient-elles où se trouveraient *ses* toilettes ? Les cabinets les plus proches ne portaient aucune indication, ce qui signifiait qu'ils étaient accessibles aux femmes blanches et interdits aux noires. Il y avait certainement des toilettes pour les personnes de couleur dans le Quartier Est, mais la majorité des employés noirs étant concentrés dans le Quartier Ouest, et peu de nouveaux bâtiments ayant été construits côté Est, Mary aurait eu besoin d'un plan pour se repérer. Partagée entre la colère et l'humiliation, elle sortit en trombe chercher toute seule son chemin vers *ses* toilettes.

Cette nécessité de surmonter les frontières ethniques était une réalité de la vie quotidienne des noirs. Concernant la ségrégation à Langley, Mary n'était pas naïve — ce n'était pas différent de ce qui se passait ailleurs en ville. Pourtant, elle fut incapable de se sortir cet épisode précis de l'esprit. Sa proximité immédiate avec l'égalité professionnelle rendait l'affront d'autant plus cuisant, tenace et surprenant. A l'inverse des écoles publiques, où des budgets ridicules et des locaux délabrés révélaient toute l'imposture de la doctrine « séparés mais égaux » sur son lieu de travail, son badge d'employée de Langley était censé lui donner les mêmes accès qu'à ses homologues blanches. Comparée à ces jeunes femmes blanches, elle arrivait au laboratoire tout aussi instruite qu'elles, si ce n'est davantage. Elle s'habillait tous les jours comme si elle s'apprêtait à rencontrer le président des Etats-Unis. Elle apprenait aux jeunes filles de sa troupe d'éclaireuses à croire que tout était possible, et se donnait le plus grand mal pour empêcher les stéréotypes négatifs de leur origine ethnique de modeler l'idée qu'elles se faisaient d'elles-mêmes et des autres noirs. Il était en soi assez difficile de faire abstraction des écriteaux destinés aux gens de couleur, comme autant de rappels à l'ordre silencieux sur les portes des toilettes et aux tables des cafétérias. Mais être confrontée aux préjugés de façon si flagrante, dans ce temple de l'excellence intellectuelle et de la pensée rationnelle, à une réalité aussi triviale, grotesque, universelle que le besoin d'aller aux toilettes... Dès l'instant où ces femmes blanches avaient ri d'elle, Mary avait été rétrogradée du rang de mathématicienne professionnelle à celui d'un être de seconde classe, et s'était vu rappeler qu'elle était une jeune femme noire dont la *pisse* n'était pas jugée digne des toilettes pour les blanches.

Plus tard ce jour-là, fulminant encore, elle regagnait le Calcul Ouest lorsqu'elle croisa Kazimierz Czarnecki, chef de section adjoint de la Soufflerie supersonique d'un mètre vingt de côté. Robuste gaillard au menton prognathe, qui jouait au poste de première base en championnat de softball à Langley, Kazimierz Czarnecki — ses amis l'appelaient « Kaz » —, originaire de New Bedford, dans le Massachusetts, était arrivé au laboratoire en 1939 après avoir terminé ses études à l'université d'Alabama, un diplôme d'ingénierie aéronautique en poche[381]. Son naturel enjoué et le prodigieux volume de recherches qu'il était capable de produire faisaient de lui un membre de l'équipe à la fois apprécié et respecté. Avant de rejoindre ce poste, Kaz avait travaillé au sein de l'équipe de recherche de la Soufflerie supersonique de Neuf pouces (23 cm), qui occupait des locaux dans le Bâtiment du laboratoire des Facteurs de charge aérodynamique, où était installé le Calcul Zone Ouest[382].

Au contact des blancs, la plupart des noirs s'affublaient automatiquement d'un masque, d'un voile qui dissimulait le « poids mort de la déchéance sociale » auquel l'intellectuel W.E.B. Du Bois avait prêté si éloquemment sa voix dans *The Souls of Black Folk*[383]. Ce masque offrait une protection contre tout ce qui rappelait constamment aux Noirs que, tout en étant Américains, ils constituaient aussi un dilemme pour l'Amérique[384]. Il occultait la colère dont les noirs savaient qu'elle pouvait avoir des conséquences qui bouleverseraient leur vie — voire y mettraient un terme, s'ils exprimaient cette colère ouvertement. Ce jour-là, toutefois, lorsque Mary Jackson tomba sur Kazimierz Czarnecki du côté de la façade ouest du Laboratoire aéronautique de Langley, il n'y eut ni introspection, ni subversion, ni faux-semblant. Elle tomba le masque, répondit au salut de « Kaz » sans cacher sa frustration et son ressentiment, et se défoula en s'insurgeant contre l'insulte qu'elle venait d'essuyer dans le Quartier Est[385].

Mary Jackson était quelqu'un de réservé, ce qui ne l'empêchait pas de s'exprimer avec franchise. Elle préférait s'adresser à tout le monde sur le même ton, sincère et direct, qu'il s'agisse des adolescentes de sa troupe de girls scouts ou des ingénieurs du bureau. Dotée d'une vive intelligence émotionnelle, très attentive à son environnement et aux gens autour d'elle, elle se montrait fort perspicace quand il s'agissait d'évaluer le caractère des autres. Que ses épanchements devant Czarnecki aient été un geste spontané, conséquence du point de rupture qu'elle aurait atteint, ou une initiative plus calculée, elle avait choisi le bon interlocuteur. Cette journée de travail qui avait débuté de la façon la plus pénible deviendrait finalement le tournant de sa carrière professionnelle.

— Pourquoi ne venez-vous pas travailler avec moi ? lui demanda son collègue[386].

Elle accepta cette offre sans hésiter.

*
* *

Alors que la presse nationale publiait des articles exposant les liens de Langley avec le scandale Rosenberg, des médias du secteur comme *Aviation Week* faisaient l'éloge du laboratoire pour deux progrès connexes qui révolutionneraient la production d'avions capables de voler à haute vitesse : des souffleries aux parois munies de fentes et une innovation au nom ésotérique, la Loi des aires.

Le but d'une soufflerie consistait naturellement à simuler d'aussi près que possible les conditions qui prévalaient en vol libre. Les interférences des flux d'écoulement d'air qui se répercutaient sur les parois pleines de la section d'essai, l'un des phénomènes observés par Margery Hannah et Sam Katzoff dans leur rapport de 1948, constituaient l'une des limitations des tests au sol. Le problème était surtout notable dans la plage des vitesses transsoniques, quand les tourbillons d'air entourant un objet approchaient la vitesse du son. Un dénommé Ray Wright, chercheur à Langley, eut l'intuition de pratiquer des entailles ou des fentes dans les parois des souffleries, atténuant les effets de ces interférences, une conception vérifiée après que Langley eut construit une petite soufflerie d'essai aux parois perforées[387]. En 1950, on modifia la Soufflerie à haute vitesse de 4,8 mètres (rebaptisée Soufflerie des dynamiques transsoniques de 4,8 mètres) en l'équipant de parois fendues, puis on procéda de même avec la Soufflerie à haute vitesse de 2,40 mètres. La maîtrise des interférences de soufflerie était pour les chercheurs « l'aboutissement technique d'une longue recherche » qui, en 1951, valut à John Stack et ses collègues un autre Collier Trophy, récompense tant convoitée[388].

Cette soufflerie d'une conception nouvelle prépara le terrain de la deuxième évolution importante de la décennie. Un ingénieur du nom de Richard Whitcomb avait remarqué qu'aux régimes de vitesse transsoniques, les plus fortes turbulences survenaient aux points de rattachement des ailes de la maquette au fuselage. Le rétrécissement du fuselage le long de cette jointure alaire réduisant fortement la traînée, il en résultait un accroissement de la vitesse de l'avion atteignant 25 %, à puissance égale[389]. La Loi des aires (ainsi qualifiée parce que la formule permettait de prédire le ratio exact de l'aire de la section transversale de l'aile par rapport à l'aire de la section transversale du fuselage) devait avoir un plus grand impact potentiel sur l'aviation ordinaire que l'avion supersonique, en raison des milliers d'appareils dont la vitesse opérationnelle restait dans le régime transsonique. Une conception d'ingénierie aussi ésotérique inspira des commentaires encore plus ironiques à la presse, qui évoqua la « taille de guêpe », le « profil en bouteille de Coca-Cola » des nouveaux appareils, et parla d'« effet Marylin Monroe »[390]. Whitcomb eut la chance d'être invité sur le plateau du présentateur-vedette de CBS, Walter Cronkite[391], ce qui lui valut une certaine renommée locale (« Un ingénieur de Hampton assailli par le public », titrait le *Daily Press*, n'hésitant pas à manier l'hyperbole)[392]. En 1954, le même Whitcomb rapporterait à Langley son troisième Collier Trophy en moins d'une décennie.

En dépit de toutes les avancées survenues sous l'égide de ce laboratoire depuis 1917 — moteurs carénés, profils d'aile à écoulement laminaire, appareils permettant l'exploration du domaine de vol supersonique, soufflerie aérodynamique de givrage qui conduisit à des améliorations de la sécurité en vol par des températures égales ou inférieures à zéro —, le corpus des connaissances aéronautiques recelait encore des régions inexplorées. Les investissements dans des installations modernisées, réalisées au Quartier Ouest de Langley à la fin des années 1940 et au début des années 1950, porteuses de percées scientifiques, influaient sur la nature des missions que Dorothy confiait à son équipe.

A l'inverse d'organismes de recherche universitaires, les laboratoires de la NACA s'efforçaient toujours de se montrer à la hauteur des « solutions pratiques » propres à leur mission fondatrice. Le pragmatisme du travail accompli à Langley se voyait aux types d'appareils stationnés dans le hangar, aux ateliers où des artisans construisaient des modèles réduits obéissant aux spécifications des ingénieurs, au travail des mécaniciens qui fixaient ces maquettes dans la position adéquate à l'intérieur de la section d'essai des souffleries, et aux entrailles de souffleries puissantes les plus récentes, comme la Soufflerie du Plan unitaire, qui ressemblait à « une raffinerie de pétrole recouverte d'un toit »[393]. Quel que soit le degré d'abstraction du travail ou de conceptualité du problème à résoudre, personne à Langley n'oubliait que, derrière les nombres, on poursuivait un but bien réel : des avions plus rapides, plus économes en carburant, plus sûrs.

Certes, la NACA n'était pas une si mauvaise adresse que cela pour les ingénieurs spécialisés dans la recherche théorique. Dorothy Hoover se trouvait très à son aise au sein de la Division d'analyse de la stabilité. Dès 1951, elle avait obtenu le titre prestigieux de chercheur en aéronautique, au grade GS-9 de la grille indiciaire révisée par le gouvernement fédéral[394]. Quand le supérieur de Mme Hoover, R.T. Jones, quitta Langley pour le laboratoire Ames de la NACA, en 1946, Dorothy continua de travailler avec les autres chercheurs du groupe. Sa carrière à Langley connut un sommet en 1951 avec la publication de deux rapports, l'un avec Frank Malvestuto, l'autre avec Herbert Ribner ; il s'agissait de deux analyses détaillées des ailes en flèche, devenues désormais la norme sur les appareils de série[395]. Ce que les ingénieurs spécialisés dans le vol à air pulsé et le vol à l'air libre examinaient au moyen de l'observation directe, les théoriciens l'abordaient dans des traités de cinquante pages où une seule équation pouvait occuper la quasi-totalité d'une page. Si l'on jugeait de la viabilité d'une carrière à l'aune des recherches produites — et tel était le cas —, la théorie aérodynamique pouvait se révéler le domaine idéal pour une chercheuse. Dorothy Hoover, Doris Cohen et trois autres femmes au moins publièrent un ou plusieurs rapports avec le groupe, entre 1947 et 1951. Les chefs de file de l'unité appréciaient et cultivaient manifestement les talents de leurs membres de sexe féminin. C'était peut-être le recul par rapport aux aspects les plus coriaces de l'ingénierie qui faisait de ce groupe de recherche théorique un environnement si fécond pour ces femmes.

En 1952, Dorothy Hoover décida de prendre congé du monde de l'ingénierie et de se consacrer à des travaux théoriques plus proches de ses aspirations. Elle démissionna de Langley et regagna son université d'origine, la Faculté d'Agriculture, de Mécanique et Institut universitaire de l'Arkansas à Pine Bluff, pour y entreprendre une maîtrise de mathématiques. Sa thèse, « Sur les estimations d'erreur en intégration numérique », fut incluse dans les Actes de l'Académie des Sciences d'Arkansas pour l'année 1954. Cette même année, elle s'inscrivit à l'université du Michigan, dans le cadre du John Hay Whitney Fellowship, un programme conçu pour permettre à des boursiers noirs doués d'accéder aux cursus les plus compétitifs.

De son côté, Mary Jackson s'appuyait sur le paradis des ingénieurs que représentait la NACA. Elle apportait à ce métier une compréhension des phénomènes physiques qui allait au-delà des calculs sur lesquels elle travaillait. Les gens de Langley étaient tous aussi occupés qu'elle, filant en vitesse après le travail pour aller jouer avec l'une des équipes sportives du laboratoire, pour assister à une réunion d'un club ou à une conférence. Ils étaient nombreux à donner des cours de maths et de sciences à de jeunes enfants, ce que Mary n'avait cessé de faire depuis l'obtention de son diplôme universitaire[396]. Qu'elle ait ou non planifié la chose à l'époque, elle était bien partie pour devenir un pilier de Langley.

Dès sa première journée de travail, lors de l'accueil des nouveaux employés, elle avait rencontré James Williams, un licencié en ingénierie de l'université du Michigan âgé de vingt-sept ans, ancien aviateur de Tuskegee et amoureux des avions depuis l'adolescence[397]. Williams avait déposé sa candidature à des postes d'ingénieur dans la fonction publique, mais hésitait beaucoup à partir s'installer dans un Etat situé au sud de la Ligne Mason-Dixon[398*]. Le chef du personnel de Langley, Melvin Butler, le sollicita à maintes reprises au téléphone, tentant de le convaincre d'accepter la proposition du laboratoire. Il prit même des dispositions pour lui trouver un logement à Hampton. Une belle étudiante en psychologie du nom de Julia Mae Green qui, après son diplôme, regagnerait sa Virginie natale, constituait en outre un autre avantage à prendre en considération. Tâchant peut-être d'esquiver les motifs de plaintes susceptibles de faire capoter son offre, Butler ne révéla pas à l'avance à l'équipe d'ingénieurs de Langley que sa nouvelle recrue était noire. Williams n'était pas le premier Américain de couleur recruté par Langley, mais les deux ingénieurs noirs qui l'avaient précédé étaient arrivés et repartis si vite que même leurs noms n'étaient pas restés gravés dans la mémoire de l'institution[399].

Dès sa première journée, Williams avait dû convaincre les gardes au portail sécurisé de Langley qu'il n'était ni jardinier ni serveur à la cafétéria, avant de pouvoir entrer s'inscrire comme ingénieur. Plusieurs responsables de services blancs lui refusèrent une place dans leurs groupes, mais un chef de département influent de la Division de Recherche sur la Stabilité, un certain John D. Bird[400] — surnommé « Jaybird » — leva tout de suite la main pour proposer un poste au jeune homme[401]. « Il n'y avait pas plus loyal que Jaybird », se souvenait l'épouse de Williams, Julia, des années plus tard[402].

Dans le groupe, tout le monde ne partageait pas l'enthousiasme de Bird. « Alors, combien de temps crois-tu pouvoir tenir le coup ? » le taquina l'un de ses nouveaux collègues de bureau, en se référant aux ingénieurs noirs qui s'étaient

* Etablie en 1763 et 1767, la Ligne Mason-Dixon fut jusqu'en 1820 la ligne de démarcation entre les Etats abolitionnistes du Nord et esclavagistes du Sud. (NdT)

fait recaler[403]. « Plus longtemps que toi ! » lui rétorqua Williams. Tandis que les femmes noires jouissaient du soutien qui allait de pair avec l'intégration dans un groupe, un ingénieur de sexe masculin n'avait pas la possibilité de débuter au sein d'une équipe. Williams et les autres noirs qui allaient bientôt lui emboîter le pas menaient une vie de travail plus solitaire et ils étaient confrontés à des agressions auxquelles les femmes échappaient. Mais alors que ces dernières brisaient les barrières de Langley liées à la couleur de la peau, ouvrant la voie aux hommes noirs que l'on y engageait désormais, elles auraient encore à lutter afin d'obtenir une autre chose que les noirs de sexe masculin pouvaient tenir pour acquise : le titre d'ingénieur.

Peu après avoir rejoint la Soufflerie supersonique d'un mètre vingt de côté, Mary Jackson se vit confier une mission par John Becker, chef de la Division Compressibilité (le terme désignait la compression des molécules d'air caractérisant le vol à une vitesse supérieure à celle du son), et responsable de Kazimierz Czarnecki, trois échelons au-dessus de lui[404]. Langley aimait bien se concevoir comme un lieu échappant à la bureaucratie, où l'idée émise par un serveur de la cafétéria pouvait être entendue, pour peu qu'elle soit convaincante. Toutefois, les personnages les plus importants étaient les chefs de division, situés deux rangs au-dessous du poste le plus éminent du laboratoire. John Becker, l'héritier de John Stack, d'Eastman Jacobs et de quelques autres figures emblématiques de la NACA, dirigeait un empire composé de souffleries supersoniques d'un mètre vingt de côté et de tous les autres tunnels aérodynamiques consacrés à la recherche super et hypersonique. Becker était le genre d'individu que les jeunes enthousiastes occupant les premiers rangs des principaux cursus d'ingénierie auraient voulu impressionner à tout prix.

John Becker donna à Mary Jackson les instructions nécessaires pour effectuer les calculs. Elle lui remit le travail terminé comme elle avait l'habitude de le faire avec les travaux que lui confiait Dorothy Vaughan, c'est-à-dire en revérifiant tous les chiffres, convaincue de leur exactitude. Becker examina les résultats, mais un élément lui paraissait inexact. Il remit donc en question les chiffres auxquels Mary avait abouti, en affirmant que ses calculs étaient faux[405]. Elle maintint ses résultats. Son chef de division et elle repassèrent les données en revue, tâchant de cerner les écarts. Finalement, ce fut clair : le problème ne résidait pas dans ses résultats à elle, mais dans ses données initiales à lui[406]. Ses calculs étaient corrects, fondés sur les chiffres erronés que Becker lui avait fournis.

Il s'excusa auprès d'elle. L'épisode valut à Mary une réputation de mathématicienne avisée, capable le cas échéant d'apporter à son groupe davantage que de simples calculs. Son épreuve de force avec Becker était le genre de prise de risque que le laboratoire attendait, encourageait et valorisait chez ses ingénieurs de sexe masculin les plus prometteurs. Mary Jackson — une ancienne Calculatrice Ouest ! — avait défié le brillant John Becker et remporté la partie. Parmi les calculatrices, ce fut un motif de célébration discrète et de congratulations dans les couloirs[407].

La plupart des ingénieurs étaient aussi bons mathématiciens. Mais c'étaient les femmes qui, depuis l'instant où elles posaient leur sac à main sur leur bureau, le matin, jusqu'à l'heure où elles enfilaient leur manteau, à la fin de la journée, extrayaient les chiffres, nageaient dans les nombres, les passaient au crible jusqu'à y voir flou. Elles vérifiaient les travaux des autres et, quand elles trouvaient des erreurs, les signalaient par des points rouges — or, il y avait très, très peu de points rouges. Certaines de ces femmes, rivalisant de vitesse et d'exactitude avec les rouages de leurs machines à calculer, étaient capables de calculs mentaux rapides comme l'éclair. D'autres, comme Dorothy Hoover et Doris Cohen, avaient raffiné à l'extrême leur compréhension des mathématiques théoriques, marquant leur singularité en alignant dix pages d'équations imbriquées sans la moindre erreur de signe. Les meilleures se firent un nom grâce à leur exactitude, à leur rapidité et à leur clairvoyance. Lorsqu'elles avaient assez d'indépendance d'esprit et de force de caractère pour défendre leur travail devant les esprits les plus affûtés du monde en matière d'aéronautique, alors on les remarquait. Posséder la volonté de résister à l'insistance d'un ingénieur impatient, obstiné, les pieds posés sur le bureau, qui attendait qu'elles aient terminé leur travail, de voir ses données correctement calculées en un temps record, repérer le défaut dans sa logique et lui annoncer sans détour que l'erreur venait de lui — c'était là une qualité plus rare. C'était cela qui les distinguait et leur permettait d'aller de l'avant.

12

Un heureux hasard

Katherine Goble avait toujours eu le talent inestimable de savoir être au bon endroit au bon moment. En août 1952, douze ans après sa sortie de la faculté de premier cycle, elle retourna à Marion, le lieu de son premier poste d'enseignante, pour le mariage de Patricia, la petite sœur de son mari Jimmy Goble[408]. Reine de beauté de son université, pleine de vivacité, elle venait d'obtenir son diplôme de l'université d'Etat de Virginie ; elle épousait son amoureux des bancs de la faculté, un jeune caporal, Walter Kane[409].

Katherine et Jimmy entassèrent les filles dans la voiture et parcoururent les cent kilomètres de Bluefield à la maison des parents de Jimmy, tout tremblants d'excitation. Les hôtels du Sud refusaient de recevoir des clients noirs et, quand ceux-ci voyageaient, plutôt que de s'exposer à des situations embarrassantes ou même dangereuses, quelle que soit leur origine sociale, ils savaient s'organiser avec des amis, avec la famille ou même avec des inconnus réputés pour ouvrir leurs portes aux étrangers. Cinq des onze frères et sœurs de Jimmy vivaient encore à Marion, et leurs maisons, où ils logeaient quelques visiteurs, parmi lesquels la famille du marié, originaire de Big Stone Gap, une ville voisine de Virginie, des amis et membres de la famille élargie venus de tout l'Etat, de Virginie occidentale et de Caroline du Nord, étaient pleines à craquer[410].

Le mariage, simple mais élégant, se célébrait sous le toit de la sœur aînée de Jimmy, Helen. Rayonnante dans une robe plissée de ballerine, Pat se tenait devant l'autel, orné de plantes vertes et de glaïeuls, et ce fut là qu'elle répondit « Oui » à Walter, superbe en veston de cérémonie blanc. La foule des invités débordante de joie porta un toast aux deux jeunes mariés, M. et Mme Kane. Katherine et Jimmy dansèrent et dégustèrent la pièce montée. Trois jeunes filles — Joylette, âgée de onze ans, Connie, dix ans, et Kathy, neuf ans — piaillaient d'excitation en jouant à cache-cache ou à la marelle et dansèrent avec leurs cousins. La fête continua tard dans la nuit fraîche d'août et se prolongea jusqu'au matin du jour suivant, les clans Goble et Kane s'attardant encore pour savourer leurs derniers moments ensemble avant de reprendre leur existence de tous les jours.

La sœur et le beau-frère de Jimmy, Margaret et Eric Epps, avaient effectué le voyage de Newport News, et les jeunes mariés projetaient d'accompagner les Epps sur la côte, profitant de leur voiture jusqu'à Hampton, dans la station balnéaire ségréguée de Bay Shore Beach, l'endroit où ils passeraient leur lune de miel. « Pourquoi ne venez-vous pas tous avec nous ? proposa Eric à Katherine[411]. Je pourrais trouver un travail à Snook au chantier naval, ajouta-t-il, en usant du sobriquet familial de Jimmy. En fait, je pourrais vous trouver un job à tous les deux[412]. Il y a une institution gouvernementale à Hampton qui engage des femmes noires, expliqua Eric à Catherine, et ils cherchent des mathématiciennes. C'est un poste civil, ajouta-t-il, mais rattaché à la base de Langley Field, à Hampton. »

Eric Epps, le beau-frère de Jimmy, était directeur du centre social de Newsome Park[413]. Depuis 1943, il avait coordonné certaines activités, notamment celles de l'équipe de base-ball des Parks Dodgers de Newsome, et s'était montré un fervent défenseur des habitants de son quartier auprès de l'exécutif local, contrecarrant chaque fois les projets de démolition qui ne cessaient jamais de ressurgir[414]. Ancien enseignant des écoles publiques de Newport News, il avait accepté ce poste à Newsome Park après avoir été licencié pour s'être associé à ce qui était devenu l'une des procédures les plus âpres et les plus controversées jamais intentées en Virginie afin d'instaurer l'égalité des salaires entre enseignants. Grâce à son poste et à ses relations avec les habitants de Newsome Park, il possédait l'un des réseaux les plus étoffés de la péninsule de Virginie, et connaissait plusieurs femmes de Calcul Ouest, notamment Dorothy Vaughan, qui habitait dans le quartier.

Katherine écouta attentivement la description du poste que lui fit son beau-frère, le pouce sous le menton, l'index contre la joue. Jimmy et elle gagnaient leur vie en enseignant dans des établissements publics, mais leurs salaires restaient modestes. Les besoins de leurs trois filles semblaient croître de jour en jour, au fur et à mesure qu'elles grandissaient, et Katherine poussait ses aptitudes en mathématiques à l'extrême limite rien que pour subvenir au strict nécessaire, réussissant à économiser un petit reliquat pour payer des leçons de piano ou les sorties de leur troupe de girls scouts. Sachant manier la machine à coudre, elle achetait du tissu chez les droguistes et, veillant tard le soir, confectionnait à ses filles des tenues pour l'école et des robes pour elle-même[415]. Pendant les grandes vacances, les Goble travaillaient comme aides à domicile pour une famille de New York qui prenait ses quartiers d'été dans les monts des Blue Ridge, en Virginie[416]. Les sommes supplémentaires que cela leur rapportait, versées de la main à la main, les aidaient à passer les mois plus difficiles du reste de l'année.

Katherine appréciait l'enseignement. Elle avait un sens aigu de ses responsabilités, celles de « promouvoir l'égalité ethnique et raciale », n'inculquant pas seulement à ses élèves un savoir livresque, mais aussi la discipline et le respect de soi, qualités dont elles auraient amplement besoin pour se frayer un chemin dans une société qui les désavantageait sur presque tous les plans. Jimmy et elle suivaient des sentiers battus ; les diplômés noirs comme eux étaient formés pour les emprunter de manière presque automatique. Mais en lui mentionnant cet emploi de mathématicienne à Hampton, Eric Epps raviva le souvenir d'une ambition longtemps demeurée en sommeil, et qu'elle fut surprise de sentir couver encore en elle.

Il était tard ce soir-là quand Jimmy et elle bordèrent les filles dans leurs lits et s'effondrèrent dans le leur, mais ils restèrent éveillés encore longtemps, à rire et échanger des anecdotes, en revenant sur cette réunion de famille. Ce fut seulement après avoir épuisé tout leur stock de plaisanteries qu'ils abordèrent le sujet qui leur occupait l'esprit à tous les deux. S'engager sur la route de Newport News impliquerait de prendre une décision rapide. A l'approche de l'année scolaire, il faudrait du temps au directeur de Bluefield pour trouver des remplaçants susceptibles de reprendre leurs cours à leur place. Ils auraient besoin d'un logement. Déraciner les filles à si brève échéance et les inscrire dans de nouveaux établissements constitueraient une épreuve pour eux tous. Hampton Roads les éloignerait des parents de Jimmy, et encore plus de ceux de Katherine, à White Sulphur Springs, qui adoraient tant leurs petites-filles. Dans les montagnes, même les nuits d'été, une légère brise soufflait. Comment supporterait-elle la chaleur du littoral ? Il aurait été facile de continuer de mener la vie stable de petite ville de province qu'ils s'étaient créée. Mais l'opportunité de ce nouveau poste titillait sa curiosité.

— Essayons, murmura-t-elle.

En l'espace d'une année très chargée, Katherine Goble et sa famille réussirent à se couler sans encombre dans le rythme de la péninsule. Avec ses ensembles d'immeubles résidentiels formant une ville à l'intérieur d'une conurbation tentaculaire, Newsome Park constituait pour eux cinq le point de chute le plus naturel, un lieu de brassage immédiat offrant pêle-mêle une vie de quartier, des organismes à vocation sociale et de précieux conseils pour les nouveaux venus. Eric Epps tint sa promesse de trouver un emploi à Jimmy Goble, son beau-frère, qui avait troqué son habit d'enseignant contre un poste de peintre sur le chantier naval de Newport News[417]. C'était le genre de métier stable, bien payé, qui donnait aux hommes noirs — même ceux qui avaient une formation de col blanc — une chance de résolument hisser leur famille dans la classe moyenne. Les filles étaient conquises par leur nouvelle école et n'en revenaient pas de vivre au milieu d'une communauté noire aussi nombreuse et aussi dynamique.

Le service du personnel de Langley approuva la candidature de Katherine en 1952, mais sa nomination n'interviendrait qu'en juin 1953. Cette année d'attente l'aida à réaliser la transition sous tous ses aspects, excepté celui de la canicule qui régnait en Virginie : il lui arriva plus d'une fois de regretter les fraîches nuits d'été de White Sulphur Springs. Entre-temps, elle n'eut aucun mal à remplir ces mois de délai. Professeure de mathématiques remplaçante au lycée Huntington de Newport News, elle disposait du tremplin parfait pour rencontrer des familles de la région, et le Club de l'USO de la Vingt-Cinquième Rue qui, après la guerre, avait continué d'assurer une fonction de centre social, recruta leur nouveau voisin au poste de directeur adjoint[418]. Que ce soit grâce à son engagement dans la section locale de son association étudiante, Alpha Kappa Alpha, ou grâce à la paroisse qu'elle choisit, celle de l'église presbytérienne Carver, elle se créa un solide réseau social et une nouvelle amie intime.

Eunice Smith habitait à trois rues de chez eux, et elle fut ravie d'apprendre que sa consœur de l'association étudiante, sa voisine et coreligionnaire de la même paroisse, était aussi une employée de Calcul Ouest depuis neuf ans[419]. Dès les premiers jours de juin 1953, Eunice vint en voiture chercher Katherine pour se rendre avec elle au travail, et les deux femmes entamèrent ainsi un rituel qui perdurerait au cours des trente années à venir[420]. Elles bavardaient en roulant dans les plaines inondables de Hampton, les lunettes « œil de chat » à monture d'acier de Katherine prêtant à son visage un sérieux en accord avec sa physionomie.

Ce trajet matinal s'acheva au bureau de Mme Vaughan, dans le Bâtiment du laboratoire des Facteurs de charge aérodynamiques. Elle eut la grande et agréable surprise de découvrir que la nouvelle supérieure de Katherine n'était pas seulement une compatriote de Virginie occidentale, mais aussi la voisine qui avait passé tellement de temps avec sa famille à White Sulphur Springs. Il ne fallut pas longtemps à Katherine pour apprécier les talents de Dorothy, à la fois de mathématicienne et de directrice. Quand elles avaient besoin d'un surcroît de puissance de calcul, les ingénieures se fiaient à Dorothy pour qu'elle affecte la bonne personne à cette mission, espérant souvent elle-même figurer en tête de sa liste d'intervenantes.

Accorder les aptitudes aux missions ne constituait qu'une partie du défi. L'autre compétence directoriale plus subtile consistait à accorder les tempéraments et les groupes. Les ingénieurs pouvaient se révéler une population excentrique, souvent brusque, caractérielle ou autoritaire. Ce qu'une jeune femme percevait comme de la brusquerie, une autre pouvait le ressentir comme de la cruauté. Travailler en équipes soudées était la clef de fonctionnement de toute la structure, et Dorothy avait à la fois la latitude et l'obligation de veiller à ce que ses calculatrices humaines puissent s'engager dans les meilleures carrières possibles.

Pendant deux semaines, Katherine travailla au bureau, apprit les ficelles du métier. Son diplôme de mathématiques avec mention, le temps qu'elle avait passé en faculté de premier cycle et les années consacrées à enseigner les mathématiques lui valaient d'occuper un emploi d'échelon très modeste, classé SP-3 [421]: ce grade subalterne de niveau 3, c'était le destin de la plupart des femmes embauchées à Langley, quelles que soient leurs références professionnelles ou universitaires. Près de vingt ans après l'arrivée de Virginia Tucker, et bien que des centaines de femmes aient transité par cet échelon, l'on attendait encore d'elles qu'elles acceptent leurs nouvelles fonctions avec une discrète gratitude, qu'elles disent : « Mince, je suis vraiment contente d'être ici. » « Ne venez pas dans deux semaines me réclamer votre transfert dans un groupe d'ingénierie », avertit le directeur des ressources humaines, en s'adressant à Katherine Goble dès sa première journée de travail, une réflexion qui ne lui plut guère[422]. Elle s'estimait néanmoins « très, très chanceuse [423] » d'avoir pu décrocher un emploi où elle gagnait le triple de son salaire d'enseignante[424].

Dès les premiers jours, elle se plia à la routine, remplir des feuilles de calcul en appliquant les équations énoncées par Dorothy Vaughan ou l'un des ingénieurs qui, tout au long de la journée, faisaient régulièrement des apparitions dans le bureau. Deux semaines après son arrivée, quand un homme à la peau blanche, en bras de chemise, entra dans le bureau et se dirigea vers le poste de travail de Dorothy Vaughan, engageant une conversation à voix basse, elle releva la tête et balaya du regard la rangée de bureaux, scrutant leurs occupants tout en écoutant[425]. Après le départ du visiteur, Mme Vaughan fit signe à Katherine Goble et à une autre femme, Erna Tynes, de s'approcher. « La Division de la Recherche en vol demande deux nouvelles calculatrices, leur expliqua-t-elle. Je vous envoie toutes les deux. Vous allez au 1244 »[426].

Pour Katherine, être sélectionnée dans le cadre d'une affectation au Bâtiment 1244, le royaume des ingénieurs du vol libre, c'était là un coup de chance inespéré ; peu lui importait que cette affectation soit temporaire. Elle était ravie de simplement pouvoir s'asseoir au milieu du pôle et de remplir les feuilles de calcul que lui avait confiées Mme Vaughan. Mais d'être ainsi assignée au groupe d'experts situé au deuxième étage du bâtiment lui permettait d'observer de près l'une des équipes les plus importantes et les mieux dotées du laboratoire. Juste avant son arrivée, les hommes qui seraient ses nouveaux voisins de bureau, John Mayer, Carl Huss et Harold Hamer, avaient présenté leurs recherches sur le pilotage et le contrôle des chasseurs à réaction devant un auditoire de chercheurs de haut niveau réunis à Langley pour un colloque de deux jours consacré aux toutes dernières conceptions en ce domaine spécialisé des facteurs de charge aéronautiques[427].

N'emportant que le sachet en papier kraft de son déjeuner et son sac à main, Katherine « réunit ses affaires et se dirigea aussitôt » vers le gigantesque hangar, un bref trajet à pied depuis les bureaux de Calcul Ouest[428]. Elle se glissa par la porte latérale, monta l'escalier, alla au bout d'un couloir mal éclairé aux murs en parpaings jusqu'à ce qu'elle atteigne la porte indiquant : Laboratoire de Recherches en vol. A l'intérieur, cela sentait fort le café et la cigarette. Comme ceux de Calcul Ouest, les locaux étaient agencés à la façon d'une salle de classe. Il y avait des tables de travail pour vingt personnes. La plupart des personnes présentes étaient des hommes, mais ici et là quelques femmes consultaient leurs machines à calculer ou étudiaient attentivement des diapositives au moyen de visionneuses. Le bureau du chef de division, Henry Pearson, était installé le long d'un mur, avec une place pour sa secrétaire, juste en face de lui[429]. L'heure du déjeuner n'était pas loin et la pièce bourdonnait d'activité. Katherine observa les lieux, cherchant un emplacement où attendre ses nouveaux chefs. Elle se rendit tout droit vers un box vacant, s'assit à côté d'un ingénieur, posa ses affaires sur le bureau et gratifia l'homme de son charmant sourire. Dès qu'elle s'assit, et avant qu'elle ait pu le saluer avec son accent traînant du Sud, l'autre la regarda de travers, en silence, se leva et s'éloigna[430].

Elle regarda l'ingénieur s'éclipser. Avait-elle enfreint une règle tacite ? Sa seule présence aurait-elle suffi à le repousser ? La scène, discrète, n'avait attiré l'attention de personne. Mais l'interprétation qu'elle fit de ce moment la renverrait à des événements de son passé tout en préfigurant son avenir.

Perplexe, elle réfléchit au départ soudain de cet ingénieur. La scène qui venait de se produire entre eux tenait peut-être au fait qu'elle était noire et qu'il était blanc. D'un autre côté, il se pouvait aussi bien que ce soit parce qu'elle était une femme et lui, un homme. A moins qu'il ne se soit agi d'un moment d'échange entre un cadre et une simple employée, un ingénieur et une jeune femme.

A l'extérieur de cette enceinte, la règle des castes était claire. Les noirs et les blancs vivaient séparément, mangeaient séparément, étudiaient séparément, sortaient séparément, se rendaient au culte séparément et, pour la plupart, travaillaient séparément. A Langley, les lignes de démarcation étaient plus floues. Les noirs étaient ghettoïsés dans des toilettes séparées, mais on leur avait aussi offert un accès sans précédent au monde du travail. Certains des collègues de Katherine Goble étaient des yankees ou des étrangers qui, avant leur arrivée à Langley, n'avaient pour ainsi dire jamais rencontré une personne à la peau noire. D'autres étaient des gens du Sud profond aux idées rétrogrades, très loin d'accepter la pluriethnicité. Tout cela faisait partie des relations interethniques propres aux laboratoires de Langley. Autrement dit, les noirs et les blancs arpentaient ensemble un nouveau territoire. La ségrégation commençant à céder sous la pression de forces juridiques et sociales, les démons de la haine, aisément identifiables, qui avaient poursuivi les noirs américains depuis trois siècles, changeaient de forme. Parfois, ces démons se présentaient encore sous la forme du racisme et d'une discrimination flagrante. Ils revêtaient parfois les apparences plus molles de l'ignorance ou du préjugé le plus inepte. Mais il y avait désormais un nouveau coupable : l'insécurité qui empoisonnait l'existence des noirs, alors même qu'ils changeaient de code en se pliant au langage et aux coutumes inédits d'une vie d'intégration.

Katherine savait que l'attitude des racistes purs et durs échappait à sa maîtrise. Bon an mal an, contre l'ignorance, elle déployait son offensive de charme, et elle n'était pas la seule : impeccablement habillées, le verbe policé, patriotes et probes, elles faisaient figure de synecdoques ethniques, vivement conscientes du fait que les relations qu'entretenaient les noirs avec les blancs pouvaient avoir des implications pour la communauté noire tout entière. Mais le sentiment d'insécurité, le plus insidieux et le plus tenace de tous les démons, n'appartenait qu'à elle. Ces pulsions sévissaient dans les ombres de la peur et de la suspicion, et obéissaient à ses ordres. Si elle leur laissait la bride sur le cou, elles l'inciteraient à considérer cet ingénieur comme un individu plein d'arrogance, un phallocrate, et un raciste. Elles pouvaient l'entraîner dans la spirale descendante du doute et la pousser à renoncer à l'opportunité que le professeur Claytor avait prévue pour elle, avec un soin si méticuleux.

Katherine Goble n'avait pas seulement appris à exiger l'égalité de traitement pour elle-même, mais aussi à l'étendre aux autres. Elle avait le choix : soit elle pouvait en conclure que c'était sa présence qui avait incité l'ingénieur à se lever et à s'en aller, soit elle avait la latitude de supposer que l'intéressé avait simplement fini son travail et qu'il était passé à autre chose[431]. Katherine était la fille de son père, après tout. Elle bannit ses démons en un lieu où ils ne pourraient plus guère lui nuire, puis, assise à son nouveau bureau, elle ouvrit son sac en papier kraft et savoura son déjeuner en ne songeant qu'à la bonne fortune qui venait de lui sourire.

Moins de deux semaines après, l'intention initiale de l'ingénieur qui s'était éloigné d'elle, quel qu'ait été le sens de ce geste, avait perdu de son intérêt. L'homme avait découvert que sa nouvelle collègue de bureau était, comme lui, une « transplantée » de Virginie occidentale, et ils devinrent tous deux très amis[432]. La Virginie occidentale ne quitta jamais le cœur de Katherine, mais son destin s'accomplit en Virginie.

13

Turbulence

Au bout de six mois pleins, l'affectation temporaire de Katherine Goble à la Division de la Recherche en vol commençait à prendre un tour irréversible. De sorte qu'au début de l'année 1954, Dorothy Vaughan se dirigea vers le Bâtiment 1244 pour un tête-à-tête avec Henry Pearson, le chef du département qui avait « emprunté » sa calculatrice humaine et oublié de la rendre.

L'offre faite à Katherine de venir travailler à Langley en 1953 était assortie d'une affectation provisoire de six mois. Si cette période d'essai s'avérait concluante, cela lui donnerait droit à une promotion, du grade subalterne de SP-3 à l'échelon SP-5, ce qui s'accompagnerait d'une hausse de salaire[433]. Bien qu'elle n'ait passé physiquement que deux semaines dans les bureaux de la Zone de Calcul Ouest, elle était encore sous la responsabilité de Mme Vaughan. Elle aurait pu être inscrite en tant que membre permanent de Calcul Ouest, comme le reste des femmes sous ses ordres, disponibles pour effectuer des rotations au sein d'autres groupes, dans le cadre de missions temporaires. Ou bien Henry Pearson pourrait proposer à Katherine de se joindre officiellement à l'équipe, comme l'avait fait Kazimierz Czarnecki avec Mary Jackson. Quoi qu'il en soit, d'une manière ou d'une autre, Dorothy Vaughan et Henry Pearson se devaient de clarifier la situation de Katherine Goble.

« Soit vous lui accordez une augmentation, soit vous me la rendez », déclara Dorothy au chef du département, dans son bureau du 1244. Ingénieur de Langley à l'ancienne, Pearson était diplômé du Polytechnique de Worcester, dans le Massachusetts, et avait commencé de travailler au laboratoire en 1930. Golfeur émérite, portant des lunettes à monture de corne, c'était l'archétype du WASP de la Nouvelle-Angleterre*. Il n'était pas ravi d'avoir des femmes sur son lieu de travail. Son épouse elle-même ne travaillait pas ; selon la rumeur, Mme Henry Pearson avait l'interdiction d'exercer la moindre profession.

En tant que chef d'un service rattaché à la très réputée Division de la Recherche en vol, Henry Pearson se situait un échelon au-dessus de Dorothy dans la hiérarchie directoriale de Langley. A l'arrivée de cette dernière au laboratoire, en 1943, il occupait déjà le poste de chef de division adjoint depuis de nombreuses années. Intrépide comme elle savait l'être, Dorothy aurait approché Henry Pearson même si elle n'avait pas été elle-même directrice, mais son titre officiel de chef de section lui conférait un surcroît d'autorité. Il la plaçait sur un pied d'égalité avec les autres directrices de sexe féminin et — en théorie, du moins — avec les hommes de même grade, une place centrale qui lui conférait une certaine visibilité. Quand Monroe, le fabricant de machines à calculer, demanda l'aide de Langley pour produire un manuel sur la manière d'opérer des équations algébriques avec ses machines, Dorothy fut enrôlée comme consultante, et travailla en équipe avec d'autres femmes respectées de Langley, parmi lesquelles Vera Huckel, du département Vibration et Oscillation, et Helen Willey, du complexe de Dynamique des gaz[434].

La rencontre entre Dorothy Vaughan et Henry Pearson s'acheva comme ils l'avaient l'un et l'autre prévu, Pearson

* White Anglo-Saxon Protestant, anglo-saxons protestants blancs, très traditionnels, dont les représentants les plus extrêmes ont suscité des mouvements prônant la suprématie blanche. (NdT)

proposant à Katherine Goble un poste permanent dans son groupe, la Direction des Charges de manœuvre, avec une hausse de salaire. L'insistance de Dorothy eut un autre effet secondaire : dans une situation d'impasse identique à celle de Katherine, l'une des calculatrices humaines du département était elle-même allée voir Pearson pour lui réclamer une augmentation. La demande de cette femme blanche n'avait pas été entendue. *Les règles sont les règles*, rappela Mme Vaughan à Henry Pearson. Elle usa de son influence afin d'obtenir des promotions pour Katherine et sa collègue.

Les ingénieurs travaillant pour Henry Pearson comprirent, peu après que Katherine Goble se fut installée à son bureau au 1244, que leur nouvelle calculatrice était une recrue de choix, et ils n'avaient aucune intention de la relâcher. Sa maîtrise des mathématiques faisait d'elle un atout polyvalent pour le département. Sa bibliothèque personnelle de manuels de la faculté encombrait son bureau à côté de sa machine à calculer, autant de références à disposition en cas de besoin.

La Division de la Recherche en vol formait un repaire d'ingénieurs pleins d'énergie, doués d'une vraie liberté de pensée, très intelligents, et l'esprit mordant. Avec leurs pairs de la Division de la Recherche sur les Avions sans Pilote (PARD), un groupe spécialisé dans l'aérodynamique des fusées et des missiles, ils ne passaient pas leur temps dans les enceintes confinées des souffleries, mais en compagnie de projectiles de métal vivants, assourdissants, crachant le feu, au comportement capricieux. Le chef de la Division de la Recherche en vol, « un cyclone humain au visage tanné, aux cheveux noirs coupés en brosse »[435], le chef pilote d'essai de Langley, Melvin Gough, avait décidé, au début de sa carrière d'ingénieur, de prendre sa vie en main en suivant une formation de pilote d'essai afin d'améliorer la qualité de ses rapports de recherche. De véritables bouffées de testostérone s'échappaient du hangar, mêlées aux vapeurs de kérosène. Ce n'était pas le genre d'endroit où l'on se montrerait particulièrement patient envers quiconque, homme ou femme, mettrait trop de temps à comprendre et à progresser. A la Division de la Recherche en vol, pour une jeune femme, la timidité était déconseillée.

Heureusement, la confiance de Katherine Goble en ses aptitudes mathématiques et sa curiosité innée la poussèrent à bombarder les ingénieurs de questions, tout comme elle le faisait, enfant, avec ses parents et ses professeurs. Ils répondaient à ses demandes avec enthousiasme : ils pouvaient consacrer l'essentiel de leur existence à discuter et à réfléchir aux problèmes aéronautiques, un sujet dont ils ne se lassaient jamais — et ils ne s'en privaient pas.

Le Département des Charges de manœuvre menait des recherches relatives aux forces s'exerçant sur un avion quand il sortait de son domaine de vol stable et régulier ou tentait de le réintégrer[436]. Un département jumeau, celui de la Stabilité et du Contrôle, mettait au point les systèmes qui permettraient à un avion de voler sans encombre en situation de turbulences. Les véhicules qui évoluaient à l'extrémité la plus expérimentale du spectre aéronautique étaient aussi ceux qui faisaient battre plus vite le cœur plein de romantisme de l'ingénieur aéronautique — appareils supersoniques, hypersoniques, avions capables de frôler les limites de l'espace. Pourtant, la révolution des transports, favorisée dans une large mesure par les ingénieurs de Langley comme Henry Pearson, avait aussi créé une nouvelle demande de recherches sur des véhicules destinés à des usages bien plus prosaïques. L'une des tâches du Département des Charges de manœuvres consistait à examiner les problèmes de sécurité engendrés par des routes aériennes de plus en plus encombrées.

L'une des premières missions qui atterrit sur le bureau de Katherine consistait à éclaircir les circonstances d'un accident impliquant un petit monomoteur Piper à hélice[437]. Cet avion, qui volait de façon tout à fait normale, s'était écrasé après être littéralement tombé d'un ciel bleu et limpide. La NACA avait reçu l'enregistreur de vol de l'épave, et les ingénieurs lui avaient confié l'analyse de l'enregistrement photographique des signes vitaux de l'avion, première étape d'une recherche de réponses sur ce qui avait pu arriver au Piper. Jour après jour, elle passa des heures assise au milieu d'une pièce plongée dans l'obscurité, examinant ces images à la visionneuse, relevant et consignant par écrit la vitesse aérodynamique, l'accélération, l'altitude et d'autres paramètres tous mesurés à intervalles réguliers au cours du vol. Les ingénieurs spécifiaient toutes les conversions qu'il convenait d'appliquer aux données brutes — convertissant par exemple les miles à l'heure en pieds par seconde* — et lui communiquaient les équations à appliquer pour analyser les données converties. Dernière étape, elle représentait ces données sur des graphiques, afin de fournir aux ingénieurs un instantané visuel du vol écourté de l'avion.

Ensuite, les ingénieurs mirent au point une expérience recréant les circonstances de l'accident, en faisant voler un avion d'essai dans le sillage d'un autre appareil plus gros[438]. Les données de ce vol finirent elles aussi sur le bureau de Katherine Goble, et ce furent à nouveau des heures, des journées, des semaines dont elle ne voyait pas la fin, consacrées aux mêmes opérations. Il s'agissait là par définition de tâches de calcul monotones et usantes pour les yeux — mais elle en savoura chaque minute.

Quand les ingénieurs analysèrent les données que Katherine leur avait transmises après dépouillement, ils restèrent interdits, captivés, se rendant compte qu'ils découvraient là des phénomènes encore inconnus[439]. Il s'avérait que le Piper avait croisé perpendiculairement la trajectoire de vol d'un jet qui venait de traverser la zone. La perturbation provoquée par un avion peut provoquer des turbulences jusqu'à une demi-heure après son passage[440] ; le tourbillon créé par le sillage du gros appareil avait agi comme un câble invisible tendu en travers de la trajectoire du Piper : en franchissant le flux d'air agité généré par le jet, le monomoteur à hélice avait trébuché en plein vol avant de tomber du ciel comme

* Dans le système de mesure impérial, un mile est égal à 1609 m, et un pied à 30,5 cm. Dans le système métrique, on calculerait en kilomètres et mètres/seconde. (NdT)

une pierre. Cette recherche et d'autres enquêtes similaires conduisirent à modifier les réglementations du trafic aérien, en imposant des distances minimales entre les trajectoires de vol afin de prévenir ce genre d'accident provoqué par les turbulences de sillage.

Lisant le rapport, Katherine Goble jugea que « c'était l'un des documents les plus intéressants [qu'elle ait] jamais lus », et ressentait une vive satisfaction d'avoir participé à une recherche qui aurait des résultats positifs et concrets[441]. Elle éprouvait un irrépressible enthousiasme pour ce travail, même sous les aspects que d'autres jugeaient abrutissants. Jamais elle n'aurait songé avoir la chance d'être payée pour faire des calculs mathématiques, cette activité qui était pour elle la plus naturelle du monde.

Elle se prit aussi d'une véritable sympathie pour ses nouveaux collègues. L'ingénieur de Virginie occidentale qu'elle avait croisé le premier jour jouait du hautbois dans un orchestre symphonique local. Des membres du Club des Cerveaux se réunissaient après le travail et le week-end pour construire à la main des maquettes d'avions très élaborées. Beaucoup d'hommes et de femmes de Langley intégraient des équipes de softball ou de basket-ball et jouaient dans des championnats amateurs locaux. Les « Skychicks » (« Les Poules du Ciel ») de Langley affrontaient une autre équipe alignée par une compagnie d'électricité, les Kilowatts Cuties (« Les Jolies Kilowatteuses »)[442] ; avec le temps, les employées noires se joignirent elles aussi à l'équipe. Ensuite, il y avait la partie de bridge du repas de midi. Les dons d'analyse et de lecture que requérait ce jeu en faisaient l'un des préférés des ingénieurs, qui consacraient plus d'une pause déjeuner à des joutes acharnées. C'était un groupe de gens aux idées très arrêtées, pleins d'énergie et, surtout, aux yeux de Katherine, à l'esprit extrêmement vif. Katherine Goble n'aimait rien tant que les *cerveaux*.

D'emblée, elle se sentit complètement à son aise à Langley. Rien, dans la culture du laboratoire ou de son nouveau bureau, ne la dérangeait — pas même la ségrégation raciale persistante. De prime abord, en réalité, elle ne s'était même pas rendu compte que les toilettes étaient ségréguées[443]. Tous les bâtiments n'étaient pas équipés de toilettes pour gens de couleur, un fait que Mary Jackson avait découvert de façon particulièrement désagréable lors de sa rotation dans le Quartier Est. Bien que les toilettes pour employés noirs aient été clairement signalisées, la plupart de celles destinées aux employés blancs ne l'étaient pas. Aux yeux de Katherine, aucune raison ne devait l'empêcher de les utiliser. Il s'écoulerait deux ans avant qu'elle ne soit confrontée à toute cette comédie des toilettes séparées. A ce stade, elle refusa simplement de changer d'habitudes — excluant ne serait-ce que d'entrer dans les toilettes pour personnes de couleur[444]. Et l'on en resta là. Plus personne ne prononça un mot à ce sujet.

Elle prit aussi la décision d'apporter son repas dans un sac à son bureau, ce que faisaient beaucoup d'employés[445]. Pourquoi devrait-elle dépenser davantage pour déjeuner ? Et puis c'était plus commode ; la cafétéria était assez loin de son bâtiment, la forçant à s'y rendre en voiture, et personne n'avait envie de s'imposer pareille servitude. Enfin, c'était plus sain, cela lui évitait de céder à la tentation de la glace que la cafétéria vendait en dessert[446]. Naturellement, pour Katherine Goble, manger à son bureau présentait aussi l'avantage d'effacer de son quotidien cette cafétéria ségréguée, autre rappel du système de castes qui l'aurait bridée dans ses mouvements et ses réflexions. Dans le monde idéal de Langley, ces règles figées, rétrogrades étaient comme autant de nuisances qui venaient tout gâcher. Elle décida donc simplement de les annuler, afin de se créer de toutes pièces un environnement de travail qui soit conforme à son identité et à la place qu'elle occupait dans le monde.

Au fil des mois, elle s'épanouit sur son lieu de travail, aussi à son aise que si elle était là depuis toujours. Erma Tunes, l'autre calculatrice noire qui avait été affectée là avec Katherine, était réglée « comme une horloge »[447] : à son bureau et au travail dès 7 h 59 min 59 s, levant à peine les yeux de la besogne qui l'absorbait jusqu'à la fin de la journée, à 16 h 30. Pour sa part, comme les ingénieurs autour d'elle, Katherine avait pris l'habitude de consacrer les premières minutes de sa journée à lire les journaux et les magazines. Elle parcourait *Aviation Week*, tâchant d'établir le lien entre les derniers progrès du secteur et le torrent de chiffres qui transitait par sa machine à calculer[448].

Pour les garçons de la Division de la Recherche en vol, sa confiance en elle et la flamme éclatante de son esprit étaient irrésistibles. Ils n'aimaient rien davantage que la matière grise, et ils constataient que Katherine Goble en avait à revendre. Plus que tout le reste, ils étaient conquis par son exubérance dans le travail. Ils adoraient leur métier et, à leurs yeux, ses questions et son intérêt pour ces matières, qui allaient bien au-delà de ses travaux de calculs, reflétaient leur propre engagement.

Avec sa peau café au lait et son accent suave de Virginie occidentale, elle aurait pu opter pour une forme de compromis ethnique tout en souplesse, facilitant ainsi son intégration dans une position médiane. D'ailleurs, lorsqu'elles la rencontraient, certaines employées noires n'étaient pas toujours sûres qu'elle soit elle-même noire[449]. Une fois, lors d'une visite de sa mère, venue de Virginie occidentale, Katherine avait dû la conduire à l'hôpital. Après une attente inhabituellement longue, un médecin avait été obligé d'intervenir pour faire installer sa mère dans une chambre : à l'accueil, les responsables des admissions se montraient trop lents, parce qu'incapables de décider si elle devait avoir une voisine de chambre noire ou blanche[450]. L'ancien supérieur de Katherine, Al Schy, s'entendit demander si son groupe comptait des mathématiciens noirs. Malgré Katherine qui était à portée de voix, il dut réfléchir un instant avant de finalement répondre par l'affirmative[451]. Pour ses collègues, elle était simplement devenue « Katherine ».

Pour toutes sortes de raisons, concrètes ou imaginaires, quelque chose en Katherine Goble lui permettait de se sentir autant à son aise dans le bureau du 1244 que dans la galerie du chœur de l'église presbytérienne Carver. Elle ne fermait pas les yeux sur le racisme qui existait bel et bien ; elle savait très bien, comme tous les noirs, combien la couleur de leur peau se révélait pénalisante. Mais elle ne ressentait pas la même chose. Dans son quotidien, elle veillait à écarter la chose, à la chasser de son existence. Pour accéder à la Division de la Recherche en vol de Langley, elle avait emprunté une voie détournée mais elle avait la quasi-certitude d'avoir atteint la bonne destination.

« Je veux faire sortir nos filles de cette cité », annonça Jimmy Goble à Katherine, au bout de deux ans à Newport News[452].

S'installer à Newport News avait permis à Katherine et à sa famille de s'adapter rapidement à la vie dans Hampton Roads. Fort de ses liens avec le chantier naval et Langley, de ses habitants liés à pratiquement tous les aspects de l'existence des noirs de la région, le quartier leur avait procuré, à leur famille et à eux-mêmes, une communauté de vie immédiatement accessible. Défiant les gros titres des journaux, Newsome Park avait réussi à pérenniser son existence, contre le spectre toujours présent de la démolition : en 1950, avec l'intensification des tensions militaires en Corée, l'Agence fédérale de financement du Logement et de l'Habitat* réaffirma le caractère indispensable de Newsome Park et d'autres cités similaires eu égard à l'effort de défense des Etats-Unis[453]. Les habitants du quartier lâchèrent tous un grand soupir de soulagement.

Plus que les affaires de droit international relatives au 38e parallèle, qui séparait la Corée du Nord alliée des Russes de la Corée du Sud, amie de l'Amérique, c'était en réalité la loi locale de l'offre et de la demande qui préservait Newsome

* La Housing and Home Finance Agency fut créée en 1947 et dissoute en 1965, remplacée par l'United States Department of Housing and Urban Development. (NdT)

Park du couperet. Plusieurs années après la fin du conflit mondial, la pénurie de logements adaptés pour les habitants noirs de la région demeurait encore une réalité. Si demain le gouvernement décidait de démolir Newsome Park, les habitants n'auraient tout simplement nulle part où aller.

Mais dans d'autres quartiers plus petits, le nombre des maisons avait continué d'augmenter, attirant des familles en pleine ascension sociale et qui, comme leurs homologues blanches, entretenaient une certaine vision de la réussite dans l'après-guerre ; l'accès à la propriété en faisait partie intégrante. Gayle Street, une rue en cul-de-sac non loin de la zone de Buckroe, formait un nouveau quartier attrayant où « Chubby » Peddrew et son mari achetèrent une maison[454]. Aberdeen Gardens, le vaste lotissement construit sur les anciennes terres cultivables de l'Institut Hampton, était un autre emplacement attractif, sillonné de rues larges avec leur terre-plein central gazonné et entouré de bois qui séduisait beaucoup de familles de militaires encore en activité ou retraités.

Katherine et Jimmy décidèrent d'acheter une parcelle dans Mimosa Crescent, le quartier de Hampton construit pendant la Seconde Guerre mondiale pour accueillir des familles de la classe moyenne. Les promoteurs de ce lotissement avaient franchi tous les obstacles que l'Administration fédérale du logement avait mis en travers de leur route, multipliant les assurances sur la fiabilité des propriétaires dans ce quartier et instaurant même des clauses contractuelles restrictives afin que les acheteurs ne soient pas disqualifiés pour avoir été bénéficiaires de prêts bancaires assurés par des organismes fédéraux, comme dans beaucoup de quartiers noirs d'un bout à l'autre du pays, si ce n'est la plupart. Thomas Villa, programme immobilier de Hampton qui s'avéra incapable de s'assurer le concours financier des banques de la région, orienta ses acquéreurs vers une compagnie d'assurances, North Carolina Mutual Life, la plus importante entreprise détenue par des noirs aux Etats-Unis à l'époque, pour en obtenir des prêts immobiliers.

En 1946, Mimosa Crescent s'était étendu de ses vingt-deux parcelles originelles à un total de cinquante et une qui, lentement mais sûrement, au cours des dix années suivantes, attirèrent des familles qui investirent les terrains vacants en y construisant de confortables maisons en brique de trois et quatre chambres[455]. Quel bonheur, non seulement d'imaginer la maison de ses rêves, mais de choisir la couleur des carrelages des salles de bains, le bois des placards dans la cuisine, la largeur des lames du parquet dans le salon ! Joylette, en tant qu'aînée, aurait même sa chambre à elle, un luxe que la plupart des filles — quelle que soit la couleur de leur peau — ne pouvaient s'offrir que dans les films ou dans les pages d'un roman policier de la série des « Nancy Drew »[456]. Très fiers, les habitants du lotissement semaient leur gazon et plantaient des arbres pour s'y créer des recoins ombragés, organisaient des soirées dans leur patio et quantité de réunions de club dans leur propriété. La famille Goble allait bientôt les rejoindre.

Tout cela s'annonçait sous les meilleurs auspices… jusqu'à ce qu'au cours de l'année 1955, Jimmy commence à se sentir mal, souffrant d'abord de migraines qui ne faisaient qu'empirer, puis d'un état de faiblesse généralisée. Mais contrairement à ce qui s'était passé avec la fièvre ondulante dont il avait été atteint une décennie auparavant, son état ne s'améliorait pas. Il fallut des mois aux médecins pour diagnostiquer son mal. Ils finirent par découvrir une tumeur, bizarrement localisée à la base du crâne, qu'ils déclarèrent inopérable[457]. Il dut garder la chambre, et, finalement très affaibli, fut contraint de quitter son poste au chantier naval et de se mettre en congé maladie pour une durée indéterminée. Sa santé déclina lentement, mais inexorablement, sur un laps de temps de plus d'une année qu'il passa en quasi-totalité à l'hôpital. Katherine et ses filles lui rendaient visite aussi souvent que possible, restant à son chevet pour veiller l'homme le plus important de leurs vies.

James Francis Goble mourut un jeudi, cinq jours avant Noël 1956[458]. Le 23 décembre, dans l'église presbytérienne de Carver Memorial remplie de fidèles endeuillés, la communauté offrit ses condoléances et son soutien à la jeune veuve et à ses trois filles adolescentes. Joylette, Kathy et Connie ne seraient plus jamais en mesure de vivre la joie des vacances d'été sans aussi revivre la peine que suscitait en elles la mort de leur père. Les parents de Jimmy et Katherine restèrent en ville jusqu'à la fin de l'année ; les beaux-parents de Katherine et leurs familles, en particulier les Epps et les Kane, qui habitaient à Newport News, partageaient avec eux le fardeau de leur chagrin. La fraternité Alpha Phi Alpha de Jimmy et les sœurs de la *sorority* Alpha Kappa Alpha de Katherine veillèrent sur eux, leur apportant des provisions, se chargeant des courses et s'occupant des obligations les plus terre à terre qui leur paraissaient impossibles à assumer face à un tel deuil.

Les trois filles Goble étaient aussi attachées à leur père que Katherine l'était au sien. La perte de l'étreinte protectrice de Jimmy, toujours souriant, l'instabilité qu'entraînait la fin brusque, prématurée de l'union entre leurs parents, bouleversa leur monde protégé et les força à renoncer au confort douillet de l'enfance pour affronter les dures réalités du monde adulte.

Mais Katherine refusait de céder au deuil et au chaos. Elle avait fait une promesse solennelle à son mari : tenter tout ce qui était en son pouvoir pour maintenir leurs filles, si vives, si éveillées, sur la voie qu'ils leur avaient si soigneusement préparée depuis leurs premiers pas dans l'existence. Jusqu'à la fin de l'année, ses filles et elles laissèrent libre cours à leur chagrin. Dès la première journée d'école, en janvier 1957, après les vacances de Noël, Katherine les accompagna à une entrevue avec la directrice de l'école. « Il est très important que vous ne réserviez aucun traitement particulier à mes filles, que vous ne laissiez rien passer, dit-elle à cette directrice. Elles iront à l'université, et il faut les y préparer »[459]. Avec elles, elle instaura les nouvelles règles d'un foyer dirigé par une mère isolée : « Vous repasserez mes vêtements, vous me les tiendrez prêts pour le matin, et vous préparerez le dîner pour mon retour », leur signifia-t-elle[460]. Elle était désormais à la fois une mère et un père, l'amour et la discipline, et le seul soutien de famille.

Katherine et Jimmy partageaient de grandes ambitions pour leurs enfants. Les sœurs Goble excellaient à l'école, prenaient des cours de piano et de violon et s'exerçaient avec assiduité. Elles étaient faciles à vivre, extraverties, respectueuses, et se montraient toujours à la hauteur des exigences fixées par leurs parents. Katherine retrouvaient en leurs enfants ce que ses parents et ceux de Jimmy leur avaient légué, ainsi que toutes les générations passées, chacune d'entre elles puisant jusqu'à l'extrême limite de son énergie et de ses ressources pour hisser leur progéniture vers le rêve américain, vers une vie d'une richesse matérielle et émotionnelle supérieure à la leur, permettant d'accéder enfin à ces bienfaits de la démocratie qui leur avaient été promis de longue date. Tout dépendait de l'aptitude de leur mère à maintenir la cohésion familiale. Elle n'avait pas le droit de s'effondrer. Ou peut-être avait-elle la *volonté* de ne pas s'effondrer. Il y avait en Katherine Goble (et il y avait toujours eu) une certaine gravité, une maîtrise de soi surnaturelle qui, lorsqu'elle enseignait les chiffres romains au frère du président ou conversait en français avec des aristocrates en visite, lui conféraient un naturel désarmant. Elle semblait absorber les soubresauts à court terme de l'existence sans en être ébranlée, comme si elle prenait du recul, constatant que les moments de difficulté et d'allégresse s'inscrivaient simplement sur une courbe bien plus ample et bien plus fluide.

Une bonne part de cet équilibre lui venait de son père, Joshua. Selon la tradition familiale, il possédait des dons inexpliqués, et pouvait dissiper certains maux grâce à l'imposition des mains, tant chez les animaux que chez les humains[461]. Même quand il partit travailler au Greenbrier, en période de crise, ses voisins, noirs et blancs, venaient le solliciter pour qu'il aille examiner des chevaux malades. Des années plus tard, les petites-filles de Joshua Coleman se rappelleraient de leur grand-père leur confiant que, dès leur première rencontre, il avait eu la prémonition que Jimmy Goble ne vivrait pas longtemps[462]. Partageant peut-être quelques-unes des intuitions et des visions de son père, Katherine tira une certaine force de la conscience que la mort prématurée de son mari s'inscrivait dans le cours des choses, si douloureux fût-il.

Ou alors ce fut peut-être la devise pragmatique de son père — « Tu n'es pas meilleure que les autres et personne n'est meilleur que toi » — qui l'incitait à percevoir les épreuves comme faisant partie d'un destin commun à tout le monde, et ses coups de chance comme des bienfaits immérités. Soutenue par la parole paternelle, elle observait les manifestations de ségrégation à Langley, décriait l'injustice qu'elles représentaient, mais n'en ressentait pourtant pas le poids sur ses propres épaules. Une fois qu'elle avait franchi le seuil du Bâtiment 1244, elle pénétrait dans un monde d'égaux, et refusait absolument de se conduire d'une manière susceptible d'aller à l'encontre de cette conviction.

C'était là une part de sa nature que les autres employés noirs de Langley jugeaient mystérieuse, et même contrariante. Comment pouvait-elle négliger à ce point le racisme sur leur lieu de travail, si passif soit-il, quand son entrée même au laboratoire s'était faite dans un contexte de ségrégation ? L'authentique aisance de Katherine Goble vis-à-vis des interlocuteurs blancs avec lesquels elle travaillait lui permettait, en leur présence, de toujours rester elle-même, sans devoir se parer d'aucun masque. En 1954, quand la Cour suprême annonça le verdict *Brown v. Board of Education* mettant fin à la ségrégation légalisée dans les établissements scolaires, les ingénieurs et elle eurent une longue conversation à ce sujet, abordant la question sans détour au lieu de l'éviter comme un conducteur donnerait un coup de volant pour ne pas percuter un arbre le long de la route[463]. (« Nous en avons conclu que nous y étions tous favorables », se souvenait-elle.) Ce fut peut-être son attente d'être traitée en égale par les ingénieurs avec lesquels elle travaillait, autant que sa volonté de les traiter eux aussi en égaux — de reconnaître que leur intellect et leur curiosité égalaient la sienne, qu'ils apportaient à leur relation professionnelle la même dimension d'équité et de bonne volonté qu'elle-même — qui lui ouvrit la voie de sa réussite ultérieure.

La mort de Jimmy Goble scinda sa vie en deux parties. Depuis la faculté jusqu'à leur mariage, la venue au monde des enfants et leur installation à Newport News, ils avaient avancé côte à côte. A présent, tout juste âgée de trente-huit ans, elle se retrouvait veuve et mère, mais aussi exerçant une profession, et au tout début de la concrétisation d'un rêve qu'elle caressait depuis longtemps. Jimmy ne serait pas là pour le voir se réaliser, mais avec son amour, son soutien et sa foi en son talent, il l'avait escortée jusqu'au seuil, et elle irait de l'avant en gardant en elle son esprit et leurs souvenirs. Et ainsi, la mort de Jimmy Goble, fin 1956, fut moins une fin qu'un entracte. Tout ce qui était survenu avant se relierait à tout ce qui restait à venir. En janvier 1957, les filles de Katherine retournèrent à l'école, et elle retourna au travail : le second acte de sa vie était sur le point de commencer.

14

Angle d'attaque

Au début des années 1950, Dorothy Vaughan attendait aussi le temps du changement, s'imaginant une époque où elle-même et les autres calculatrices en jupe seraient forcées de céder du terrain devant de nouvelles calculatrices, inanimées celles-ci, qui redéfiniraient les frontières de la technologie. L'ingénierie aéronautique incarnait au moins autant que d'autres professions l'impatience et le progrès incessant qui caractérisaient ce que l'on surnommait déjà le Siècle américain[464]. Les moteurs à réaction remplaçaient les hélices. Le franchissement de Mach 1 alimentait l'appétit pour Mach 2. Le domaine supersonique engendrait le domaine hypersonique. La curiosité ne serait pas assouvie tant que les grands fringillidés mécaniques, désormais si abondants tout autour du globe, n'auraient pas poussé leur évolution jusqu'à s'envoler aux confins de l'atmosphère terrestre.

La complexité qui était au service de l'avancée implacable de la recherche aéronautique allait de pair avec le besoin d'une nouvelle machine. En 1947, le laboratoire acheta une « calculatrice électronique » chez Bell Telephone Laboratories, un investissement destiné à répondre aux besoins du moment en matière de recherche sur le vol transsonique[465]. Modéliser le vol aux vitesses transsoniques soulevait un problème particulièrement épineux, en raison des vents subsoniques et supersoniques qui enveloppaient simultanément l'avion ou la maquette. Les équations aérodynamiques décrivant les écoulements d'air transsoniques pouvaient contenir jusqu'à trente-cinq variables[466]. Chaque point d'écoulement étant dépendant des autres, une erreur commise dans une partie de la série serait source d'erreur dans toutes les autres[467]. Pour les mathématiciens les plus expérimentés, calculer la distribution de pression sur un profil aérodynamique particulier à vitesse transsonique pouvait aisément demander un mois de travail[468]. La machine à calculer Bell accomplissait la même tâche en quelques heures[469].

Personne ne confondrait les femmes qui traitaient les données de recherches en se servant de calculettes mécaniques avec les appareils aux dimensions d'une pièce entière qui remplissaient les mêmes fonctions. Langley plaça une ancienne de Calcul Est, Sara Bullock, à la tête d'un groupe dédié au maniement de ce bloc massif gris métallisé pour résoudre les équations des ingénieurs. Déjà considérée comme supérieure à l'ordinateur ENIAC de l'université de Pennsylvanie, révolutionnaire en la matière, la machine de Bell ingérait les données d'entrée sur bandes de papier perforé et sa progression s'effectuait à raison de deux secondes par opération[470]. Quand elle était en service, tout le bâtiment tremblait, mais elle générait des réponses seize fois plus vite que les ordinateurs humains, avec l'avantage supplémentaire de pouvoir tourner toute la nuit[471].

Au milieu des années 1950, le centre acheta cinq ordinateurs IBM — un IBM 604 Electronic Calculating Punch, puis un IBM 650[472]. Des chercheurs entreprenants ne tardèrent pas à s'approprier pour leurs propres travaux ces machines destinées à l'origine au service financier du laboratoire[473]. Ils en firent notamment usage afin de calculer une trajectoire de vol détaillée pour un appareil hypersonique baptisé X-15, un véhicule expérimental conçu pour voler assez haut, assez vite, quitter l'atmosphère terrestre et atteindre le seuil de ce que l'on considérait alors comme « l'espace ».

Ces premières machines de traitement de données n'étaient pas des modèles de fiabilité. Elles commettaient des erreurs et les ingénieurs — ou, plus vraisemblablement, les calculatrices qui les faisaient fonctionner — devaient surveiller de près les résultats qu'elles délivraient. « Ce n'est pas exact ! » « Recommençons le processus ! » répétaient les ingénieurs aux opératrices, tout comme John Becker l'avait dit à Mary Jackson[474]. Mais, en dépit des erreurs, le traitement des écoulements d'air transsoniques, supersoniques et hypersoniques et les analyses de trajectoire exécutés par ces appareils surpassaient les limites des facultés humaines. Dans les années 1950, la plupart des résultats d'essais de Langley étaient encore traités à la main ; toute l'évolution des opérations de recherches de la NACA était fondée sur le travail de ces femmes. Les calculatrices électroniques étaient des bijoux, des objets rares, et leur coût, qui se chiffrait en millions de dollars, n'était accessible qu'à de grandes unités de recherche universitaires et à des institutions gouvernementales. En outre, malgré leur vitesse, qui constituait un net avantage, les ordinateurs ne pouvaient effectuer qu'une opération à la fois. Ces engins tournaient laborieusement, vingt-quatre heures sur vingt-quatre, mais s'agissant du temps de calcul, la compétition demeurait acharnée.

Pourtant, seuls les moins clairvoyants refusaient d'admettre que les ordinateurs étaient là pour le long terme. Les machines électroniques de traitement de données apportaient au processus de recherche une puissance et une efficacité inatteignables par d'autres moyens. Il n'y avait aucune raison de penser qu'elles ne continueraient pas de s'approprier d'autres tâches encore effectuées manuellement. Cette évolution s'imposait naturellement au progrès scientifique : un trait positif se transmettait, avant de proliférer ; des caractéristiques obsolètes s'étiolaient, et la technologie comme l'organisation évoluaient dans le sens de la nouveauté. Par exemple, la recherche sur les hélices avait constitué l'un des plus importants domaines d'investigation, depuis sa conception jusqu'à toute la période de l'avant-guerre. En

1951, la Soufflerie de Recherche sur les hélices, déclarée caduque, fut démolie, et les ingénieurs qui y étaient affectés durent choisir une nouvelle spécialité ou se retirer.

Même si ces machines ne faisaient pas peser de menace immédiate sur la sécurité de l'emploi des mathématiciennes, Dorothy Vaughan comprit que la maîtrise de leur fonctionnement serait la clef d'une carrière stable. Quand Langley finança une série de cours d'informatique proposés après la journée de travail ou le week-end, elle s'inscrivit sans perdre un instant[475].

« L'intégration finira par s'imposer », répétait-elle à ses employées. L'effacement des lignes de démarcation en fonction de la couleur de peau pourrait les placer, ses subalternes et elle-même, en position d'accéder aux emplois attractifs qui seraient forcément proposés aux individus experts dans le maniement des ordinateurs électroniques. Pour continuer d'avancer, il leur fallait tirer parti de toutes les opportunités et se rendre aussi indispensables que possible au laboratoire.

Au XXe siècle, le progrès scientifique avait été relativement linéaire ; en revanche, le progrès social n'avait pas toujours évolué en ligne droite : aux années d'espérance postérieures à la guerre de Sécession avaient succédé la situation désespérante des lois Jim Crow. Mais depuis la Seconde Guerre mondiale, on avait pu entamer le mur de la ségrégation, une brique après l'autre. Les victoires judiciaires remportées devant la Cour suprême ouvrant l'enseignement supérieur aux étudiants noirs, les ordres exécutifs imposant l'intégration ethnique au sein du gouvernement fédéral et de l'armée, et la victoire, réelle et symbolique, remportée lorsque l'équipe de base-ball des Brooklyn Dodgers engagea Jackie Robinson, un joueur noir, étaient autant de nouveaux paliers, de nouveaux tournants, d'espoirs qui poussaient les noirs à redoubler leurs efforts pour trancher le lien entre ces deux adjectifs, « séparés » et « égaux », de manière décisive et irréversible.

Dans les années 1950, Farmville, la bourgade que Dorothy avait quittée dans les années 1940, était devenue un microcosme symbolisant la lutte de l'Amérique autour du mouvement d'intégration dans ses écoles publiques. Au cours des treize années écoulées depuis qu'elle était partie du lycée de Moton, ce bâtiment était passé d'un léger sureffectif à un surpeuplement qui dépassait l'entendement. En 1947, l'Etat installa sur les pelouses de l'établissement des baraquements en papier goudronné (les élèves parlaient de « cages à poules ») pour tenter de loger 450 collégiens dans un lycée prévu pour en accueillir 180[476]. En 1951, l'un des bus scolaires vétustes eut un accident ; cinq élèves trouvèrent la mort. L'une des victimes était la meilleure amie de Barbara Johns, la nièce âgée de seize ans de Vernon Johns, militante réputée des droits civiques, originaire de Farmville et qui, au moment de l'accident, était prédicatrice d'une église de Montgomery, dans l'Alabama.

Le chagrin qui s'empara de Barbara Johns céda la place à la colère, puis se cristallisa en elle sous la forme d'une soif de justice irrépressible. En avril 1951, ce même mois où Langley promut Dorothy Vaughan à la tête de la Zone de Calcul Ouest, Barbara Johns organisait une grève avec les autres collégiennes du lycée de Moton, les implorant de prendre publiquement position contre des conditions d'enseignement épouvantables ; elle tint bon, malgré l'opposition et la peur de nombre de parents et d'enseignants. Les neveux et nièces de Dorothy comptaient parmi les grévistes. A l'époque, aucun d'eux n'aurait pu prévoir les conséquences de l'effet domino déclenché par ces adolescents courageux : la campagne de Barbara Johns, lancée dans le but de pouvoir fréquenter une école qui soit au niveau des normes du collège blanc de Farmville High, attira l'attention de deux avocats de Virginie, Spottswood Robinson et Oliver Hill, qui joignirent ensuite leurs forces à celles de Thurgood Marshall, le conseiller juridique de la NAACP. Marshall regroupa l'action intentée par ces collégiennes et quatre autres procédures engagées ailleurs sur le territoire des Etats-Unis, à l'intérieur du dossier déposé devant la Cour suprême, qui aboutit à la décision historique de 1954, *Brown v. Board of Education*, proscrivant la ségrégation dans toutes les écoles publiques des Etats-Unis d'Amérique. Les noirs américains accueillirent ce jugement avec jubilation, car il créait un élan et offrait un espoir à tous les mouvements locaux de résistance civile et sociale. « Ils refusent d'attendre : les dirigeants de la NAACP veulent l'intégration. "Maintenant !" » proclamait un titre du *Norfolk Journal and Guide*.[477]

Attendre, c'était pourtant ce que les principaux responsables politiques de Virginie avaient à l'esprit, et tout particulièrement le sénateur Harry Byrd. « Si nous réussissons à organiser dans les Etats du Sud une résistance massive à cet ordre, je pense qu'avec le temps, le reste du pays prendra conscience de ce que l'intégration raciale ne sera jamais acceptée dans le Sud », déclara-t-il au lendemain de la décision de la Cour suprême[478]. En effet, la résistance de la Virginie à ce jugement se révélerait plus intransigeante et plus tenace que dans tous les autres Etats. Dans les années 1950, quand Dorothy et les autres Calculatrices Ouest suivirent les cours d'informatique, elles s'inscrivirent à l'Institut Hampton. Langley proposait dans ses locaux une série de conférences sur l'aérodynamique, ouvertes à tous. Un cours d'ingénierie fut aussi organisé sur le site, et certains employés noirs y assistèrent[479]. Une salle de classe avait été installée dans l'enceinte de la base aérienne, en coopération avec l'université George Washington, et probablement accessible à tous les employés. La faculté voisine de William et Mary ouvrit ses salles de classe aux employés de Langley. Le lycée de Newport High accueillait des cours du soir. Langley gérait tant de cours dans tant d'endroits différents que l'institution ressemblait souvent à une université à part entière.

Le lycée de Hampton abritait l'organisme de formation continue de l'université de Virginie, et c'était le plus important des sites pédagogiques de Langley. Le soir, l'unique lycée public de la ville enseignait toutes sortes de matières à des employés du laboratoire, de la couture industrielle à la conception de modèles dynamiques, de la comptabilité à la théorie de fonctionnement des machines-outils[480]. Il accueillait même un cours d'« américanisation », où l'on aidait les employés d'origine étrangère à préparer un examen de citoyenneté. La plupart de ces cours couvraient des matières mathématiques, scientifiques et d'ingénierie. Le programme comprenait notamment des cours d'équations différentielles, élément essentiel d'un cursus d'ingénieur, et des mathématiques de niveau supérieur, comme la théorie des équations.

Mais l'accès du lycée était interdit aux enfants noirs de la ville, que l'on envoyait encore au Phenix, l'ancien établissement secondaire de Mary Jackson. En 1953, un avocat noir, William Davis Butts, s'était présenté devant le conseil d'administration du lycée de Hampton pour se plaindre du « gymnase et de la bibliothèque inadaptés » du lycée Phenix et exiger que la ville « mette un terme à "ce système à deux vitesses antidémocratique et coûteux"». Le conseil, qui s'en remettait aux lois ségrégationnistes de l'Etat, déclara sa plainte irrecevable. Alors que les établissements scolaires de Hampton continuaient d'appliquer la ségrégation, le programme de formation permanente de l'université de Virginie restait fermé aux employés noirs de Langley. Plus de dix ans après que les premières Calculatrices Ouest eurent pris la direction de l'Institut Hampton pour y suivre des cours ESMWT, les Programmes de formation à l'ingénierie, à la science et à la gestion en temps de guerre des employés noirs de Langley devaient encore recourir à l'auguste faculté noire pour leur formation professionnelle et l'avancement de leur carrière.

D'un bout à l'autre de leur territoire, préoccupés de savoir si les élèves et étudiants américains pouvaient rivaliser avec les Soviétiques en mathématiques et en sciences, les Etats-Unis débattaient de la qualité de leurs établissements d'enseignement. Plus les relations entre Washington et Moscou s'enflammaient, plus la nécessité de relever le niveau général des compétences techniques se renforçait. Alors que le débat, pendant la Seconde Guerre mondiale, restait centré sur l'emploi de femmes blanches dans les secteurs de l'ingénierie et des sciences, dans les années 1950, ce débat s'était élargi à une plus ample réflexion sur la participation des noirs aux disciplines techniciennes. Dans presque toutes les évaluations de la situation, on se demandait dans quelle mesure, en négligeant intentionnellement les écoles noires d'Amérique, on ne dilapidait pas une matière grise dont le pays avait pourtant un besoin impérieux.

Kaz Czarnecki n'avait pas l'intention de laisser cela arriver. Ce fut seulement après avoir fait à Mary Jackson l'offre de rejoindre le groupe de la Soufflerie supersonique d'un mètre vingt qu'il apprit que les mathématiques et les sciences étaient ses deux matières majeures[481]. Malgré cela, même sans avoir étudié son curriculum vitæ, quelque chose chez elle lui laissait entendre qu'elle était à la fois qualifiée et parfaitement adaptée au poste. Il était blanc, de sexe masculin, catholique, et yankee. Elle était une femme noire du Sud, une fidèle de l'église épiscopale méthodiste africaine. Ils auraient pu aisément s'ignorer, ne se fier qu'aux apparences et en conclure qu'ils n'avaient rien en commun. Mais Kaz Czarnecki eut une intuition, que les années suivantes confirmeraient : Mary Jackson avait l'âme d'un ingénieur.

D'emblée, il l'avait placée aux commandes de la soufflerie, en lui montrant comment déclencher les puissants moteurs de soixante mille chevaux (des années de travail en soufflerie finirait par endommager l'audition de Mary). Il lui montra quelles opérations elle devait effectuer avec les mécaniciens pour positionner correctement une maquette dans la veine d'essai. L'un de ces tests requérait que Mary grimpe dans la chambre de la soufflerie, pour vérifier en quoi les rivets perturbaient l'écoulement d'air autour d'un modèle en particulier[482]. Un autre supposait d'orienter le flux des vents d'une soufflerie à Mach 2 vers une série de cônes métalliques fuselés afin de repérer à quel endroit un écoulement d'air fluide devenait turbulent. Ces recherches trouvaient des applications dans la conception des missiles, d'un grand intérêt à une période où les Etats-Unis cherchaient à s'assurer tous les avantages militaires et technologiques possibles sur l'Union soviétique. Les résultats de ce travail porteraient leurs fruits en 1958, avec le premier rapport de Mary, cosigné avec Czarnecki : « Effets sur l'angle d'incidence du nez et le nombre de Mach aux transitions sur cônes à des vitesses supersoniques », publié en septembre 1958[483].

Il ne fallut guère plus de temps au nouveau supérieur de Mary pour lui suggérer de s'inscrire au programme de formation d'ingénieurs du laboratoire [484]; ses aptitudes et sa passion pour ce travail étaient manifestes. Surtout, elle avait désormais un parrain, un mentor désireux de prendre en main sa carrière et ses perspectives d'avancement. La majorité des cadres de Langley avaient effectué tout leur parcours dans ce laboratoire au grade de calculatrices. Certaines, comme Dorothy Vaughan et Dorothy Hoover, avaient été promues mathématiciennes dès le premier jour ; d'autres avaient accédé à ce niveau avec le temps. Au milieu des années 1950, une femme nommée Helen Willey réussit à faire en sorte que toutes les calculatrices humaines titulaires d'un diplôme de mathématiques soient promues mathématiciennes, un titre qui s'appliquait automatiquement aux hommes dotés des mêmes références. Malgré cette évolution positive, la quasi-totalité des femmes travaillait encore sous les ordres d'un ingénieur. C'était l'ingénieur qui déterminait les problèmes à examiner, qui concevait les expériences et définissait les missions des mathématiciennes. Les ingénieurs donnaient leurs instructions aux artisans qui confectionnaient les maquettes des souffleries et aux techniciens et mécaniciens qui les manipulaient. C'était l'ingénieur qui était confronté au jugement sévère du comité éditorial pour défendre le travail collectif que représentait un rapport de recherche, et c'était l'ingénieur qui pouvait en récolter les lauriers après sa publication.

La plupart des écoles d'ingénieurs d'Amérique n'acceptaient

pas de femmes. Kitty O'Brien Joyner, la première femme ingénieure du laboratoire jusqu'au milieu des années 1950 (Pearl Young, la première femme engagée, était physicienne et non ingénieure), avait été forcée, en 1939, d'intenter une action judiciaire contre l'université de Virginie pour s'inscrire à l'école d'ingénieurs de premier cycle, entièrement réservée aux hommes[485]. Quant aux ingénieures noires, elles étaient si peu nombreuses qu'elles restaient presque invisibles. En 1952, et depuis sa création, l'université Howard ne comptait que deux femmes ingénieures diplômées[486]. Mary Jackson finirait par l'apprendre : faire carrière en tant qu'ingénieure impliquait d'être la seule personne de couleur, ou la seule femme, ou même l'une et l'autre, présente aux colloques. Le soutien de Kaz la lança sur la voie de l'ingénierie, avec une promesse de promotion, quand elle aurait validé quelques cours fondamentaux avec succès. Dans son esprit, les équations différentielles constituaient la première étape. En réalité, ce n'était pas si simple. Le premier pas consistait à obtenir l'autorisation de pénétrer dans le lycée de Hampton[487]. Si elle avait été candidate à un poste de gardienne, les portes de l'établissement lui auraient été grandes ouvertes. En tant qu'ingénieure en formation ayant pour projet d'occuper cet édifice avec l'infâme dessein de progresser dans son cursus, il lui fallait déposer une demande à la municipalité de Hampton pour obtenir une « autorisation spéciale » lui permettant de suivre les cours d'un établissement réservé aux blancs[488].

Elle cherchait à se rendre plus utile à son pays, et pourtant ce fut elle qui dut se présenter, son chapeau à la main, devant le conseil d'établissement. Elle se plia à ce rituel indigne en serrant les dents, en fermant les yeux et en respirant à fond. Toutefois, elle ne doutait pas un seul instant qu'il fallait en passer par là. Rien ne l'empêcherait de mener la carrière qui s'offrait à elle de manière assez inattendue — pas même la politique ségrégationniste de l'Etat de Virginie. Elle avait travaillé trop dur, ses parents également ; ils avaient légué à leurs onze enfants l'amour de l'éducation et la conviction que leur pays finirait par écouter les forces du bien.

La ville de Hampton lui accorda une dérogation. Celle-ci lui donna accès aux cours, sans les ouvrir pour autant à d'autres qu'elle. Les difficultés imposées par l'obtention de ce permis étaient plus que compensées par les conquêtes qui l'attendaient. Au printemps 1956, elle entama ses cours au lycée de Hampton[489].

Mary Jackson ne comptait plus le nombre de fois où elle était passée devant cet édifice emblématique, situé au milieu de la ville, non loin de sa maison dans le centre. Ses homologues de ce cours du soir étaient aussi les collègues qu'elle connaissait depuis cinq ans et fréquentait tous les jours au bureau, mais elle était naturellement tendue à l'idée de les rencontrer, passé le seuil physique, émotionnel — et juridique — qu'elle était sur le point de franchir. Toutefois, rien n'aurait pu la préparer au choc qui l'attendait quand elle entra par cette porte longtemps restée fermée.

Le lycée de Hampton était un bâtiment vétuste, en mauvais état, qui sentait le renfermé[490].

Stupéfaite, elle s'interrogea : était-ce là le lieu dont on leur refusait l'accès, au reste des enfants noirs de la ville et à elle-même, depuis toutes ces années ? Cet endroit délabré ? Mary pensait que si les blancs avaient tant œuvré à lui refuser l'admission dans cet établissement, ce devait être un pays de cocagne. Mais *ça* ? Pourquoi ne pas fusionner les ressources pour construire une belle école accessible aux élèves noirs et aux blancs ? Dans tout le Sud, des municipalités entretenaient un double système scolaire, parallèle et inefficace, dont pâtissaient autant les blancs les plus pauvres que les noirs. La cruauté du préjugé racial s'accompagnait souvent d'absurdités, d'un écheveau de règles et de distinctions arbitraires qui allaient à l'encontre des intérêts communs de gens à qui l'on avait appris à se considérer comme irrémédiablement différents.

C'était le genre de chose qui lui faisait échanger des regards incrédules et des rires (pour ne pas en pleurer) avec un certain Thomas Byrdsong, un ingénieur noir arrivé à Langley en 1952. Byrdsong était né à Newport News, et il avait servi pendant la Seconde Guerre mondiale au sein des Marines de Montford Point, le premier groupe de noirs autorisé à rejoindre cette branche de l'armée qui leur était auparavant interdite. Lui aussi diplômé en ingénierie de l'université du Michigan, ayant suivi les traces de Jim Williams à Langley, Thomas Byrdsong était fréquemment invité à la table toujours accueillante de Mary et Levi Jackson, chaque fois ravi de goûter la délicieuse cuisine de ce dernier et de profiter de la chaleur du soir en compagnie de ce couple qui avait les pieds sur terre. Là, ils pouvaient parler des nombres de Reynolds et d'aéronautique en évoquant les défis de leur profession, sans avoir à surveiller leurs propos. Ils constituaient l'avant-garde du mouvement d'intégration, et le rôle pesait parfois lourd sur leurs épaules.

A peine sorti de l'université du Michigan, Thomas Byrdsong avait été affecté à la Soufflerie transsonique dynamique de 4,90 m de section auprès d'un ingénieur principal, un dénommé Gerald Rainey. Cet ingénieur lui indiqua les procédures à respecter pour conduire son premier essai, en priant un mécanicien expérimenté de seconder son assistant encore novice. Ce mécanicien, un blanc qui travaillait depuis de nombreuses années au sein du laboratoire, sabota l'expérience et fit exprès de mal arrimer la maquette à la poutre qui servait de support dans la veine d'essai. Rainey comprit immédiatement le problème et sa cause dès qu'il s'installa avec Byrdsong pour examiner les données du test, faussées par la malveillance du mécanicien. Rainey le réprimanda en présence de Thomas Byrdsong. « Vous ne jouez plus jamais à cela, ni avec cet homme ni avec personne d'autre, vous m'avez compris ? » hurla-t-il.

Ayant grandi dans le Sud, Thomas Byrdsong ne savait que trop bien à quelles conséquences s'exposait un homme noir qui exprimait ouvertement sa colère devant des blancs. Au travail, il déployait de gros efforts pour garder son calme ; mais le fait de toujours intérioriser sa colère lui pesait, et, sa journée terminée, il se mit à fréquenter le bar du Holiday Inn — l'un des rares endroits de la ville exempt de discrimination — pour se remonter le moral avec un petit verre avant de rentrer chez lui et de retrouver sa famille.

En règle générale, les hommes noirs de Langley — en 1955, Lawrence Brown rejoignit Jim Williams et Thomas Byrdsong — étaient plus exposés que les femmes lorsqu'ils s'engageaient sur le terrain miné des questions raciales[491]. Leurs manières impeccables et leur caractère affable ne les protégeaient pas complètement des réactions d'une partie du personnel vis-à-vis des noirs qui occupaient certains postes au laboratoire. La plupart des ingénieurs blancs se montraient cordiaux envers les hommes noirs, et même soucieux de les protéger contre les incidents racistes, comme Rainey l'avait fait avec Byrdsong. C'étaient les cols bleus, mécaniciens, maquettistes et techniciens qui les maltraitaient[492]. Bon nombre d'entre eux venaient des « sundown town » de la région, comme la petite ville de Poquoson où les noirs n'étaient pas les bienvenus*.

Pour Jim Williams et Thomas Byrdsong qui étaient grands, et avaient la peau foncée — il était impossible de se méprendre, ils étaient noirs —, il n'était pas question de se faufiler dans les toilettes des blancs. Toutefois, comme Katherine Goble, ils imaginèrent un moyen de se soustraire à la ségrégation. Tous les jours, au déjeuner, ils s'échappaient vers un restaurant dont le propriétaire était noir, juste à l'entrée de la base aérienne, pour y goûter un peu de sérénité et une cuisine familiale, évitant ainsi la cafétéria et les toilettes réservées aux gens de couleur de Langley[493].

Les événements des quelques années qui suivirent mettraient les Etats-Unis à l'épreuve sur tous les fronts : sur

* La formule « sundown town » désigne des villes ou quartiers entièrement blancs. Le nom vient d'un écriteau resté fameux, à Hawthorne, en Californie, avec cette mise en garde : « Nègre, quitte Hawthorne avant le coucher du soleil ». (NdT)

de secrets champs de bataille dans des pays lointains, dans les salles de classe et les isoloirs du Sud, dans les couloirs du Congrès et dans les rues de Washington. La compétition entre l'Amérique et la Russie pour la maîtrise des cieux et de la terre était sur le point de connaître une telle escalade qu'elle exigerait de tous les cerveaux émargeant à la NASA qu'ils sollicitent leur intelligence tenace jusqu'à ses extrêmes limites. Chacune de ces crises amenait des Américains de tous les milieux à se questionner et à interroger leurs voisins : pour quoi nous battons-nous ? Les noirs américains le savaient, et ils répondaient à ces questions comme chaque fois que leur pays avait fait appel à eux : pour la démocratie, tant à l'extérieur qu'à l'intérieur de ses frontières. Ils prirent donc à nouveau les armes : sur les champs de bataille, dans les salles de classe et dans les isoloirs, à Washington — et dans les bureaux du Laboratoire aéronautique de Langley.

15

Jeunes, douées et noires

Le 5 octobre 1957 s'annonçait comme une autre belle journée pour Christine Mann, élève de terminale à l'Allen School pour jeunes filles, à Asheville, en Caroline du Nord. Alors que le reste de ses camarades de cet établissement privé prolongeaient leurs derniers précieux moments de sommeil, Christine sortit du dortoir et se dirigea vers la bibliothèque, où elle travaillait tous les jours, disposant les journaux et les magazines que l'école recevait quotidiennement[494]. Le temps qu'elle traverse l'enceinte de l'établissement, le monde passait de l'ombre à la lumière, les pics d'un bleu violacé qui montaient la garde au-dessus de la ville se défaisaient de la brume qui prêtait son nom aux Great Smoky Mountains. La lumière du jour révélait les premiers feux de l'automne, les feuillages vert chartreuse, mordorés et orange éclipsant les tons d'émeraude sombre de l'été. En quelques rares endroits, quelques érables écarlates ponctuaient la végétation de taches éclatantes ; d'ici un mois, tout ce rouge se propagerait comme une fièvre, dominant le paysage.

Christine récupérait les périodiques restés dans la boîte aux lettres prévue pour les plis volumineux et déverrouillait la porte de la bibliothèque. Son travail quotidien consistant à installer ces publications était simple, mais n'allait pas sans responsabilités, car il supposait que les professeurs lui confient les clefs de l'endroit. L'heure silencieuse qu'elle y passait, seule, dans un modeste bâtiment en brique meublé de bureaux en noyer et chargé des odeurs poussiéreuses des vieux livres, représentait la partie la plus plaisante de son travail. Chaque matin, avant que les lieux ne se remplissent d'élèves, elle parcourait les journaux, s'imprégnant des événements de la veille[495].

Depuis le début de l'année scolaire, toute la presse du pays regorgeait de reportages sur la crise qui avait éclaté à Little Rock, dans l'Arkansas. Neuf adolescentes noires qui souhaitaient intégrer le lycée Central High entièrement réservé aux blancs avaient transformé la capitale de l'Etat en champ de bataille investi par l'armée. Sur ordre du gouverneur, Orval Faubus, la Garde nationale de l'Arkansas avait été appelée pour empêcher les collégiennes noires de pénétrer dans l'établissement. Trois jours plus tard, le président Eisenhower passait outre l'exécutif de l'Arkansas en plaçant la Garde nationale sous l'autorité du gouvernement fédéral et envoyait les troupes de l'US Army escorter les neuf jeunes filles jusqu'aux portes de l'établissement. La crise s'envenimait de jour en jour, avec un nouvel épisode chaque matin, toujours accompagné de photos pénibles à regarder, et non moins difficiles à éviter : des images d'élèves noires de l'âge de Christine, les bras chargés de livres, s'efforçant de rester impassibles au milieu d'une phalange de militaires venus les protéger contre une foule hurlante de blancs qui les encerclaient, leur crachaient dessus et leur jetaient des bouteilles. Tout cela parce qu'elles voulaient accéder à ce que le lycée de Central High et les établissements réservés aux blancs dans tout le Sud avaient refusé à des élèves noires comme elle. Christine se mit un instant dans leurs souliers, en se demandant comment elle prendrait les sarcasmes, les bouteilles, les invectives et l'humiliation. Ce serait un soulagement que de terminer la lecture de cet article et de retrouver son refuge de la bibliothèque d'Allen.

Christine lisait donc ces articles sur Little Rock, comme le reste du pays — et du monde. En Europe, et dans les capitales d'Asie et d'Afrique, les gens se jetaient sur les reportages détaillés évoquant la crise à Little Rock. Des photos des élèves noires menacées de violences parce qu'elles revendiquaient un droit à l'éducation, ainsi que des informations précises relatives à des lynchages, des brimades et autres injustices émanant du Sud, minaient la position des Etats-Unis dans la compétition de l'après-guerre entre deux blocs en quête d'alliés. Malgré les tentatives acharnées des Etats-Unis, en dépit de tous les efforts de leur corps diplomatique et de leur machine de propagande, il semblait impossible de détourner les regards du monde des tristes événements qui se déroulaient à Little Rock et de toutes leurs implications pour la légitimité de la démocratie américaine. Ou plutôt, ce fut le cas jusqu'à ce qu'un coup de maître des Soviétiques change la donne.

« Un satellite fabriqué par les Rouges file dans le ciel de l'Amérique », annonçait le *Daily Press* de Newport News[496]. « Une sphère repérée : 4 passages au-dessus des Etats-Unis », titrait le *New York Times*[497]. Le nom mystérieux de l'engin ne tarda pas à se transmettre des bouches soviétiques aux oreilles américaines : Spoutnik. Radio Moscou annonça un plan de vol, révélant exactement quelles régions de la Terre le satellite survolerait, et quand. Christine s'était endormie dans un monde et réveillée dans un autre. Le 4 octobre 1957, l'on était en plein après-guerre, une période sombre, qui coïncidait avec la fin du naïf espoir que le conflit auquel la bombe atomique avait mis un terme laisserait place à la paix mondiale. Le matin du 5 octobre fut l'aube officielle de l'ère spatiale, les débuts publics de la compétition à laquelle l'homme se livra pour s'affranchir des liens de la gravité et du voyage terrestres, ainsi que de toutes ses tendances belliqueuses, et s'envoler loin de l'atmosphère de la planète.

En cette matinée du 5 octobre, sous le choc des gros titres, Christine éprouva un mélange d'émotions contradictoires. De la peur, certainement : elle n'avait que trois ans lorsqu'une Superforteresse B-29 avait largué une bombe nucléaire sur le Japon, liant à jamais le nom d'Hiroshima à l'idée de l'anéantissement. Avec sa génération, elle faisait partie des premiers humains de l'histoire à être confrontés à la possibilité d'une extinction de l'humanité, sous-produit de l'ingéniosité humaine. Face à l'hostilité croissante entre les Etats-Unis et la Russie, cela commençait à devenir une probabilité. Des panneaux triangulaires noirs et jaunes signalant des abris antiatomiques et indiquant la direction des refuges souterrains contre les radiations proliféraient dans les espaces publics. Au collège, Christine se pliait consciencieusement aux exercices de défense civile en se mettant à couvert sous son bureau, la manœuvre qui, selon les adultes, les protégerait, ses camarades de classe et elle, de cet éclair caractéristique « plus brillant que le soleil ».

Alors qu'étudiants et enseignants espéraient que leurs bureaux et leurs sous-sols résisteraient à la puissance de la déflagration nucléaire, les dirigeants du pays se préparaient eux aussi à une éventuelle attaque — et dans l'opulence. Il s'agit là d'un des épisodes les plus incroyables de la Guerre froide : en 1959, le président Eisenhower autorisa la construction d'un bunker secret sous l'hôtel Greenbrier, la résidence balnéaire de White Sulphur Springs, en Virginie occidentale, où Katherine Goble, son père, Joshua Coleman et le mari de Dorothy Vaughan, Howard, avaient tous travaillé. L'affaire fut baptisée « Projet Île Grecque »[498]. Dans l'éventualité d'une attaque contre Washington, des sénateurs et des membres de la Chambre des représentants devaient être évacués de la capitale en train et acheminés jusqu'au bunker du Greenbrier. Il n'y avait pas de place pour les épouses ou les enfants, mais l'abri était garni de champagne et de steaks, réservés aux responsables politiques du pays. Cette luxueuse forteresse souterraine demeura opérationnelle et prête à recevoir des pensionnaires de la classe politique jusqu'en 1992, date à laquelle les révélations d'un journaliste du *Washington Post*, Ted Gup, compromirent la confidentialité de l'opération[499].

Initialement, le président Eisenhower tenta de minimiser la « petite boule volante » des Russes, se moquant de son insignifiance, mais le peuple américain n'était pas dupe.

Spoutnik, déclarèrent certains experts, n'était rien moins qu'un Pearl Harbor technologique[500].

Pour la troisième fois au cours de ce siècle, les Etats-Unis étaient distancés sur le plan technologique en période de tensions internationales croissantes. A la veille de la Première Guerre mondiale, l'insuffisance de la flotte aérienne du pays avait donné naissance à la NACA. La médiocre industrie aéronautique américaine des années 1930 était devenue puissante en raison des défis de la Seconde Guerre mondiale. Que faudrait-il pour que le pays prenne le dessus face à cette dernière menace ? Spoutnik était la preuve, en concluaient les responsables politiques américains, que l'Union soviétique possédait des missiles balistiques intercontinentaux — et bon nombre d'entre eux, des centaines peut-être, avaient la capacité de lancer une arme atomique sur les villes américaines[501]. Une formule inédite commença de circuler parmi les cercles de décideurs, dans la presse et dans les conversations privées : le « *missile gap* », le différentiel de missiles.

Les journaux de la presse afro-américaine et leurs lecteurs ne tardèrent pas à établir le lien entre les insuffisances américaines dans le domaine spatial et la situation épouvantable à laquelle étaient confrontés de nombreux étudiants noirs dans le Sud. « Pendant que nous autres Américains nous déplacions en foule pour expulser une Autherine Lucy d'un campus d'Alabama [la femme noire qui intégra l'université de cet Etat en 1956], les Russes obligeaient TOUS leurs enfants à fréquenter les meilleures écoles possibles », observait le *Chicago Defender.* Tant que les Etats-Unis n'auraient pas guéri leur « Mississippite » — cette maladie de la ségrégation, de la violence et de l'oppression qui infestait l'Amérique comme une vilaine poussée de phtisie — déclarait le journal, ils ne mériteraient jamais leur statut de chef de file mondial. Un éditorial du *Call and Post* de Cleveland partageait ce sentiment. « Qui peut affirmer que ce n'est pas l'instauration de l'école selon Jim Crow qui a privé ce pays du scientifique noir capable, le cas échéant, de résoudre les problèmes technologiques qui retardent le lancement de notre satellite ? » écrivait le rédacteur en chef et éditeur de ce quotidien de l'Ohio, Charles H. Loeb.

Mais la ségrégation ne pouvait refréner la curiosité de Christine. Outre l'angoisse que suscitait en elle ce succès des Russes, elle éprouvait une sensation d'émerveillement, et même d'excitation, de voir les cieux tout là-haut soudain grands ouverts. Le monde qui s'étendait au-delà des confins du globe terrestre avait toujours été un endroit mystérieux, silencieux, sombre et froid, le royaume de la magie et des dieux. Après la Seconde Guerre mondiale, Wernher von Braun, l'ancien scientifique inventeur des fusées allemandes, membre du parti nazi, s'était vu accorder l'amnistie par les Etats-Unis en échange de l'aide qu'il leur apporterait dans l'élaboration d'un programme de missile leur assurant la domination, et faisait office de meneur de jeu de la cause spatiale américaine. Une série d'articles auquel von Braun contribua pour le magazine *Collier's* en 1952 — « L'homme va bientôt conquérir l'espace ! » — présentait le voyage spatial comme la prochaine étape naturelle d'habitants de la Terre incapables de rester en place. Les téléspectateurs américains suivaient religieusement des émissions de science-fiction comme *Space Patrol* et *Tales of Tomorrow*. Mais Spoutnik était tout sauf de la fiction, et cela venait de se produire *le jour même*.

Christine prenait aussi ombrage de cette incursion soviétique dans les cieux. Elle sentait naître au fond d'elle-même le désir de se révolter et de relever le gant. Après tout, elle était américaine, et les Russes étaient l'ennemi ! Nous ne pouvons les laisser nous battre, pensait-elle, reprenant ainsi à son compte les sentiments de presque chaque citoyen américain[502]. Il lui faudrait du temps pour y parvenir, mais d'une manière ou d'une autre, même en ces premiers instants où elle venait d'apprendre le succès soviétique, elle considéra que ce combat était aussi le sien.

L'Union soviétique semblait croire elle aussi que ce combat concernait Christine. Quatre jours après la mise en orbite de Spoutnik, Radio Moscou annonçait l'ajout d'une autre ville à la carte des sites survolés par le satellite : Little Rock, Arkansas[503].

Trois ans plus tôt, avant que ses parents ne l'inscrivent à l'Allen School, un autre événement digne des gros titres avait fait irruption dans son quotidien. Le 17 mai 1954, elle était encore élève de l'école de Winchester Avenue, à Monroe, en Caroline du Nord, sa ville natale. Le directeur de l'établissement se présenta dans sa classe de 4e, interrompant le cours avec une déclaration officielle. « Je suis juste venu vous faire savoir à tous que la Cour suprême vient de rendre son jugement dans l'affaire *Brown v. Board of Education*, et qu'à l'avenir vous fréquenterez des établissements avec des élèves blancs », leur annonça-t-il[504]. Cette même information, qui avait suscité maintes discussions entre Katherine Goble et ses collègues, laissa Christine et ses camarades sans voix.

Située à une quarantaine de kilomètres de Charlotte, sur une route sinueuse, Monroe, peuplée de sept mille habitants, était une petite ville typique du Sud. Dans le quartier de Newton, où vivait Christine, tout le monde était noir, du médecin au ramoneur en passant par les enseignants de l'école de Winchester Avenue. La plupart des hommes noirs de Monroe gagnaient leur vie en travaillant pour la compagnie de chemin de fer dont la ligne traversait la bourgade. Les femmes de couleur étaient employées dans la filature de coton, la Monroe Cotton Mill, ou comme domestiques. Presque tout ce qui, à Monroe, était blanc, qu'il s'agisse d'édifices comme l'école ou de ses habitants, comme le futur sénateur Jesse Helms, fils d'un ancien capitaine des pompiers, était cantonné de l'autre côté de la dizaine de voies de chemin de fer qui divisait la ville en deux comme le sillon d'une moissonneuse-batteuse[505]. Comment allons-nous rivaliser, songeaient les élèves de Winchester — avec nos pupitres branlants, nos manuels scolaires d'occasion tout cornés, nos laboratoires de science aux équipements médiocres ou inexistants —, comment *pourrions-nous* rivaliser avec les enfants blancs qui vivent de l'autre côté des voies [506]?

Le directeur leur adressa la parole avec une telle gravité que Christine et ses camarades craignaient de devoir ranger leurs livres et décamper vers l'autre côté de la ville à l'instant même. Ils ne connaissaient pas d'autre monde que celui de la ségrégation. La discrimination était la force mauvaise qui les regroupait tous dans Newtown, qui les forçait à fréquenter l'école de Winchester, qui avait obligé les parents de Christine à faire leur scolarité à la faculté de Knoxville au lieu de l'université du Tennessee. Une discrimination à laquelle ils avaient fini par s'attendre, à défaut de l'accepter. Pourtant, la perspective de l'intégration instilla une peur inédite dans le cœur de Christine et de ses congénères de la génération *Brown v. Board of Education* : la crainte, en tant que noirs, de ne pas être à la hauteur — de ne pas être assez *intelligents* — pour côtoyer des blancs en salle de classe et réussir[507].

Les parents de Christine, Noah et Desma Mann (sans lien de parenté avec Miriam Mann de Calcul Ouest) étaient les produits des institutions et des valeurs noires — « éducation, honnêteté, travail acharné et force de caractère »[508]— qui avaient aussi formé Dorothy Vaughan. Durant les premières années de leur mariage, les Mann avaient voyagé en Alabama, en Géorgie et en Caroline du Nord, enchaînant les postes d'enseignement. Desma avait renoncé à son métier de professeure pour s'occuper de ses cinq enfants. Désireux de gagner assez d'argent pour subvenir aux besoins de son foyer et assurer leur avenir, Noah Mann avait finalement accepté un emploi plus lucratif de représentant de commerce pour la Compagnie d'assurance mutuelle de Caroline du Nord, qui avait une succursale à Charlotte. C'était cette même entreprise prospère gérée par des noirs, pour des noirs, qui avait souscrit des prêts immobiliers à des Afro-Américains désireux d'accéder à la propriété, à Hampton, notamment à Mimosa Crescent, le quartier de Katherine Goble.

En 1943, la famille s'installa à Monroe, chef-lieu du comté

d'Union, le périmètre de démarchage assigné à Noah. Ce poste permit aux Mann de se loger confortablement, et ils étaient l'une des rares familles noires en ville à posséder une voiture, une Pontiac Hydramatic, au volant de laquelle le père de Christine allait faire signer des primes à ses clients[509]. Chaque jour, après le travail, Noah garait la grosse automobile dans l'allée et demandait à la plus jeune de ses filles : « Qu'as-tu appris, aujourd'hui ? »[510] Parfois, Christine l'accompagnait dans ses tournées. Elle était à peine assez grande pour voir à travers le pare-brise que déjà Noah lui donnait des leçons de conduite sur de paisibles routes de campagne. Elle aimait que son père lui apprenne certains trucs, comme d'amorcer le carburateur, ce qui permettrait à ce véhicule capricieux de continuer d'avaler la route[511]. Intrépide et curieuse, Christine apprit à rouler à vélo en dévalant à pleine vitesse l'une des nombreuses collines de Monroe, pour finalement décoller au bas de la pente dans une direction, en vraie casse-cou, tandis que l'engin partait achever sa course de son côté. Poser des rustines aux pneus et régler les freins en s'aidant d'un cintre déplié devinrent autant d'exercices importants de son répertoire de mécanicienne. Les poupées l'intéressaient surtout pour leurs entrailles ; sa mère la surprenait occupée parfois à leur arracher leur rembourrage afin de découvrir ce qui les faisait parler[512].

Elle avait huit ans d'écart avec le plus proche de ses frères et sœurs, treize ans de moins que son frère aîné, et les premières années de sa vie furent tributaires des rituels du monde des adultes. Peu après sa naissance, Desma Mann reprit l'enseignement. Christine resta à la maison avec une baby-sitter, jusqu'à ce qu'elle soit assez grande pour accompagner sa mère tous les jours à son travail dans une école élémentaire comprenant deux salles, située à proximité dans le comté d'Union. En face de l'école, de l'autre côté de la rue, s'étendaient des hectares de champs de coton, matière première de la filature de Monroe et source de revenu de nombre d'habitants du comté[513]. L'année scolaire suivait la saison de la cueillette. Durant tout l'été, en Caroline du

Nord, les élèves étouffaient de chaleur à leur pupitre avant d'être libérés à temps pour les moissons de septembre et octobre[514]. Toutes ses camarades de jeu potentielles étant à l'école ou prises par les travaux des champs, Christine, elle, se divertissait en rejoignant sa mère dans la salle de classe et en suivant ses leçons. A cinq ans, déjà élève de cours élémentaire, la cadette des filles de Desma Mann était prête à entrer à l'école regroupée de Winchester Avenue, à Monroe[515].

Christine devint très amie avec la fille de la directrice, Julia. Les deux fillettes étaient inséparables. « Les parents de Julia ont dit qu'elle pouvait y aller. Je peux y aller moi aussi ? » [516] — c'était la requête récurrente de Christine à ses parents. Mais avec les prémices de l'adolescence, ses demandes concernant de moins en moins des promenades à bicyclette l'après-midi et de plus en plus souvent des soirées dansantes et des sorties avec des jeunes gens de sa classe qui avaient deux ans de plus qu'elle, les parents de Christine décidèrent d'envoyer leur fille à l'école Allen, afin d'éliminer tout risque de la voir se laisser distraire de ses études.

L'école Allen avait été fondée en 1887 par des missionnaires méthodistes blancs, avec l'objectif de procurer aux jeunes filles noires douées de la région des Appalaches de Caroline du Nord la possibilité de prendre le meilleur départ possible dans l'existence. Toutes les jeunes filles avaient des « devoirs de missions », comme le poste qu'occupait Christine à la bibliothèque, un moyen pratique de leur enseigner le sens des responsabilités et de la discipline. Beaucoup d'élèves venaient de familles ouvrières ou très pauvres ; elle était l'une des rares à ne pas recevoir d'aide pour couvrir les frais de scolarité et de logement. Malgré la situation économique de l'ensemble de l'effectif scolaire, l'école Allen était considérée comme l'un des meilleurs collèges d'enseignement secondaire du pays[517]. Séduits par son cursus de culture générale, son enseignement religieux et l'accent mis sur l'apprentissage des bonnes manières, des parents y envoyaient leurs enfants depuis des villes aussi lointaines que New York. La nièce de Cab Calloway, le chef d'orchestre, fréquenta l'établissement dans les années 1940[518]. Une diplômée de la promotion 1950, Eunice Waymon, avait fait son chemin depuis la Caroline du Nord jusqu'à New York, et elle était déjà sur le point de devenir une chanteuse, une pianiste et une militante des droits civiques de renom : Nina Simone[519].

A l'automne 1956, dès son premier semestre loin du foyer familial, Christine eut le mal du pays[520]. Elle téléphonait à ses parents chaque fois qu'elle le pouvait, les suppliant de la laisser réintégrer son cadre de vie familier à Monroe. Pourtant, au fil des mois, elle finit par adorer sa vie dans cet internat privé. Elle s'ouvrait à de nouvelles amitiés, au corps enseignant, composé de professeurs à la sévérité toute méthodiste, mais qui l'appréciaient, aux habitudes et aux rituels de l'établissement. Un professeur de géométrie à la personnalité charismatique qui enseignait aux classes de première sut attiser son intérêt pour les mathématiques et, pour la première fois, elle caressa l'idée d'un avenir où elle tirerait profit de son sens des chiffres et de tout ce qui était d'ordre analytique.

Son cursus universitaire ne faisait aucun doute, seul le choix du lieu restait un point d'interrogation. La plupart des diplômées de l'Allen School poursuivaient des études supérieures, certaines dans des établissements prestigieux comme Vassar et Smith*. En 1956, l'université de Caroline du Nord, à Greensboro, qui avait accueilli Virginia Tucker, admit ses premières étudiantes noires, Bettye Tilman et JoAnne Smart[521]. A l'opposé de la position engagée de sa voisine sur la ségrégation, la Caroline du Nord entreprit de prudentes démarches pour se conformer à la décision

* Vassar College, université privée mixte, à l'origine féminine, située à Poughkeepsie, dans l'Etat de New York, est mixte. Smith College est la plus grande université privée pour femmes des Etats-Unis, dans le Massachusetts. Toutes deux font partie du regroupement des Sept Sœurs, créé en 1927 pour promouvoir l'éducation supérieure des femmes. (NdT)

Brown v. Board of Education. « Après mûre réflexion, je suis convaincu que la déségrégation est une idée dont les jours sont comptés », déclara Benjamin Lee Smith, le directeur du système éducatif public de Greensboro[522].

Pourtant, Christine décida de suivre la tradition familiale, en s'inscrivant à une université réservée aux noirs, mais elle savait depuis longtemps qu'elle n'avait aucune envie de suivre la voie précédemment empruntée par ses sœurs et frères aînés. Deux d'entre eux avaient fréquenté l'université Johnson C. Smith, à Charlotte ; un autre était diplômé de l'université d'Etat du Tennessee, et un autre de l'université Fisk, à Nashville. Ces deux années loin de chez elle, loin de la protection de ses parents et du modèle de ses aînés, lui avaient instillé le désir de tracer sa propre route, et la confiance nécessaire pour y parvenir.

L'été précédant sa dernière année de lycée, elle accompagna la famille de son amie Julia qui allait assister à la remise des diplômes de sa sœur aînée, à l'Institut Hampton. De cet établissement, elle savait peu de choses ; c'était à peine si elle en avait entendu le nom, mais au cours de sa visite, elle fut subjuguée par le raffinement et les pelouses très vertes du campus, par la brise légère de Hampton Roads au mois de mai et les grands espaces du littoral et de l'océan. L'effectif estudiantin comprenait aussi bien des jeunes gens qui étaient les premiers membres de leur famille à gravir l'échelle de l'ascension sociale que des descendants du Dixième Talent*. Le cadre strict de l'école — la fréquentation de la chapelle obligatoire, les salles d'étude, le couvre-feu du soir et le code vestimentaire — était si semblable à celui de l'Allen School qu'elle n'aurait aucun besoin particulier de s'adapter.

Du temps où elle vivait à Monroe, elle avait toujours été la petite sœur de quelqu'un. A Hampton, songeait-elle, elle deviendrait maîtresse d'elle-même. A l'automne, elle déposa

* Formule créée par W.E.B. Du Bois dans son article sur le « Problème Noir », *Talented Tenth* désigne cet homme noir sur dix censé faire partie de l'élite de sa communauté. (NdT)

sa candidature à l'école, et choisit Fisk comme second choix. Hampton répondit par une offre d'inscription et de bourse couverte par le Fonds universitaire noir unifié.

« J'ai été acceptée à Hampton, écrivit-elle à sa mère dans une lettre, début 1958. J'ai une bourse, et donc il n'y a aucune raison pour que vous ne m'autorisiez pas à y aller »[523]. Desma Mann s'inquiétait à l'idée de voir son bébé partir si loin, toute seule, mais elle avait toujours su que ce jour viendrait. L'un après l'autre, elle encourageait ses enfants à quitter Monroe. Cette ville n'avait rien à leur offrir — ni métier, ni avenir. Ce n'était qu'en partant de la maison que ses enfants auraient la chance de réaliser tout le potentiel que Noah et elle s'étaient tant employés à cultiver en eux.

Christine obtint son diplôme de fin d'études à l'Allen School en mai 1958. Entre le jour où Spoutnik prit son envol en octobre 1957 et celui où elle s'adressa à ses camarades de classe en qualité de major de sa promotion, les Soviétiques lancèrent deux autres satellites, Spoutnik II, emportant la chienne de l'espace, Laïka, et Spoutnik III. Tentant de refaire leur retard, les Etats-Unis réussirent à mettre les satellites Explorer I et Vanguard I sur orbite, mais essuyèrent huit échecs sur les onze lancements de ces derniers. Au lendemain de Spoutnik, les lamentations sur le manque de scientifiques, d'ingénieurs, de mathématiciens et de spécialistes des hautes technologies américains poussèrent le président Eisenhower à promulguer une loi, le National Defense Education Act, ensemble de mesures destinées à cultiver les talents intellectuels requis pour réussir la conquête spatiale — à court et long terme.

Alors qu'en Union soviétique les « écoles rouges d'ingénierie [524] » étaient « peuplées de femmes » — un tiers des ingénieurs diplômés étaient de sexe féminin, soulignait le *Washington Post* en 1958[525] —, les Etats-Unis peinaient encore à leur ménager une place, à elles et aux noirs, sur leurs sites scientifiques, et dans la société au sens large. Les troubles qui avaient secoué l'Etat d'où Christine était originaire, sous forme de protestations estudiantines à Greensboro la poursuivraient, et la concerneraient, à l'Institut Hampton. Et s'il lui faudrait des années avant de se rendre compte que Hampton constituerait sa formation de base pour intégrer « l'armée civile de la Guerre froide », quelques mois seulement après son arrivée, elle rencontrerait certains des purs produits d'un conflit antérieur mêlant l'ethnie, le sexe, la science et la guerre[526]. Ces fruits de la réussite n'étaient autres que les enfants de Dorothy Vaughan, Ann et Kenneth, la fille de Katherine Goble, Joylette et ceux de beaucoup d'autres femmes venues à Hampton Roads une génération plus tôt, et qui avaient fait de cet endroit leur foyer.

En août, Christine fit ses adieux à Monroe et prit la route du nord avec ses parents, à bord de l'Hydramatic, assez spacieuse pour qu'ils y prennent place tous les trois, avec les affaires dont elle avait besoin pour entamer sa nouvelle vie à Hampton. A l'approche de la côte, les pics de sa région d'origine s'estompèrent peu à peu puis, comme lors de sa première visite à Hampton, la James River fut en vue. Elle ne renoncerait jamais à son amour des montagnes, mais cette rivière — si large et majestueuse, là où elle se jetait dans la baie de Cheasapeake, si différente des maigres ruisseaux qui, dans sa région, se précipitaient du haut des crêtes — lui coupa le souffle[527]. En la franchissant, alors qu'elle était sur le point d'entrer dans Hampton, elle songea que tout était possible.

16

En une journée, tout peut changer

A quatre-vingt-dix ans, Katherine Goble se souviendrait encore de ce point clignotant lumineux, tout là-haut dans le ciel, avec autant de netteté que si elle était revenue dans le passé, en octobre 1957[528]. Cette année-là, par ces soirées d'automne d'une chaleur inhabituelle pour la saison, elle sortait dehors suivre cette minuscule tête d'épingle scintillante qui filait bas sur l'horizon*. Autour de Hampton Roads et d'un bout à l'autre de l'Amérique, les concitoyens levaient les yeux vers le ciel, avec une terreur mêlée d'émerveillement, impatients de savoir si cette sphère en métal de 86 kg, lancée en orbite par les Russes, pouvait les voir comme ils la voyaient, depuis leur jardin. Ils réglaient la fréquence de leur radio sur le signal de cette lune artificielle qui émettait une note suraiguë, évoquant un criquet d'un autre monde.

« On imagine la consternation et l'admiration que l'on ressentirait ici, si les Etats-Unis devaient subitement découvrir qu'une autre nation avait déjà réussi à lancer un satellite »[529]. Ces propos extraits d'une lettre évoquant une proposition secrète du groupe RAND Corporation, en 1946, à l'US Air Force, suggérant que l'Amérique conçoive et lance « un

* En réalité, Spoutnik était très difficilement observable à l'œil nu. En revanche, l'étage de propulsion, également placé sur orbite, était bien visible de la Terre, de nuit. Source : masterCatalog. do?sc=1957-001B. (NdT)

satellite tournant autour de la Terre », semblaient réveiller la voix trop facilement ignorée de l'Esprit des Noëls futurs, de Charles Dickens*. Dans les années 1940, la recherche spatiale, jugée hors de portée, ne méritait ni considération ni développement systématique. Et le rapport de la RAND Corporation tomba dans l'oubli[530].

A présent, avec ce Spoutnik bouclant une révolution orbitale toutes les quatre-vingt-dix-huit minutes, les Américains exigeaient de savoir comment leur pays, si puissant après sa victoire lors du dernier conflit mondial, avait pu se laisser évincer par une nation de « paysans arriérés » comme l'URSS[531]. La panique gagna la population, de la Côte Est à la Côte Ouest : était-il possible que ce satellite cartographie les Etats-Unis, dans le but de verrouiller des cibles pour des missiles ? Dans la psychologie collective américaine, la peur l'emportait sur l'humiliation. « Arriver premiers dans l'espace, cela veut dire arriver premiers, point à la ligne, déclara le chef de la majorité démocrate au sénat, Lyndon Johnson. Être les deuxièmes dans l'espace, c'est être deuxièmes en tout »[532]. Spoutnik pouvait-il marquer la fin de la domination politique de l'Amérique sur la planète ?

En réalité, les Etats-Unis n'étaient pas aussi nettement distancés par l'URSS qu'on avait pu le penser, au lendemain de la crise du Spoutnik. Le missile Jupiter-C, de l'US Army, avait été testé avec succès à plusieurs reprises, et les Américains devançaient les Russes en matière de systèmes de guidage des missiles[533]. Mais le président Eisenhower avait insisté pour que la première incursion de l'Amérique dans l'espace soit présentée comme une entreprise pacifique, et non comme une opération militaire risquant de déclencher de dangereuses représailles de la part de l'Union soviétique. Washington avait prévu de lancer le tout premier satellite en orbite dans le cadre de l'Année géophysique internatio-

* Dans son Chant de Noël, Dickens met en scène Scrooge, vieil avare visité par les esprits de Noël passé, présent et futur. L'esprit des Noëls futurs lui dévoile ce que sera le monde après sa mort. (NdT)

nale, un projet de coopération scientifique qui se déroula de juillet 1957 à décembre 1958. Des physiciens, des chimistes, des géologues, des astronomes, des océanographes, des sismologues et des météorologues de soixante pays, parmi lesquels les Etats-Unis et l'Union soviétique, collaborèrent pour collecter des données et mener des expériences géoscientifiques, sous les auspices d'un échange pacifique entre l'Est et l'Ouest. Pris de court par Spoutnik, les Américains tentaient de rattraper leur retard. En janvier 1958, le Jet Propulsion Laboratory de l'US Army réussit à placer sur orbite le satellite Explorer 1. Deux mois plus tard, à son tour, le programme Vanguard, géré par le Laboratoire de recherches navales, permit de lancer un satellite avec succès, même si cet exploit fut assombri par les nombreux échecs des fusées de cette série.

De la place qu'elle occupait au premier étage du hangar de Langley, Katherine Goble considéra plutôt l'initiative soviétique comme le signal d'un nouveau départ pour les « fêlés » de la NACA. Les cieux du monde entier attestaient de quatre décennies de recherches fructueuses menées sur le site de la base, qu'il s'agisse d'avions de ligne ou de bombardiers, d'appareils de transport ou de chasseurs à réaction. L'avion supersonique militaire étant devenu réalité, et l'ensemble du secteur évoluant vers le transport commercial supersonique, il semblait que les « avancées révolutionnaires du vol atmosphérique » avaient atteint leur limite. Qui plus est, les activités liées au vol à haute vitesse, qui avaient migré de la région surpeuplée de Hampton Roads vers un site plus isolé à Dryden, dans le désert de Mojave, furent officiellement clôturées par une directive émanant du siège de la NACA, en 1958. Katherine et ses collègues de la Division de la Recherche en vol se demandaient ce qui allait se passer ensuite, et ce fut le Spoutnik qui leur fournit la réponse.

Pour un Langley entièrement dédié à l'aéronautique, l'espace avait longtemps fait figure de « gros mot »[534]. Le Congrès enjoignit les cerveaux de la NACA de ne pas gâcher l'argent du contribuable dans de la « science-fiction » et autres rêves de vol spatial habité. Même dans la Bibliothèque technique de Langley, qui constituait sans conteste la meilleure collection au monde d'informations sur le vol motorisé, les ingénieurs avaient du mal à trouver des ouvrages sur le vol spatial[535].

Cela ne les empêcha pas d'imaginer de quelle manière les fuselages de missiles, les moteurs de fusée et les problèmes de rentrée dans l'atmosphère, propres à la recherche sur le vol à haute vitesse, pouvaient aussi s'appliquer aux véhicules spatiaux. Tout vaisseau voyageant dans l'espace devait d'abord traverser les couches de l'atmosphère terrestre, accélérer pour franchir le mur du son, accumuler les nombres de Mach au tachymètre, avant d'échapper à l'attraction de la gravité et d'acquérir la vitesse de 29 000 km à l'heure permettant de placer les véhicules spatiaux en orbite terrestre basse, suivant une boucle comprise entre 215 km et 940 km au-dessus de la planète. Lors du retour, le véhicule planait, freiné par la friction au contact d'une atmosphère terrestre de plus en plus dense, qui provoquait un échauffement atteignant des températures de 1 600 °C. Harvey Allen, ingénieur de la NACA, découvrit, de manière un peu contraire à la logique, que, si les formes aérodynamiques les plus profilées étaient les mieux adaptées pour échapper à l'atmosphère terrestre, un fuselage arrondi, accroissant la résistance à l'air, était plus indiqué lors de la descente.

Le gouvernement américain tenant absolument à s'assurer une place dans la conquête spatiale, Langley pouvait maintenant ouvrir la porte de son garage et afficher les articles dont il disposait aux yeux du monde entier. Un groupe comprenant le chef de division de Mary Jackson, John Becker, était partisan d'un véhicule capable d'atteindre les vitesses orbitales, puis de rentrer sur terre en vol plané comme un avion traditionnel, une version avancée de l'avion-fusée X-15[536]. Une solution élégante, croyaient-ils, et qui avait de quoi combler les « hommes volants » vieille école de la NACA.

Mais le caractère d'urgence de la compétition avec les

Soviétiques imposait d'adopter le moyen le plus rapide et le plus sûr d'accéder à l'espace, même si la solution retenue était un peu rudimentaire, ou si elle sacrifiait la viabilité du voyage spatial à long terme au profit d'une victoire terrestre à court terme. Au sein de la Division de la Recherche en vol, Katherine Goble passait ses journées l'esprit et ses feuilles de calcul remplis de spécifications d'avions réels — non pas des pièces d'avions, des maquettes, ou des ailes démembrées en soufflerie, mais de véritables véhicules, capables d'envoyer des êtres humains au-delà de l'atmosphère. Le groupe cousin de la Division de la Recherche en vol, une équipe d'ingénieurs « réputés pour leur liberté de pensée », la Division de la Recherche sur les avions sans pilote — Pilotless Aircraft Research Division, ou PARD — avait développé de solides compétences en matière de fusées et créé de toutes pièces une entité conjointe, dans un endroit isolé, Wallop Island, au large des côtes de Virginie. Leurs fusées avaient atteint des vitesses de Mach 15 en vol réel, et ils étaient certains de leurs capacités d'emport d'une charge utile en orbite — satellite ou passager humain.

Les appels à l'action spatiale se multipliant, les ingénieurs du PARD et de la Division de la Recherche en vol occupèrent le devant de la scène. Le noyau du groupe qui s'agrégea autour de l'entreprise spatiale des Etats-Unis partageait un bureau mais aussi les pauses déjeuner avec Katherine, et se lia avec elle en raison de son enthousiasme pour l'allégement des charges de rafale ou encore les turbulences de sillage. La quasi-totalité des chroniques historiques du programme spatial mentionneraient leurs noms — John Mayer, Carl Huss, Ted Skopinski, W. H. Phillips, Chris Kraft, et d'autres encore.

Ces trois dernières années, c'était Katherine Goble qui avait validé les chiffres des ingénieurs, et lorsque des humains prendraient leur envol au-delà du ciel, elle continuerait. Comme beaucoup d'autres Américains, elle se rebiffait contre la réalité d'une lune russe de métal orbitant au-dessus des têtes. *Nous ne pouvons pas laisser cela passer sans faire quelque chose*, se disait-elle. Mais outre cette affirmation d'une fierté nationale piquée par l'avancée soviétique, la perspective d'être partie prenante d'une entreprise jamais tentée, jamais démontrée, jamais explorée, lui tenait à cœur. Avoir l'occasion de comprendre comment envoyer des humains dans l'espace était une chance inestimable. En travaillant avec ces ingénieurs à élaborer une trajectoire menant des êtres humains depuis la chaleur protectrice de leur foyer vers le vide glacial de l'au-delà, Katherine Goble permettrait à ses compétences de prendre leur envol.

Dorothy Vaughan observait ces manifestations d'enthousiasme débordant d'un bureau de la Soufflerie du Plan unitaire, au second étage du Bâtiment 1251. Cette soufflerie avait été mise en service en 1955, financée grâce aux textes législatifs prévoyant la construction de souffleries ultramodernes sur les sites des trois principaux laboratoires de la NACA[537]. L'équipe qui occupait presque l'entièreté du nouvel édifice dirigeait son propre service d'ordinateurs humains, comme c'était désormais le cas de toutes les divisions du laboratoire.

Dorothy et les bureaux de Calcul Ouest n'avaient jamais été, au sens propre, aussi proches du ciel ! Alors que le laboratoire s'engageait dans les débuts de l'ère spatiale, la Soufflerie du Plan unitaire resterait l'un des pôles les plus actifs du centre, testant « la quasi-totalité des avions, missiles et vaisseaux spatiaux supersoniques » qui verraient le jour au cours des vingt années à venir[538]. Mais s'agissant des opérations de calcul du centre, l'équipe de Dorothy était désormais reléguée à la périphérie. En 1956, d'autres femmes noires travaillaient dans d'autres secteurs du laboratoire que Calcul Ouest proprement dit. Après plus d'une décennie dans les deux pièces de leurs locaux du Laboratoire des Facteurs de charge aérodynamiques, Dorothy et les autres femmes avaient été transférées en effectif réduit dans le nouveau bureau du Bâtiment 1251[539]. Miriam Mann, Ophelia Taylor, Chubby Peddrew et beaucoup d'autres de la classe 1943 de Calcul Ouest s'étaient vu offrir, à l'instar de Katherine Goble et Mary Jackson, des postes permanents auprès de groupes d'ingénieurs. Dorothy Vaughan avait plus de chance de croiser ses anciennes collègues à la cafétéria ou sur le parking de Langley que pendant sa journée de travail.

Elle avait entraperçu les menaces qui planaient sur son propre avenir quand Langley démantela l'équipe de Calcul Est, en 1947. Chaque nouvelle installation que construisait le laboratoire renforçait l'exigence de spécialisation chez ses employés. Alors que les réponses aux problèmes fondamentaux du vol se clarifiaient, l'étape de questionnement suivante requérait une connaissance plus affinée, plus aiguë, rendant superflue l'idée d'une équipe de calcul centralisée — des généralistes équipés de machines à calculer, capables de traiter n'importe quel excédent de travail. En tout état de cause, la réponse de la NACA au Spoutnik ne ferait qu'intensifier ce processus de mutation, et l'entreprise herculéenne visant à naviguer en toute sécurité dans les cieux fut décomposée en une myriade de tâches, de tests, de pièces et d'individus plus circonscrits. La compétence dans un sous-domaine était la clef d'une carrière d'ingénieur couronnée de succès, et elle devenait une nécessité, tant pour les mathématiciens que pour les calculatrices humaines. Son absence signifiait, pour les femmes restantes dans l'équipe ségréguée, l'impasse technique.

Se faire engager par le laboratoire comme mathématicienne professionnelle avait été un grand pas pour les femmes noires — et pour toutes les femmes de Langley. Leur embauche marquait une extension du droit de s'engager dans les équipes scientifiques du pays. Depuis le début des équipes de calculatrices, les femmes assumèrent sans difficulté les attentes des ingénieurs, et ce faisant, elles plaçaient la barre encore plus haut. Le souvenir de la Seconde Guerre mondiale s'estompait progressivement, et avec, l'idée que les riveteuses, employées de stations-service, expertes en munitions ou mathématiciennes puissent, ou même doivent être, des femmes. Et pourtant, loin de l'opinion publique, formant l'une des plus vastes concentrations de mathématiciennes des Etats-Unis, les femmes continuèrent d'exercer ce métier : leurs identités étaient étroitement liées à leurs professions.

Les besoins constants de l'appareil de défense leur assuraient pratiquement un emploi jusqu'à leur retraite. En revanche, leur promotion requerrait un plan d'attaque différent. Notion empiriquement démontrée, mais loin d'être simple à exécuter : si une femme voulait une promotion, elle devait quitter le pôle des calculatrices et ne plus lâcher un ingénieur d'une semelle, se débrouiller pour avoir une place aux commandes d'une soufflerie, se battre pour obtenir d'avoir son nom mentionné au bas d'un rapport de recherche. Pour assurer son ascension, elle devait se rapprocher le plus possible de la salle où naissaient les idées.

Après la disparition de la Zone de Calcul Est, la Zone de Calcul Ouest était acculée sur deux fronts. Non seulement le groupe était totalement noir, mais c'était aussi la seule section autonome entièrement composée de femmes qui subsiste encore au laboratoire et, à la fin des années 1950, c'était devenu un anachronisme. Les hommes noirs, comme Thomas Byrdsong, Jim Williams et Larry Brown, durent certes croiser le fer avec le préjugé racial, mais ils avaient entamé une carrière à Langley munis de tous les privilèges liés à leur sexe. Et bien que les postes vacants des pôles de calculatrices du PARD, de la Division de la Recherche en vol et de la pléthore de souffleries soient aussi pourvus et supervisés par des femmes, ces dernières, y compris les nouvelles calculatrices noires récemment intégrées, dépendaient directement des chercheurs et restaient étroitement liées au travail et au statut des ingénieurs de sexe masculin dont elles partageaient les locaux. Comme Virginia Tucker avant elle, Dorothy Vaughan présidait à un appendice, encore rattaché à la structure de recherche, mais dont les fonctions, avec le temps, avaient été réduites.

Démanteler Calcul Est avait été une simple manœuvre opérationnelle. Quand les effectifs s'étaient avérés trop limités pour nécessiter le maintien d'une section, le laboratoire s'était contenté d'en répartir le reliquat dans d'autres sections et de confier leurs missions inachevées à Calcul Ouest. Toutefois, tant que « Calcul Ouest » demeurait le nom de code implicite de « Calcul de Couleur », la décision de tirer un trait sur le groupe de Dorothy requerrait une réflexion plus nuancée.

Les progrès que les femmes noires avaient accomplis ces quatorze dernières années étaient indéniables. Le besoin de leurs aptitudes en mathématiques leur avait ouvert la porte de Langley, et la qualité de leurs travaux leur avait permis de se maintenir à leur poste. Elles avaient été en mesure de s'imposer non plus comme « les femmes de couleur », mais simplement comme « les filles ». Et c'était sur elles que les ingénieurs s'appuyaient pour traduire avec exactitude et célérité le sabir brut des infatigables machines du laboratoire, en un langage susceptible d'être analysé puis, à son tour, transformé en un véhicule capable de fendre l'espace avec grâce et puissance.

Si tout véritable contact social entre communautés ethniques restait presque impossible, en revanche, dans le cadre étroit de leurs bureaux, des relations cultivées au cours de longues années de labeur s'épanouirent et engendrèrent respect, tendresse et amitié. Entre collègues, on s'échangeait des cartes de Noël, on demandait des nouvelles des épouses et des enfants. La femme d'un ingénieur offrit à la fille de Miriam Mann un penny flambant neuf à glisser dans son escarpin le jour de son mariage[540]. En dehors des horaires de bureau, les employés se retrouvaient sur le site du laboratoire pour toutes sortes d'activités. En 1954, Henry Reid confia à Chubby Peddrew l'un des postes de directeurs de la première campagne de collecte de fonds à vocation sociale et caritative pour l'United Fund*. Le Bâtiment Activités était le site des réunions de club et des rencontres de départements, un moyen détourné de surmonter la difficulté à trouver un lieu pour recevoir un groupe pluriethnique. Les employés

* Les United Funds sont des organismes non-lucratifs qui organisent au plan local des collectes de fonds pour toutes sortes de causes et d'activités. (NdT)

noirs se mirent aussi à assister à des manifestations plus œcuméniques, comme la fête de Noël ; à cette occasion, Eunice Smith se porta volontaire pour jouer le rôle d'un des lutins du père Noël[541]. Tous les ans, les enfants de Dorothy Vaughan comptaient les jours restants jusqu'au pique-nique géant du laboratoire, où ils pouvaient s'amuser avec les autres gamins et se gaver de hot-dogs et de hamburgers[542].

Les changements sociaux et organisationnels survenant à Langley purent s'appuyer sur la montée du mouvement des droits civiques. A. Philip Randolph, défenseur implacable du droit de vote et de l'égalité économique, œuvrait activement avec de jeunes militants locaux, principalement le pasteur d'une église de Montgomery, dans l'Alabama, un certain Martin Luther King. Avec l'un de ses collègues, il avait participé au boycott des bus de la ville après qu'une lycéenne de quinze ans, Claude Colvin, et Rosa Parks, une couturière âgée de quarante-deux ans, se retrouvent toutes deux derrière les barreaux pour avoir refusé de céder leurs places assises dans la partie « blanche » du bus. Comme dans la procédure juridique visant Irene Mirgan, la femme arrêtée dans le comté de Gloucester, en Virginie, en 1946, pour la même infraction, la bataille autour de la levée de la ségrégation dans les bus de Montgomery finit par obtenir audience devant la Cour suprême. Une fois encore, la juridiction suprême des Etats-Unis jugea la ségrégation illégale. D'un seul coup, la controverse autour du boycott des bus fit accéder le jeune révérend King aux gros titres de la presse nationale, en tant que chef de file du mouvement des droits civiques.

La base aérienne de Langley et Fort Monroe s'orientèrent vers l'intégration du logement et des écoles dans leurs enceintes respectives ; antennes du gouvernement fédéral, elles avaient l'obligation de se conformer à la loi fédérale[543]. De son côté, l'Etat de Virginie hissa le drapeau de Jim Crow encore plus haut. Au cours des années qui suivirent la décision *Brown v. Board of Education*, l'aversion du sénateur Harry Byrd pour ce texte avait enflé au point de donner naissance à un mouvement de riposte — Massive Resistance — et il mobilisa toutes les ressources à sa disposition pour bâtir un pare-feu contre l'intégration. Un allié de la machinerie politique de Byrd, J. Lindsay Almond, assuma le gouvernorat et reprit à son compte la ligne du parti, en janvier 1958. « L'intégration partout signifie la destruction partout », tonna-t-il dans son discours d'investiture, lugubre propos reprenant la réflexion inquiète de Lyndon Johnson relative à Spoutnik[544]. S'affirmant comme la première ligne de défense du Sud tout entier et de son « mode de vie », les Démocrates sudistes à la tête de l'Etat de Virginie promulguèrent un ensemble de lois conférant à l'assemblée législative le droit de fermer toute école publique qui tentait d'appliquer l'intégration. « Comment le sénateur Byrd et le représentant Hardy [de Virginie] peuvent-ils s'inquiéter des retards de notre programme de missiles par rapport aux Russes et, l'instant d'après, défendre la fermeture des écoles de Virginie ? » se demandait un chroniqueur du *Norfolk Journal and Guide*[545].

Les partisans de l'intégration et de la ségrégation s'affrontaient de plus en plus vivement : en 1956, la NAACP intenta plusieurs procédures judiciaires à Newport News, Norfolk, Charlottesville et Arlington, dans le but de forcer chacun de ces districts scolaires de Virginie à appliquer les nouvelles réglementations[546]. En représailles, les acolytes de Byrd détournèrent l'argent du contribuable pour financer des « académies de la ségrégation », strictement réservées aux Blancs, écoles privées fondées à seule fin de contourner les écoles publiques intégrées. La situation d'impasse dans les écoles de Virginie prouvait la difficulté d'éradiquer le système de castes qui avait pratiquement défini toutes les relations entre Blancs et ceux qui étaient considérés comme « non-Blancs », depuis que les Anglais avaient mis le pied sur les côtes de Virginie. « Alors que l'intégration attend de naître, l'éducation des nègres selon le principe "séparés mais égaux" marque le pas », écrivait James Rorty, journaliste au *Commentary Magazine*.[547]

Que tant de Calculatrices Ouest aient réussi à trouver des opportunités de nouveaux postes au sein du laboratoire avaient certainement suffi à apaiser les pressions qui s'exerçaient sur la direction de Langley pour qu'elle prenne en main la question de l'intégration. L'institution aurait aisément pu continuer sur la voie de la déségrégation interne qui lui était propre, en fermant la Zone de Calcul Ouest après seulement que ses dernières employées auraient pu s'établir dans une nouvelle section d'ingénierie, comme des élèves d'une école primaire attendant d'être choisis par l'équipe de kickball. Poussée en ce sens par l'état d'esprit pragmatique des ingénieurs, la direction avait opté pour une politique de laisser-faire concernant les écriteaux à l'entrée des toilettes et des réfectoires, en n'imposant pas le respect des règles, sans toutefois les éliminer complètement. Avant que la main invisible domptée par Miriam Mann dans le réfectoire au début des années 1940 ne passe à l'étape suivante et n'arrache ces écriteaux en aluminium FEMMES DE COULEUR aux portes des toilettes de Langley, il aurait pu s'écouler encore des années. Mais en devançant les Etats-Unis dans l'espace, les Russes avaient réussi à transformer la politique ethnique locale en sujet de conflit international. En forçant l'Amérique à batailler pour se rallier l'allégeance de nations aux populations à la peau jaune, café au lait ou noire qui s'affranchissaient des chaînes du colonialisme, les Soviétiques exerçaient leur influence sur des réalités bien plus terrestres, et en fin de compte plus épineuses que le lancement dans l'espace d'un satellite ou même d'un être humain : affaiblir l'emprise de Jim Crow sur l'Amérique.

« Quatre-vingts pour cent de la population mondiale se composent de gens de couleur », avait écrit le directeur juridique de la NACA, Paul Dembling, dans une note interne en 1956[548]. « Si notre nation veut s'efforcer de peser sur la marche du monde, il est indispensable de signifier au monde que, dans ce pays, nous appliquons l'égalité pour tous. Il ne faut plus que les nations où les personnes de couleur constituent une majorité soient en mesure de relever l'existence d'une

Amérique à deux vitesses. » Il faudrait plus qu'un Spoutnik et un risque de déconsidération sur le plan international pour réduire à néant la machine politique du sénateur Byrd et ses vœux de ségrégation raciale. Aux yeux des ségrégationnistes, l'intégration ethnique et le communisme ne faisaient qu'un, et laissaient planer le même type de menace sur les valeurs traditionnelles de l'Amérique. Pourtant, ceux qui étaient chargés d'organiser l'offensive spatiale américaine jugeaient que riposter aux valeurs russes du secret en leur opposant des valeurs inverses — la transparence, la démocratie, l'égalité — participait d'un principe fort, et non d'un simulacre.

Tandis que de nombreux compétiteurs au sein du gouver nement des Etats-Unis rivalisaient pour prendre la tête de l'aventure spatiale — parmi lesquels l'US Air Force, l'Observatoire de la recherche navale de Washington et l'équipe de savants allemands autour de Wernher von Braun, qui dirigeaient l'Agence des missiles balistiques de l'Armée de terre, à Huntsville, dans l'Alabama —, la NACA fut retenue comme réceptacle de l'ensemble disparate des structures opérationnelles de la recherche spatiale américaine. La NACA — organisme civil inoffensif regorgeant d'ingénieurs de talent — constituait le cadre parfait. En octobre 1958, en choisissant la maison-mère de Langley pour noyau, le gouvernement américain fusionnait toutes ces structures concurrentes, ainsi que le Jet Propulsion Laboratory, à l'intérieur de la NACA. Cette mission élargie appelait un nouveau nom : ce fut la National Aeronautics and Space Administration, ou NASA[549].

La NACA était discrète, obscure, et généralement tenue pour quantité négligeable. La NASA jouirait d'une grande visibilité et serait porteuse d'enjeux majeurs. Le travail accompli par les matheux de la NACA était éclipsé par les activités plus publiques des départements militaires et des constructeurs d'avions de ligne. L'acte de naissance de la NASA lui confiait la mission « d'assurer la diffusion la plus large, la plus accessible et la plus adaptée aux informations relatives à ses activités », tous les échecs et toutes les tragédies liés à cette entreprise étant exposés aux regards des citoyens et répercutés par un jeune médium influent : la télévision[550]. Observée par le monde entier, cette nouvelle entité qui allait hisser l'étendard américain dans l'espace se devrait d'être « sans tache, parfaite sur le plan technique, méritocratique, et porteuse d'un mythe »[551].

La transition de la NACA à la NASA ne modifiait pas fondamentalement les installations de Langley et ne requérait pas non plus de changements drastiques au niveau du personnel. Mais à l'intérieur du laboratoire, le changement de positionnement entraînerait une mutation aussi importante que celle de l'âge d'or de l'aéronautique des années 1950 vers l'ère spatiale des années 1960. Le lieu singulier où des ingénieurs débutants rivalisaient pour imposer « en douce » leurs projets personnels avec un clin d'œil entendu de leurs directeurs, ce laboratoire central, à la croissance interne, qui s'était transformé en organisation à la culture d'entreprise cohérente employant cinq mille personnes était devenu, entre octobre 1957 et octobre 1958, une bureaucratie influente comptant dix centres de recherche et dix mille employés.

Alors qu'il restait encore au Space Act de 1958, ralenti par les liasses de documents juridiques et de mémorandums nécessaires pour acter la naissance de la NASA, à franchir les obstacles du Congrès, une note circulait discrètement dans ce qui prendrait bientôt le nom de Langley Research Center, rédigée par le directeur adjoint, Floyd Thompson, datée du 5 mai 1958, et mettant officiellement un terme à la ségrégation à Langley.

« Avec prise d'effet immédiate, l'Unité des Calculatrices Zone Ouest est dissoute »[552].

Alors que la NACA vivait ses derniers instants, seules dix calculatrices restaient encore dans l'unité Ouest : Dorothy Vaughan, Marjorie Peddrew, Isabelle Mann, Lorraine Satchell, Arminta Cooke, Hester Lovely, Daisy Alston, Christine Richie, Pearl Bassette et Eunice Smith. Cette note marquait la fin d'une époque, le chant du cygne du groupe des sœurs jumelles. L'histoire de la Zone de Calcul Ouest — la manière dont Dorothy Vaughan avait pu se frayer un chemin jusqu'à

Langley, la tragédie et les espoirs de la Seconde Guerre mondiale, la tyrannie des écriteaux dans la cafétéria et les toilettes, les contributions de ces femmes aux technologies les plus riches de transformations de l'histoire de l'humanité — se transmettrait comme une légende familiale, mais ne laisserait guère d'empreinte dans les histoires des hommes et des femmes noirs qui luttèrent pour le progrès au sein de leurs communautés, des femmes qui militèrent pour l'égalité des sexes dans tous les domaines de la vie en Amérique, ou des ingénieurs et mathématiciens qui apprirent aux humains à voler. Pour le reste de leurs vies, les anciennes de Calcul Ouest se remémoreraient tout cela, en compagnie des Calculatrices Est et des ingénieurs avec lesquels elles avaient travaillé. Elles avaient toutes sortes d'histoires à raconter lors des cérémonies de départ en retraite qui peuplaient leurs agendas des années 1960, 1970 et 1980, mais avec la pudeur caractéristique des femmes de leur génération, elles répugnaient à évoquer ce qu'elles avaient accompli, se bornant à dire : « nous avons juste fait notre travail ».

Pour Dorothy Vaughan, la fin de la section de Calcul de la Zone Ouest fut un moment doux-amer. Il lui avait fallu huit ans pour atteindre le premier rang de ce bureau. Pendant les sept années qui suivirent, elle régna sur le plus inattendu des royaumes : une salle pleine de mathématiciennes noires, menant des recherches dans le laboratoire aéronautique le plus prestigieux du monde. Gérer cette section avait permis de soutenir la carrière de femmes comme Katherine Goble, dont les contributions au programme spatial lui vaudraient la plus haute distinction civile d'Amérique. Les critères défendus par les femmes de Calcul Ouest ouvrirent des opportunités à une nouvelle génération de jeunes filles qui avaient la passion des mathématiques et des espoirs de carrière. Les pionniers de la NACA se sentiraient éternellement membres de cette vénérable organisation. De même, ces femmes noires s'identifieraient toujours à la Zone de Calcul Ouest, et se sentiraient redevables envers la femme qui l'avait dirigée jusqu'au dernier jour, Dorothy Vaughan.

En octobre 1958, Dorothy avait quarante-huit ans, et encore plus d'une décennie de travail devant elle. Les aînés de ses enfants entraient maintenant à l'université, et ses plus jeunes garçons, désormais adolescents, emboîtaient le pas de leurs aînés. Son travail à Langley lui avait permis de tenir sa promesse de leur aménager un avenir. Leur cursus universitaire étant sur la bonne voie, étant elle-même propriétaire d'une maison à son nom — les Vaughan avaient aussi quitté Newsome Park, en 1962 —, rien ne pouvait l'empêcher de centrer les dernières années de sa carrière sur ses ambitions personnelles.

« C'était la plus intelligente de *toutes* ces filles », dirait Katherine Goble de sa collègue, des années après son départ à la retraite[553]. « "Dot" Vaughan avait de la matière grise qui lui sortait par les oreilles » (et Katherine s'y connaissait en matière grise). Dorothy était fière de la manière dont elle avait négocié la période de la ségrégation raciale, fière de pouvoir revendiquer d'avoir contribué à mettre un terme à cette pratique rétrograde. Elle avait vu les femmes de Calcul Ouest, ainsi que d'autres au laboratoire, prendre leur essor à la NACA. Ensemble, elles avaient prouvé que, fort des bonnes opportunités et des bons soutiens, un esprit féminin égalait son homologue masculin sur le plan analytique. Mais elle avait beau savoir que ce jour finirait par arriver, et s'être impliquée pour qu'il arrive, la victoire qu'elle savoura lorsque cette note circula fut tempérée d'une déception. Ce progrès pour le groupe marquait aussi un pas en arrière pour sa chef ; en cette dernière journée du bureau de la Zone de Calcul Ouest, sa carrière de directrice touchait à sa fin.

Elle n'avait jamais été femme à s'attarder sur le passé ; la décennie qui l'attendait promettait d'être l'une des plus intéressantes qu'ait jamais connues le laboratoire. Pour le meilleur ou pour le pire, ce nouveau départ de Langley en serait un aussi pour Dorothy Vaughan. Elle allait maintenant entamer sa vie dans la nouvelle agence comme elle avait débuté sa carrière à la NACA : elle serait une fille parmi les autres.

17

L'espace infini

« Ce n'est pas de la science-fiction », écrivit le président Eisenhower, en préface d'un document de quinze pages intitulé Introduction à l'exploration spatiale.[554] Opuscule élémentaire sur le vol spatial préparé en mars 1958 par le Comité scientifique consultatif présidentiel, cette brochure posait les principes scientifiques du voyage hors de l'atmosphère terrestre en des termes accessibles aux profanes. « Comme chacun sait, il est plus difficile de faire accélérer une automobile qu'un landau », indiquait un passage[555]. Le document exposait aussi un programme spatial — et son coût énorme — qui était dans l'intérêt de tous les Américains, en soumettant quatre arguments à la réflexion de l'opinion publique. Défense nationale et prestige étaient évidemment les deux préoccupations qui avaient fait passer la conquête spatiale du domaine de fiction fantaisiste au rang de première priorité de l'Amérique. La fierté nationale blessée des Américains était le seul sentiment susceptible d'égaler la peur que leur inspiraient les prouesses initiales de l'Union soviétique dans les espaces célestes.

Troisièmement, soulignait la brochure, l'exploration spatiale serait une occasion sans précédent d'étendre le corpus des connaissances humaines sur l'univers. Spoutnik avait été lancé en pleine Année géophysique internationale, et des experts du monde entier fantasmaient sur la manne de données que pourraient récolter un satellite ou une sonde parcourant le système solaire, messagers mécaniques et électriques de leurs regards inquisiteurs.

Katherine Goble admettait volontiers l'utilité de ces trois motivations, mais celle qui figurait en première page de la brochure était à ses yeux la plus parlante : les humains désiraient fortement aller dans l'espace en raison de leur ardente volonté de découvrir ce qu'il y avait au-delà des limites de leur petite planète ; ils souhaitaient quitter la Terre, poussés par un besoin impérieux d'aller où aucun humain n'était encore allé. Pour sa part, elle avait toujours été animée par la curiosité. Quant aux divers objectifs que les Etats-Unis seraient censés atteindre, la brochure d'Eisenhower avançait un planning plutôt vague, et à peu près inutile. « Bientôt », « plus tard », « encore plus tard », « et bien plus tard encore ». En réalité, le calendrier était le suivant : dès que ce serait humainement possible — et personne n'en avait plus conscience que les employés du Bâtiment 1244. *Quand* l'Amérique devrait s'aventurer au-delà des limites terrestres et *pourquoi* ? Les réponses à ces questions étaient évidentes. Mais *comment* ? C'était ce que Katherine Goble mourait d'envie de savoir…

Elle n'était pas la seule. Le projet visant à planter le drapeau américain dans les cieux et le choix de ceux qui mèneraient cet assaut étaient un sujet de discussion quotidien à la base Wright-Patterson de l'Air Force, dans l'Ohio, à l'Agence des missiles balistiques de l'Armée de terre dirigée par Wernher von Braun, dans l'Alabama, et à l'Observatoire naval, en périphérie de Washington. De hauts responsables se réunissaient au siège de la NACA et dans chacun des laboratoires de l'institution, soucieux d'élaborer la voie d'accès la plus directe possible vers l'espace. Cette attente n'était nulle part plus palpable qu'à Langley. Les collègues de bureau de Katherine Johnson — John Mayer, Ted Skopinski, Alton Mayo, Harold « Al » Hamer, Carl Huss — enchaînaient les réunions, discutaient du sujet entre eux, avec leurs chefs, avec des représentants des constructeurs aéronautiques, avec les différents services des forces armées, et consultaient toutes les sources possibles pour rassembler des informations sur cette entreprise aux contours encore incertains.

Le seul véritable ouvrage de référence sur lequel les cerveaux de Langley purent mettre la main s'intitulait *Introduction à la mécanique céleste*, un manuel daté de 1914, signé par Forest Ray Moulton[556]. Ce furent donc les ingénieurs, mieux renseignés que quiconque sur les vols des appareils, qui entreprirent d'accélérer la cadence. Le chef de département de Katherine, Henry Pearson, organisa une série de conférences d'« autoformation » de février à mai 1958, en faisant appel à des ingénieurs de la Division de la Recherche en vol et du PARD pour qu'ils viennent présenter l'un des dix-sept thèmes relatifs à la technologie spatiale. Même après Spoutnik et la confusion qui s'ensuivit, les ingénieurs les plus expérimentés de ces divisions (et nombre d'entre eux ne cachaient pas leur amour de la science-fiction) sentaient qu'ils étaient sur le point de vivre l'opportunité d'une vie. Ils se jetèrent à corps perdu dans ces séances d'instruction. John Mayer traita de la mécanique orbitale. Al Hamer fit une leçon sur la propulsion des fusées et Alton Mayo aborda la rentrée dans l'atmosphère, les problèmes auxquels était confronté un objet céleste à son retour vers la Terre. Carl Huss enseigna la physique du système solaire. Ted Skopinski était « Monsieur Trajectoires », exposant les calculs définissant le trajet que suivait un véhicule spatial quand il quittait la surface du globe avant d'aller se placer en orbite.

Dès l'instant où elle avait franchi la porte de Calcul Ouest, Katherine Goble était tombée amoureuse de son métier à Langley. Quatre années de calculs monotones sur l'allégement des charges de rafale n'avaient fait que renforcer son envie de soutirer la moindre parcelle de connaissance aux ingénieurs avec lesquels elle travaillait. Cependant, avec la réorientation des priorités de sa division de l'aéronautique vers le domaine spatial, son travail revêtait un tour particulièrement savoureux. Manier la machine à calculer Monroe et remplir les feuilles de calcul qui ne cessaient de s'étoffer à mesure que le travail gagnait en complexité, faisaient encore partie de ses obligations quotidiennes. Mais les ingénieurs du groupe lui confièrent ensuite la tâche de préparer les graphes et les équations pour ces fameuses leçons de technologie spatiale. Ce fut comme un signal, qui la ramenait au cours de géométrie analytique spatiale que le professeur Claytor avait créé pour elle. Claytor avait à la fois posé les fondements du contenu des travaux qui l'attendaient, et leur degré de complexité. Sa préparation avait été essentielle ; elle posait le cadre cartésien tridimensionnel, réexploité pour les futures leçons sur la technologie spatiale, qui furent ensuite rédigées et réunies dans un recueil. Ce manuel définissant l'espace compris comme un nouveau domaine fut ainsi écrit en temps réel.

Elle écoutait attentivement tout ce que disaient les ingénieurs, tendait l'oreille pour saisir des bribes de conversation, dévorait *Aviation Week* comme une gosse lisant des bandes dessinées. Le vrai travail, elle ne l'ignorait pas, avait lieu lors de ces conférences et de ces réunions éditoriales, séances à huis clos où les ingénieurs soumettaient leurs rapports préliminaires de recherche au même examen inlassable et aux mêmes tests de résistance auxquels ils soumettaient les avions qu'ils concevaient. Son intérêt pour les comptes rendus de ces réunions allait croissant. Initiée parmi les initiés, elle aimait être au premier rang de ce spectacle dont ses concitoyens n'étaient informés qu'en lisant la presse ou en regardant le journal télévisé. Mais, si proche qu'elle soit des salles où ces réunions avaient lieu, tant qu'elle ne pouvait franchir la porte, elle restait encore une exclue.

Construire un avion n'était rien, comparé à la nécessité d'accompagner ces travaux de recherche dans tout le processus d'évaluation éreintant en vigueur à Langley. « Présentez votre dossier, élaborez-le, et montrez-vous convaincant : le but, c'est qu'ils y croient »[557] — telle était la méthode Langley. L'auteur d'un document de la NACA — le rapport technique était le document le plus complet et le plus rigoureux, un mémo technique restant un peu moins formel — faisait face à un peloton d'exécution de quatre ou cinq experts. Après l'exposé des conclusions, le comité, ayant lu et analysé le rapport au préalable, se livrait à une attaque en règle avec questions et commentaires. Il se montrait sans ménagement, implacable dans la détection des inexactitudes, des incohérences, des formulations incompréhensibles et des conclusions illogiques rendues obscures par un jargon technique. Et tout ce travail critique intervenait avant même que le rapport ne doive se conformer aux exigences de style, de clarté, et de présentation qui constituaient tout le legs de Pearl Young, avant l'ajout des tableaux et des graphiques sophistiqués qui synthétisaient les fiches de données en une argumentation cohérente et visuellement convaincante. La rédaction d'un rapport finalisé pouvait prendre des mois, voire des années[558].

Katherine prenait place aux côtés des ingénieurs pour étudier les conditions requises par ces leçons de technologie spatiale et les rapports que ces protocoles de recherche commençaient à produire[559]. Elle écoutait attentivement leurs instructions et, comme à son habitude, posait des questions. Pas seulement des questions conçues pour clarifier les ordres de mission qu'on lui avait transmis, mais le genre d'interrogations qu'elle avait adressées à ses parents et à ses professeurs, enfant, visant à élargir et à approfondir sa compréhension du fonctionnement des choses, à affiner sa lecture du monde réel. Pourquoi l'équation de trajectoire devait-elle tenir compte de l'aplatissement du globe terrestre aux pôles ? Pourquoi était-il nécessaire de calculer une erreur ellipsoïde pour prévoir avec exactitude comment s'effectuerait le retour du satellite à la surface de la Terre ?

Du temps où son champ de recherche s'étendait du nez à l'empennage d'un minuscule Cessna 405, elle posait déjà une foule de questions. Maintenant qu'il y avait beaucoup plus d'éléments à comprendre et donc, de questions à soulever, et parce que tout cela était nouveau, elle estimait participer pleinement de cet apprentissage, au même titre que les ingénieurs. Le travail s'intensifiant, un questionnement jusqu'alors latent prit de plus en plus de consistance dans son esprit. Elle réfléchit à cette question et en vérifia la logique, tout comme elle le faisait dans son travail analytique. Elle finit par la soumettre aux ingénieurs.

« Pourquoi ne puis-je pas assister aux réunions éditoriales ? » leur demanda-t-elle[560]. Un résumé d'analyse rétrospective restait bien moins passionnant que de pouvoir assister à la séance en direct. Comment résister à l'envie de prendre part à cette discussion ? Après tout, ces chiffres étaient les siens.

« Les filles ne vont pas aux réunions », lui répondirent ses collègues masculins[561].

« Il y a une loi qui l'interdit ? » leur rétorqua-t-elle[562]. En fait, il n'y en avait aucune. Il existait des lois lui indiquant où satisfaire ses besoins naturels — une loi qu'à Langley elle préférait ignorer — et à quelle fontaine d'eau boire. Il y avait des lois restreignant sa faculté de réclamer une carte de crédit à son nom, parce qu'elle était une femme[563]. Mais aucune loi ne s'appliquait à la réunion éditoriale. Ce n'était pas dirigé contre elle, mais c'était ainsi depuis toujours, lui répondirent-ils.

Empêcher les calculatrices humaines de se joindre aux réunions éditoriales était une règle empirique, enracinée dans la pratique, généralement respectée, mais qui ne s'appliquait pas à toutes les situations. Langley accordait à chaque directeur de division, et à chaque chef de département ou de section aux échelons inférieurs un certain degré de liberté dans la gestion de leurs groupes. Décider de promouvoir une femme ou non, de lui accorder une augmentation, de lui donner accès aux séances enfumées où l'on bâtissait l'avenir, dépendaient beaucoup des préjugés et des préférences des hommes pour lesquelles elle travaillait.

En 1959, six des employées de Langley — Lucille Coltrane, Jean Clark Keating, Katherine Cullie Speegle, Ruth Whitman, Emily Stephens Mueller et Dorothy Lee — prirent place autour d'une table dans un bureau pour une photo de groupe, leurs tailleurs élégants, de belle confection, soulignant la confiance perceptible dans leur regard. « Femmes scientifiques », indiqua le photographe en légendant son cliché, bien que les circonstances précises de la séance se soient perdues avec le temps[564]. Elles avaient mérité de figurer sur la photo pour un ensemble de raisons liées à leur grade, à leurs contributions aux recherches et à l'estime de leurs patrons. Sur les six femmes de la photo, cinq travaillaient au PARD[565].

L'une d'elles, Dorothy Lee, avait accepté un poste de calculatrice au PARD en 1948, dès sa sortie du Collège pour Femmes de Randolph-Macon, en Virginie, peu après le démantèlement de Calcul Est[566]. Quand la secrétaire du directeur du département, Maxime Faget, partit deux semaines en voyage de noces, on proposa à Dorothy de la remplacer. En plus de ses obligations normales qui, à l'époque, lui imposaient de résoudre une triple intégrale pour un ingénieur de la division, elle répondait au téléphone et distribuait le courrier. A la fin des deux semaines, elle avait fait si forte impression sur Faget avec ses calculs (et non grâce à ses talents de secrétaire, car elle ne savait pas taper à la machine) qu'il l'invita à devenir membre permanent de son département, en apprentissage auprès de messieurs qui lui apprirent les bases du réchauffement aérodynamique[567]. En 1959, elle avait rédigé un rapport, en avait cosigné sept autres, y compris un avec Max Faget, et, comme Mary Jackson, avait été promue ingénieure[568].

Au début de sa carrière à Langley, Dorothy Lee fut interviewée par le *Daily Press*, selon toute probabilité par Virginia Biggins, la journaliste accréditée à Langley. « Croyez-vous, lui demanda-t-on, qu'une femme qui travaille avec des hommes doive à la fois penser comme un homme, être un bourreau de travail et savoir se conduire comme une dame ? » « Oui, je le crois », répondit-elle, mais elle fut ensuite un peu mortifiée de lire ses propos dans le journal dominical[569].

C'était la partie « se conduire comme une dame » de l'équation qui se révélait si contrariante. Une certaine réserve pouvait avoir l'effet du génépi, inspirer un peu de légèreté et lisser les relations avec ces messieurs. Trop de politesse, en revanche, risquait de miner les perspectives d'avancement. Les femmes, « censées » attendre les missions que leur assigneraient leurs supérieurs, ne devraient pas poser des questions ou insister pour obtenir qu'on leur confie des missions de choix. Les hommes étaient ingénieurs, et les femmes calculatrices ; les hommes se chargeaient de la réflexion analytique et les femmes effectuaient les calculs. Les hommes donnaient des ordres et les femmes prenaient des notes. A moins qu'un ingénieur n'ait une raison impérieuse de considérer une femme comme son égale, elle restait cantonnée dans un angle mort, son utilité se mesurant à telle ou telle tâche strictement délimitée, ses autres talents éventuels demeurant inexploités.

Certaines de ces femmes passaient leurs semaines à se plier machinalement aux tâches du jour, compilant des données avec une belle indifférence, orientant des torrents de chiffres avec tout le détachement des machines à calculer qu'elles tenaient entre leurs mains. Mais chez les employées de sexe féminin, le degré moyen d'intérêt pour leur travail n'était pas inférieur à ce qu'il était chez leurs homologues masculins, les « gratte-papier invétérés des souffleries[570] » ou les médiocres « ingénieurs du "ce n'est pas faisable" » qui réussissaient à se ménager une place confortable dans la bureaucratie malgré des talents ou une ambition des plus modestes[571]. Quant aux femmes qui avaient trouvé leur vraie vocation à la NACA, comme Dorothy Lee ou Katherine Johnson, dès leur réveil, elles songeaient aux angles d'attaque, aux équations orbitales à deux corps et aux procédés d'ablation, pas moins souvent qu'un Chris Kraft, un Max Faget ou un Ted Skopinski. Elles ne possédaient pas moins de curiosité, de passion et d'aptitude de résistance au stress que leurs collègues masculins. La voie ressemblait peut-être aux courbes de distribution de pression et aux orbites qu'elles calculaient, mais elles étaient déterminées à se faire une place autour de la table. Cependant, avant toute chose, il leur fallait surmonter un obstacle de taille, lié au peu de confiance qu'on leur témoignait.

Quel qu'ait pu être le sentiment d'insécurité qu'inspirait à Katherine Goble le fait d'être une femme travaillant au milieu d'hommes, ou l'une des rares noires dans un contexte de travail majoritairement blanc, elle réussissait à le surmonter, tous les matins, en arrivant au bureau. Tout ce qui avait trait au racisme, au fait d'être une femme : elle parvenait à le refouler. A ses yeux, une fois qu'elles entraient dans les bureaux, « elles étaient toutes pareilles » — parce qu'elle en avait *décidé* ainsi[572]. Elle partirait du principe que les types brillants assis en face d'elle, avec qui elle partageait une ligne de téléphone et, à l'occasion, un bridge à la pause déjeuner, ressentaient la même chose. Il lui suffisait de sortir de leur angle mort et de défendre sa cause.

« Pourquoi ne puis-je pas assister aux réunions éditoriales ? » demanda-t-elle à nouveau, nullement découragée par les réticences initiales. Elle répétait toujours ses questions, jusqu'à ce qu'elle obtienne une réponse satisfaisante. Ses demandes étaient polies, mais insistantes, comme ce filet d'eau qui finit par se forcer un passage à travers la roche. La plus grande aventure de l'histoire de l'humanité se déroulait à deux bureaux de distance, et ne pas franchir cette dernière étape serait trahir sa confiance en elle et le jugement de tous ceux qui l'avaient aidée à atteindre ce niveau. Elle posait ses questions pertinentes à des personnes qu'elle respectait, et elle les posait parce qu'elle savait qu'elle était la personne qu'il fallait pour mener à bien une tâche exigeant un esprit affûté.

Et surtout, elle les posait en ayant confiance dans la décision finale.

« Qu'elle vienne », répondirent-ils enfin, exaspérés. Les ingénieurs s'étaient simplement lassés de dire non[573]. Qui étaient-ils, avaient-ils dû se dire, pour se mettre en travers de la route d'une personne si convaincue de la qualité de sa contribution qu'elle n'hésitait pas à résister aux hommes dont le succès — ou l'échec — pouvait peser sur l'issue de la Guerre froide ?

En 1958, Katherine Goble accéda enfin aux réunions éditoriales du Département de Guidage et de Contrôle de la Division de la Recherche en vol, rebaptisée ensuite Division de Mécanique aérospatiale de l'Administration nationale de l'Aéronautique et de l'Espace, bientôt prête à décoller. A compter de ce jour, elle s'envolerait avec ce programme.

18

Avec toute la célérité requise

Aucun employé de Langley n'oublierait l'année 1958. Quittant leur travail le 30 septembre, ils dirent au revoir au Comité national consultatif pour l'aéronautique, ou NACA, cet organisme ésotérique qui, pendant quarante-trois ans, avait discrètement chapeauté la révolution des forces aériennes, au revoir au Laboratoire aéronautique de Langley du temps jadis. Le matin du 1er octobre, les anciens de la NACA entrèrent dans le Langley Research Center, épicentre de la National Aeronautics and Space Administration, nouvelle agence américaine engendrée par une sphère soviétique filant au firmament. Les bâtiments n'avaient pas changé, pas plus que les individus et leur travail. Mais, ne fût-ce que dans l'imagination de l'opinion publique, ils étaient passés d'une existence érudite et obscure à une autre, évidente et spectaculaire, des « fêlés » de la haute époque de l'aéronautique des années 1940 à celle des gardiens de l'ère spatiale des années 1960[574].

A la fin des années 1950, quand le programme spatial américain paraissait aussi frêle qu'un jeune faon, prédire que les Etats-Unis surpasseraient les Soviétiques semblait un pari bien téméraire. La NASA avait d'autres projets, notamment de créer un brain-trust, basé à la maison-mère de Langley, le Space Task Group, ou Groupe de travail Espace, une unité réactive et semi-autonome qui, puisant l'essentiel de ses effectifs dans la Division de la Recherche en vol et le PARD, était dirigée par un ingénieur, Robert Gilruth. Le Groupe de travail Espace s'installa dans le Quartier Est de Langley, à l'intérieur d'un des plus anciens bâtiments du laboratoire. Ces pèlerins de l'espace, une équipe comptant initialement quarante-cinq personnes, baptisèrent le premier programme spatial habité d'Amérique : Programme Mercury. L'aventure visait trois objectifs : mettre le vaisseau spatial Mercury en orbite autour de la terre, déceler les aptitudes de l'être humain à évoluer dans l'espace et récupérer les hommes et le vaisseau en toute sécurité.

Maintenant que ces braves crânes d'œuf menaient la charge contre les Rouges, les Virginiens bombaient le torse de fierté. En octobre 1959, une opération portes ouvertes organisée à Langley à l'occasion du premier anniversaire de la NASA attira vingt mille passionnés de la région impatients de jeter un œil sur le travail de ces voisins peu ordinaires que, depuis des dizaines d'années, ils avaient sous-estimés et même négligés. Ayant cessé d'être « un ensemble de bâtiments gris et ternes peuplés de gens gris et ternes traçant des équations interminables sur des tableaux noirs », la NASA, croyait désormais le public, se dressait comme un rempart entre eux et un ciel envahi par les Rouges[575]. Toutefois, ce legs de la Virginie, devenue le berceau des premiers pas de l'humanité dans les espaces célestes, serait obéré par la récente notoriété de ce même Etat, devenu l'adversaire le plus intraitable des écoles intégrées.

« S'il est permis d'anticiper ce que sera l'histoire future de cet Etat, 1958 restera surtout dans les esprits comme l'année où la Virginie aura fermé ses écoles publiques », déplorait Lenoir Chambers, rédacteur en chef du *Virginian-Pilot* de Virginia Beach et progressiste du Sud de la trempe d'un Mark Etheridge, du *Louisville Post-Courier*[576]. Nullement découragé ou assagi après l'épreuve de force de Little Rock en 1957, le mouvement Massive Resistance, machine politique du sénateur Byrd, mit sa menace à exécution. A l'automne 1958, le gouverneur de Virginie, Lindsay Almond, fit poser des chaînes aux portes des écoles des localités qui tentaient de se conformer à la décision *Brown* de la Cour suprême. A l'automne 1958, dans les trois villes qui avaient progressé vers l'intégration — Front Royal, Charlottesville et Norfolk —, treize mille élèves durent rester chez eux. « Je préférerais que mes enfants vivent dans l'ignorance plutôt que de les obliger à se rendre à l'école avec des noirs », déclara un parent blanc à un journaliste. Au total, dix mille de ces élèves exclus des écoles vivaient à Norfolk : 5 500 d'entre eux étaient issus de familles de militaires stationnées en garnison à la base navale, des élèves blancs ou noirs qui payaient le prix de la croisade ethnique menée par leur Etat[577].

De l'autre côté de la baie, en face de Norfolk, sur la péninsule où Langley avait élu domicile, les écoles publiques restèrent ouvertes, mais ségréguées. Alors même que les barrières sur les lieux de travail de leurs parents continuaient de s'éroder, les enfants des employés noirs de la base retournaient à leur emploi du temps automnal à Carver, Huntington et Phenix, tandis que les enfants de leurs collègues blancs retournaient aux lycées de Newport News et Hampton. Dans leur nouvelle maison de Mimosa Crescent, la zone scolaire dont elles dépendaient amenait maintenant les filles Goble à fréquenter le lycée de Hampton. Toutefois, la direction de l'établissement payait les frais de scolarité des familles, une incitation à maintenir leurs enfants dans le district noir, système similaire aux « bourses » extérieures que l'Etat proposait aux étudiants de premier cycle noir pour les empêcher d'intégrer des campus de Virginie.

Les forces en faveur de l'égalité redoublèrent leurs efforts, déterminées qu'elles étaient à surmonter la résistance à l'intégration. Mais comme Christine Mann et tous ceux dont les espoirs — et les craintes — avaient grandi le jour où la décision *Brown* avait été rendue, les noirs de Virginie conservaient une conscience aiguë du net décalage entre les triomphes juridiques et politiques et le changement social. Certes, les ambitions spatiales de l'Amérique paraissaient fantastiques, mais envoyer un homme dans l'espace semblait plus simple que de réunir des élèves noirs et blancs dans les mêmes salles de classe de Virginie.

Au lieu d'essayer de dresser des plans hors de leur portée, les parents comme Dorothy Vaughan, Mary Jackson et Katherine Goble s'employèrent à exercer leur influence sur ce qu'ils pouvaient maîtriser : encourager leurs enfants à exceller dans leurs écoles ségréguées et les accompagner jusqu'aux portes de l'université. La fille de Katherine Goble, Joylette, âgée de dix-huit ans, violoniste de talent et jeune beauté pleine de grâce, sortit du lycée de Carver seconde de sa promotion, en 1958, et n'eut qu'à traverser la ville pour s'inscrire à l'Institut Hampton[578]. Connie et Kathy, toutes deux musiciennes, achevèrent leur année de « *sophomore* », l'équivalent de la seconde des lycées européens, avec mention très bien, talonnant leurs sœurs aînées de très près. Les filles et leur mère étaient régulièrement mentionnées dans la chronique mondaine du *Norfolk Journal and Guide*, en famille noire modèle, à l'ascension sociale exemplaire.

En public, Katherine Goble faisait immanquablement preuve d'élégance, d'optimisme et de calme, et elle insistait pour que ses filles se conduisent de la même façon. Elle enfermait son chagrin et sa solitude, son double rôle paternel et maternel, un fardeau qui lui pesait, dans l'intimité de leur maison de Mimosa Crescent. Jimmy Goble avait été son amour de jeunesse, un père très présent, et le partenaire aux côtés duquel elle espérait vieillir. Faits l'un pour l'autre, ils formaient tous deux un couple attrayant et charmant, consacraient tout l'automne à la tournée des soirées de gala, des bals de débutantes, des pique-niques et des collectes de fonds de la communauté noire. Mère célibataire, encore jeune d'allure à quarante ans, elle se sentait peu à peu écartée de toute vie sociale[579].

Eunice Smith était la compagne et la confidente loyale de Katherine. Elles passaient plus de temps ensemble que bien des couples mariés, effectuant tous les jours côte à côte le trajet entre leur domicile et leur travail, toutes deux responsables de la section locale de leur ancienne association étudiante, l'Alpha Kappa Alpha, prenant le temps, en dehors des heures de bureau, de soutenir leurs équipes lors du tournoi annuel de leur association athlétique interuniversitaire (Central Intercollegiate Athletic Association, ou CIAA), regroupant les établissements réservés aux noirs. Elles ne manquaient jamais un office dominical à l'église presbytérienne Memorial Carver, et, un soir par semaine, elles s'y rendaient directement après le travail pour y répéter avec le chœur.

Un soir de 1958, un beau capitaine de l'armée, âgé de trente-trois ans, toujours souriant, doté d'une voix de basse chaleureuse, pénétra d'un pas tranquille sur le terrain. James A. Johnson, né dans le Suffolk, région rurale de Virginie, s'était installé avec ses parents à Hampton, à l'adolescence. Il avait fréquenté le lycée Phenix, et Mary Jackson avait été l'une de ses élèves enseignantes[580]. James Johnson avait prévu de s'inscrire à l'Institut Hampton, mais il avait été mobilisé juste après avoir obtenu son diplôme d'enseignement secondaire. Au lieu de l'affecter à l'école navale sur le campus, on l'avait envoyé au camp d'entraînement de l'US Navy, à Great Lakes, dans l'Illinois. Il s'était formé en métallurgie aéronautique, se spécialisant dans la réparation des hélices. Après son service militaire et l'obtention de son diplôme supérieur, il trouva un poste d'employé de bureau au Département du Commerce, à Washington, mais s'enrôla aussi dans l'US Navy Reserve, les unités de réservistes de la marine, afin de pouvoir passer ses week-ends à la base navale de Patuxent River, dans le Maryland, où il réparait des avions utilisés pour des vols d'essai. Quand la guerre de Corée éclata, il servit comme sergent dans l'artillerie, où il calibrait les canons qui tiraient sur l'infanterie ennemie. En 1956, il rentra à Hampton, travailla comme postier, marchant toute la journée, ce qui lui permit de conserver une forme physique militaire. Ne s'étant jamais éloigné des forces armées, il s'engagea de nouveau dans les unités de réserve de l'armée de terre.

« Mesdames, il est célibataire », avait annoncé le pasteur

à l'église ce dimanche, après avoir présenté James, nouveau membre de la congrégation[581]. Katherine n'avait ni l'espoir ni l'intention de trouver un nouvel amour, mais presque aussitôt après s'être croisés dans la travée du chœur, ils se firent la cour, et apparurent désormais ensemble, d'abord un peu timidement, aux soirées dansantes, aux dîners, et à l'église, en famille, avec Kathy et Connie à leur suite[582].

Le dévouement de James à la carrière militaire lui permettait aisément de comprendre que Katherine s'engage avec tant de vigueur dans son travail à Langley. Il connaissait la satisfaction qui allait de pair avec une situation épanouissante et il aimait le sentiment de camaraderie et d'accomplissement d'une mission que lui procurait l'armée. L'armée lui offrait l'opportunité de s'extraire des métiers de cuisinier, de videur et de journalier traditionnellement réservés aux noirs et d'acquérir des compétences dans un domaine où il estimait pouvoir apporter une contribution de premier plan.

Il était aussi sensible au caractère confidentiel du métier de Katherine et aux longues journées de labeur qu'on exigeait désormais d'elle. Depuis la fin de la Seconde Guerre mondiale, à la NACA, les employés travaillaient de huit heures à seize heures trente. A présent, à l'orée de la conquête spatiale, il fallait s'estimer heureux, les soirs les moins chargés, de pouvoir quitter le bureau à vingt-deux heures… Dans un contexte moins marqué par l'urgence, le personnel de la NASA aurait pu procéder, comme la NACA en son temps, à un inventaire minutieux de toutes les options possibles pour voyager dans l'espace, avant de recommander celles qui offraient le plus grand potentiel à long terme. Au sein de la NASA, certains croyaient que la décision du gouvernement de tout miser sur une stratégie à court terme visant à battre les Soviétiques empêcherait de transformer les humains en une véritable espèce de voyageurs spatiaux. Face à des Russes jouissant apparemment d'une avance décisive, la NASA sonda les limites, les interdépendances, les contingences et les inconnues auxquelles elle était confrontée, et ce fut apparemment la démarche la plus simple, la plus rapide et la plus fiable qui finit par s'imposer. Les ingénieurs abordèrent le Programme Mercury à la manière dont ils traitaient tous les problèmes : ils en décomposèrent les éléments constitutifs.

Le vaisseau spatial proprement dit, cette boîte de conserve qui transporterait un homme dans l'espace, était l'invention personnelle du chef de Dorothy Lee, Maxime Faget. La théorie aérodynamique et l'intuition laissaient penser que la combinaison de la fusée et du vaisseau se devait d'être aussi profilée que possible, afin de minimiser la traînée aérodynamique. Depuis le Flyer des frères Wright en 1915, les aéroplanes avaient évolué, oubliant leur gaucherie de pélicans pour se transformer en machines épurées et à la silhouette de faucon ; pourquoi un vaisseau spatial ne continuerait-il pas d'évoluer dans la même voie ? Mais des tests de Harvey Allen, un ingénieur du Lewis Flight Propulsion Laboratory de la NACA de Cleveland, montraient que les structures au profil de javelot ne seraient pas en mesure de détourner les flux de chaleur extrêmes que provoquerait la friction de l'atmosphère. Un véhicule de forme arrondie — aux contours évoquant davantage un bouchon de champagne — créerait une onde de choc en se dirigeant vers la Terre, dissipant la chaleur et permettant à l'astronaute sanglé à l'intérieur de survivre (du moins, espéraient-ils). Faget appliqua l'idée d'Allen à la conception de la capsule Mercury, d'un mètre quatre vingts de diamètre et longue de presque trois mètres, pour un poids d'une tonne et demie.

La sélection des astronautes serait limitée aux candidats assez petits pour se glisser dans ce vaisseau aux dimensions d'une boîte à sardines. Seuls les hommes mesurant moins d'un mètre soixante-quinze et pesant moins de quatre-vingts kilos seraient retenus. Chacun d'eux devait être un pilote d'essai qualifié, âgé de moins de quarante ans, et au moins titulaire d'une licence. En 1959, la NASA tint une conférence de presse pour présenter ses astronautes au monde, les « Sept de Mercury ». Quatre des sept candidats sélectionnés — Alan Shepard, Scott Carpenter, Walter Schirra et John

Glenn — étaient diplômés de l'école de pilotes d'essai de la marine, située à Patuxent River, où le nouveau prétendant de Katherine, James Johnson, avait travaillé comme mécanicien. La NASA les installa dans un bureau de Langley, voisin du Groupe de travail Espace, et entreprit de les soumettre à un entraînement physique et à des sessions d'instruction théorique en ingénierie et en astronautique. Des employées aux aguets tentaient d'apercevoir les Sept de Mercury, ces militaires anonymes dont les visages étaient désormais parmi les plus exposés au monde. Les calculatrices humaines et les astronautes, dont le bureau était situé dans le même bâtiment, se croisaient souvent en se rendant aux toilettes…

Les fusées dont avait besoin la NASA pour propulser spationautes et vaisseaux spatiaux dans l'espace proviendraient de l'inventaire existant de missiles Redstone et Atlas, sous la supervision de Wernher von Braun au Centre spatial Marshall de la NASA, à Huntsville, dans l'Alabama. Les experts de la propulsion, au laboratoire de la NASA de Cleveland, prirent en charge le système électrique du vaisseau et les rétrofusées équipant la capsule proprement dite.

La responsabilité des trajectoires incombait aux ingénieurs du bureau de Katherine, qui calculaient avec une extrême minutie la ligne de vol que tracerait le vaisseau spatial autour du globe terrestre, depuis la seconde de son envol jusqu'au moment où il retomberait à la surface de l'Atlantique. A la tête du Groupe de travail Espace, Robert Gilruth s'était vu octroyer sa part d'employés de la NASA afin de garnir les rangs du centre névralgique du Programme Mercury. Le collègue de bureau de Katherine, John Mayer, était monté dans le train de cette nouvelle aventure une semaine après sa mise en route, en novembre 1958. La charge de travail engendrée par le Programme Mercury était si lourde que même après le transfert de Mayer du Bâtiment 1244 aux bureaux du Quartier Est, il en « refila » l'excédent à ses vieux camarades Carl Huss et Ted Skopinski, les appelant à l'aide chaque fois qu'ils pouvaient grappiller sur le temps de travail qu'ils devaient eux-mêmes à Henry Pearson[583]. Il les convainquit d'effectuer pour lui des « passes de calculs [584] » — autrement dit, il s'agissait de convaincre Katherine de se charger de ces « passes de calcul » à leur place. Le groupe endossa ce surcroît de travail avec ferveur, l'espace leur paraissant un domaine « franchement marrant »[585]. Plongés dans leurs équations, énonçant des idées au tableau noir, évaluant leur travail, effaçant, puis reprenant tout du début, ils transformèrent leurs bureaux en centre de commandement trigonométrique.

La quasi-totalité des technologies de défense du XXe siècle transita par le cerveau de ces mathématiciennes ou passa entre leurs mains. Comme Katherine et ses collègues de Langley, les femmes de l'Aberdeen Proving Ground, un centre d'essai situé dans le Maryland, avaient consacré des milliers d'heures à calculer des tables de trajectoires balistiques, dont les soldats se servaient pour calibrer leurs armes et tirer avec précision, comme l'avait fait James Johnson en Corée[586]. La première tentative d'envoi d'un homme dans l'espace, en avait conclu la NASA, devrait s'apparenter à un simple vol balistique, la capsule lancée comme une balle tirée par un canon, ou une balle de tennis par une machine à balles. La capsule s'élève, puis elle redescend, et sa trajectoire se définit comme une grande parabole, vers son point d'amerrissage en plein Océan Atlantique. Le défi consistait à configurer la position de la « machine à balles » pour que la capsule Mercury amerrisse aussi près que possible de la « raquette », l'escadre de navires qui l'attendaient, afin d'être hélitreuillée en lieu sûr. Un calcul incorrect, la balle sortirait du terrain, et la vie de l'astronaute serait en danger. Les calculs devaient être aussi précis que le service d'Althea Gibson*.

Un vol suborbital bien exécuté redonnerait aux Etats-Unis une certaine marge de manœuvre ; mais le vol orbital — le

* Althea Gibson (1927-2003), première tenniswoman noire à remporter un tournoi du Grand Chelem (Roland Garros, 1956), puis Wimbledon et l'US Open (1957 et 1958). Certains professionnels la considèrent à ce jour comme la plus grande joueuse de tous les temps. (NdT)

but ultime du Programme Mercury — était infiniment plus complexe. Un vol orbital réussi requérait des ingénieurs qu'ils ajustent la rampe de la machine à balles selon le bon angle. Ils devaient armer le lanceur avec assez de force pour qu'il expédie le projectile dans l'atmosphère et en orbite autour de la Terre, suivant une trajectoire définie avec une telle précision, qu'à son retour dans l'atmosphère, il aboutisse aux parages immédiats de la raquette — les navires de la marine en attente.

« Laissez-moi m'en charger », proposa Katherine à Ted Skopinski[587]. Travaillant avec lui en qualité de calculatrice (ou d'« assistante en mathématiques », ainsi que ces femmes avaient été rebaptisées quand la NACA était devenue la NASA), elle s'était révélée aussi fiable qu'une montre suisse et très adroite dans le travail conceptuel de haut niveau. Elle était plus âgée que nombre de ces pèlerins de l'espace, dont certains sortaient à peine de l'université, mais se montrait leur égale à tous égards, tant par son enthousiasme que par son endurance au travail. Elle refusait de rester sur la touche. « Dites-moi où vous voulez faire amerrir cet homme, et je vais vous dire à quel endroit du ciel il faut l'envoyer », leur assura-t-elle.

Sa maîtrise de la géométrie analytique était aussi bonne, voire supérieure à celle de ses collègues masculins. Les exigences croissantes du Programme Mercury, et l'organisation encore en construction, poussaient tout le monde dans ses retranchements. Peu après que John Mayer eut endossé le maillot du Groupe de travail Espace, Carl Huss et Ted Skopinski l'imitèrent, faisant de Katherine l'héritière naturelle du rapport de recherche qui définirait le vol orbital du Programme Mercury. Encore une fois, elle était la bonne personne, au bon endroit, au bon moment.

Assise dans un bureau déserté, elle se plongea dans cette analyse. Toutefois, les rudes lois de la physique transformèrent un après-midi de tennis céleste en mêlée générale des forces de la nature. La gravité terrestre exerçait son emprise sur le satellite, et il fallait en tenir compte dans l'ensemble d'équations de la trajectoire. L'aplatissement des pôles — le globe étant légèrement renflé, comme une mandarine — devait être précisément évalué, tout comme la vitesse de rotation de la planète. Si l'on tirait la capsule en l'air directement au-dessus de leurs têtes et si on la laissait revenir au sol en suivant la même ligne droite, elle atterrirait ailleurs, parce que la terre aurait tourné.

« Lors de la récupération d'un satellite terrestre artificiel, il faut amener le satellite au-dessus d'un point choisi à l'avance, au-dessus de la Terre, d'où il entamera sa rentrée », écrivit-elle. L'équation 3 définissait la vélocité du satellite. L'équation 19 fixait sa longitude à l'instant T. L'équation 13 tenait compte des erreurs de longitude. L'équation A8 intégrait la rotation de la Terre d'ouest en est et l'aplatissement des pôles. Elle s'entretint avec Ted Skopinski, consulta ses manuels et effectua ses propres calculs. Sur une période de plusieurs mois, en 1959, le produit fini de trente-quatre pages prit forme : vingt-deux équations principales, neuf équations secondaires, deux études de cas de lancements, trois textes de références (parmi lesquels le livre de Forest Ray Moulton de 1914), deux tableaux avec des échantillons de calculs, et trois pages de graphiques.

Le Groupe de travail Espace, en expansion rapide, prenait forme en tant qu'unité autonome marchant en tête du défilé spatial. Cette nouvelle entreprise consommait autant d'heures-personnes qu'on lui en donnait. Pendant que le Groupe de travail Espace s'employait à délimiter son périmètre d'intervention par rapport au centre de recherche qui lui avait donné naissance, le rapport de Katherine et Ted Skopinski sur l'angle d'azimut devenait le travail du Groupe de la Recherche en vol, sous la responsabilité de leur chef de département, Henry Pearson. Et tandis que Ted Skopinski était de plus en plus invisible, passant son temps dans les locaux du Groupe de travail Espace du Quartier Est, le rapport, encore inachevé, n'était pas sorti de l'esprit de Henry Pearson.

« Katherine devrait terminer le rapport, suggéra Skopinski

à Pearson[588]. De toute manière, c'est elle qui a déjà fait presque tout le travail. » Henry Pearson avait la réputation de fort peu soutenir l'avancement de ses employées de sexe féminin, mais était-ce le fruit des circonstances, le triomphe d'un travail acharné sur le parti pris, ou une réputation qu'on lui attribuait injustement, ce fut sous sa direction qu'elle mit la touche finale à son premier rapport de recherche, le vendredi suivant, jour de la fête de Thanksgiving 1959. La « Détermination de l'angle d'azimut en fin de période de combustion visant à placer un satellite à la verticale d'une position terrestre donnée » traversa dix mois de réunions éditoriales, d'analyses, de recommandations et de révisions avant sa publication en septembre 1960. Le premier rapport sorti de la Division de Mécanique aérospatiale de Langley (ou de son prédécesseur, la Division de la Recherche en vol) signé par une femme[589]. Piétiné, retourné en tous sens, démembré et soumis à tous les tests de résistance que les comités éditoriaux purent lui faire subir, la feuille de route de Katherine contribuerait à guider la NASA jusqu'au jour où le fléau de la balance de la course à l'espace pencherait en faveur des Etats-Unis.

Ce rapport marquait le début d'une nouvelle phase pour Langley, mais aussi pour la vie personnelle de Katherine. Elle réussit même, durant ces longues journées de 1959 où elle s'usa les yeux sur ce document, à accepter une offre encore plus alléchante que celle de sa participation aux réunions éditoriales : la demande en mariage de James Johnson. Le couple se maria en août 1959, lors d'une cérémonie discrète, à l'église Carver Memorial. Elle signa son premier rapport de recherche de son nouveau nom, celui que retiendrait l'histoire : Katherine G. Johnson.

19

Un comportement modèle

Mary Jackson étudia la maquette sous toutes ses facettes — son aspect lisse, sa symétrie et son alignement, sa répartition des masses —, son œil aguerri et son intuition attentifs à tout ce qui pourrait en réduire les propriétés aérodynamiques. Elle avait consacré ses soirées et ses week-ends à ce projet, mais elle savait que cette recherche produirait des résultats bien plus rapidement que celles alors en cours dans la Soufflerie supersonique de Cent-Vingt centimètres. L'année précédente, un ingénieur de la Division de mécanique aérospatiale — le groupe de Katherine Johnson — avait placé la barre assez haut, mais Mary et sa jeune collaboratrice étaient plus que capables de relever le défi[590]. Elle était prête à passer tout le temps qu'il faudrait pour aider son fils, Levi, à construire une super voiture pour concourir dans l'édition 1960 de la course de « caisses à savon » de la péninsule.

Depuis le début de l'année, Mary avait dédié des centaines d'heures à collaborer avec son fils de treize ans comme elle travaillait avec Kazimierz Czarnecki. Levi et elle étaient allés chez le concessionnaire Chevrolet local remplir le formulaire d'inscription et se procurer un exemplaire du règlement, qui se lisait comme un manuel de vulgarisation aéronautique. « La voiture et le pilote doivent peser moins de 115 kg à eux deux[591]. Seuls les pneus en caoutchouc sont autorisés. La longueur n'excédera pas 200 cm. La garde au sol doit être d'au moins 7,5 cm avec le conducteur assis dans la voiture. Le coût total du véhicule ne doit pas dépasser 10 dollars, routes et essieux compris. » Ils se plongèrent dans ces restrictions, firent des croquis, prirent des mesures, essayant différentes conceptions avant de s'arrêter sur les meilleures caractéristiques techniques. Ensuite, ils cherchèrent des matériaux qui feraient de ce croquis une réalité. Il y avait peut-être un trésor caché enfoui dans le fond du garage : cageots de légumes, contre-plaqué, roues orphelines de leur chariot, outils de jardin, vieilles chaussures, fil de fer et ficelle ; le tout était de faire preuve d'assez de créativité. Ensuite, il fallut coller, clouer, visser et monter, car la grande course approchait. Elle se déroulait tous les ans, lors du week-end de la fête nationale du Quatre-Juillet. Mary aida son fils à peaufiner le véhicule jusqu'à ce qu'il dispose d'un engin qui puisse rouler au bas de la rue avec son pilote, ainsi qu'on appelait les coureurs, dans le siège du conducteur.

La dernière étape consistait à lisser, à passer au papier de verre et à polir la carrosserie de la voiture. Toutes les manches de cette course locale commençaient en haut de la colline, et il était interdit de les pousser au démarrage. Levi et ses concurrents se lanceraient de Twenty-Fifth Street Bridge, à Newport News, pour ainsi dire le seul endroit susceptible d'être considéré comme une colline sur cette bande de territoire côtier plate comme une crêpe[592]. A l'instant où les pilotes lâchaient les freins, ils s'enfonçaient au maximum dans le poste de pilotage de leur véhicule, implorant les dieux de la gravité de les conduire aussi vite que possible au bout de cette piste longue de trois cents mètres, en espérant mener une bataille contre la résistance de l'air, qui était autant un adversaire pour ces minuscules coureurs qu'elle l'avait été pour un Chuck Yeager[593]. Personne ne le savait mieux que la conseillère technique de Levi, qui réussissait parfois à lui glisser un mot à propos des merveilles d'une carrière dans les sciences.

Symbole durable de l'adolescent américain (les filles ne furent autorisées à courir qu'au début des années 1970), l'All-American Soap Box Derby, cette course de « caisses à savon » mêlait la bonne vieille et formidable ingénuité à l'américaine et le divertissement familial[594]. Cette compétition avait débuté comme un moyen de se distraire au temps de la Grande Dépression, à une époque où la plupart des gens ne possédaient presque rien. Avec les années, l'événement s'était enraciné dans l'Amérique profonde et, en 1960, Levi fit partie des cinquante mille petits garçons qui se tenaient fin prêts pour concourir dans des courses locales, d'un bout à l'autre du pays[595]. Sans surprise, la péninsule se consacra à cette compétition avec ardeur. Les parents qui inscrivirent leurs fils passèrent leurs journées à concevoir, à construire, à réparer et à faire fonctionner ces machines, laissant libre cours à leur passion du bricolage. Cela les amenait à passer du temps avec leurs enfants et à tomber un peu le masque parental, en laissant ainsi entrevoir à leur progéniture l'enfant plein de curiosité qu'ils avaient eux-mêmes été jadis. Officiellement, depuis la construction de la voiture jusqu'au moment où ils s'accroupissaient dedans, le jour de la course, ce Derby était un spectacle réservé aux garçons. Les parents (généralement les pères, Mary étant l'une des très rares mamans présentes à cette course) étaient censés se tenir en retrait et n'apporter que des conseils, mais il était généralement difficile de dire qui, des parents ou des enfants, se délectait le plus de ce projet.

A l'instar des artisans d'une guilde médiévale, les ingénieurs de la NASA espéraient qu'un jour leurs enfants décideraient de reprendre le flambeau de la profession qu'ils chérissaient tant. Leur lieu de travail était agréable et sûr, leurs collègues étaient intelligents et intéressants et, au cours du XXe siècle, les ingénieurs avaient été témoins des transformations profondes de tous les aspects de la vie moderne, grâce aux fruits de leur travail. Ils ne deviendraient pas riches, mais le salaire d'un ingénieur permettait d'intégrer les rangs de la classe moyenne. Ils servaient donc d'assistants de laboratoires pour des projets scientifiques et, chez eux, la table de la cuisine accueillait un cours de calcul de haut niveau. Ils tenaient leur progéniture captive, jusqu'à ce que le dernier problème de leurs devoirs soit résolu correctement, faisant fi de l'insolence adolescente et des larmes.

Mary Jackson n'avait rien à envier aux papas de la NASA. Construire une voiture en forme de caisse à savon pour ce Derby local constituait un apprentissage en ingénierie et, elle ne l'ignorait pas, plus tôt le gamin s'y mettait, plus il avait de chances de tomber sous le charme de la discipline. Elle poussait Levi (et ses enseignants) pour qu'il réussisse à suivre les cours de maths et de sciences les plus ardus possibles, et le suivait dans ses travaux pratiques de sciences. Son projet intitulé « Etude de l'écoulement d'air aux dimensions à l'échelle » avait remporté la troisième place du salon scientifique annuel de son école[596].

« Une caisse à quoi ? » s'étaient étonnés certains voisins, fidèles de l'église épiscopale méthodiste africaine et membres de la troupe d'éclaireuses, quand Mary leur avait parlé de leurs exploits mécaniques, avec son fils[597]. Le premier défi auquel beaucoup de noirs étaient confrontés, avant de prendre part à un événement comme l'All-American Soap Box Derby, consistait à être informés de son existence. En début d'année, Chevrolet plaçait des annonces dans le magazine *Boy's Life*, la publication officielle des boys scouts. On y exhortait les jeunes gens à tenter leur chance en préparant des bolides impeccables avant l'ouverture de la saison des courses, pendant l'été. Levi, qui était membre de la troupe des boys scouts de l'église épiscopale méthodiste africaine, aurait donc pu lire l'annonce du Derby, même s'il n'avait pas pris part aux conversations autour de la fontaine à eau, au bureau de sa mère, mais c'était un cas à part.

Ce qui s'avérait plus difficile encore, c'était d'agir en conséquence quand on avait pris connaissance de l'événement. Participer au Derby revenait à croire que la victoire était à votre portée (que vous soyez parent ou coureur). Le traumatisme engendré par la clôture électrifiée pendant la ségrégation était si profond que, même après qu'on eut coupé le courant, l'idée d'escalader la clôture n'inspirait que terreur.

Comme lors des réunions éditoriales du Bâtiment 1244, comme dans tant de situations de compétition, grandes ou petites, nationales ou locales, les noirs se disqualifiaient fréquemment, sans même le moindre écriteau RÉSERVÉ AUX BLANCS en vue. Il n'existait aucune règle empêchant un jeune garçon noir de prendre part à la course, mais il lui fallait beaucoup d'aplomb pour s'imaginer qu'il puisse gagner, et plus encore pour accepter que la défaite puisse être un échec sans rapport avec son appartenance ethnique.

Toutefois, Mary était déterminée à escalader toutes les clôtures auxquelles elle était confrontée et à entraîner les siens dans son sillage. Le profond humanitarisme qui faisait partie de son héritage familial lui avait appris à considérer la réussite comme un compte en banque, où l'on retirait ce dont on avait besoin et où l'on faisait des dépôts quand on avait la chance d'être en excédent.

Langley, cet endroit rempli de gens talentueux aux centres d'intérêts divers, offrait une manne de recrues pour ses nombreuses activités bénévoles. Ses collègues de travail s'étaient habituées à la voir tranquillement se présenter à leur bureau, pour les enrôler dans sa dernière démarche pour appliquer à la sphère sociale les valeurs de discipline, d'ordre et de progrès de l'ingénieur. Les « filles », croyait-elle, avaient besoin d'une attention particulière ; il ne lui avait pas échappé que le Derby, certes ouvert aux garçons noirs, aurait rejeté l'inscription de sa proprc fille à cause de son sexe. La promotion de Mary au rang d'ingénieure lui conférait un point de vue privilégié assez inhabituel. Malgré le groupe de femmes relativement important qui travaillait désormais au centre, la plupart des techniciennes de sexe féminin, noires et blanches confondues — et même quelqu'un d'aussi douée que Katherine Johnson — étaient cataloguées comme mathématiciennes ou calculatrices, une catégorie inférieure à celle des ingénieurs, et moins bien payée, même si elles accomplissaient le même travail.

Mary fit cause commune avec les employées noires qui travaillaient à Langley et sur d'autres sites du secteur.

Katherine Johnson et elles étaient des membres reconnus de l'Association technique nationale, l'organisme professionnel des ingénieurs et scientifiques noirs. Elle déploya de gros efforts pour accueillir des élèves des écoles publiques de Hampton et de l'Institut Hampton en visite sur le site de Langley. Elle organisa un séminaire sur le site pour les conseillers d'orientation de l'Institut Hampton, afin qu'ils puissent mieux orienter leurs étudiants vers des offres de carrière à la NASA. Si elle apprenait qu'on y embauchait un nouvel employé noir, elle multipliait les coups de téléphone pour lui trouver une place, tout comme elle l'avait fait quand elle était secrétaire de l'USO de King Street.

Mais Mary cultivait aussi ses alliées parmi les femmes blanches avec lesquelles elle travaillait. Emma Jean Landrum, un autre membre de la toute petite *sorority* des ingénieures de Langley, occupait un bureau situé à deux rangées du sien dans les locaux de la Soufflerie supersonique de 120 cm. Emma Jean était sortie major de sa promotion de l'université de Caroline du Nord, sur le campus de Greensboro, en 1946, se donnant les moyens d'avancer dans son cursus d'études en servant des repas au réfectoire et en notant des copies pour des professeurs[598]. Comme tant de femmes à Langley, elle avait été recrutée par Virginia Tucker, l'ancienne calculatrice en chef de Langley. Au cours des années écoulées depuis lors, elle avait produit plusieurs rapports de recherche dans le cadre de l'équipe de la Soufflerie du Plan unitaire (UPWT) ; elle avait ensuite été transférée dans les locaux de la Soufflerie supersonique de 120 cm, où elle était devenue l'une des collaboratrices régulières de Kaz Czarnecki[599]. Comme Mary Jackson, elle avait été promue ingénieure en 1958.

En 1962, ce fut Mary qui lui proposa de participer à une table ronde sur les carrières, organisée par la section locale du Conseil national des femmes noires, et elle accepta aussitôt[600]. Un groupe de collégiennes, toutes des noires, écoutèrent attentivement l'intervention conjointe de Mary et Emma Jean, intitulée « Aspects de l'ingénierie pour les femmes »[601]. Après quoi, cette dernière divertit son auditoire en lui projetant des diapositives d'un voyage qu'elle avait récemment fait à Paris et à Londres. Leur apparition ensemble devant ce groupe — Mary, noire et menue, Emma, blanche et plus grande d'une bonne tête — était, tout autant que leur présentation proprement dite, une manière d'affirmer avec force les possibilités qu'offrait le champ de l'ingénierie. Ces jeunes filles eurent ainsi la preuve vivante que les femmes pouvaient réussir dans un domaine traditionnellement masculin. Avec cette collaboration, Mary et Emma constataient qu'il était possible pour un lieu de travail entièrement fréquenté par des blancs d'accueillir une femme qui leur ressemblait.

Occuper la fonction de chef de la patrouille de Girl Scouts n° 60, l'un des grands groupements d'une minorité ethnique de la péninsule, figurait toujours en tête de la liste des activités bénévoles de Mary[602]. Toutefois, elle perdait de plus en plus patience face à une ségrégation qui imposait un conseil distinct pour les scouts noirs, et se mit à faire campagne pour une organisation supervisant l'ensemble des scouts. Quand des noms circulèrent pour pourvoir les deux postes vacants de Virginie au conclave national des éclaireuses, à Cody, dans le Wyoming, elle usa de son influence pour que l'on envoie sa jeune chef de patrouille adjointe, Janice Johnson, devenue un bras droit compétent et une chef de file à part entière[603]. Pour la première fois, cette jeune fille quitterait sa ville natale pour intervenir dans un contexte intégré. D'après Mary, elle se montrcrait à la hauteur de ce défi et en retirerait une expérience précieuse.

Elle savait aussi qu'une jeune fille originaire d'une région aussi plate aurait besoin d'un coup de pouce pour pouvoir crapahuter en altitude, dans les montagnes du Wyoming. Elle fit donc appel à Helen Mulcahy, une ancienne de Calcul Est qui avait été transférée au département d'édition technique de Langley[604]. Mary chargea Helen, une passionnée d'activité de plein air, d'emmener Janice, un lourd sac au dos, effectuer une marche, d'abord à Buckroe Beach, puis dans les monts Shenandoah de Virginie[605]. Ce n'était pas précisément le plus rigoureux des entraînements avant de monter à mille huit cents mètres d'altitude, et cette marche ne valut pas de nouveaux insignes scouts à Janice, mais au camp, elle sut tenir son rôle et rentra pleine de récits pour les jeunes qu'elle avait sous sa responsabilité.

Au fil des ans, il semblait à Mary que le travail qu'elle aimait, les services qu'elle rendait à sa communauté, qui conféraient tout son sens à sa vie, finissaient peu à peu par ne faire plus qu'un. Elle obtint son titre d'ingénieure à force d'un travail acharné, de talent et de volonté, mais l'opportunité de défendre cette position lui fut offerte par le travail de ceux qui l'avaient précédée. Ainsi, Dorothy Vaughan avait eu un impact positif sur la carrière et le phénomène en devenir qu'était Katherine Johnson. Dorothy Hoover avait montré qu'une noire était capable d'atteindre le plus haut niveau de la recherche aéronautique théorique. Pearl Young, Virginia Tucker, Kitty Joyner — Mary se tenait aussi sur les épaules de ces femmes, toutes des blanches. Chacune d'elles avait contribué à élargir le trou dans le mur, permettant à d'autres talents de s'y faufiler à leur suite. Et maintenant que Mary était passée au travers, elle agrandirait autant que possible la brèche, pour celles qui viendraient après elle.

Un samedi matin, le 3 juillet, une foule enthousiaste de quatre mille personnes se massaient sur les trottoirs de la Vingt-Cinquième Rue, à Newport News, pour le lancement de leur week-end de festivités du Quatre-Juillet[606]. L'été de Virginie régnait dans toute sa splendeur : lumière, chaleur, et juste ce qu'il fallait de brise pour éviter que la foule ne meure de chaud, sans qu'elle influe sur l'issue du dixième derby annuel des « caisses à savon » de la péninsule[607]. Les concurrents de la première épreuve éliminatoire de la journée firent rouler leurs bolides jusqu'à la ligne de départ, tout en haut de Twenty-Fifth Street Bridge. Lorsque les pilotes prirent place à bord de leurs engins, tout fut relégué à l'arrière-plan — la vue sur les docks de la compagnie C & O et le chantier naval en contrebas, le brouhaha de la foule survoltée, les visages de la famille et des amis venus les acclamer —, tout, excepté le désir d'être le premier à franchir la ligne d'arrivée. Les commissaires pesaient et inspectaient chaque engin, puis déterminaient les positions dans la première manche en les tirant à la loterie[608]. Au coup de pistolet du starter, les pilotes, au gabarit minuscule, relâchaient leurs freins, se calaient dans leurs roadsters fabriqués main, et lançaient leurs bolides dans la pente. La course durait toute la journée, les manches se succédant, des adolescents avides, impatients, persévérant malgré leurs roues branlantes, leurs essieux cassés, leurs erreurs de pilotage, la déception de leurs parents et le verdict de la photo finish.

Mary Jackson voyait le déplacement d'air autour de l'engin de course aussi clairement que si elle étudiait une photographie Schlieren prise en soufflerie. La voiture de Levi était bien construite, la seule révision qu'elle réclamait entre les manches étant « une goutte d'huile et un réglage de chaque roulement à billes »[609]. Mary, Levi Senior et la petite Carolyn, âgée de quatre ans, retenaient leur souffle quand Levi Junior prit position pour la dernière manche. Cela leur parut une éternité, mais à la fin Mary et Levi Senior hurlèrent de bonheur : leur fils avait fini premier, réservant son meilleur temps pour la manche qui comptait le plus. Coiffé d'un casque noir et blanc et du T-shirt officiel de l'épreuve, Levi Junior coupa la ligne à la vitesse ébouriffante de 27 km à l'heure[610]. Sa famille se précipita vers lui dans une mêlée d'embrassades et de louanges. Aux journalistes locaux curieux et surpris qui vinrent entendre le vainqueur du Derby de caisses à savon de la péninsule de Virginie, Levi Jackson confia le secret de sa victoire : la finesse de sa machine, qui contribuait à réduire la résistance au vent[611]. Que veux-tu faire quand tu seras grand ? dut lui demander le reporter du *Norfolk Journal and Guide*. « Je veux être ingénieur, comme ma mère », répondit-il[612].

Le butin de la victoire avait de quoi en mettre plein la vue : un trophée doré, un vélo tout neuf, et une place pour l'All-American Soap Box Derby d'Akron, dans l'Ohio, en tant que représentant officiel de la péninsule de Virginie[613]. Levi y affronterait des pilotes de tout le pays, devant soixante-dix mille aficionados, sur une piste où les coureurs pouvaient foncer à des vitesses dépassant 45 km à l'heure[614]. Il y serait le seul occupant de son buggy aérodynamique, mais il aurait toute une communauté qui l'épaulerait et courrait à ses côtés. Levi Jackson fut le « premier garçon de couleur de l'histoire » à remporter le Derby de caisses à savon de la péninsule[615]. Pratiquement dès l'instant où il franchit la ligne d'arrivée, les donations commencèrent d'affluer, celles d'associations diverses, les Bachelor-Benedicts, les Phoebus Elks, le Beau Brummell Social Club, la Hampton Women's Service League, d'une demi-douzaine de commerces locaux aux propriétaires noirs et de chacune des trois plus grandes églises de Hampton, qui participèrent à la couverture des frais de voyage du héros local jusqu'en Ohio[616]. Une autre grande première noire, à marquer d'une pierre blanche ! Si un gamin noir pouvait rapporter le trophée du Derby à la maison, où s'arrêterait-il ensuite ?

La réussite procurée par un travail opiniâtre, le progrès social par la science, tous les possibles grâce à la force de conviction… quand Levi tendit la main pour se saisir du trophée de la première place, Mary fut témoin, en cet instant de fierté et d'émotion, de l'incarnation de ce qui était le plus cher à ses yeux. Certes, son fils était sa copie conforme ; ils avaient tous les deux construit pour gagner. Quand votre mère était un cerveau, vous étiez *censé* sortir vainqueur d'une course comme celle-là, cela allait de soi, même si le cerveau en question était une femme, une noire… ou les deux. La victoire de son fils était un symbole fort, le sachant mieux que quiconque, elle l'accueillit avec ravissement. Mais elle savait aussi, et surtout, que lorsqu'on abattait un mur, c'était pour de bon.

20

Degrés de liberté

En février 1960, alors que la NASA progressait sur les tests de fiabilité de la capsule Mercury, quatre étudiants de l'Ecole d'enseignement agricole et technique de Caroline du Nord, un institut universitaire noir de Greensboro, prenaient place au comptoir, dans la partie ségréguée de la cafétéria du grand magasin Woolworth de la ville, et refusèrent de bouger tant qu'on ne les aurait pas servis[617]. Le lendemain, les « Quatre de Greensboro » étaient devenus un groupe de vingt militants. Le troisième jour, soixante étudiants convergeaient vers le grand magasin Woolworth, et, le quatrième, ils étaient trois cents à se joindre à la manifestation[618]. Il y avait parmi les participants des élèves de Bennett College, une faculté réservée aux femmes noires, à Greensboro, ainsi que des étudiants blancs de Guilford College et du Women's College, la faculté pour femmes de l'université de Caroline du Nord, berceau de tant de Calculatrices Est. En une semaine, les protestations, inspirées par les actions non-violentes du Mahatma Gandhi, gagnèrent d'autres villes de Caroline du Nord, puis traversèrent les frontières du Kentucky, du Tennessee et de Virginie. Les étudiants baptisèrent ces manifestations des « sit-in ». Leur activisme était souvent frappé de peines de prison qui ne faisaient rien pour réprimer leur ardeur. « Chère maman, cher papa : je vous écris cette lettre ce soir d'une cellule de la prison de

Greensboro. J'ai été arrêtée cet après-midi après être entrée dans une salle à manger blanche comme le lys et m'être assise… », écrivait une jeune femme de Portsmouth, qui fréquentait l'institut agricole et technique de Caroline du Nord. Comme une allumette jetée sur du petit-bois, ces sit-in enflammèrent le rêve noir d'égalité, qui couvait depuis si longtemps. L'incendie s'était déclaré avec une rapidité et une intensité qui prit même la communauté noire par surprise.

L'Institut Hampton fut le premier établissement situé hors de Caroline du Nord à organiser un sit-in. Sur le campus, beaucoup d'étudiants étaient entrés en contact avec l'une des premières figures emblématiques d'une mobilisation qui semblait devoir acquérir une ampleur nationale. Cinq ans plus tôt, Rosa Parks, la couturière de Montgomery, dans l'Alabama, et membre de la NAACP, refusait de céder son siège dans un bus de la ville à un blanc, donnant ainsi l'impulsion du boycott mené par Martin Luther King et Ralph Abernathy. Rosa Parks essuya une violente réaction en retour : elle reçut des menaces de mort, et elle et son mari, Raymond, furent inscrits sur la liste noire des employeurs de Montgomery. Le président de l'Institut Hampton accorda son aide à Parks, lui proposant un poste de serveuse à la salle à manger de l'université, le Holly Tree Inn[619]. Elle accepta, arriva sur le campus en 1957, et travailla au restaurant jusqu'en 1958.

Quand les sit-in touchèrent Hampton, Christine Mann était une étudiante de troisième année à l'Institut Hampton qui suivait un double cursus. Son père avait insisté pour qu'elle obtienne un certificat d'enseignante, en guise de solution alternative par rapport à ses projets de carrière scientifique. Captivée par le mouvement militant naissant et, tout en assumant un semestre très chargé en mathématiques et en physique, auquel s'ajoutaient des cours supplémentaires de formation d'enseignante, elle trouva le temps de se joindre aux manifestations qui donnèrent lieu à des marches réunissant plus de sept cents personnes[620]. Des étudiants traversèrent le pont de Queen Street vers le centre de Hampton et se dirigèrent vers les comptoirs de Woolworth et de Wornom, le drugstore local. Ils occupèrent ces deux magasins dans le calme, certains s'assirent aux tables, pour lire et travailler, jusqu'à ce que les propriétaires des lieux ferment leurs deux établissements, en milieu d'après-midi[621]. Le mois suivant, cinq cents étudiants organisèrent une manifestation pacifique dans le centre-ville[622]. Des meneurs qui n'avaient pas la langue dans la poche tinrent une conférence de presse destinée aux journaux locaux. « Nous voulons être traités en citoyens américains. Si cela suppose l'intégration dans tous les domaines de l'existence, alors c'est ce que nous voulons »[623].

Christine décida aussi de se joindre aux initiatives d'inscription sur les listes électorales organisées à Hampton, faisant du porte-à-porte dans les quartiers noirs longeant Shell Road et Rip Rap Road, conjurant les électeurs noirs de s'inscrire à temps afin de faire entendre leur voix lors de l'affrontement présidentiel de novembre 1960 entre le Républicain, le vice-président Nixon, et le Démocrate, le sénateur John F. Kennedy, du Massachusetts[624].

Malgré sa défense inflexible d'une émancipation économique des noirs, la position de l'Institut Hampton sur l'intégration avait toujours été de se hâter lentement, son président en temps de guerre, Malcolm MacLean faisant figure d'exception notable. Désormais, ayant pour la première fois un président noir à sa tête, l'institution céda à l'esprit de l'époque. La fille aînée de Dorothy Vaughan, Ann, partie de l'établissement en 1957, y retourna à l'automne 1959, pour y achever son diplôme. A la veille d'un changement social majeur et permanent, le campus était animé, fébrile[625]. Selon une rumeur qui se répandit comme une traînée de poudre dans ce réseau d'étudiants remontés à bloc, les astronautes apportaient leur contribution aux activités estudiantines[626]. Ces astronautes représentaient tout ce qui était cher au cœur de l'Amérique profonde — *et ils sont parmi nous*, s'émerveillaient ces jeunes gens. L'idée même que ces garçons, ces Américains moyens, le cheveu coupé en brosse, côtoient, ne serait-ce que brièvement, des étudiants militants de la cause noire ! Le fait que la rumeur ne puisse être confirmée n'en diminua pas la force. Au début de cette décennie, rien ne semblait impossible.

Si quelqu'un pouvait témoigner du poids de la persévérance, c'était Dorothy Vaughan. Dans cette bataille autour des écoles, le gouverneur de Virginie, Lindsay Almond, capitula, rouvrit les établissements de Norfolk, Charlottesville et Front Royal en 1959 et s'orienta lentement vers l'intégration : quatre-vingt-six élèves noirs de ces districts fréquentaient à présent des écoles avec des blancs[627]. Dans le comté de Prince Edward, toutefois, les ségrégationnistes demeuraient intraitables : plutôt que d'accepter cette intégration, ils privèrent tout le système scolaire du comté de financement, y compris l'établissement R. R. Moton de Farmville. Aucune municipalité, nulle part en Amérique, n'avait pris des mesures aussi draconiennes. Alors que les parents orientaient leur progéniture vers des établissements ségrégués, les familles noires les plus ingénieuses firent des pieds et des mains pour préserver l'éducation de leurs enfants en les envoyant habiter chez d'autres membres de la famille, ailleurs dans l'Etat, et même jusqu'en Caroline du Nord. Les écoles du comté de Prince Edward resteraient fermées de 1959 à 1964, cinq longues et pénibles années. Beaucoup d'enfants affectés, que l'on qualifia de « génération perdue », ne rattrapèrent jamais tous ces semestres de cours supprimés. La Virginie, cet Etat qui bénéficiait de l'une des plus fortes concentrations de talents scientifiques au monde, prit la tête, à l'échelon national, de ce refus d'éduquer sa jeunesse. Les amis et anciens camarades de Dorothy à Moton voyaient, impuissants, l'avenir de leurs enfants sacrifié dans cette bataille autour du futur des écoles publiques de Virginie. Commentant la situation en 1963, Robert Kennedy, ministre de la Justice des Etats-Unis, déclarait : « Les seuls endroits connus sur terre pour ne pas offrir une instruction publique gratuite sont la Chine communiste, le Nord-Vietnam, le Sarawak, Singapour, le Honduras britannique — et le comté de Prince Edward, en Virginie »[628].

Entre-temps, Langley choisissait la direction opposée. Quand Dorothy Vaughan éteignit pour la dernière fois la lumière dans son bureau de la Zone de Calcul Ouest, les femmes restantes dans cette unité ségréguée et elle-même se virent réaffectées aux quatre coins du laboratoire, rattrapant finalement des collègues qui avaient déjà trouvé des postes permanents au sein d'un groupe d'ingénieurs. Marjorie Peddrew et Isabelle Mann furent prises à la Dynamique des gaz, Lorraine Satchell et Arminta Cooke rejoignirent Mary Jackson au Département des Souffleries supersoniques, Hester Lovely et Daisy Alston partirent pour le Département des Jets hypersoniques, Eunice Smith alla aux Charges au sol, et Pearl Bassette fut affectée à la Soufflerie hypersonique de 11 pouces (28 cm)[629].

Quant à l'ancienne chef des Calculatrices Ouest, Dorothy Vaughan, elle bénéficia d'une place dans un autre édifice tout neuf. En 1960, Langley venait d'achever la construction du Bâtiment 1268, situé dans le Quartier Ouest, abritant l'un des complexes les plus modernes de ce qui ne s'appelait pas encore l'informatique, sur la Côte Ouest. Le calcul électronique avait évolué et, à partir de la recherche sur les ailes d'avion, finit par occuper une place centrale. En conséquence, Langley centralisa ses opérations de calcul dans un groupe baptisé Division d'analyse et de calcul (Analysis and Computing Division, ou ACD), créé pour desservir toutes les opérations de recherche du centre, et pour fournir des capacités de calcul à des contractants extérieurs. L'organigramme de l'ACD offrait un instantané de deux décennies de changements à Langley. Dorothy y retrouva beaucoup de ses collègues de Calcul Ouest, mais celles-ci travaillaient maintenant aux côtés des anciennes de Calcul Est comme Sara Bullock et Barbara Weigel.

Une autre donnée s'avérait encore plus frappante que l'intégration ethnique de ces mathématiciennes, en effectif croissant : un groupe centré sur le calcul employait désormais de plus en plus d'hommes. La fonction calcul était montée en grade : ce service d'abord exclusivement organisé autour de femmes et d'exigences minimales en matériel s'était mué en division de haut niveau dotée d'un budget de fonctionnement à huit chiffres. Aux yeux de jeunes messieurs ambitieux, cette unité offrait une rampe de lancement et un véritable plan de carrière. Des engins de calcul de la taille d'une salle entière transformaient de fond en comble les vieux modèles de la recherche aéronautique ; leur ascendant marquait le début d'une ère qui promettait d'être encore plus mouvementée que celle ouverte par les premières machines volantes. Pour le meilleur ou pour le pire, elle marquait aussi le début de la fin du calcul, travail strictement féminin.

Certaines des femmes les plus âgées du centre, celles qui se servaient encore de calculatrices mécaniques, finissaient par donner l'impression de s'être échouées sur une île, séparée du continent par un bras de mer qui s'élargissait au fil des ans. Le début des années 1960 fut un point d'inflexion dans l'histoire du calcul, une ligne de partage entre l'époque où les calculatrices étaient humaines et celle où elles se transformèrent en objets inanimés. On avait confié les calculs à des femmes assises munies de machines à calculer à 500 dollars pièce. Maintenant, les calculs étaient traités par un ordinateur de la taille d'une salle, coûtant plus d'un million de dollars.

Dorothy Vaughan avait une conscience très nette de cette ligne invisible qui séparait le passé du futur. A cinquante ans, et déjà très avancée dans sa seconde carrière, elle se réinventa en programmeuse. Les ingénieurs effectuaient encore le pèlerinage jusqu'à son bureau, lui demandant de l'aide pour leurs calculs. Pourtant, désormais, au lieu de déléguer la besogne à l'une des filles, Dorothy prenait rendez-vous avec l'un des ordinateurs IBM 704 qui occupaient la quasi-totalité d'une salle au sous-sol du Bâtiment 1268, enceinte refroidie à des températures polaires pour empêcher les lampes de la machine de surchauffer.

Dans le passé, elle aurait inscrit les équations sur une feuille de données et guidé l'une des jeunes femmes pour qu'elle les complète. A l'ACD, son travail consistait à convertir les équations des ingénieurs en langage informatique — le FORTRAN — au moyen d'une machine spéciale qui perforait des cartes au format 18,73 cm × 8,26 cm où était imprimé un alignement de quatre-vingts colonnes, chacune d'elles affichant les chiffres de 0 à 9, et chaque espace recevant un chiffre, une lettre ou un caractère. Une fois perforée, chaque carte de couleur crème représentait un ensemble d'instructions en FORTRAN.

Plus le programme était long et complexe, plus la programmeuse introduisait de cartes dans l'ordinateur. Les machines étaient calibrées à deux mille cartes, soit deux milles lignes d'instructions. Les programmes les plus modestes pouvaient nécessiter un bac de centaines de ces cartes, qu'il fallait introduire dans la machine en respectant le bon ordre. Malheur à l'empoté(e) qui lâchait une boîte de cartes sur le sol ! Certains programmeurs tâchèrent de prévenir le désastre en se servant d'un feutre pour tracer une épaisse diagonale sur la tranche d'une pile de cartes, une ligne continue qui partait du coin de la première carte du haut à l'angle opposé de la dernière du bas, dans l'espoir que ce minuscule point de couleur noir soit la clef permettant de reconstituer le tas ainsi mélangé en une pile dans le bon ordre.

L'ordinateur de l'ACD avait beau être puissant, au vu de ce qui allait suivre, les maîtres à penser du Programme Mercury réclameraient encore davantage de force de frappe électronique. A la fin de 1960, la NASA acheta deux IBM 7090 et les installa dans un bâtiment ultramoderne du centre de Washington, géré par le Goddard Space Flight Center, à Greenbelt, dans le Maryland, le centre opérationnel ouvert par l'Agence en 1959, exclusivement consacré à la science spatiale. Enfin, l'Agence installa un troisième ordinateur, un IBM 709 de dimensions plus modestes, dans un centre de données aux Bermudes. Ensemble, les trois ordinateurs surveilleraient et analyseraient tous les aspects des vols spatiaux, du lancement à l'amerrissage.

Les vols suborbitaux programmés présentaient toute une série de défis spécifiques. Décollant de Cap Canaveral, en Floride, et touchant terre dans l'Atlantique à un endroit situé approximativement à 80 km de l'archipel des Iles Turks-et-Caïcos, la capsule qui filerait dans le ciel resterait à portée de communications du Contrôle de mission, en Floride, et des centres de données de Washington et des Bermudes. Les vols orbitaux — qui envoyaient un astronaute effectuer une ou plusieurs révolutions de 90 mn autour du globe, au cours desquelles il volerait en territoire hostile, hors du champ de contact visuel et radio avec le Contrôle de mission — rehaussaient la barre d'un cran. Le contact permanent avec l'astronaute, à chaque minute de chaque orbite, était un impératif de vol.

La tâche consistant à implanter un réseau planétaire de stations de poursuite qui maintiendraient la communication bilatérale entre le vaisseau en orbite et le Contrôle de mission incombait à Langley. En 1960, le centre investit 80 millions de dollars dans ce projet, et acheva d'en mettre en place les dernières pièces en décembre 1960, date initialement prévue pour la première mission suborbitale*. Le réseau des stations de suivi Mercury constituait en soi un projet dont l'échelle et l'audace rivalisaient avec les missions spatiales auxquelles il apporterait sa logistique. Les dix-huit stations de communication implantées à intervalles réguliers autour du globe, notamment deux à bord de navires de la marine (un dans l'Océan Atlantique, l'autre dans l'Océan Indien) recouraient à de puissants récepteurs satellitaires pour l'acquisition du signal radio de la capsule Mercury lors de son passage à leur verticale. Chaque station transmettait des données sur la position du vaisseau et les renvoyait aussitôt au centre de contrôle, qui les répercutait vers les ordinateurs du complexe Goddard. Le programme logiciel « CO3E », développé par le département Analyse de mission et programmé par les ordinateurs IBM, intégrait toutes les équations de mouvement décrivant la trajectoire de l'engin,

* Soit 650 millions de dollars en 2016. Source : Bureau of Labor Statistics. (NdT)

ingérait en temps réel les données émanant des stations disséminées à la surface du globe, puis projetait la ligne de vol restante, y compris l'emplacement de l'amerrissage final. Les ordinateurs sonnaient aussi l'alarme au premier signe de problème ; toute déviation par rapport à la ligne de vol programmée, tout signal de dysfonctionnement à bord de la capsule ou signes vitaux anormaux chez l'astronaute, également suivis et transmis à l'équipe médicale au sol, feraient basculer le Contrôle de mission en mode Résolution de crise.

La date de lancement de la première mission habitée du Programme Mercury fut reportée à 1961, une année qui s'annonçait d'emblée imprévisible : le 3 janvier, les Etats-Unis coupaient toutes relations diplomatiques avec Cuba, marquant une nouvelle étape sur la voie de la Guerre froide avec l'Union soviétique. Dans son discours d'adieu de janvier 1961, le président Dwight Eisenhower dénonçait le complexe militaro-industriel des Etats-Unis, qui ne cessait de se renforcer. Le 6 mars 1961, le président John F. Kennedy, récemment investi dans sa fonction, annonçait l'Ordre exécutif 10925, obligeant le gouvernement fédéral et ses contractants à prendre des mesures de « discrimination positive » afin d'assurer une égalité des chances à tous leurs employés et candidats, quelles que soient leur ethnie, leur couleur de peau ou leur nationalité d'origine. Dans ce contexte, le Groupe de travail Espace, le Groupe de recherche de Langley, les autres centres de la NASA et des milliers de contractants extérieurs de l'Agence poursuivaient leurs essais aérodynamiques, de structures, de matériaux et de composants, à l'approche de leur fenêtre de dates de lancement, fixée au mois de mai[630].

Face aux grands espoirs américains d'une rédemption céleste, les Soviétiques frappèrent de nouveau. Le 12 avril 1961, le cosmonaute russe Youri Gagarine devenait le premier humain dans l'espace et le premier à orbiter autour de la Terre. « Nous aurions pu les battre, nous aurions dû les battre », se rappelait le directeur des vols du Programme Mercury, Chris Kraft, bien des années plus tard[631]. Mais à l'opposé de la désorientation, de l'angoisse et de la peur qu'avait provoquées Spoutnik, cette fois, l'Agence sut encaisser le coup. C'était une défaite cuisante, certes, et non moins gênante, mais ses dirigeants transformèrent ce tourbillon d'émotions contradictoires en regain d'intense concentration sur la mission, et mirent en œuvre tous leurs talents et tous les principes des mathématiques, de la physique et de l'ingénierie pour élaborer un plan précis et minutieux. Ensuite, ils l'exécutèrent, avec la conscience qu'il n'y avait qu'une seule direction à prendre : la marche en avant.

Il faudrait au total 1,2 million d'interventions — essais, simulations, investigations, inspections, vérifications, corroborations, expérimentations, contrôles et répétitions générales — pour envoyer le premier Américain dans l'espace, un premier pas avant d'atteindre l'objectif final du Programme Mercury : mettre un citoyen des Etats-Unis en orbite[632]. Chaque mission engageait la capsule éponyme, mais les lanceurs — Scout, Redstone et Atlas — variaient. Mercury-Redstone 1, ou « MR-1 », la première mission accouplant la capsule Mercury à la fusée Redstone, connut une avarie sur le pas de tir. MR-2, avec Ham le chimpanzé pour passager, dépassa son point d'amerrissage de cent kilomètres et avait presque coulé quand on la hissa enfin hors de l'océan[633]. Levant le rideau sur trois années et demie de travail, la NASA prit l'initiative audacieuse de décider de téléviser en direct le lancement de la première mission habitée du Programme Mercury — Mercury-Redstone 3, qui emportait l'astronaute Alan Shepard. Quarante-cinq millions d'Américains allumeraient leur poste pour assister à la réussite suprême ou à l'échec de MR-3[634]. Quand Shepard, enfin sanglé dans sa capsule d'une petitesse confondante — avec son petit mètre quatre-vingts de diamètre et son mètre quatre-vingt-quinze de longueur —, chevaucha la torche Redstone en direction de l'espace, pour atteindre une altitude de 187 km au-dessus du globe terrestre, ce furent pour les Etats-Unis une résurrection, et pour la NASA, une dose d'adrénaline dont elle avait grand besoin[635].

Le vol suborbital de la capsule de Shepard, baptisée Freedom 7, ne dura que 15 mn 22 s et couvrit une distance de 487 km, à peu près celle qui séparait Hampton, Virginie et Charleston, en Virginie occidentale[636]. Freedom 7 était donc une bien pâle réussite technique, comparé au vol orbital de Youri Gagarine, un mois plus tôt, mais ce succès enhardit le président Kennedy, qui engagea la nation américaine à atteindre un objectif nettement plus ambitieux : une mission habitée vers la lune.

« Je crois que cette nation doit s'engager, avant le terme de cette décennie, à atteindre cet objectif : poser un homme sur la Lune et le ramener sur Terre sain et sauf », déclara le président Kennedy devant une session du Congrès, moins de trois semaines après l'amerrissage de Shepard[637]. Tous les employés de la NASA impliqués dans le programme spatial, qui n'avaient pas fini d'accumuler des heures de travail nocturne pour se consacrer au Programme Mercury, en eurent des sueurs froides. L'Agence n'avait pas encore envoyé un homme sur orbite, et Kennedy les voyait déjà fouler la Lune ?

C'était une perspective terrifiante, mais ils n'avaient jamais rien entendu d'aussi exaltant. Atteindre la Lune, ce rêve jamais exprimé en public avant cette minute, l'un des plus anciens de l'humanité, et l'un des plus profondément ancrés, comptait aussi depuis longtemps parmi les rêves secrets de plus d'un employé de Langley. Mais avec un seul succès opérationnel à leur actif, six futures missions Mercury et le vol orbital encore au stade de la planche à dessin, la route de la NASA vers la Lune semblait d'une complexité inimaginable. Les ingénieurs estimaient que ce vol orbital à venir, et notamment le personnel nécessaire au réseau mondial des stations de poursuite, requérait une équipe de dix-huit mille personnes[638]. La montée en puissance, jusqu'à l'alunissage, exigerait bien plus de monde que la maison-mère de Langley ne pourrait raisonnablement rémunérer.

Les rumeurs qui circulaient gagnaient en crédibilité : les jours du Groupe de travail Espace sur le site de la maison-mère étaient comptés. Les employés, et les gens de la région, jetèrent toutes leurs forces dans une campagne visant à empêcher le fruit de leur création de quitter son berceau. En 1915, quand la NACA avait cherché où installer son terrain d'essais et son laboratoire aéronautique, la géographie et la politique avaient souri à la Virginie. Cela avait déjà été le cas avant la Première Guerre mondiale, quand le gouvernement fédéral avait dressé une liste des sites possibles pour le quartier général de son entreprise spatiale, en quête de la juste combinaison entre climat, terrains disponibles et responsables politiques favorablement disposés. En 1960, neuf sites furent retenus dans la sélection finale, mais la Virginie n'y figurait pas[639]. Grâce à l'influence non négligeable de quelques Texans puissants, parmi lesquels le vice-président Lyndon Johnson, la NASA décida de déplacer le cœur de son programme spatial à Houston. Beaucoup d'employés de Langley — les anciennes grosses têtes de la NACA, notamment Katherine Johnson — allaient devoir procéder à des choix épineux. Ils avaient fini par aimer leur foyer en bord de mer, ses fruits de mer frais en abondance, ses hivers doux. Suivre l'exemple présidentiel pourrait leur imposer un choix, entre ces lieux qui leur avaient offert une communauté de vie, et leur passion pour ce travail qui donnait tout son sens à leur existence.

Dans le Bâtiment 580 du Quartier Est de Langley, les anciens collègues de Katherine, Ted Skopinski, John Mayer, Carl Huss et Harold Beck, à la tête du Département d'Analyse de mission au sein d'un Groupe de travail Espace en croissance rapide, se préparaient au déménagement à Houston. Mary Shep Burton, Catherine T. Osgood et Shirley Hunt Hinson, les assistantes mathématiciennes qui opéraient sur le logiciel d'analyse de trajectoire de l'IBM 704 du groupe, décidèrent aussi de partir. A moins que d'autres femmes de Langley ne se portent volontaires pour les imiter, les membres du département craignaient que leur nouveau bureau « ne soit en grave sous-effectif » alors même que la charge de travail augmentait de façon exponentielle[640].

Katherine Johnson avait été invitée à suivre le transfert du groupe à Houston, mais son mari, James, avait envie de rester proche de leurs familles respectives[641]. Pour Katherine et tant d'autres de ses collègues de Langley, il était difficile de résister à l'appel de Houston, de ne pas suivre le centre nerveux du programme spatial à l'extrême sud du pays. Il était « impraticable » de recruter les mathématiciennes dont ils avaient besoin en Virginie, aussi Mary Shep Burton et John Mayer allèrent-ils à Houston recruter « cinq jeunes femmes qualifiées » pour qu'elles viennent se former à Langley avant de monter un nouveau pôle de calcul permanent dans le « Centre Vaisseaux habités » alors en construction[642]. Cette initiative faisait écho à l'instauration du premier pôle de calcul de Langley, vingt-cinq ans auparavant.

Les locataires du Bâtiment 1244 auraient pu ne pas bouger de Hampton, mais, malgré leurs inquiétudes, il leur restait amplement assez de travail sur le Programme Mercury. Le vol d'Alan Shepard fut un triomphe. La mission MR-4, le vol suborbital de Virgil « Gus » Grissom, en juillet 1961, fila comme un météore.

La première mission orbitale de la NASA, et les débuts de son réseau de stations de poursuite et de communications, frémissaient déjà comme un mirage de chaleur à l'horizon. Katherine et Ted Skopinski avaient posé les fondements de la trajectoire orbitale près de deux ans plus tôt, dans leur rapport capital sur l'angle d'azimut, avant de céder la responsabilité de ce calcul des conditions de lancement du vol aux ordinateurs d'IBM. Comme Dorothy Vaughan, Katherine Johnson savait que le reste de sa carrière serait défini par son aptitude à se servir de ces machines à calculer électroniques pour transcender les limites humaines. Mais avant de sauter complètement le pas, elle allait endosser une dernière mission très importante, recourant aux techniques et aux outils de l'ère humaine du calcul. Comme son compatriote de Virginie occidentale, John Henry le « pousseur d'acier qui défia le marteau à vapeur », Katherine Johnson s'entendrait bientôt demander de confronter ses facultés mentales aux prouesses de l'ordinateur électronique*.

* John Henry, figure mythique du folklore américain, défia le marteau à vapeur que le propriétaire des chemins de fer avait acheté pour remplacer ses équipes de travailleurs majoritairement noires. John Henry l'emporta sur la machine, mais son exploit le tua.

21

Notre futur est né du passé

Envoyer un homme dans l'espace était une entreprise de taille, mais c'était son retour sain et sauf sur terre qui empêchait Katherine Johnson et le reste des pèlerins de l'espace de fermer l'œil. Chaque mission comportait son lot de scénarios catastrophes, à commencer par la fusée Atlas, notoirement capricieuse, un missile balistique intercontinental haut de 29 mètres, développant une puissance de 3,5 millions de chevaux, modifié pour propulser la capsule Mercury en orbite[643]. Deux des cinq dernières sorties des Atlas s'étaient soldées par un échec. L'une d'elles avait bondi dans le ciel avant d'exploser, la capsule encore fixée à son sommet, en une éruption spectaculaire de boules de feu. Ce n'était pas précisément de nature à inspirer confiance à l'homme qui se préparait à chevaucher l'engin en orbite, mais l'Atlas demeurait indispensable. Quant à la capsule proprement dite, c'était la boîte de conserve la plus sophistiquée de la planète. Les systèmes de production d'oxygène et de pressurisation du véhicule étaient placés entre l'astronaute et le vide sidéral négateur de toute vie. Ces fonctions et d'autres encore — chaque interrupteur, chaque cadran, chaque afficheur — devaient être testées sans relâche, afin de déceler la moindre trace d'avarie. Lorsque la fusée décollait du pas de tir dans un tonnerre de feu et accélérait dans le ciel pour atteindre sa vitesse de pointe, la pression aérodynamique sur la capsule augmentait elle aussi jusqu'à un point de pression maximale, le « max Q ». Si la capsule n'était pas assez solide pour résister aux forces qui agissaient dessus au point max Q, elle risquait d'exploser. Un sénateur républicain de Pennsylvanie évoqua le couplage capsule Mercury-fusée Atlas comme « un machin digne de Rube Goldberg au sommet d'un cauchemar de plombier »*[644].

Tout reposait sur la maîtrise des lois de la physique et des mathématiques. La mission était d'une ampleur colossale, et requérait à la fois une précision extrême et la plus totale exactitude. Un chiffre interverti dans le calcul de l'azimut de lancement, une valeur trop basse dans la mesure du poids de la capsule à pleine charge : n'importe quelle erreur pourrait se répercuter dans la chaîne des dépendances de trajectoire, entraînant des conséquences graves. Il y avait d'innombrables façons de tout louper, et un seul moyen de réussir, d'une effarante complexité, scrupuleusement modélisé, indéfiniment répété, soumis à d'inlassables essais.

Personne ne le comprenait mieux, naturellement, que l'astronaute John Glenn. L'ancien pilote d'essai de la marine avait mené une campagne farouche pour être le premier des Sept de Mercury à naviguer dans l'espace sidéral — sans succès. Cette fois, la NASA avait choisi Glenn pour MA-6, le vol orbital qui scellerait le futur de l'Agence spatiale, et il ne laissait rien au hasard. Il repoussa les limites de ses forces physiques, courant des kilomètres chaque jour pour rester en forme[645], s'associant avec son camarade astronaute Scott Carpenter pour s'exercer à sortir de la capsule immergée dans la Back River, sur le quartier Est de Langley[646]. Guidés par l'expérience d'Alan Shepard et Gus Grissom, les physiciens de la NASA craignaient un peu moins pour sa santé : en effet, à l'intérieur de la capsule, il serait relié

* Rube Goldberg (1883-1970) était un dessinateur humoristique, créateur du professeur Lucifer Gorgonzola Butts, et des « machines de Rube Goldberg », réalisant des tâches simples au prix de complications extrêmes. (NdT)

à autant de capteurs qu'un rat de laboratoire, chacun de ses signes vitaux étant retransmis et surveillé par des médecins au sol. Le spectre de l'erreur humaine demeurait toujours présent, aussi s'entraîna-t-il avec un soin maniaque sur des simulateurs et des dispositifs d'entraînement aux procédures, se soumettant à des centaines de missions simulées, affinant ses réponses à tous les scénarios de panne que les ingénieurs pouvaient imaginer[647].

En pilote d'essai chevronné, il savait que le seul moyen de supprimer tout danger de la mission serait de ne jamais quitter la Terre. En 1957, cet ancien Marine avait été le premier pilote à effectuer un vol transcontinental à vitesse supersonique. Dès le début du Programme Mercury, les ingénieurs de la NASA eurent la tâche délicate de peser la volonté d'aller dans l'espace aussi vite que possible, en fonction du risque qu'il serait raisonnable, selon eux, d'imposer à leur cargaison humaine. Forts de leur expérience et de leurs analyses, ils n'ignoraient pas qu'au cours de cette marche aventureuse, ils rencontreraient des problèmes imprévus ou pourraient se heurter à la simple malchance statistique, cette occurrence sur un millier qui enclenchait le scénario catastrophe. En revanche, pour ce qui relevait de leur maîtrise technique, ils prirent la précaution de tout border, même si cela imposait de ne pas respecter leur calendrier. Le premier vol orbital du Programme Mercury était originellement prévu à la fin de 1960, sous la présidence Eisenhower. Des tests et réglages supplémentaires — un pépin sur le système de refroidissement, un accroc dans le système de distribution d'oxygène, la nécessité d'introduire des améliorations fondées sur les vols suborbitaux et non habités précédents — entraînèrent un report de la date sous l'administration du nouveau président élu[648]. La NASA fixa le mois de juillet 1961 pour nouvelle date du vol orbital, avant de le reporter en octobre, puis en décembre. Finalement, la mission fut repoussée à 1962.

Pendant que la NASA donnait l'impression de tergiverser au sol, après le triomphe de Youri Gagarine d'avril 1961, le cosmonaute russe Gherman Titov enchaînait, le 6 octobre 1961, avec un vol réussi de dix-sept révolutions, presque une *journée entière* dans l'espace. De hauts responsables du gouvernement américain, la presse et l'opinion publique, exprimèrent leur déception face à ces retards, et ils furent nombreux à remettre en question les compétences de l'Agence spatiale. Même quand les questions techniques étaient maîtrisées, l'équipe du programme se retrouvait aux prises avec la météo. A Cap Canaveral, une longue succession de journées de ciel couvert, avec un plafond bas, fit obstacle à deux autres lancements prévus le 20 janvier et le 12 février 1962. Enfin, le groupe de travail Espace fixa la date du 20 février 1962 pour l'entrée en scène de John Glenn.

Les reports constants et l'ampleur des enjeux auraient poussé la plupart des individus à perdre leur concentration, mais un John Glenn optimiste, au tempérament égal, se contentait de donner des interviews à une presse impatiente et se souciait surtout de maintenir son corps et son mental dans une condition optimale. Trois jours avant la date la plus importante de sa vie, il se soumit à une ultime simulation, en procédant à une revue des troupes complète de son plan de vol. Toutefois, avant de s'en remettre à son destin, l'astronaute implora les ingénieurs d'effectuer une dernière vérification : un examen de la trajectoire orbitale telle qu'elle avait été générée par l'ordinateur IBM 7090.

Nombre des aspects opérationnels du vol imminent de John Glenn avaient été peaufinés au cours de séries de tests, durant les années consécutives au vol du Spoutnik. L'équipe de récupération était prête à hisser l'astronaute et sa capsule hors de l'eau. La NASA avait consacré des efforts considérables à élaborer des dispositifs de sûreté dans le réseau des ordinateurs IBM et la chaîne des dix-huit stations de poursuite de Mercury.

De par leur formation et leur tempérament, les astronautes résistaient aux ordinateurs et à leur intelligence fantomatique[649]. Lors d'un vol d'essai, un pilote jouait sa réputation et sa vie sur son aptitude à exercer un contrôle total, direct et permanent sur l'avion. Une infime erreur de jugement ou une seconde de retard dans une prise de décision pouvaient faire toute la différence entre la sécurité et la catastrophe. Dans un avion, au moins, tout reposait sur le pilote. *A contrario*, les commandes de vol électriques des missions Mercury, reliées par communication radio aux ordinateurs, reléguaient des astronautes interventionnistes dans une zone d'inconfort. Chaque ingénieur, chaque mathématicien avait l'habitude de doublement vérifier les données des machines. Et si l'ordinateur subissait une coupure de courant, ou s'il se figeait et cessait de fonctionner pendant le vol ? C'était le genre d'incident qui se produisait assez souvent pour donner matière à réflexion à l'équipe tout entière.

Quant aux ordinateurs humains qui effectuaient tous ces calculs, en revanche, c'était là une méthode de travail que les astronautes comprenaient. Ces femmes dominaient leurs machines à calculer de la même manière que les pilotes d'essai dominaient leurs machines volantes. Les chiffres entraient et ressortaient de ces machines un par un, avant d'être consignés sur une feuille de papier visible par tous. Surtout, ces chiffres-là entraient et sortaient de l'esprit d'une personne bien réelle, douée de raison, une personne que l'on pouvait questionner, mettre au défi, regarder dans les yeux si nécessaire. Le processus conduisant au résultat final était éprouvé, authentique, et complètement transparent.

En matière de pilotage de vaisseaux spatiaux, les ordinateurs avaient beau représenter l'avenir, cela ne signifiait pas que John Glenn soit obligé de leur faire confiance. En revanche, il se fiait à ces cerveaux qui contrôlaient les ordinateurs. Et les cerveaux qui contrôlaient ces machines se fiaient à *leur* ordinateur humain, Katherine Johnson. C'était aussi simple que les mathématiques au lycée : du fait de la transitivité propre à la relation d'égalité, John Glenn se fiait à Katherine Johnson. Le message fut passé à John Mayer ou Ted Skopinski, qui le relayèrent à Al Hamer ou Alton Mayo, qui le firent parvenir à la principale intéressée.

« Que cette femme vérifie les chiffres », exigea l'astronaute. « Si elle décrète qu'ils sont justes, déclara-t-il, je suis prêt à y aller. »

L'ère de l'espace et de la télévision atteignirent leur maturité au même moment. La NASA avait une claire conscience de ce que la tâche qui l'attendait ne consistait pas seulement à faire l'histoire, mais aussi à créer un mythe, à ajouter un nouveau chapitre palpitant à l'imaginaire américain, qui vénérait le travail acharné, l'ingéniosité et le triomphe de la démocratie. A Cap Canaveral, une caméra en coulisses saisit des séquences complètes de l'astronaute accomplissant chacune des étapes du voyage qu'il avait déjà effectué des centaines de fois dans les simulateurs de la NASA, matière d'un documentaire diffusé plus tard la même année. L'Agence envoya une équipe de tournage sur chacune des stations de poursuite disséminées dans le monde, pour y filmer les équipes de télécommunications procédant à leurs contrôles de prévol. Et les images montrant le déroulement des événements au Contrôle de mission, chargées d'une telle tension dramatique — des messieurs blancs, en chemise blanche, de fines cravates noires, écouteurs aux oreilles, face à de longs bureaux équipés de consoles de communication, hypnotisés par l'immense carte électronique du monde tapissant le mur devant eux — créèrent une vision emblématique de l'ingénieur au travail.

Pendant ce temps, loin de la ligne de front, hors de la vue des caméras, les employés noirs, dont le nombre avait grossi, tant à Langley que dans tous les centres de la NASA depuis 1945, étaient occupés à calculer des données, à lancer des simulations, à rédiger des rapports, et à rêver de voyages spatiaux aux côtés de leurs homologues blancs, tout aussi curieux de ce que pourrait découvrir l'humanité une fois éloignée de son île sphérique, et cherchant avec tout autant d'opiniâtreté des réponses à leurs interrogations. Au Centre de recherche Lewis, dans l'Ohio, un scientifique noir, Dudley McConnell, figurait parmi les chercheurs qui travaillaient sur le réchauffement aérodynamique, l'un des défis les plus épineux auxquels étaient confrontés les astronautes lors de leur rentrée dans l'atmosphère terrestre, avant leur chute libre vers la surface de l'océan[650]. Annie Easley, qui avait rejoint le laboratoire Lewis en 1955, fut affectée au Programme Centaur, le développement d'un étage de fusée qui fut finalement utilisé dans le lanceur Atlas[651]. Au Goddard Space Flight Center, dans le Maryland, chargée de piloter les deux IMB 7090 qui suivraient le vaisseau spatial et relaieraient l'information au Contrôle de mission, une diplômée de l'université Howard, Melba Roy, dirigeait une section de programmeurs travaillant sur les trajectoires[652].

Au Centre Goddard, il y avait aussi Dorothy Hoover. Après sa licence à l'université du Michigan, elle avait travaillé au Weather Bureau, le service de la météo, pendant trois ans[653]. Peut-être par nostalgie de l'institution qui l'avait propulsée dans la carrière mathématique, elle demanda son transfert au Centre Goddard en 1959, le seul qui ait été physiquement créé en dehors de la NASA. Elle était désormais titulaire à un échelon supérieur, GS-13. Pendant que ses collègues de Langley consacraient leurs réflexions au projet d'ingénierie du siècle, elle renoua avec le travail théorique qu'elle aimait, enrichissant la liste de ses publications d'un ouvrage sur la physique numérique qu'elle cosigna.

C'était à Langley que les progrès des deux dernières décennies étaient les plus évidents. A la Soufflerie des Dynamiques transsoniques, Thomas Byrdsong avait pris de l'avance sur la longue route de la lune en testant une maquette de fusée Saturn, un lanceur de la taille d'un séquoia. L'ingénieur Jim Williams, toujours membre de l'équipe avec John D. « Jaybird » Bird, contribuait déjà à exaucer le vœu du président Kennedy d'aller sur la Lune. La division serait associée au rendez-vous orbital lunaire, l'une des solutions les plus ingénieuses et les plus élégantes au défi consistant à propulser des objets dans ce voyage de plusieurs centaines de milliers de kilomètres vers la Lune, avant leur retour sur Terre.

Le site physique de Calcul Ouest n'existait plus, mais les anciens s'efforçaient de mettre leurs travaux au service du programme spatial — bien que, dans le cas de Dorothy Vaughan, ce fût un effort indirect. Les calculatrices qui pilotaient les deux IBM 7090 utilisés pour suivre le vol étaient logées à Goddard, et l'essentiel du travail d'analyse s'effectuait dans le cadre de la Division d'analyse et de planification de mission du Groupe de travail Espace. Les femmes et les hommes de l'ACD étaient plus occupés que jamais. Dorothy avait l'intuition que ceux qui savaient comment programmer ces engins n'auraient pas besoin de chercher du travail, et elle avait vu juste. Sans être aux premières lignes de la programmation qui s'effectuait pour le Programme Mercury, elle intervenait dans les calculs auxquels on avait recours dans le Programme Scout, une fusée à combustible solide que Langley testait sur le site de Wallops Island[654]. Elle avait même fait le voyage jusqu'au terrain d'essai, pour y travailler. La fusée Scout eut un rôle important, participant aux fondements des vols spatiaux habités. Des ingénieurs s'en servirent pour mettre en orbite un mannequin d'astronaute, pesant le même poids qu'un vrai, lors d'un vol de quatre révolutions, en novembre 1961.

D'autres anciennes de Calcul Ouest voyaient les choses de plus près. Miriam Mann travaillait pour Jim Williams, calculant les données de recherche pour le « rendez-vous » qui permettrait aux deux véhicules de s'accoupler dans l'espace. Dans la Soufflerie supersonique, Mary Jackson procéda à des tests de la capsule Apollo et d'autres composantes, les adaptant le mieux possible à la partie du voyage qui se déroulerait à régime supersonique. Ce travail lui vaudrait une Récompense pour services exceptionnels de la part de l'équipe Apollo. Quant à elle, Sue Wilder retroussait ses manches au sein du groupe des « savants fous » du Département de Magnétoplasmadynamique (MPD) de Langley, son travail concernant les données physiques d'un véhicule lors de sa rentrée dans l'atmosphère[655].

Mais ce fut surtout l'étroite relation de Katherine Johnson

avec les pionniers du groupe de travail Espace qui lui permit de contribuer au fabuleux spectacle qui se donnerait bientôt en Floride. Son rôle de femme noire dans un pays encore ségrégué, allumant l'amorce qui propulserait ce pays vers la réalisation de l'un de ses grands rêves, aurait de plus vastes implications, qui ne cesseraient de l'habiter par la suite. Mais à l'approche de l'ultime compte à rebours, cette question appartenait encore à l'avenir. Pour l'heure, elle était une citoyenne américaine, une mathématicienne reconnue pour ses talents, sur le point d'offrir ces talents au service de son pays. Elle avait toujours fermement cru au progrès, et, en février 1962, elle en devint une fois encore un symbole.

Katherine, alors âgée de quarante-trois ans, était à son bureau, dans le Bâtiment 1244. Le téléphone sonna. Elle entendit la réponse de l'ingénieur qui décrocha, tout comme elle avait surpris, en 1953, la conversation entre Dorothy Vaughan et cet ingénieur. A l'époque, ce coup de fil avait entraîné son transfert à la Division de la Recherche en vol, deux semaines après son arrivée à Langley. Aujourd'hui, la « fille » dont il était question dans cette conversation téléphonique, c'était elle, elle le savait. Elle avait vu les astronautes autour du bâtiment ; ils avaient passé de nombreuses heures dans le hangar au rez-de-chaussée, se préparant pour leurs missions sur un appareil que l'on appelait le Simulateur de procédures. Certaines de leurs réunions avec les cerveaux du laboratoire s'étaient déroulées à l'étage, mais elle n'y avait jamais été invitée. Que John Glenn ait ignoré son nom, ou qu'il l'ait oublié, cela importait peu. Ce qui comptait, en ce qui le concernait — et cela la concernait, elle aussi — c'était qu'elle soit la personne adéquate pour cette besogne.

Bien des années plus tard, Katherine Johnson affirmerait que c'était un pur coup de chance que, de toutes les calculatrices humaines déléguées auprès des groupes d'ingénieurs, ce fut elle que l'on envoya à la Division de la Recherche en vol travailler avec le noyau de l'équipe affectée à cette aventure inédite. Mais la chance n'est jamais que le droit aléatoire des infortunés. Aguerrie par les subtilités que sont l'accident, l'harmonie, la faveur, la sagesse et l'inévitable, la chance revêt les couleurs d'un heureux hasard. Ce dernier intervient quand un esprit trouve autre chose que ce qu'il cherchait : l'inattendu. Voilà ce qui arrive quand on est en mesure de saisir l'opportunité qu'offre la conjonction du bon moment, du bon endroit, et de la chance. Ce fut donc un heureux hasard qui, en plein compte à rebours du vol de John Glenn, présida à l'appel de Katherine Johnson.

Dans la dernière partie de son rapport de recherche sur l'Angle d'azimut, achevé en 1959, Katherine avait effectué deux séries de calculs, pour deux types d'orbites différentes, l'une suivant une trajectoire de lancement vers l'est, et l'autre vers l'ouest, prévue pour le vol de Glenn. Après qu'elle eut terminé les calculs pour les scénarios de tests, remplaçant les nombres hypothétiques par des variables dans le système d'équations, la Division de Planification et d'Analyse de Mission du groupe de travail Espace reprit les chiffres de Katherine et les programma dans leur IBM 704. Utilisant les mêmes nombres hypothétiques, ils lancèrent le programme dans l'ordinateur, et eurent l'agréable confirmation d'une « très bonne conjonction » entre les résultats de l'IBM et ceux de la calculatrice humaine. Le travail qu'elle avait accompli en 1959, la vérification des chiffres sortis de l'IBM, n'étaient qu'une répétition générale — une simulation, comme celles qu'avait menées John Glenn — de la mission que l'on déposerait sur son bureau en ce jour décisif de sa carrière.

Quand le groupe de travail Espace se modernisa en troquant l'IBM 704 contre les IBM 7090, plus puissants, les équations de trajectoire, le guidage et le contrôle de la fusée et de la capsule furent programmés dans ces machines, permettant de comparer simultanément toutes les données vitales avec le plan de vol programmé par ordinateur. Au cours de la phase de lancement de la mission, un ordinateur de la fusée Atlas, programmé avec les coordonnées de lancement, communiquait avec le Contrôle de mission. Si la fusée avait une avarie de combustion qui risquait de propulser la capsule sur une orbite incorrecte, les contrôleurs de vol pouvaient décider d'abréger la mission en désolidarisant automatiquement la capsule du lanceur pour l'envoyer vers la surface de l'océan, suivant une trajectoire suborbitale avortée.

Une fois que la capsule aurait passé sa fenêtre de lancement, se serait séparée de l'Atlas et se serait installée en orbite, elle établirait la communication avec les stations au sol. Tout au long de son vol, le vaisseau devait envoyer un torrent de données télémétriques à la station de poursuite la plus proche : vitesse, altitude, niveaux de carburant, rythme cardiaque de l'astronaute. Les stations de poursuite captaient ces signaux avec leurs grandes paraboles de 19 mètres de diamètre, puis relayaient les données et les communications vocales à travers un écheveau de câbles sous-marins, de lignes terrestres et d'ondes radio vers le centre informatique de Goddard. Les machines IBM se servaient des données reçues pour effectuer des calculs basés sur les programmes de calcul d'orbite. Grâce à des lignes de transmission de données à haute vitesse — à la cadence stupéfiante d'un kilobit par seconde[656] —, le centre Goddard envoyait au contrôle de mission l'information en temps réel sur la position du vaisseau. Là, sur le grand mur de la salle qui servait de centre névralgique à la NASA, s'étalait un immense planisphère lumineux. Sur cette carte s'inscrivaient des trajectoires en forme d'onde sinusoïdale, une pour chaque orbite. Une petite découpe de capsule Mercury évoluait au-dessus de la carte, à mesure de la réception des données de suivi du vaisseau. La capsule miniature avançait sur la carte, telle une marionnette maniée par son maître dans les cieux. Avec la progression de l'orbite, le signal de la capsule se répercutait d'une station à la suivante, comme dans une conversation téléphonique, très brève et très coûteuse, communiquant constamment sa position et sa situation. *Il passe au-dessus du Nigeria ! Il est sur le point d'atteindre l'Australie !* Ce dispositif rudimentaire apparaissait comme un miracle : en observant cette réplique miniature, ils pouvaient véritablement « voir » le vaisseau accomplir ses révolutions.

Les ordinateurs du centre Goddard envoyaient aussi aux

contrôleurs de vol leurs projections de la suite du périple. Où se trouvait la capsule par rapport à l'emplacement qu'ils avaient calculé pour un horaire donné ? Etait-elle trop haut, trop bas, trop rapide, trop lente ? Les résultats incluaient un horaire constamment actualisé de mise à feu des rétrofusées, ce moment où les fusées de la capsule devaient être allumées pour lui permettre d'entamer sa redescente vers la Terre. Un allumage de rétrofusées trop précoce ou trop tardif enverrait le malheureux astronaute très loin de ses sauveteurs de la marine.

Les ingénieurs avaient soumis l'IBM 7090 et les équations orbitales à un galop d'essai en deux précédentes occasions : une fois pour l'attelage Mercury-Atlas 4, un vol orbital transportant un mannequin d'astronaute mécanisé, puis avec Enos, un chimpanzé, aux commandes de MA-5. En fin de compte, le vol d'Enos fut une réussite, mais il subit quelques accrocs informatiques et des pertes de communication (outre des soucis concernant le système de refroidissement de la capsule et un raccord électrique défectueux). Souligner qu'avec une personne à bord, l'enjeu revêtait une tout autre dimension relevait de la litote (si la mission de John Glenn tournait au désastre, un document militaire secret proposait d'en imputer la responsabilité aux Cubains, et de s'en servir comme d'un prétexte pour renverser Fidel Castro)[657]. Inutile de le préciser : Katherine Johnson était très inquiète.

Pour que l'ensemble du projet soit un succès, chacune des composantes de la mission — matérielle, logicielle et humaine — devait fonctionner selon les plans. Une panne aurait des effets immédiats, potentiellement tragiques, et diffusés en direct à la télévision. Mais Katherine Johnson, comme John Glenn, n'était pas sujette à la panique. Comme lui, elle s'était déjà pliée à une simulation de la tâche qui l'attendait. En un sens, malgré l'urgence et la frénésie ambiante, le moment auquel elle était confrontée lui paraissait inévitable. La vie de Katherine Johnson avait toujours été guidée par une forme de providence, invisible aux yeux des autres et qu'elle ne comprenait pas tout à fait elle-même, certes, mais à laquelle obéissaient tous ceux qui la connaissaient, comme on obéit aux lois de la physique.

Aussitôt, Katherine s'organisa, remplissant des piles de feuilles de données aussi épaisses qu'un annuaire, en ne tenant compte que du labyrinthe des équations de trajectoire[658]. Au lieu de transmettre ses calculs pour vérification par ordinateur, elle travaillait maintenant à l'envers, en effectuant les mêmes simulations de données que celles reçues par l'ordinateur à partir de sa calculatrice, en espérant qu'il y aurait une « très bonne conjonction » entre ses réponses et celles du 7090, tout comme cela avait été le cas pour son rapport sur l'Angle d'azimut. Elle repassa chaque minute de ce qui était programmé pour une mission de trois révolutions orbitales, en obtenant des chiffres pour onze variables de résultats différentes, et calcula chacune d'elles jusqu'à huit chiffres significatifs[659]. Il fallut une journée et demie pour observer l'accumulation de ces chiffres minuscules : un travail à vous abîmer les yeux, déconcertant[660]. A l'issue de ce travail, tous les nombres de la pile de feuilles correspondaient aux résultats de l'ordinateur ; la pensée de l'ordinateur coïncidait donc avec la sienne. Sous pareille contrainte, un individu moins solide aurait pu plier, pas Katherine Johnson.

L'aube du 20 février se leva sur un ciel dégagé[661]. Les témoins des événements de cette journée ne les oublieraient jamais. Cent cinquante millions de téléspectateurs allumèrent leur télévision pour voir le spectacle en direct[662]. Beaucoup de gens de Langley se joignirent au groupe de travail Espace, à Cap Canaveral, pour suivre le vol. Katherine ne bougea pas de son bureau, et suivit la retransmission à la télévision.

A 9 h 47, heure de la côte Est, la fusée Atlas propulsa Friendship 7 en orbite avec la précision d'un champion du tir à l'arc plantant sa flèche en plein cœur de cible. La mise sur orbite fut si réussie que le contrôleur au sol autorisa Glenn à effectuer sept révolutions. Mais ensuite, dès la première, le système de contrôle automatique de la capsule se montra capricieux, une anomalie faisant osciller la capsule sur sa trajectoire comme une voiture au parallélisme déréglé. Le problème était relativement mineur. Glenn le régla en passant en mode manuel, maintenant la capsule comme il aurait piloté un avion. A la fin de la deuxième révolution, un indicateur du panneau de commande signala du jeu dans le bouclier thermique, un élément vital. Sans cette cloison pare-feu, rien ne s'interposait entre l'astronaute et des températures dépassant les 1 600 °C — presque aussi élevées qu'à la surface du soleil — qui envelopperaient la capsule lors de sa traversée de l'atmosphère terrestre[663]. La décision ultime émana du Contrôle de Mission : à la fin de la troisième orbite, après la mise à feu, Glenn devrait laisser le container des rétrofusées en place, au lieu de le larguer comme prévu par la procédure normale. La batterie de rétrofusées, espérait-on, maintiendrait en place le bouclier thermique possiblement désolidarisé.

Au bout de quatre heures trente-trois minutes de vol, les rétrofusées s'allumèrent. John Glenn orienta la capsule en position de rentrée dans l'atmosphère et se prépara au pire. Lorsque le vaisseau décéléra et quitta son orbite, il entama sa descente en restant plusieurs minutes dans un black-out radio total. Les ingénieurs du Contrôle de Mission ne pouvaient rien faire, si ce n'est prier en silence, jusqu'à ce que la capsule rétablisse le contact. Quatorze minutes après la séquence des rétrofusées, la voix de John Glenn fut de nouveau audible, témoignant d'un calme stupéfiant pour un homme qui, quelques minutes auparavant, se préparait à mourir dans un bûcher funéraire volant. La victoire était presque à portée de main ! Il continua sa descente tandis que l'ordinateur prédisait un amerrissage parfait. Quand il finit par toucher la surface de l'océan, il était soixante kilomètres plus loin, simplement à cause d'une estimation erronée du poids de la capsule lors de la rentrée dans l'atmosphère[664]. Hormis ce détail, les deux ordinateurs, électronique et humain, avaient fonctionné comme un charme. Vingt et une minutes après qu'il eut touché l'océan, l'*USS Noa* hélitreuillait l'astronaute hors de l'eau.

John Glenn avait sauvé la fierté de l'Amérique ! Le fait qu'il ait dû affronter la mort ne fit que renforcer la puissance du mythe qui naquit ce jour-là. Une entrevue avec le président, un défilé dans les rues de New York sous un déluge de confettis, les gros titres de la presse de l'Etat du Maine jusqu'à Moscou. L'Amérique n'avait d'yeux que pour son nouveau héros. Même la presse noire acclama l'exploit de John Glenn. « Nous sommes tous heureux de pouvoir dire de lui que c'est notre As de l'Espace », écrivit un chroniqueur du *Pittsburgh Courier*[665].

L'accueil réservé au héros ne fut nulle part plus chaleureux qu'à Hampton Roads. Par une journée venteuse de la mi-mars, trente mille habitants de la région se rassemblèrent pour fêter les hommes qu'ils avaient adoptés comme des héros[666]. Depuis la fin de la guerre mondiale, Hampton n'avait jamais connu de célébration d'une telle exubérance. John Glenn était monté à bord du véhicule de tête d'un convoi de cinquante voitures transportant les astronautes de Mercury et leurs familles, ainsi que la direction de la NASA[667]. Le convoi partit de Langley Air Force Base et parcourut la route longue de 35 kilomètres qui traversait Hampton et Newport News en longeant le chantier naval, poursuivit en franchissant le Twenty-Fifth Street Bridge, jusqu'au bout dc la Military Highway, sous les vivats de la foule massée des deux côtés de la chaussée[668]. La procession passa devant l'Institut Hampton, acclamée par la fille de Katherine Johnson, Joylette, et le fils de Dorothy Vaughan, Kenneth[669]. La toute menue Christine Darden se hissait sur la pointe des pieds pour tenter d'apercevoir quelque chose au-dessus de cette foule en liesse.

Le défilé pénétra dans le Darling Stadium, du nom du magnat de l'huître dont l'esprit d'entreprise et l'inventivité avaient permis de conclure l'accord de cession foncière avec le gouvernement fédéral, au profit du laboratoire de Langley, un demi-siècle plus tôt. Glenn monta sur l'estrade, très souriant derrière un écriteau annonçant : SPACETOWN, USA[670]. La population de Hampton et de Newport News était rayonnante de fierté. Le cœur du programme spatial était sur le point de se transférer à Houston, la fête était teintée de mélancolie, mais les villes de la péninsule de Virginie étaient déterminées à commémorer leur héritage de berceau du futur. La ville de Hampton changea officiellement de sceau pour celui d'un crabe enserrant une capsule Mercury entre ses pinces, adoptant la devise : *E Praeteritis Futura* : Notre futur est né du passé. La Military Highway, principale artère de la ville depuis l'époque où Hampton était une ville-champignon née de la guerre, reçut un nouveau nom : Mercury Boulevard.

John Glenn ne fut pas le seul à être acclamé. La nouvelle du rôle de Katherine Johnson dans la réussite de la mission commençait à circuler dans la communauté noire, d'abord dans la région, puis au-delà. Le 10 mars 1962, une Katherine Johnson parée de perles et vêtue d'un élégant tailleur qui aurait fait la fierté de Jackie Kennedy, souriait en première page du *Pittsburgh Courier.* « Son nom [...] au cas où vous ne l'auriez pas deviné [...] est Katherine Johnson : mère, épouse et femme de tête » ![671] (Au-dessous de l'article qui lui était consacré, un autre titre posait cette question : « Pourquoi pas d'astronautes noirs ? »)[672]. Le journal rapportait avec fierté le parcours et les succès de cette femme mathématicienne, insistant sur le rapport qui avait permis d'envoyer la fusée de Glenn dans le ciel. Katherine accepta cette marque de reconnaissance de bonne grâce : elle n'avait fait que son travail.

Certains des ingénieurs et elle-même sortirent assister au défilé, apprécièrent la fête, s'autorisant une once de fierté pour avoir pris part à une telle réussite. Ils suivirent le spectacle un moment, mais ne s'éternisèrent pas. Il était bien de célébrer les succès passés, mais il n'y avait rien de plus exaltant que de retourner travailler aux aventures futures.

22

L'Amérique est à tout le monde

« L'Amérique est à tout le monde »[673], proclamait la brochure du Département du Travail qui atterrit sur le bureau de Katherine Johnson en mai 1963[674]. En couverture, un garçon noir âgé de huit ou neuf ans, pieds nus et vêtu d'une chemise rayée à manches courtes et d'une salopette élimée, était assis sur les traverses d'une voie ferrée poussiéreuse, son apparence et son regard noir démentant la promesse du titre. En pages intérieures, le président Kennedy et le vice-président Johnson multipliaient les déclarations poétiques sur les cent années de cheminement épique qui avaient permis aux noirs de s'arracher à l'esclavage. Le texte était accompagné de photos d'employés noirs qui « occupaient des postes à responsabilité » à la NASA, tous impliqués dans le programme spatial[675]. Au Centre de Recherche sur le Vol à haute vitesse, sur la base aérienne Edwards — là où Chuck Yeager avait le premier percé le mur du son en 1947 —, l'ingénieur John Perry manœuvrait un simulateur du X-15. Les mathématiciens Ernie Hairston et Paul Williams s'entretenaient au sujet des « éléments orbitaux, de la position de la capsule et des points d'impact » à Goddard. Une photo montrait Katherine Johnson assise à son bureau du 1244, crayon en main, « analysant des trajectoires lunaires et calculant la durée du voyage d'un véhicule spatial vers la Lune et son retour sur la Terre »[676]. Le document, créé par le Département du Travail pour commémorer le centenaire de la Proclamation d'Emancipation, était certainement un outil de propagande pour le gouvernement américain, destiné à améliorer son image sur le plan des relations communautaires. Quelles meilleures preuves de l'engagement croissant de l'Amérique en faveur de cette « démocratie pour tous » que les photos de Katherine Johnson et des sept autres employés de la NASA — tous des hommes — dont la brochure dressait le portrait ? Les dissonances que trahissaient ces photos étaient plus vives à Langley, à une quinzaine de kilomètres du lieu où, en 1619, les premiers Africains avaient foulé le rivage de l'Amérique du Nord et plus près encore du chêne où les « nègres » de la péninsule de Virginie se réunirent pour lire la Proclamation d'Emancipation, qui avait eu lieu dans le Sud[677]. Dans un endroit qui entretenait des liens profonds avec le passé, Katherine Johnson, une noire, donnait naissance à un avenir autre.

Et, en 1963, Katherine n'était pas la seule à travailler avec détermination : c'était aussi le cas du grand aîné du mouvement des droits civiques, A. Philip Randolph. Cette année-là, Gordon Cooper avait clôturé le Programme Mercury sur un succès, après un vol de vingt-deux révolutions, Randolph projetait une autre marche vers Washington[678]. A l'inverse de la manifestation fantôme de 1941 — cette marche n'avait jamais eu lieu, suite à l'impulsion donnée par l'Ordre exécutif 8802 de Roosevelt ouvrant les emplois fédéraux aux employés noirs —, Randolph mènerait celle-ci jusqu'au bout. Agissant avec l'activiste Bayard Rustin, allié à Martin Luther King, Randolph constitua un groupe qui finirait par être considéré comme le panthéon des dirigeants du mouvement des droits civiques, parmi lesquels Dorothy Height, John Lewis, Daisy Bates et Roy Wilkins[679].

La marche vers Washington pour l'Emploi et la Liberté se déroula le 28 août 1963, et attira environ trois cent mille personnes dans la capitale[680]. Mahalia Jackson, Bob Dylan et Joan Baez montèrent tour à tour en scène, en musiciens témoins de l'idéalisme, de l'espoir et de la persévérance d'un mouvement qui tirait sa force de son désir de forcer l'Amérique à se montrer à la hauteur de ses principes fondateurs. Marian Anderson chanta « He's Got the Whole World in His Hands », et sa voix vibrante de contralto s'écoula comme du miel sur cet immense rassemblement, envoûtant la foule comme elle avait envoûté Dorothy Vaughan et ses jeunes enfants à l'Institut Hampton en 1946[681]. Le programme de la matinée fut interrompu par une nouvelle qui fut cause de chagrin, source de réflexion et porteuse d'un espoir mesuré : âgé de quatre-vingt-quinze ans, W. E. B. Du Bois était mort ce matin-là au Ghana, pays où il avait élu domicile après avoir bataillé avec le Département d'Etat pour conserver son passeport américain[682]. Depuis sa naissance en 1868, son existence entière avait jeté une passerelle entre les années de la Reconstruction, après la guerre de Sécession, et le mouvement du XXe siècle. Mary MacLeod Bethune, A. Philip Randolph, Charles Hamilton Houston et tant d'autres avaient bâti leur lutte sur les fondements de Du Bois. L'heure était venue de passer à nouveau le flambeau.

Le docteur Martin Luther King, âgé de trente-quatre ans, monta sur l'estrade pour s'adresser à la foule, en s'en tenant d'abord aux propos qu'il avait préparés. Puis Mahalia Jackson, assise derrière lui sur le podium, s'exclama : « Parle-leur de ton rêve, Martin ! » King mit ses notes de côté, s'agrippa de ses deux mains au pupitre et offrit à son pays dix-sept minutes qui comptent parmi les plus mémorables de son histoire. Il y eut un avant et un après « I have a dream ». Son message rappellerait éternellement que le rêve des noirs et le rêve américain ne faisaient qu'un. A la fin de la journée, A. Philip Randolph était sans voix, les larmes aux yeux, seule expression adéquate de ce que ce jour signifiait pour lui.

Randolph n'a sans doute jamais su l'influence que la marche de 1941 exerça sur ceux dont le travail était l'élément vital du programme spatial américain. Mais, au Centre de recherche de Langley, une poignée de femmes noires pouvaient attester de ce lien. « Chère Mme Vaughan, nos dossiers indiquent que vous avez récemment accompli vingt années de service pour le compte du Gouvernement fédéral », écrivait le directeur de Langley, Floyd Thompson, à l'été 1963[683]. Une épinglette d'or et d'émail ornée d'un rubis devait lui être décernée lors de la cérémonie annuelle de récompenses, témoignage de reconnaissance envers les employés qui franchissaient une étape marquante de leur carrière au service du centre[684].

Envers et contre tout, les femmes de Calcul Ouest avaient réussi à transformer leur service en temps de guerre en carrières durables et riches. Par rapport à leurs parents et grands-parents, et comparées à nombre de leurs contemporaines, elles avaient atteint les sommets. Toutefois, malgré leurs progrès, à Langley, il restait encore de l'ouvrage. Rompre avec le statut précaire de la calculatrice humaine ou de l'assistante en mathématiques représentait un défi pour toutes les femmes, et plus encore pour les noires. De toutes les employées de couleur travaillant dans la recherche à Langley au début des années 1960, il n'en restait plus que cinq classées dans la catégorie des ingénieures et seize avec le titre de mathématicienne. Dans une lettre à l'administrateur de la NASA, James Webb, le directeur de Langley, Floyd Thompson, se plaignait de ce que « très peu de nègres » soient candidats à des postes scientifiques ou d'ingénierie vacants au laboratoire[685]. « Il ne fait aucun doute que l'une des raisons pour lesquelles ils ne se portent pas candidats tient à ce qu'ils ne croient pas que les conditions de vie dans la région leur seraient favorables, parce que le Centre de recherche de Langley, complètement intégré, est situé dans une région où la ségrégation sociale fondée sur la couleur de la peau est encore pratiquée, dans une certaine mesure. »

Face à un besoin criant de compétences techniques et aux pressions inlassables du gouvernement fédéral pour que soient levées les barrières raciales au sein de l'institution, Langley redoubla ses efforts de recrutement, en ratissant plus large, vers les universités noires qui avaient produit des générations de licenciés en mathématiques et sciences — comme l'Institut Hampton, l'université d'Etat de Virginie à

Petersburg et son campus décentralisé de Norfolk, l'A & T de Caroline du Nord et d'autres établissements d'Etats voisins. Au sein de la génération d'étudiants noirs qui atteignit sa majorité au cours d'une décennie définie par la décision *Brown v. Board of Education* et Spoutnik — ceux qu'à l'avenir on appellerait la génération des droits civiques — furent attirés vers les professions d'ingénieur en raison de « la mobilité économique et sociale » induite par la demande de savoir-faire techniques à l'échelon national[686]. La plupart d'entre eux étaient des gens du Sud ; pour eux, point n'était besoin de s'adapter à des conditions de vie qu'ils avaient connues depuis toujours. Au milieu des années 1960, caressant « le rêve de travailler à la NASA »[687], un plus grand nombre d'étudiants noirs se dirigèrent vers Langley. Mary Jackson qui, comme une ambassadrice, aidait les recrues à trouver un endroit où loger et à s'installer dans leur travail, en prit une partie sous son aile. Levi et elle leur ouvraient leur maison s'ils avaient besoin d'un repas, ou simplement d'un refuge contre le mal du pays. Mary et les autres employées noires de Langley veillaient sur les nouvelles recrues avec autant de soin et d'amour que s'il s'agissait d'un jardin. A l'inverse des femmes qui débutèrent à Calcul Ouest après des années d'enseignement, la nouvelle génération vint à la Recherche au début de sa carrière — assez tôt pour qu'ils aient le temps d'y évoluer et de voir où leur talent pourrait les mener.

Un dimanche de 1967, après les services religieux de l'église presbytérienne Carver, Katherine Johnson scrutait un nouveau visage dans la foule, celui d'une jeune femme venue à l'église avec son mari et leurs deux fillettes. Toujours parmi les premières à accueillir les nouveaux fidèles, Katherine s'avança et lui tendit la main pour lui souhaiter la bienvenue. « Je me présente, Katherine Johnson », fit-elle. « Oui, je sais, dit Christine Mann, désormais épouse Darden, vous êtes la mère de Joylette ». Christine avait rencontré Katherine une fois, par le passé, lors d'un barbecue organisé par l'association estudiantine Alpha Kappa Alpha, chez Katherine Johnson.

Christine n'avait pas encore décidé de chercher un emploi dans la recherche aéronautique. Au printemps 1967, alors qu'elle comptait les jours restant avant son diplôme de maîtrise de l'université d'Etat de Virginie, elle s'était rendue au bureau de placement de l'établissement pour déposer sa candidature à des postes de professeur à l'Institut Hampton et sur le campus décentralisé de Norfolk. « Il est dommage que vous n'ayez pas été présente hier, lui dit l'agent d'orientation, parce que la NASA avait organisé des entretiens. » La femme remit à Christine un formulaire de candidature pour un emploi fédéral. « Remplissez cela et rapportez-le moi demain. »

Après une journée d'entretien, elle se vit proposer un poste d'analyste de données dans la division Physique de la rentrée dans l'atmosphère. Elle fut d'abord, sous l'autorité de Ruby Rainey, Calculatrice Est, puis de Sue Wilder, Calculatrice Ouest. Pendant une courte période, elle fit l'aller-retour de Portsmouth, avant d'emménager avec sa famille à Hampton, après que Sue Wilder lui eut signalé une maison à louer dans le quartier. Installée dans la péninsule, elle croisait régulièrement Katherine Johnson et d'autres anciennes Calculatrices Ouest. Ces dernières organisaient des soirées jeux de cartes et l'invitaient, manière de l'introduire dans la communauté noire de Hampton et de Newport News. Bien qu'ayant passé quatre ans à l'Institut Hampton, elle était rarement sortie du campus. Un réseau de femmes plus âgées l'aida rapidement à faire son trou dans son nouvel environnement urbain.

Katherine Johnson avait invité Christine à se joindre au chœur de l'église Carver. Si Eunice Smith et la nouvelle arrivante allaient chanter lors d'un enterrement à l'église, Christine proposait souvent de les accompagner. Pendant de nombreuses années, Katherine et Eunice Smith siégèrent tour à tour à la présidence et à la vice-présidence du bureau de Newport News de l'AKA, supervisant un programme de manifestations très chargé, comme l'organisation d'un pique-nique annuel et les nombreuses manifestations de collecte de fonds pour des bourses qui constituaient une partie essentielle de la mission de la *sorority*. Katherine Johnson était engagée dans tellement d'associations civiques et sociales — la Ligue des femmes de la péninsule, qui accueillait un bal annuel des débutantes pour jeunes femmes noires ; le Club Altruiste, organisation sociale destinée à la classe moyenne — que les gens s'attendaient à trouver son grand sourire et sa poignée de main ferme partout où se réunissaient des gens de la communauté noire active. Même les cerveaux du bureau, au 1244, savaient que lorsque le tournoi de la CIAA, la principale rencontre de basket-ball des facultés noires, avait lieu, le bureau de Katherine était désert. Eunice Smith et elle, deux fans enragées du panier, ne manquaient jamais d'aller encourager leurs champions préférés.

Christine Darden et Katherine Johnson finirent par bien se connaître, en dehors du bureau, mais n'avaient jamais eu l'occasion de travailler ensemble. Christine avait bien rendu visite à Katherine à son bureau, à deux reprises, mais c'était des années avant qu'elle ne découvre toute la portée du travail de cette amie de sa mère. La pression exercée sur elle lors du vol orbital de John Glenn l'avait transformée en une célébrité dans la communauté locale et au sein du petit réseau d'ingénieurs et de scientifiques noirs, mais quant à son travail, elle restait pudique. « Eh bien, je fais juste mon métier », disait-elle — *et je suppose que c'est aussi votre cas*, laissait-elle entendre.

Si Katherine acceptait ces compliments, elle ne considéra jamais ce métier pour acquis. Chaque matin, elle se levait avec l'impatience de se rendre au bureau. La passion qu'elle nourrissait pour son travail était rare. C'est ce qui la rendait unique, et lui permettait de créer avec les ingénieurs, sur son lieu de travail, un lien aussi fort que celui que créaient ses activités sociales et caritatives avec les femmes de son association étudiante. Ensemble, ils partageaient le langage secret des altitudes périlunaires, des plans orbitaux et des équateurs lunaires. Ils vécurent le bonheur indescriptible de voir leurs activités s'unir à celles des centaines de milliers d'autres personnes désormais impliquées dans le programme spatial, un effort collectif tellement plus vaste que la somme de ses parties qu'il finissait par donner l'impression d'exister comme une entité à part. Ils partagèrent leur chagrin quand leurs plans les mieux élaborés furent réduits à néant dans l'incendie électrique du module de commande d'Apollo 1, lors d'un test sur le pas de tir de Cap Canaveral. Le feu éclata à l'intérieur du vaisseau, et les trois passagers — Ed White, Roger Chaffee et Gus Grissom, membres des Sept de Mercury — périrent instantanément.

La fin tragique d'Apollo 1 ébranla très profondément la NASA. Lors de l'accident, les astronautes étaient encore sur terre, à quelques mètres seulement de l'équipe au sol et des ingénieurs, et pourtant, ils avaient perdu la vie. La route des étoiles était dangereuse, et l'équipe Apollo le savait. La conception du vaisseau fut revue de fond en comble, les défauts révélés par cette catastrophe furent aplanis et on redoubla d'attention pour les neuf missions suivantes, chacune d'elles constituant une étape de la marche vers la Lune. L'ascension vers la conquête lunaire était fondée sur la conviction que chaque cellule de ce corps que représentait le programme spatial constituait une parfaite réussite individuelle, tout en formant un tissu homogène avec les cellules qui l'entouraient.

Deux véhicules et 383 000 kilomètres : trois jours aller et trois jours retour. Vingt et une heures à la surface de la Lune pour deux astronautes à bord du module lunaire, pendant que le module de commande tournait autour du corps céleste en orbite d'attente. Katherine savait mieux que personne que si la trajectoire d'attente du module de service subissait une infime déviation, quand les astronautes achèveraient leur exploration lunaire, les deux véhicules risquaient de manquer leur rendez-vous. Le module de commande était l'autobus des astronautes — le seul bus —

pour le retour vers la terre : l'étage de remontée du module lunaire transporterait les astronautes vers le module de service qui les attendait, avant d'être largué. Si les orbites des deux véhicules ne coïncidaient pas, les deux hommes à bord de l'étage de remontée seraient perdus à jamais dans le vide infini.

La direction du Groupe de travail Espace fixa un critère de risque à « trois neufs » — 0, 999, un critère imposant que toutes les composantes du programme visent un taux de réussite de 99, 9 %, soit un échec toutes les mille occurrences. Les astronautes, anciens pilotes d'essai ou anciens pilotes de guerre, qui avaient l'habitude de voyager avec la mort comme compagne, remettaient leur sort entre les mains de la NASA. Ils étaient prêts à donner leur vie pour leur mission, comme lorsqu'ils étaient pilotes, mais ils n'en souhaitaient pas moins avoir la certitude que les cerveaux avaient effectué tous leurs calculs et, qu'en vertu de cette règle des trois neufs, leur vol vers la Lune serait moins risqué qu'une sortie dominicale au volant de leur Chevrolet Corvette.

Pour sa part, Katherine Johnson était déterminée à ce que tel soit le cas. Elle arrivait au bureau tôt, rentrait en fin d'après-midi pour s'occuper de ses filles, et repartait le soir, en assurant des journées de quatorze à seize heures de travail. L'ingénieur Al Hamer et elle-même collaborèrent à quatre rapports entre 1963 et 1969. Certains pour déterminer les orbites lunaires d'une importance capitale. D'autres, pour poser des questions majeures : et si les ordinateurs tombaient en panne ? Et si une défaillance électrique à bord du vaisseau spatial obligeait les astronautes à calculer leur route du retour en se réglant sur les étoiles, comme les marins d'une époque plus rudimentaire ?

D'année en année, au cours de la décennie 1960, Katherine avait l'impression de rester de plus en plus souvent au bureau tard le soir. Hamer et elle affinaient leurs calculs et rédigeaient des ébauches de diagrammes pour leurs rapports, et les heures filaient comme des minutes.

Un matin, sur la route du bureau, elle s'endormit littéralement au volant, et se réveilla sur le bas-côté de la route, un peu secouée, mais indemne[688]. Elle était tellement absorbée par le problème de la sécurité des astronautes tout au long de leur aller-retour vers la Lune qu'elle s'exposait à des risques plus terre à terre. Pourtant, il lui fallait continuer. Chaque année, la NASA progressait sur la voie permettant d'atteindre la Lune. Chaque mission réduisait l'écart, mettait ce fruit un peu plus à leur portée. Mais cette dernière étape, avec ce ballet compliqué entre la Lune, le module de descente et le module de commande en attente, était la plus complexe. Katherine avait consacré le meilleur d'elle-même à cette partie du grand puzzle. Bientôt, le monde entier verrait si ce que les cerveaux de Langley, la NASA et elle-même, avaient à offrir de meilleur était à la hauteur.

23

Avancer hardiment

En juillet 1969, une centaine de femmes noires s'étaient massées dans une salle, toute leur attention centrée sur les bruits et les images neigeuses sorties d'une petite télévision en noir et blanc[689]. La lueur vacillante de l'appareil illuminait leurs visages, et l'histoire de leur pays s'écrivait dans la grande diversité de leurs traits, de leur coiffure et de leur couleur de peau, du presque-ivoire ou presque-ébène, mâtiné de beige, de café au lait, de cacao et de topaze. Certaines de ces femmes approchaient du troisième âge, le passage du temps creusant leur visage. D'autres étaient dans toute la fraîcheur de leur jeunesse, leurs yeux reflétant un avenir brillant avaient l'éclat du diamant. Elles s'étaient réunies pour mettre leurs talents au service de l'avancement des femmes comme elles, et de l'amélioration des conditions de vie de leur communauté. Elles étaient venues de toute la côte Est, pour le week-end seulement, mais le temps qu'elles passeraient ensemble forgerait les amitiés d'une vie.

Elite de leur communauté ethnique, nombre d'entre elles étaient filles et petites-filles de concierges, de femmes de ménage et de domestiques, dont le travail éreintant avait financé des milliers de cursus universitaires et servi de premier apport à l'achat de logements, soutenant la grande pyramide économique de l'Amérique, alors même que cette dernière tentait de les écraser. Ces femmes avaient passé leur vie dans les coulisses du fastueux spectacle de leur pays. Pourtant, il n'était pas un aspect de leurs existences qui n'ait pas été affecté par ces grandes mutations, aucun chapitre de cette histoire grandiose qui ne les ait englobées.

Tout au long de la journée, ces femmes avaient tenu leurs réunions avec un intérêt fluctuant pour le marathon spectaculaire qui se déroulait à la télévision, quelques petits groupes restant plantés devant l'écran, le temps d'entendre les dernières informations avant de s'en éloigner pour se concentrer sur l'emploi du temps de la journée[690]. Mais la journée se prolongeant, elles étaient nombreuses à être aimantées par la télévision — plongeant le regard dans le vide de l'espace, dans leur propre cœur, tâchant de comprendre le sens de ce qu'elles voyaient. Ces spectatrices se joignaient à leurs compatriotes dans un moment de communion, la roulette des émotions — fierté, allégresse, impatience, respect, ressentiment, patriotisme, suspense, peur — se rejouant dans d'autres salons un peu partout aux Etats-Unis. En ce samedi soir, six cents millions de gens autour du monde partagèrent cet épisode sans précédent.[691]

Parmi cette audience mondiale, quatre cent mille employés de la NASA, voyant dans ce vaisseau la longueur d'une vis, le plan d'une écoutille, le filament d'un circuit, l'accomplissement d'un rêve exprimé par un président disparu trop tôt pour le voir se réaliser[692]. Ils avaient travaillé au Programme Apollo, ils avaient rendu possible cette journée. Ils étaient désormais agglutinés autour d'écrans, de panneaux de commande, de cadrans et d'ordinateurs, surveillant chaque pulsation du vaisseau entraîné par la force gravitationnelle de la lune. La plupart d'entre eux se joignirent à leurs amis et à leurs familles devant la télévision.

Parmi les femmes noires regardant le poste, loin du Contrôle de mission, à l'écart dans une station balnéaire des Poconos, Katherine Johnson partageait son attention entre la conférence que tenait sa *sorority*, Alpha Kappa Alpha, et le sort des astronautes d'Apollo 11, en passe de devenir les trois êtres les plus solitaires de l'histoire de l'humanité[693].

Alors qu'elle observait la danse délicate des principes physiques qui propulsaient la capsule Apollo vers la Lune, elle superposait mentalement les équations et les chiffres à chaque étape du voyage de ce vaisseau, du lancement à l'orbite terrestre, de l'injection translunaire à l'orbite lunaire.

L'intensité de ces dernières journées à Langley n'avait eu d'égale que la chaleur extrême qui s'était abattue sur la péninsule. Il faisait presque 35° Celsius à Hampton ce samedi matin de juillet 1969[694], quand Katherine et une voiture pleine de membres de son association étudiante prirent la route des Poconos[695]. Il faisait trop chaud pour penser ou dormir, il ne restait plus qu'à attendre que la température baisse, de l'intolérable au tout juste supportable. Cette escapade du week-end leur offrait un répit loin du bureau et de ce climat, chaque kilomètre vers le nord l'éloignant un peu plus de la chaleur étouffante. Lorsqu'elles dépassèrent Washington, elle put respirer un peu mieux ; quand elles traversèrent le Maryland vers les contreforts de la Pennsylvanie, la fièvre était tombée, l'air ambiant était vif, le ciel bleu et dégagé, le climat tempéré lui rappelant sa Virginie occidentale natale.

Le Hillside Inn, sorte d'immense ferme perchée sur les hauteurs verdoyantes, était le cadre idéal pour cette troupe de femmes vêtues de rose et de vert réunies le temps d'un week-end amical et riche de projets.[696] La *sorority* avait sollicité les jeunes femmes les plus prometteuses des sections collégiales de tout le pays, afin qu'elles puissent apprendre, au contact de membres plus expérimentées comme Katherine, comment organiser au mieux les initiatives qui étaient au cœur de leur mission[697]. Elles parlèrent de manifestations, de collectes de fonds pour financer les bourses des facultés noires, de campagnes d'alphabétisation et d'inscription des électeurs sur les listes électorales. Ces projets allaient des plus modestes événements aux opérations les plus sophistiquées. Ainsi, dans l'Ohio, une section de l'AKA tenait un centre de formation professionnelle à plein temps, dans l'un des quartiers noirs de la ville[698].

Ces femmes dormirent à deux ou à trois dans les trente-trois chambres du Hillside Inn, contemplant la vue donnant sur les vastes étendues verdoyantes et la montagne[699]. La *sorority* avait besoin d'un cadre propice à la réflexion : le luxe rustique de la résidence hôtelière convenait parfaitement. Le Hillside Inn était la seule résidence des Poconos appartenant à des propriétaires noirs. Albert Murray, avocat en vue de New York, avait acheté ce terrain avec son associé juif, en 1954[700]. Un an plus tard, l'associé étant décédé, Murray et son épouse, Odetta, avaient décidé de transformer la propriété en hôtel. A l'époque, la plupart des résidences de villégiature de Poconos fermaient leurs portes aux noirs et même aux juifs, en appliquant des règles tout aussi inflexibles que la ségrégation légalisée du Sud. Le Hillside acceptait tous les clients, et souhaitait procurer aux noirs en pleine ascension sociale le même genre de vacances que celles dont profitaient leurs homologues blancs.

Le Hillside faisait paraître des publicités dans le *Norfolk Journal and Guide*, le *Pittsburgh Courier* et l'*Ebony*. Avec sa piscine et son domaine de 44 hectares, il tenait sa promesse d'un luxe sans ostentation[701]. Il se distinguait en proposant ce que les *sororities*, et autres clubs d'activités empruntant la Route 609, n'auraient jamais trouvé ailleurs : une cuisine familiale copieuse et délicieuse. Trois fois par jour, Katherine et ses homologues de l'association s'attablaient dans la salle à manger de l'hôtel, dans une ambiance familiale. Rires, bavardages et discussions allaient bon train devant les bols de *grits* de maïs au petit déjeuner, les travers de porc et les cuisses de poulet grillé au déjeuner et au dîner, et la tourte à la patate douce ou le *cobbler* à la pêche au dessert[702]. Les jeunes serveurs — tous des étudiants noirs du Sud, selon le vœu des Murray — étaient constamment en contact avec les clients du Hillside, qui tous exerçaient des professions leur offrant des exemples en chair et en os auxquels ils pourraient aspirer dans leur propre existence[703].

Katherine aimait l'exigence des femmes de l'association ; leur désir d'agir pour les autres, leur engagement farouche à cultiver et à afficher ce que la communauté noire offrait de meilleur, ne pouvaient qu'approfondir leurs liens. Il leur fallait apprendre à collaborer pour atteindre leurs objectifs, ce qui avait été très utile à Katherine et à ces autres femmes dans leur carrière. La *sorority* avait été une constante de son existence depuis l'époque de ses quinze ans. Elle ne comptait plus le nombre de week-ends où elle avait pris part à des activités de l'association.

En compagnie des autres femmes, elle se détendait dans un cadre intime, en jouissant d'autant plus que ce plaisir leur avait été longtemps refusé. Quelques années auparavant, le père de Katherine, Joshua, et le mari de Dorothy Vaughan, Howard, travaillaient ensemble à assouvir les exigences de la *jet-set* du Greenbrier. Et il ne s'était pas écoulé tant d'étés depuis le temps où Katherine travaillait à la boutique d'antiquités du grand hôtel ou comme demoiselle de compagnie de clients fortunés. Cette époque où, adolescente précoce, elle apprenait à tenir sa place auprès d'un chef français en cuisine et à converser avec le frère du président ou d'autres vacanciers de marque, ne lui semblait pas si lointaine.

Ces gens aisés avaient tous pressenti que cette jeune femme à lunettes était promise à un grand avenir. Toutefois, qui parmi eux aurait pu imaginer que l'avenir de Katherine et le futur de leur pays, ou même le futur tout court, tel que décrit par H. G. Wells et Jules Verne, fusionneraient pour ne faire qu'un ? Pourtant, le 16 juillet 1969, Katherine Johnson, alors âgée de cinquante ans, faisait bel et bien partie de ce groupe d'initiés quand la fusée Saturn-V propulsa Apollo 11 et ses trois occupants sur la route de l'histoire.

Le Contrôle de Mission mit à feu sa chandelle géante à 9 h 37 du matin, assez tôt pour que les cerveaux de la Côte Est puissent prendre la mesure de ce grand événement et se mettre au travail, avant de passer le reste de la journée à écouter les commentateurs des médias[704]. Sans que les fusées spatiales soient devenues banales depuis la première incursion d'Alan Shepard, ces tirs se produisaient assez souvent pour que les présentateurs télé comme Walter Cronkite sur CBS manient le jargon comme « Max Q », « apogée » et « injection transterrestre », avec la même décontraction que l'équipe des opérations en vol dans les allées de la salle de contrôle[705]. Pourtant, les hommes de télévision savaient — et tout le monde dans le public savait — que même avec vingt-six vols spatiaux habités à l'actif de la NASA, cette fois-ci, c'était différent, et ils avaient du mal à trouver les superlatifs susceptibles de qualifier ce moment. Cronkite commentait allègrement l'événement, situant son ampleur au niveau de l'invention des grandes machines de guerre et de transport qui avaient transformé le siècle américain. La puissante fusée Saturn V consommait l'équivalent de quatre-vingt-dix-huit wagons de combustible[706] ; elle propulsait un vaisseau qui pesait le poids d'un sous-marin nucléaire en mobilisant une poussée équivalente à celle de 543 chasseurs à réaction. Les Etats-Unis dépenseraient 24 milliards de dollars pour Apollo, afin de plonger leur épée dans le cœur des ambitions spatiales de l'URSS[707].

Tout le monde ne partageait pas l'exubérance de Cronkite. Tout cet argent pour quoi faire ? Pour qu'entre 1969 et 1972, une dizaine d'hommes blancs puissent prendre le train express vers un monde sans vie ? En effet, des femmes et des hommes noirs pouvaient à peine se rendre dans l'Etat voisin sans devoir s'inquiéter des pratiques prédatrices de la police, des restaurants qui refusaient de les servir et des stations-service leur interdisant de prendre de l'essence ou d'utiliser leurs toilettes. Et maintenant, ils tenaient à parler de ces hommes blancs sur la lune ? « Un rat qui mord Nell ma petite sœur, Mais on envoie un Blanc sur la lune », chantait « Gil » Scott-Heron, célèbre chanteur de soul music, dans un morceau qui envahit les ondes en 1970.

Au début de la décennie, le programme spatial et le mouvement des droits civiques avaient partagé un même optimisme, un certain idéalisme autour de la démocratie américaine et de la récente volonté du pays de distribuer les bienfaits de son régime à tous les citoyens. Au seuil des années 1970, alors que le programme spatial approchait de son zénith, de nombreux objectifs du mouvement des droits civiques semblaient en suspens. Certes, il y avait eu quelques triomphes : le Civil Rights Act, la loi sur les droits civiques de 1964 et le Voting Rights Act, loi sur le droit de vote de 1965 permirent de desserrer l'emprise juridique de Jim Crow sur le lieu de travail, dans les moyens de transport, les espaces publics et les bureaux de vote. Mais la mobilité sociale et économique, retenue en otage par cette discrimination juridique, restait impossible.

Au cours des journées précédant le lancement, deux cents manifestants, avec à leur tête le révérend Ralph Abernathy, prirent la direction de Cap Kennedy. Abernathy était le plus proche collaborateur de Martin Luther King et avait repris le flambeau de la Campagne des pauvres gens, deuxième phase du mouvement des droits civiques. Abernathy et ses camarades militants se rendirent sur le site de lancement à dos de mulets, manière de lancer à l'administrateur de la NASA, Tom Paine, un défi sur le bien-fondé du programme spatial quand les pauvres et les déshérités du quartier de Watts, à Los Angeles, de Detroit et des régions rurales des Appalaches avaient à peine de quoi se nourrir et se loger. Le Housing Rights Act de 1968, la loi sur le droit au logement, rendant illégale toute discrimination ethnique dans le secteur de l'habitat, s'enlisait au Congrès depuis des années, face à l'opposition véhémente des législateurs, au nord comme au sud. Le texte de loi ne franchit la ligne d'arrivée qu'à la veille de l'assassinat du Docteur King, en 1968.

Katherine Johnson n'ignorait évidemment rien de ce problème du logement. La discrimination restait la norme, mais la mobilité économique de l'après-guerre avait procuré à des familles comme la sienne et celle de Dorothy Vaughan les moyens de sortir de cités comme Newsome Park et de s'installer dans des lotissements confortables, verdoyants et entièrement réservés aux noirs. Le départ des familles de cadres rompit le lien que les moins favorisés conservaient avec le monde de l'université et les emplois de la classe moyenne. Newsome Park et les centaines de cités similaires dans le pays devenaient des endroits de plus en plus instables, des îlots de désespoir où on laissait le logement, l'éducation et tous les autres services étatiques se dégrader peu à peu.

La priorité accordée à la victoire dans l'espace par rapport aux problèmes terrestres restait l'aspect le plus critiqué du programme spatial. Pourtant, même les voix de la communauté noire, qui exprimaient leur admiration pour les astronautes et soutenaient le programme et sa mission, critiquaient vertement la NASA pour le peu de figures noires qu'on y rencontrait. Aucun commentateur de télévision noir, pas d'administrateurs noirs, pas un visage noir en salle de Contrôle de Mission, et surtout, pas d'astronautes noirs. Le ressentiment était encore fort suite aux mauvais traitements infligés à Ed Dwight, un aspirant astronaute à qui l'on avait signifié sa révocation avant même qu'il ait pu prendre son service[708].

Si des groupements comme la Division d'Analyse et de Calcul et la Physique de la rentrée dans l'atmosphère employaient encore plusieurs anciennes Calculatrices Ouest, Katherine et d'autres se retrouvèrent seules employées noires de leur secteur. Maintenant qu'un terme officiel avait été mis à la ségrégation, leur présence au travail était peut-être moins visible. Mais, paradoxalement, elles devenaient invisibles professionnellement au sein de la communauté noire. Les blancs de la NASA avaient tendance à vivre entre eux, organisant covoiturages et barbecues, envoyant leurs enfants dans les mêmes écoles. Ils reproduisaient les relations hiérarchiques de bureau dans leur vie de quartier.

Les noirs de la NASA se mêlaient aux autres noirs, quelle que soit leur profession et, dans ces milieux, ils étaient connus comme membres de telle *sorority*, de tel chœur d'église, comme ancien élève de l'Institut Hampton ou fanatique de football… Leurs voisins avaient beau savoir qu'ils travaillaient à la NASA, ils n'avaient aucune idée de ce qu'ils y faisaient exactement ou de leur degré de proximité avec les événements qui occupaient l'actualité. Les ingénieurs, scientifiques et mathématiciens noirs, bien que profondément engagés dans la course spatiale, n'en vivaient pas moins dans l'ombre, même vis-à-vis de la communauté noire.

Katherine était sensible à cette césure. Comme Mary Jackson et beaucoup d'autres employés noirs de Langley, elle avait travaillé dur afin de cultiver l'intérêt pour les maths et les sciences, à travers les réseaux communautaires, obtenant des résultats mitigés. En 1966, pourtant, il s'était produit un événement capable de susciter un engouement pour les maths et les sciences.

Star Trek entra dans les foyers américains le 8 septembre 1966, à une heure de grande écoute, en début de soirée, sur la chaîne NBC. Alors que la NASA et les astronautes du Programme Gemini enchaînaient treize missions dans les années 1960, en l'an 2260, le vaisseau *Enterprise* décollait de la Terre pour une mission de paix et d'exploration spatiale au long cours. A son bord, un équipage constitué d'hommes et de femmes de différentes origines et nationalités. Ce groupe soudé, conduit par le charismatique capitaine James T. Kirk, comprenait des individus originaires d'une Fédération des planètes unies très avancée, ne connaissant plus ni la pauvreté ni la guerre. Les ennemis d'un ancien Age Terrestre œuvraient côte à côte en tant que collègues et concitoyens. L'enseigne de vaisseau Pavel Chekov, le pilote nippo-américain Hikaru Sulu et le docteur Spock, mi-humain, mi-vulcain, ajoutaient une note de diversité interstellaire. Et là, sur la passerelle de commandement, une vision en minirobe rouge ouvrait l'esprit des téléspectateurs sur ce que pourrait être un avenir véritablement démocratique. Le lieutenant Uhura, une femme noire, fière citoyenne des Etats-Unis d'Afrique, occupait le poste d'officier chargée des communications à bord de l'*Enterprise*.

Uhura, incarnée par l'actrice Nichelle Nichols, s'acquittait des devoirs de sa mission avec sang-froid, en gérant les communications du vaisseau avec d'autres vaisseaux ou planètes. A la fin de la première saison, en 1967, Nichols remit sa démission au créateur de la série, Gene Roddenberry, souhaitant se consacrer à sa carrière à Broadway. Le producteur, qui tenait à la garder dans sa distribution, refusa cette démission, lui demanda de prendre le week-end pour y réfléchir.

Ce week-end-là, Nichelle Nichols prit part à une manifestation de collecte de fonds organisée par la NAACP en faveur des droits civiques, à Los Angeles[709]. L'un des coordinateurs de l'événement lui fit savoir que « son plus grand fan »[710], un autre participant, souhaitait faire sa connaissance. S'attendant à rencontrer un adolescent fébrile, elle se trouva en face du Docteur Martin Luther King[711] : King était un Trekkie *! C'était la seule émission que son épouse Coretta et lui autorisaient leurs enfants à regarder, et il n'en loupait lui-même jamais un épisode. L'actrice le remercia de ses compliments chaleureux, avant d'ajouter presque incidemment qu'elle avait décidé de quitter la série. Ces mots avaient à peine franchi ses lèvres que le révérend l'interrompait froidement.

« Vous ne pouvez partir maintenant, lui dit-il. Nous sommes là-bas, avec vous, parce que vous en êtes. » La série imagine l'existence des noirs dans le futur, continua-t-il, insistant auprès de l'actrice sur l'importance et le caractère novateur d'un pareil fait. Qui plus est, ajouta-t-il, il avait étudié la structure de commandement de Starfleet et, selon lui, elle reflétait celle de l'US Air Force, ce qui plaçait Uhura — une femme noire ! — au quatrième rang de la hiérarchie du vaisseau[712].

« Ce n'est pas un rôle de noire, c'est un rôle de femme, souligna-t-il. C'est un rôle unique qui incarne et prête vie à tout ce pour quoi nous manifestons : l'égalité. » Le reste du week-end de l'actrice se déroula dans une brume de colère, de tristesse et de confusion. Le lundi matin, elle retourna voir Gene Roddenberry à son bureau et lui demanda de déchirer la lettre de démission.

Comment Katherine aurait-elle pu ne pas être une fan ? Tout ce qui touchait à l'espace la fascinait, et voilà qu'à la

* On surnommait les fans de la série des Trekker ou Trekkie. (NdT)

télévision, elle découvrait une femme noire qui accomplissait son travail, et le faisait bien. Une noire, et une femme, mais aussi un lieutenant, la personne la plus qualifiée qui soit pour ce travail. En fait, Katherine pensait que la science — et l'espace — constituaient le domaine idéal pour les gens talentueux, quel que soit leur milieu ou leur formation. Tout ce qui comptait, c'étaient les résultats, comme elle l'expliquait à des salles entières d'étudiants. En mathématiques, le résultat était exact ou faux et, si l'on tombait juste, peu importait sa couleur de peau.

Star Trek se situait en 2266, mais il n'était pas nécessaire d'attendre trois siècles pour voir ce dont étaient capables les plus brillants esprits d'Amérique, pour peu qu'on leur laisse le champ libre. La mission Apollo avait lieu au temps présent. Au Hillside Inn, parmi le groupe des membres de la *sorority*, Katherine se laissa gagner par l'émerveillement de ce moment, s'imaginant à la place des astronautes. Quelles émotions jaillissaient des profondeurs de leur cœur en ces instants où ces trois hommes contemplaient leur planète bleue depuis le vide spatial ? Qu'éprouvaient-ils à l'idée d'être séparés du reste de l'humanité par un gouffre inimaginable, tout en emportant avec eux, dans leur vulnérable vaisseau, les espoirs, les rêves et les peurs de l'humanité tout entière ? La plupart des gens qu'elle connaissait n'auraient pas échangé leur place avec les astronautes pour tout l'or de Fort Knox. Ils étaient seuls dans le vide de l'espace, rattachés à la Terre par un lien ténu, avec le risque réel que quelque chose puisse mal tourner. Mais si on lui avait donné l'occasion d'unir son destin à celui des astronautes, elle aurait immédiatement bouclé ses valises. Même sans la pression de la course spatiale, même sans l'ardente obligation de battre l'ennemi. Pour elle, la curiosité l'emportait toujours sur la peur[713].

L'Eagle, le module lunaire, se sépara du module de commande d'Apollo à 16 heures. L'alunissage provoqua un frisson collectif. L'équipage était si près du but. Le monde attendait que s'ouvre la porte de cet engin mécanique en forme de crabe. Il fallut quatre heures. Ensuite, enfin, à 22 h 38 : soupirs, applaudissement, exubérance, ou silence médusé, partout sur la Terre, quand Neil Armstrong posa le pied sur la Lune[714]. L'alunissage était la partie de la mission qu'il avait été impossible de répéter auparavant — et la plus dangereuse. Bien que Neil Armstrong ait estimé leurs chances de retour sur Terre sains et saufs à 90 %, il pensait que les astronautes n'avaient qu'une chance sur deux de réussir à se poser sur la lune dès cette première tentative[715]. Katherine Johnson avait confiance : elle savait ses chiffres exacts, et supposait que Marge Hannah et les gens de son bureau, Mary Jackson, Thomas Byrdsong et Jim Williams… tout le monde, depuis les sommets de la NASA jusqu'au bas de la hiérarchie, s'était donné tout entier pour cette mission.

En outre, elle était toujours restée optimiste, même dans les situations les plus difficiles. « Il faut toujours s'attendre à un progrès », se répétait-elle à elle-même et à tous ceux susceptibles de l'interroger[716]. Il avait fallu plus d'une décennie de feuilles de calcul et d'équations, de cartes perforées IBM et de longues journées, et de nuits sans fin devant la machine à calculer Friden, de retards et de tragédies et, surtout, de chiffres ; à ce stade, il y en avait même plus qu'elle ne pouvait en compter. Le tout-venant s'ajouterait à de longues années consacrées à apprendre les bases de la machine qui avait donné naissance au programme spatial.

Dorothy Vaughan et les femmes de Calcul Ouest, Virginia Tucker et toutes celles qui avaient contribué à révolutionner l'aéronautique, grâce à leur travail et à leur présence obstinée, à la NACA : toutes ces trajectoires avaient influencé la sienne. Le professeur Claytor et la préparation enthousiaste dont il l'avait fait bénéficier. John W. Davis de l'université d'Etat de Virginie occidentale. Même A. Philip Randolph et Charles Hamilton Houston. Bien sûr, rien de tout cela ne serait arrivé sans ses parents. Elle aurait tant aimé que son père voie sa petite fille, qui comptait sans arrêt les étoiles, devenir une femme capable désormais d'envoyer des hommes dans l'espace. Joshua Coleman pressentait que Katherine, la plus jeune de ses enfants, si brillante, si charismatique, si curieuse — une fillette noire de la Virginie occidentale rurale, née à une époque où elle avait plus de chances de mourir avant trente-cinq ans que de pouvoir terminer le lycée[717] — unirait un jour son histoire personnelle à la grande épopée de l'Amérique.

Katherine s'imprégna de ce moment, et de tout ce qu'il impliquait. Ils avaient encore tant de défis devant eux. Elle regarda ces hommes fouler la poussière lunaire et songea au module de commande en orbite d'attente, hors du champ des caméras, bouclant une révolution lunaire toutes les quatre-vingt-dix minutes[718]. Sur la Lune, Neil Armstrong et Buzz Aldrin auraient une brève fenêtre pour remonter à bord du module lunaire et reconnecter leur canot de sauvetage avec leur vaisseau-mère. Après quoi, il s'écoulerait trois longues journées sur l'autoroute du retour vers la Terre, puis ce serait la traversée de l'incendie de l'atmosphère et la descente dans l'océan terrestre. Chaque étape du vol comportait sa part d'inconnu. Quand l'amerrissage aurait confirmé la justesse de ses équations, quand on les aurait repêchés dans l'océan et qu'ils seraient bien au chaud à bord du porte-avions, là seulement elle pourrait respirer.

Et pourtant même à ce stade, elle ne respirerait qu'un court instant. Apollo avait encore six missions à accomplir. Et rien ne peut égaler le frisson de l'aventure future. Katherine et Al Hamer avaient déjà commencé à réfléchir aux calculs d'une trajectoire vers Mars[719]. Leurs collègues, Marge Hannah et John Young, porteraient le regard encore plus loin dans le cosmos, rêvant d'un « grand tour » des planètes extérieures du système solaire[720]. Cette expédition reposerait sur la même conception du rendez-vous des orbites de la Terre et de la Lune, où un vaisseau spatial survolant une planète se servirait de la gravité de cette dernière pour se lancer vers la suivante, comme une pierre projetée par une fronde. Les esprits agiles du 1244 sautaient déjà de Mars à Jupiter et Saturne, comme des cailloux ricochant sur la surface d'un lac aussi lisse qu'un miroir. Un jour, peut-être, le reste de l'humanité les suivrait. Ensuite, Katherine Johnson découvrirait *réellement* ce qu'il y avait là-bas. Ce serait simple, songea-t-elle, tout comme d'envoyer un homme en orbite autour de la Terre, ou d'aller poser un homme sur la Lune. Une entreprise en engendrait une autre. Katherine Johnson le savait : une fois que vous aviez franchi le premier pas, tout était possible.

Epilogue

Comment se fait-il que je n'ai pas entendu parler de cette histoire plus tôt ? C'est la question que l'on me pose le plus souvent quand je parle des femmes noires qui ont travaillé à la NASA. Cinq ans après avoir entamé ces recherches sur ce qui deviendrait *Les Figures de l'ombre*, j'ai répondu à cette question un nombre incalculable de fois. La plupart de mes interlocuteurs sont stupéfaits qu'une histoire aussi vaste et fondamentale, impliquant tant de femmes et directement liée à l'un des moments charnières du XXe siècle, soit restée si longtemps invisible. Quelque chose dans cette histoire semble toucher des gens de toutes origines ethniques, quels que soit leur sexe, leur âge et leur formation. C'est une histoire d'espoir, l'idée qu'au milieu des réalités les plus dures de notre pays — ségrégation légalisée, discrimination raciale —, il existe une preuve du triomphe de la méritocratie, chacun d'entre nous étant autorisé à s'élever aussi haut que son talent et son travail acharné pourront le conduire.

Le plus grand encouragement dans cette voie est venu des femmes noires. Trop souvent, leur portrait historique est chargé d'une imagerie négative et d'une idée de vulnérabilité liée à leur double statut de noires et de femmes. Le plus décourageant, c'est la fréquence à laquelle nous, les noirs, nous regardons dans le miroir national américain pour n'y distinguer aucun reflet, aucune empreinte digitale laissée sur ce qui est considéré comme l'histoire avec un H majuscule. Pour moi et beaucoup d'autres, je le crois, si l'histoire des Calculatrices Ouest est à ce point saisissante, c'est parce qu'elle apporte la preuve de ce en quoi nous avons toujours cru, d'une vérité dont nous cherchons toujours à avoir la certitude : un grand nombre de femmes noires ont été les protagonistes de l'épopée américaine.

La passion de Katherine Johnson pour son travail est restée intacte, depuis le premier jour de son embauche au sein de la Division de la Recherche en vol et durant les trente-trois années de sa carrière à Langley. « J'ai aimé chacune des journées que j'y ai vécues, dit-elle. Il n'y a pas eu un jour où je ne me suis pas réveillée enchantée d'aller travailler »[721]. Elle considère son travail sur le rendez-vous lunaire, le fait d'avoir pu assigner l'heure précise à laquelle le module lunaire devait quitter la surface de la Lune pour que sa trajectoire coïncide avec celle du module de commande en orbite d'attente auquel il devait s'accoupler, comme sa plus grande contribution au programme spatial[722]. Mais une autre série de calculs était déjà prête lors de l'accident d'Apollo 13, en 1971, quand le système électrique du vaisseau spatial transportant les astronautes Jim Lovell, Jack Swigert et Fred Haise subit une avarie après une explosion à bord, rendant impossible de lancer l'ordinateur de guidage tel que c'était prévu.

Un astronaute échoué à des centaines de milliers de kilomètres de la Terre est comme un marin d'un âge plus ancien, à la dérive dans les régions les plus reculées d'un océan. Quand les ordinateurs tombent en panne, que faites-vous [723]? C'était précisément la question que Katherine et sa collègue Al Hamer avaient posé à la fin des années 1960, durant la phase la plus intense des préparatifs du premier alunissage. Et, en 1967, Johnson et Hamer rédigèrent ensemble le premier rapport d'une série décrivant une méthode pour utiliser les étoiles visibles afin de suivre un cap sans ordinateur de guidage et assurer un retour du véhicule sur Terre en toute sécurité[724]. C'était la méthode mise à disposition des astronautes en perdition à bord d'Apollo 13.

Avant la fin de cette crise, toutefois, même les calculs de secours de Katherine et Al auraient besoin d'être étayés par d'autres calculs de secours : de l'intérieur du vaisseau spatial, des débris étincelants projetés par la capsule endommagée étaient impossibles à distinguer des vraies étoiles, rendant la méthode préconisée dans le rapport de Katherine inutilisable. L'astronaute Jim Lovell eut recours à un calcul encore plus simple pour gouverner son vaisseau vers le bercail, en alignant son viseur optique sur le terminateur de la Terre, cette ligne qui sépare le côté de la planète où il fait jour de celui où il fait nuit[725]. Par un heureux hasard, Lovell avait testé cette technique lors du vol d'Apollo 8 et savait comment effectuer ces calculs. Ce qui paraissait un banal contrôle de routine lors d'une mission précédente sauverait cette fois-ci la vie de l'équipage. Katherine Johnson savait que la chance souriait à ceux qui s'étaient dûment préparés.

Elle consacra les années qui lui restaient à Langley à travailler avec Al Hamer et John Young au développement de la navette spatiale et sur les programmes de surveillance satellite des ressources terrestres. Mais c'est son rôle aux jours les plus glorieux du programme spatial qui lui valut l'attention du public. Chaque année depuis ce jour de 1962 où John Glenn avait décollé pour son vol orbital, les éloges de Katherine Johnson pleuvaient. La presse noire — le *Norfolk Journal and Guide*, le *Pittsburgh Courier*, l'*Amsterdam News*, *Jet Magazine* — la soutint avant même que John Glenn ne quitte la Terre. A propos de la NASA, le rédacteur en chef de l'*Amsterdam News*, James Hicks, écrivit : « On n'y tarit pas d'éloges au sujet d'une jeune fille noire née en Virginie occidentale, préparatrice d'un article scientifique qui ne fut pas seulement un document essentiel lors du vol du commandant Shepard dans l'espace, mais qui devint en réalité « LE » document crucial pour le jour où nous serions capables de mettre un astronaute en orbite »[726]. Avec le temps, des articles parurent dans le *Daily Press* et le *Richmond Times-Dispatch*, deux journaux de la péninsule, et le nom de Katherine devint une entrée indispensable dans tout ouvrage détaillant les accomplissements de scientifiques et ingénieurs noirs ou de sexe féminin (quand ce n'était pas les deux). Depuis les années 1960, elle avait été invitée dans des écoles pour raconter aux élèves comment les mathématiques avaient défini son existence. Les dernières années, elle est devenue trop faible pour faire le déplacement et rendre visite à des scolaires ; le 26 août 2016, elle a fêté ses quatre-vingt-dix-huit ans. A présent, ce sont les jeunes qui viennent à elle, effectuant le pèlerinage jusqu'à la maison de retraite où elle vit. Ses contributions à l'époque emblématique du programme spatial lui ont valu les Prix du mérite collectif (Group Achievement Awards) de la NASA pour le Programme Apollo et le Programme de l'Orbiteur lunaire. Elle a reçu trois doctorats honoraires et une citation de l'Etat de Virginie. Et un lycée privé sous contrat de Caroline du Nord a créé un institut STEM (Sciences, technologie, ingénierie et mathématiques) portant son nom[727]. En 2015, le président Obama lui a décerné la Médaille présidentielle de la Liberté, un honneur déjà réservé à l'astronaute John Glenn, en 2012.

Katherine Johnson est la plus reconnue de toutes les calculatrices de la NASA, noires ou blanches. La force de son histoire est telle que quantité de récits lui attribuent à tort le mérite d'avoir été la première femme noire à travailler comme mathématicienne à la NASA, ou la seule femme noire ayant détenu ce poste. On indique souvent de façon erronée qu'elle aurait été affectée à une Division de la Recherche en vol « entièrement masculine », alors que ce groupe comprenait quatre autres femmes mathématiciennes, dont une noire. L'un de ces récits laissait entendre que ses calculs avaient à eux seuls sauvé la mission Apollo 13…

Que même les remarquables réussites de Katherine Johnson ne puissent tout à fait se hisser à la hauteur des mythes qui ont grandi autour d'elle est un signe de l'ampleur du vide causé par la longue absence des Afro-Américains, tenus à l'écart des grands courants de l'histoire dominante. Pendant trop longtemps, cette histoire a imposé une situation binaire à ses citoyens noirs : anonymes ou renommés, subalternes ou exceptionnels, récepteurs passifs des forces de l'histoire ou super-héros acquérant un tel statut en raison de leurs actes mais aussi de leur rareté. La force de l'histoire des calculatrices noires de la NASA tient au fait que même les Premières d'entre elles n'étaient pas les Seules et Uniques.

Personne n'est plus en accord avec ce point de vue que Katherine Johnson. C'est d'après les descriptions qu'elle m'a faites de son bureau de Calcul Ouest, lors de nos entretiens, que j'ai eu une première idée du nombre de femmes noires qui avaient pu travailler à Langley. J'ai d'abord entendu le nom de Dorothy Vaughan de la bouche de Katherine, et personne — pas même les cerveaux du laboratoire — n'a mérité l'admiration de Katherine comme Dot Vaughan. De Margery Hannah, la première directrice de Calcul Ouest, qui finit par rejoindre la section de Katherine, elle disait : « Elle était extrêmement intelligente, et elle n'a pas obtenu la moitié de la reconnaissance qu'elle méritait. » Elle aimait vanter les réalisations de Christine Darden plus encore qu'elle n'avait envie de parler de son travail. « Je ne suis jamais allée parler dans une école sans mentionner Christine », m'a-t-elle avoué. Elle sait se montrer généreuse dans son jugement des talents des autres, comme le sont les gens qui ont la pleine maîtrise de leurs propres dons. Tout autant que le brio personnel de Katherine Johnson, c'est son histoire personnelle et son caractère qui nous éclairent. Peut-on rêver plus américaine que l'histoire d'une brillante fillette qui sut calculer sa route de White Sulphur Springs, en Virginie occidentale, jusqu'aux étoiles ? Que, sur cette voie, elle ait égalé les prouesses d'un ordinateur électronique, devenant une version féminine, cérébrale du légendaire John Henry, ne put que grandir le mythe. Charismatique et maîtresse d'elle-même, elle garde son sang-froid, sait faire face à la pression et demeure indépendante, charmante et courtoise. Son adhésion sans complexe au principe d'équité, qu'elle s'applique à elle-même, sans avoir la sensation de se mettre en danger, et aux autres, en attendant une entière réciprocité de leur part, est un reflet de l'Amérique telle que nous aimerions la voir exister. Katherine habite résolument le futur, depuis de nombreuses années, et elle attend de nous que nous la rattrapions.

Mais le plus important peut-être, c'est que l'histoire de Katherine Johnson ouvre une fenêtre sur les histoires de toutes les autres femmes, noires et blanches, dont les contributions ont été négligées. En reconnaissant pleinement l'apport de ces femmes à la fois ordinaires et exceptionnelles qui ont contribué au succès de la NASA, nous prenons toute la mesure de leurs aptitudes, faisant de leur exception une règle. Leur but n'était pas de se distinguer par leurs différences, mais de s'intégrer grâce à leur talent. Comme les hommes pour lesquels elles travaillaient, et ceux qu'elles expédièrent hors de l'atmosphère terrestre, elles ne faisaient que leur travail.

Pour Mary Jackson, qui resta fermement déterminée dans la poursuite de ses idéaux du Double V — pour les Afro-Américains et pour les femmes —, les années postérieures à l'alunissage seraient une période de changements et de choix. « *Rockets, moon shots, spend it on the have-nots* » (Fusées, hommes sur la lune, dépensez tout ça pour ceux qui n'ont rien)[728], chantait Marvin Gaye dans son hymne de 1971, « Inner City Blues », où il évoquait le bourbier du Vietnam, une économie minée par l'inflation et, surtout, l'isolement, la colère et le désespoir économique des noirs vivant à Detroit, Washington, dans le Watts et à Baltimore. Dans les années 1960, on avait cru que l'idéalisme de Camelot*, de la Grande Société de Lyndon Johnson et du mouvement des droits civiques, autant d'héritiers de la victoire en Double V, parviendrait finalement à balayer la pauvreté et l'injustice qui avaient rongé l'Amérique depuis sa fondation. Alors que l'on approchait la fin de la décennie, il devenait de plus en plus clair que le rêve du révérend Martin Luther King, tel qu'il avait retenti sur le Lincoln Memorial, était en réalité le songe explosif sans cesse remis à plus tard du poème de Langston Hughes, « Harlem ». « Qu'arrive-t-il au rêve retardé ? Se

* Cour légendaire du roi Arthur, à laquelle fut associée la présidence Kennedy. (NdT)

dessèche-t-il comme un raisin au soleil ? »… A Newsome Park, les preuves d'espoir qu'Eric Epps avait affichées quand il avait inauguré le centre social du lotissement en 1945 s'étiolaient. La révolution du vol spatial avait solidifié les positions de Katherine Johnson et Dorothy Vaughan au sein de la classe moyenne, mais le quartier qu'Eunice Johnson, qu'elles-mêmes et beaucoup d'autres avait quitté, se transformait de plus en plus en un îlot de pauvreté, coupé des emplois et des écoles qui les aideraient à effectuer le même bond que celui des Calculatrices Ouest.

Et tout cela ne tenait même pas compte de la nécessité de s'attaquer à « la pollution, aux dégâts causés à l'environnement, aux pénuries d'énergie et à la course aux armements »[729], aux démons de la révolution technologique du siècle. Au lieu de créer un espoir unificateur, un programme spatial coûteux était comme « du sel sur les blessures des soucis plus terre à terre du pays », écrivait l'historien de la NASA, Robert Ferguson[730]. Dès 1966, le président Johnson, le plus grand défenseur du programme spatial, commençait à considérer la NASA comme « une grosse tirelire » d'où il pouvait siphonner de l'argent pour soulager un budget lesté par les programmes sociaux et le Vietnam[731]. Une fois la conquête de la lune achevée, la victoire sur l'Union soviétique étant assurée, il n'y avait plus aucune raison de pousser au-delà du Programme Apollo, dont les deux dernières missions échappèrent de peu à une annulation pure et simple.

Confrontée à la fin du Programme Apollo, la presse se montra véhémente, mais l'annulation d'un autre programme attira aussi l'attention. En 1972, les Etats-Unis décidèrent d'annuler leur programme de développement d'un avion de transport supersonique, le SST[732], dont beaucoup d'aérodynamiciens espéraient qu'il leur procurerait ce « ressort Apollo »[733], un moyen prestigieux d'afficher leur technologie. Ce projet coûteux donnait la chair de poule à ceux qui se souciaient de son impact négatif sur la couche d'ozone, mais c'était la perspective d'une « nappe » de bangs supersoniques enveloppant la Terre au passage de l'avion qui enflamma l'opinion publique. Des rapports affirmaient que l'onde de choc des avions commerciaux à très grande vitesse « effrayait les riverains, fracassait les carreaux, fendait le plâtre et faisait aboyer les chiens »[734]. Certains prétendirent que la menace invisible avait même provoqué la « mort d'animaux de compagnie et affolé le bétail »[735]. Les autorités locales reçurent des plaintes pour bris de vitres et animaux traumatisés, et les appels à la police se multiplièrent, les citoyens signalant des détonations non identifiées qui tombaient littéralement d'un ciel pourtant bleu et limpide.

Les appareils de transport supersoniques et hypersoniques rêvés dans les années 1950 et 1960 devraient attendre, alors même qu'en 1970 Langley concentrait de nouveau l'essentiel de son attention sur ce que désignait le premier « A » du sigle de la NASA : l'Aéronautique. « Pour la seule année 1969, 57 avions de ligne américains ont été certifiés, transportant approximativement 164 millions de passagers à partir des Etats-Unis et pour quelque 32 milliards de tonnes-kilomètres de fret », révélait une publication de la NASA en 1971[736]. Les priorités des aérodynamiciens pour la décennie à venir seraient moins prestigieuses, mais constitueraient un élément clef pour résoudre les problèmes résultant d'une société de plus en plus mobile. L'un des problèmes auxquels se consacra le centre de recherche fut la diminution de la pollution sonore : des cieux encombrés étaient souvent des cieux bruyants, même sans bang supersonique. La consommation d'énergie était une autre question de taille. Confrontée à des prix du carburant en hausse, l'industrie aéronautique réorienta ses priorités de l'accroissement de la vitesse et de la puissance vers une amélioration de l'efficacité énergétique en vol subsonique ou aux premières vitesses supersoniques.

En 1970, Langley annonça une vaste réorganisation[737], réduisant son personnel à 3 853 employés, passé un pic de 4 485 personnes en 1965[738]. Pour ceux qui vécurent cette réorganisation, annoncée sous la forme d'une brochure vert avocat de quarante-sept pages qui atterrit sur les bureaux des employés fin septembre 1970, ce fut à bien des égards une période chargée de plus de bouleversements que celle de la transition de la NACA à la NASA. A Langley, les vagues de RIF et de RIG — *Reductions in force* et *Reductions in grade* (« Diminution des effectifs » et « Rétrogradations ») — survenaient à une telle fréquence qu'elles engendrèrent un nouveau verbe, comme dans la formule « John s'est fait *riffer* la semaine dernière ». Ceux qui survécurent à ces RIF se sentaient trahis par cette réduction des ambitions de l'Agence. Non seulement les cerveaux ne visaient plus Mars et les planètes éloignées du système solaire, mais en décembre 1972, ils avaient laissé leurs dernières empreintes sur la Lune. La NASA des années 1970 s'intéressait à des moyens d'accès « à l'espace réguliers, réactifs et économiques »[739]. L'Agence ne retrouverait pas la gloire des années Apollo. Mais en dépit de cette révision à la baisse généralisée — des budgets, des personnels, des attentes —, la volonté d'explorer le monde au-delà de l'atmosphère terrestre ne pourrait pas disparaître.

Mary Jackson réussit à négocier la tourmente de Langley, tandis qu'autour d'elle des sections, des divisions et des départements ne cessaient de se recomposer à une cadence croissante, les groupes de travail du bas de l'organigramme se transformant en simples éclats dans le grand kaléidoscope de la NASA. Les noms changèrent — Compressibilité, Aéro Thermo, Théorie appliquée, Grandes souffleries supersoniques, Aérodynamique transsonique, Avion à grande vitesse, Subsonique-transsonique —, mais son partenariat avec Kazimierz Czarnecki demeurait une constante. Elle resta concentrée sur la recherche qu'elle avait menée depuis qu'elle était devenue ingénieure en 1958 : l'impact de la rugosité (celle des rivets ou des rainures) sur la surface d'un objet en mouvement dans la couche limite — la fine couche d'air qui s'écoule au plus près de cet objet. Ne laissant jamais échapper une opportunité de compléter son instruction, elle prit des cours de FORTRAN, et apprit à programmer[740]. Les ordinateurs qui avaient rendu possible le vol spatial à longue distance révolutionnaient aussi la recherche aéronautique, une spécialité dénommée Dynamique des fluides computationnelle. Les ingénieurs conduisaient désormais des expériences dans les souffleries bien-aimées et comparaient ensuite les résultats à des simulations sur leurs ordinateurs. Tout comme les appareils électroniques avaient pris la place des ordinateurs humains dans la recherche aéronautique, le jour viendrait finalement où l'ordinateur délogerait la soufflerie elle-même.

Mary Jackson était un défenseur infatigable de la science et de l'ingénierie comme choix de carrière à la fois riche et stable. Elle multiplia tant les interventions dans des écoles de la région qu'on aurait pu la croire candidate à un mandat d'élue [741]: collèges Thorpe et Sprately, lycées Carver et Huntington, Institut Hampton, au Virginia Wesleyan College, une petite faculté privée de Norfolk. Au centre d'activités sociales et culturelles de King Street, où elle avait travaillé en tant que secrétaire de l'USO pendant la Seconde Guerre mondiale, elle créa un club de science fréquenté après les cours par des collégiens et lycéens. Elle les aidait à construire une soufflerie à flux de fumée, à mener des expériences, et leur apprenait à se servir de l'outil qu'ils avaient créé pour observer les écoulements d'air sur toutes sortes de profils d'aile. « Nous devons effectuer ce genre d'interventions pour les intéresser à la science », expliquait-elle dans un article paru en 1976 dans la lettre d'information des employés, le *Langley Researcher*, qui publiait son portrait pour l'honorer du titre de Volontaire de l'Année du centre[742]. « Souvent, quand les enfants entrent à l'école, ils négligent les mathématiques et les sciences durant les années où ils devraient en apprendre les bases. »

En 1979, elle organisa une fête pour le départ à la retraite de Kazimierz Czarnecki, qui quittait la fonction publique après quarante années de service[743]. Deux ans auparavant, l'installation qui avait été le socle de l'essentiel de leur travail — la Soufflerie supersonique d'un mètre vingt de côté, le troisième membre du partenariat de Kaz et Mary — arrivait aussi au terme de sa période de service à Langley. En 1977, cette soufflerie qui avait été à la pointe de la technologie au début de son fonctionnement, en 1947, fut rasée pour laisser place à la National Transonic Facility, une soufflerie à 1, 2 Mach, d'un coût de 85 millions de dollars, alimentée à l'azote cryogénique.

Pour Mary, ce fut un moment qui reflétait toute sa carrière. Elle effectuait régulièrement des déplacements pour faire des présentations à des colloques organisés par le secteur industriel et, à la fin des années 1970, elle avait signé ou cosigné douze articles[744]. Elle avait progressé, devenant successivement calculatrice, mathématicienne et ingénieure et, en 1968, avait été promue à l'échelon GS-12. Les coupes budgétaires et les RIF des années 1970 rendaient toutefois les promotions plus difficiles à obtenir, et, pour elle, le degré suivant de l'échelle — GS-13 — commençait à paraître lointain. Ce grade GS-13 était un seuil important, seules quelques femmes à Langley y ayant accédé au milieu des années 1970. Le contraste était frappant avec le centre Goddard, où Dorothy Hoover et Melba Roy avaient atteint la cible GS-13 dès 1962[745]. En 1972, l'objectif de la NASA consistait à « placer une femme pour au moins un poste libre sur cinq aux niveaux GS-13 à GS-15 »[746]. Le nombre des femmes, aux postes de cadres techniciens et administratifs, avait grossi avec le volume global des effectifs, mais les femmes étaient encorc une denrée rare aux postes techniques et de gestion de haut niveau. Même des barrières apparemment modestes conspiraient à freiner l'avancement des femmes : jusqu'en 1967, le club de golf de Langley Field, endroit idéal pour se créer un réseau, interdisait aux femmes de jouer les jours de semaine, au lieu de leur permettre de golfer aux côtés des messieurs après le travail[747].

En 1979, âgée de cinquante-huit ans, elle croyait se heurter à un plafond de verre[748]. Il lui aurait été facile de recueillir les bénéfices de son ancienneté, en réduisant sa charge de travail et en se dirigeant lentement vers la retraite. Même si le prochain programme se passait d'elle, elle détenait toujours la position prestigieuse d'une ingénieure et la satisfaction de savoir à quel point elle avait travaillé pour arriver à ce stade. Mais un poste se libéra à la Division des Ressources humaines, et on avança son nom : Directrice du programme fédéral de promotion des femmes, chargée de promouvoir l'avancement de toutes les femmes du centre. Renoncer à son titre d'ingénieur conquis de haute lutte, dans une organisation créée et dirigée par des ingénieurs, n'était pas un choix facile.

Les frustrations de Mary par rapport à sa carrière n'étaient pas un cas isolé, elle le savait. Quand elle regardait autour d'elle, elle voyait de nombreuses femmes de Langley prises au piège de grades intermédiaires peu évolutifs, incapables de se hisser au niveau que leur vaudrait normalement leur aptitude. Langley avait-il réellement besoin d'un ingénieur aéronautique GS-12 de plus, même si le siège était occupé par une femme noire ? Ou le centre serait-il mieux servi par quelqu'un qui pourrait aider à ouvrir la voie à des légions d'employés, à tous les niveaux et de toutes les formations, libérés pour donner le meilleur d'eux-mêmes dans leur travail ? Mary Jackson n'était pas prédisposée à emprunter la voie de la facilité ou à se satisfaire du statu quo. Si la décision n'était pas simple, en revanche, elle était certainement claire. Quitter la voie de l'ingénierie ne constituait pas un sacrifice, si cela lui permettait d'agir selon ses principes. Se pliant à une rétrogradation du grade GS-12 au GS-11 afin d'accepter ce poste moins prestigieux, Mary Jackson se jeta à corps perdu dans son nouveau rôle de Directrice du programme fédéral de promotion des femmes du centre.

Aider des jeunes filles et des femmes à progresser touchait au cœur de l'esprit humaniste de Mary ; elle voyait les relations entre les femmes comme un moyen naturel de combler les différences ethniques. Elle avait joué un rôle déterminant pour fusionner les conseils régionaux des éclaireuses scouts blanches et noires en une organisation unifiée ouverte à toutes les jeunes filles du sud-est de la Virginie[749]. En 1972, elle proposa bénévolement ses services de conseillère pour l'égalité des chances devant l'emploi et, en 1973, intégra le Comité consultatif du programme fédéral de promotion des femmes de Langley[750]. Les deux programmes avaient été créés dans les années 1960 pour s'assurer que le gouvernement fédéral engage et promeuve sans distinction d'ethnie, de sexe ou de nationalité. A Langley, comme sur d'autres sites fédéraux, ces programmes eurent un effet secondaire bénéfique : ils procuraient aux employés de sexe féminin ou appartenant à des minorités un moyen officialisé de nouer des relations et les rendaient plus repérables socialement. Mary avait toujours eu un sens naturel des réseaux, encourageant les gens à s'entraider. Elle devint membre très actif d'un groupe de femmes, à Langley, déterminées à offrir des opportunités à d'autres femmes de toute origine ethnique, au sein de la NASA, permettant à certaines d'entre elles de se ménager une place d'égale à égal avec les hommes, à des postes scientifiques et d'ingénierie. Elles cherchèrent aussi à aider des secrétaires et des employées de bureau à évoluer vers des postes techniques et de gestion de programmes. Endosser cette fonction de Directrice du programme fédéral de promotion des femmes était pour elle un moyen de réunir le fruit de vingt-huit années de travail à Langley avec une vie d'engagement en faveur de l'égalité pour tous[751].

Savoir que l'on manquera de place et de temps pour donner la parole à tous les individus peu ordinaires que l'on a rencontrés en chemin reste l'un des aspects les plus épineux de l'écriture d'un livre. Le premier jet des *Figures de l'ombre* comportait une dernière partie détaillant tous les efforts déployés par Mary Jackson et ses compagnes de route, dans les années 1970 et 1980, pour achever d'effacer les traces persistantes de ce que Sylvia Fries, historienne de la NASA, appelait le « fantasme selon lequel seuls les hommes avaient le don d'être des ingénieurs »[752]. Comme Mary, cette dernière partie du récit s'éloignait du quotidien de la recherche pour suivre les femmes de Langley au moment où elles nouaient des alliances et usaient de toute leur ingéniosité pour transformer la nature même du personnel du centre. Prendre la décision de couper cette partie du livre fut difficile ; elle me permettait de consacrer davantage de temps à Dorothy, Katherine et Mary, à l'âge d'or de l'aéronautique et de l'espace, mais cela signifiait aussi que l'ouvrage s'achevait sur la décision de cette dernière de quitter l'ingénierie pour les Ressources humaines. Cela signifiait aussi que je devais me résoudre à me séparer d'un de mes « personnages » préférés, dans cette histoire monumentale et pleine de rebondissements, personnage devenu une amie très chère dans ma vie : Gloria Champine. La relation entre Gloria et Mary, née de la décision de la seconde de sacrifier sa carrière d'ingénieure afin de favoriser les perspectives de carrières futures d'autres femmes, est l'une des histoires des plus poignantes qu'il m'ait été donné de découvrir au cours de mes recherches.

Gloria Champine est née à Fort Monroe à Hampton, en 1932, et la maison de sa famille est voisine de celle de Mary. Son père, aviateur à Langley Field, avait joué un rôle décisif dans le développement du parachute. Il périt dans le crash d'un bombardier Keystone lors d'un vol au départ de Langley, en 1933. Son beau-père était le chef d'équipage du seul XB-15 jamais construit, qui était stationné à Langley. Gloria avait passé une partie de son enfance sur la base, où « le papa de tout le monde avait un avion »[753]. Elle avait grandi en surprenant son beau-père et son équipage racontant les « trucs dingues » auxquels les soumettaient les fêlés de la NACA afin d'analyser les qualités en vol de leur unique exemplaire de bombardier expérimental[754]. Gloria, qui est blanche, sortie du lycée de Hampton en 1947 avec son diplôme de fin d'études secondaires, acheva un diplôme de premier cycle dans une école de gestion de la région, et trouva un poste de secrétaire à la tête d'une imprimerie de Newport News. En 1959, elle passa son examen d'entrée dans la fonction publique et accepta un emploi de secrétaire dans le bureau du Programme Mercury, contribuant à la logistique nécessaire pour édifier le réseau mondial de stations de suivi qui connut ses débuts avec le vol orbital de John Glenn.

En 1974, un programme d'égalité des chances lui offrit l'opportunité d'une promotion d'un poste de simple employée à la Division des Charges dynamiques, à une fonction administrative de la Division Acoustique, une filière plus évolutive. Ensuite, elle fut en concurrence pour un poste d'assistante technique du chef de la Division des Systèmes spatiaux, un emploi situé encore plus haut dans la hiérarchie, détenu jusqu'alors uniquement par des hommes. Elle s'était soumise à trois entretiens, et en était ressortie chaque fois en première position. « Ils n'arrêtaient pas de te soumettre à des tests parce qu'ils ne voulaient pas donner le poste à une femme », lui confia une amie aux Ressources humaines[755]. Par la suite, pourtant, le centre fut obligé de l'engager dans cette fonction : c'était la meilleure candidate, et ce fut la première femme à cette place.

Quand Mary et Gloria étaient petites filles, au tout début du XXe siècle, il était peu probable que leurs trajectoires se rejoignent. Plus tard, Mary décrirait à Gloria la ségrégation qu'elle avait connue, dans les premiers temps, à Langley. S'étant rencontrées au sein de plusieurs commissions du Programme fédéral de promotion des femmes, elles étaient devenues amies, collaboratrices et conspiratrices au service d'une conviction partagée : aider des jeunes talents non reconnus à se faire une place au soleil. Comme Mary, Gloria Champine avait « la tête dure et les épaules et l'échine solides »[756]. Dès qu'elle entrevoyait un moyen de donner un coup de pouce à quelqu'un, elle ne pouvait s'empêcher d'intervenir. Elle conservait toujours un tailleur pour femme de rechange derrière la porte de son bureau, pour le cas où une candidate potentielle aurait besoin d'améliorer sa tenue afin de faire meilleure impression. Quand une jeune femme noire qui passait l'été en stage avec elle mentionna son intérêt pour les ordinateurs, Gloria la conduisit tout droit au chef du Département programmation de la Division des

Systèmes financiers[757]. La jeune femme obtint une place dans un programme de formation de programmeuses stagiaires.

Ses supérieurs de sexe masculin l'avertissaient de « ne pas se mêler des affaires des femmes », mais les affaires des femmes étaient tout aussi importantes aux yeux de Gloria qu'elles l'étaient pour Mary Jackson[758]. Elle avait vu combien sa mère, intelligente mais surtout appréciée pour sa beauté, était dépendante de son père et de son beau-père. Gloria s'était juré de ne jamais être dans la même situation ; elle n'avait jamais caressé l'idée de s'éviter de travailler, même après la venue au monde de trois enfants. Ce fut une décision qui l'aida à tenir le coup quand elle se sépara, puis divorça de son mari, au milieu des années 1960, faisant d'elle une mère célibataire et une chef de famille à une époque où la majorité des femmes blanches ne travaillaient pas encore en dehors du domicile familial[759].

En 1981, Langley envoya Mary Jackson au quartier général de la NASA, à Washington, pour une année de formation lui permettant de devenir une spécialiste de la question de l'égalité des chances. Elle avait déjà décidé qui devait prendre sa succession de directrice du Programme fédéral de promotion des femmes en Virginie. Bien que Gloria n'ait pas reçu de formation technique, son éducation dans une famille de militaires et ses quinze années d'expérience à la NASA lui permettaient de comprendre le secteur de l'ingénierie et les motivations des ingénieurs. Elle connaissait les avions mieux que bien des ingénieurs avec lesquels elle travaillait. Elle avait aussi de grandes facilités en informatique : Mary Jackson lui avait appris à « reprogrammer » les ordinateurs de la Division des Ressources humaines, en entrant dans la profondeur des bases de données qui alimentaient les systèmes, afin de lancer des rapports statistiques sur les qualifications et les promotions des employés. Ces rapports révélaient que des femmes diplômées possédant les mêmes titres universitaires que les hommes restaient plus souvent engagées comme « analystes de données », la terminologie améliorée en vigueur dans le centre pour désigner les mathématiciennes, que comme ingénieures. Les employés noirs aux qualifications similaires étaient distancés par leurs homologues blancs au plan des promotions et avaient plus de chance d'être orientés vers des fonctions de soutien, comme au sein de la Division d'Analyse et de Calcul, où Dorothy Vaughan avait été mutée, qu'au sein de groupes d'ingénierie. Elle montra à Gloria que l'absence d'un simple cours sur un relevé de notes, comme celui des Equations différentielles, pourrait empêcher une femme qualifiée et bien notée de rester au niveau de ses homologues masculins, même avec de nombreuses années d'ancienneté.

Pendant les cinq années suivantes, Mary Jackson et Gloria Champine composèrent une équipe efficace d'ingénierie sociale à l'intérieur des bureaux du Programme fédéral pour l'Egalité des chances et la Promotion des femmes. « Durant trois de ces cinq années, elles travaillèrent pour mon père, Robert Benjamin Lee III, chercheur à la Division des Sciences atmosphériques. L'intervention de mon père dans le cadre de l'égalité des chances faisait partie d'un plan de développement de carrière destiné à le "roder" en vue de changements directoriaux, après son retour dans sa division. »

En revanche, Mary passa le reste de sa carrière dans ce bureau de l'Egalité des chances, et prit sa retraite en 1985. Son mari, Levi Jackson, avait aussi vécu les dernières années de son parcours professionnel à Langley, après son transfert de la base aérienne dans les années 1980, et travaillait encore comme peintre. « Nous avons toujours trouvé tellement sympa que mamie travaille dans les souffleries et que papy les peigne », se souvenait leur petite-fille, Wanda Jackson[760]. A la fin de sa vie, Levi Jackson, qui vouait une entière dévotion à Mary, était fier de chacune de ses réalisations. Elle resta aussi occupée au cours des vingt années suivantes qu'elle l'avait été au cours des soixante-quatre premières, remplissant ses journées en s'occupant de ses petits-enfants et de son bénévolat qui la comblait tant. Elle s'éteignit en 2005, et Gloria Champine rédigea une émouvante nécrologie qui fut publiée sur le site de la NASA. « La péninsule a récemment perdu une femme de courage, une véritable héroïne d'une distinction infinie, Mary Winston Jackson, écrivait-elle. C'était un modèle au caractère incomparable et, grâce à ses efforts discrets en coulisses et par le jeu des promotions et des nominations à des postes à responsabilités, elle réussit à aider de nombreux membres des minorités et de nombreuses femmes à réaliser tout leur potentiel »[761].

Gloria mit elle aussi fin à sa carrière à Langley au bureau de l'Egalité des chances, en s'appuyant sur l'héritage de Mary, et s'assurant qu'aucun talent ne soit négligé. Christine Darden, cette jeune mathématicienne galvanisée par l'événement Spoutnik, en 1957, fut l'une de celles dont elle suivit la carrière. Les premières années de Christine à Langley avaient été une véritable épreuve de monotonie. Bien que le Département Physique de la rentrée dans l'atmosphère ait été un service passionnant au cours des préparatifs d'Apollo, les délais de développement étaient si longs qu'au moment où Christine était arrivée dans ce bureau, la quasi-totalité du travail le plus intéressant était déjà terminée, et le rythme avait considérablement ralenti. Bien que le pôle de Christine ait été rattaché à un groupe d'ingénierie, elle avait presque tous les jours l'impression d'être entrée dans une machine à remonter le temps. Un bon nombre de femmes du pôle des analystes de données étaient d'anciennes Calculatrices Ouest, et même si Christine possédait une solide expérience de la programmation en FORTRAN datant de sa licence de premier cycle, une machine à calculer Friden trônait sur son bureau, attendant ses données d'entrée, à l'instar des ordinateurs humains des années 1940. C'était « mortel », disait-elle[762]. Elle travaillait pour l'organisation qui venait de prendre la Lune d'assaut, et pourtant, dans son petit coin de la NASA, elle avait l'impression que le futur l'avait laissée sur place.

Il fallait de la persévérance, de la chance et un fameux toupet pour se sortir de ce qui était devenu un tel pensum, que Christine songea maintes fois à tout plaquer. Elle avait survécu aux RIF du Livre vert de 1970, mais juste avant la deuxième vague de 1972, par hasard, elle avait surpris une conversation entre son patron et quelqu'un du Département des Ressources humaines : elle était sur la liste des prochains licenciements ! Dans la complexe partie d'échecs des RIF, elle avait été éjectée de l'échiquier par un noir qui avait été embauché en même temps qu'elle, mais à un poste de mathématicien[763]. Il avait été affecté à un groupe d'ingénierie et promu ; et elle, possédant moins d'ancienneté, figurait dans la prochaine vague de « dégraissage ».

Cette découverte l'incita à agir. Au lieu de soulever la question avec son chef, elle alla directement voir le chef de division — le grand patron, deux échelons au-dessus de son supérieur direct, qui n'était autre que John Becker, l'éminence grise de Langley, désormais à la veille de la retraite.

« Pourquoi certains hommes obtiennent-ils des places dans les groupes d'ingénierie alors que les femmes sont envoyées dans les pôles de calcul ? », lui demanda-t-elle[764]. « Eh bien, personne ne s'en est jamais plaint, lui répliqua-t-il[765]. Ces femmes ont l'air de s'en satisfaire, donc on ne leur demande pas de faire autre chose. » Becker était un homme d'une autre époque. Son épouse, Rowena Becker, avait été une « excellente mathématicienne ». Ils s'étaient rencontrés pendant la guerre, dans la soufflerie de 2,40 m —, mais après leur mariage, elle avait pris la décision de quitter Langley pour devenir épouse et mère de famille à plein temps[766]. S'agissant des femmes au travail et de leurs attentes, son cadre de référence était celui de la plupart des hommes de sa génération. Mais tout comme lorsqu'il avait admis s'être trompé quand Mary Jackson l'avait mis au défi dans les années 1950, il releva celui de Christine Darden, vingt ans plus tard. Deux semaines après qu'elle eut frappé à la porte de son bureau, elle était nommée auprès d'un groupe de recherche sur le bang supersonique.

Son nouveau chef, David Fetterman, était, de son propre aveu, un « aviateur » qui avait décidé de rester dans l'aéronautique alors que d'autres s'orientaient vers l'espace[767]. Il se satisfaisait de mener ses recherches de façon indépendante et partait du principe que sa nouvelle recrue partageait ce sentiment. Il confia donc à Christine une mission de recherche, à quitte ou double : elle devait se servir de l'algorithme standard de l'industrie servant à minimiser le bang supersonique d'une configuration d'appareil donnée (développé par des chercheurs de l'université Cornell, Richard Seabass et Albert George) et rédiger un programme en FORTRAN basé dessus. C'était un travail à l'extrême pointe de l'aéronautique, un projet de Dynamique des fluides computationnelle capable d'atténuer le bang supersonique, qui avait tant nourri de soupçons contre le vol au-delà de la vitesse du son.

Cela réclama trois années de travail, mais en 1975 les résultats furent publiés dans un article intitulé « Minimisation des paramètres du bang supersonique en atmosphères réelle et isotherme »[768]. Christine en était le seul auteur. Le code qu'elle écrivit en tant qu'aspirante ingénieur constitue encore le noyau des programmes de minimisation du bang supersonique qu'emploient les aérodynamiciens actuels. C'était une importante contribution et le tournant d'une carrière, mais, malgré ce moment décisif, la route pour devenir une experte du bang supersonique internationalement reconnue, avec soixante publications et présentations à son actif et un membre du Haut comité directeur de la NASA, n'était toujours pas dégagée[769].

En 1973, elle suivit un cours de programmation informatique dans le cadre du partenariat de Langley avec l'université George Washington. Elle avait excellé à l'Institut Hampton, décrochant sa maîtrise haut la main à l'université d'Etat de Virginie, avant de finalement accéder à un poste auprès d'un groupe d'ingénierie de la NASA, mais avec ce cours de huit étudiants — sept blancs et une noire —, c'était aussi la première fois qu'elle fréquentait un établissement intégré[770]. D'abord intimidée, les notes élevées qu'elle obtint la décidèrent à poursuivre jusqu'au doctorat. Obtenir l'autorisation d'inscription à ce cursus s'avéra laborieux. Un superviseur refusa sa demande initiale. Même après avoir reçu un accord, elle « jonglait avec ses obligations de maman girl scout, d'enseignante à l'école du dimanche, ses trajets pour les leçons de musique et ses tâches de femme d'intérieur », en plus de son travail à plein temps à Langley[771].

Ce doctorat d'ingénierie mécanique lui réclama dix ans. Il lui fut accordé en 1983, très exactement quarante ans après l'arrivée des Calculatrices Ouest à Langley. Ce succès s'appuyait sur le travail de femmes qui étaient venues avant elle, sa recherche se fondait sur les avalanches insondables de chiffres qu'elles avaient maniées. Même avec deux des meilleures références de la discipline accolées à son nom — un doctorat et une contribution majeure à la recherche —, il faudrait encore un dernier effort avant que Langley ne reconnaisse Christine Darden en lui accordant la promotion qui était à la hauteur de ses réalisations.

Gloria Champine admirait l'intelligence de Christine Darden et l'obstination qu'elle avait mise à obtenir son doctorat[772]. Depuis son perchoir du bureau de l'Egalité des chances, elle savait que les femmes du centre — même aux niveaux les plus élevés — étaient encore court-circuitées par des hommes, et Christine était l'une d'elles. Au milieu des années 1980, elle avait gravi l'échelon GS-13, et pourtant, malgré son doctorat, elle avait du mal à accéder au GS-14. En revanche, un ingénieur blanc de sexe masculin qui avait débuté en même temps qu'elle, jouissant de notes d'évaluation de performance similaires, avait déjà atteint le niveau GS-15. Gloria savait comment s'y prendre à Langley : « Présente ton dossier, élabore-le, et montre-toi convaincante : le but, c'est qu'ils y croient. » Elle créa un graphique et le montra au chef de sa direction — situé un niveau au-dessous du sommet de la hiérarchie — qui fut choqué de ces disparités. Grâce aux efforts de Gloria, la promotion finit par arriver et, après cela, pour Christine, le renom et la mobilité sociale qui échoit aux gens dotés de facultés exceptionnelles. Ce fut l'un des grands moments de fierté de Gloria. Christine avait déjà effectué le travail ; les gens de Langley avaient simplement besoin de quelqu'un qui leur ouvre les yeux sur ces figures de l'ombre.

« J'ai changé ce que j'ai pu ; j'ai enduré le reste », déclara Dorothy Vaughan à l'historienne Beverly Golemba, en 1992. Dorothy prit sa retraite en 1971, après vingt-huit années de service. Depuis le jour où elle avait pris le bus de Farmville vers la ville-champignon surgie en temps de guerre, le monde avait changé de façon spectaculaire mais pas tout à fait assez pour combler ses ultimes ambitions de carrière. Le Livre Vert atterrit sur son bureau deux jours seulement après son soixantième anniversaire. Son nom y était inscrit, mais pas là où elle l'aurait espéré.

« Cela s'accompagnait d'une promotion », m'a dit la fille de Dorothy, Ann Vaughan Hammond, sans que sa mère lui ait jamais précisé laquelle[773]. Dorothy évitait de s'épancher et, devant sa famille, ne faisait qu'esquisser les raisons de son ultime déception. Selon toute vraisemblance, elle s'était attendue à effectuer ses dernières années de service à la tête de sa section, reprenant ainsi le titre qu'elle avait détenu de 1951 à 1959. Quel triomphe c'eût été de réintégrer la direction, mais en tant que chef de la section qui employait tant des hommes que des femmes, des noirs et des blancs. Ce poste fut en fait attribué à Roger Butler, un blanc, qui avait occupé celui de chef de département[774]. Sara Bullock, la Calculatrice Est qui avait été placée à la tête du groupe de programmation de l'ordinateur Bell en 1947, fut nommée chef d'une des quatre sections du département[775]. Bullock était l'une des rares femmes superviseuses, en particulier hors des services administratifs. En 1971, il n'y avait toujours pas de femmes chefs de département, aucune femme chef de division, et aucune femme directeur à Langley[776].

Et, pour la première fois en presque trois décennies, plus de Dorothy Vaughan. La présence de cette dernière au poste de superviseur, dans les années 1950, fut relativement brève, mais durant toutes ces années, elle avait promu de nombreuses carrières. Si son nom n'apparut jamais en tête d'un rapport de recherche, elle avait contribué à des dizaines d'entre eux. Ce ne fut qu'à contrecœur qu'elle accepta d'être honorée d'une fête de départ ; elle n'avait jamais apprécié que les gens fassent trop de manières[777]. Elle découragea sa famille d'y prendre part et trouva quelqu'un pour l'y emmener (malgré des années d'existence dans une Virginie dépendante de l'automobile, elle n'avait jamais appris à conduire). Nombre de ses nouvelles collègues tinrent à être présentes pour saluer son départ, et son chef, Roger Butler, fut de la partie. Beaucoup d'anciennes collègues vinrent aussi. C'étaient jadis des jeunes filles qui étaient venues à Langley en espérant avoir un emploi de guerre pendant six mois ; à présent, c'étaient des femmes âgées, membres d'un club scientifique d'élite. A un certain stade de la soirée, Lessie Hunter, Willianna Smith et d'autres Calculatrices Ouest se réunirent autour de leur ancienne superviseuse pour une photo, publiée une semaine après dans le *Langley Researcher*. Ce fut peut-être la seule image de l'histoire qui débuta en mai 1943 avec le Groupe des sœurs de l'Entrepôt. Dans ce Langley qui, d'année en année, conservait si méticuleusement des documents relatifs à ses employés, je n'ai encore jamais pu exhumer une photo de la section de Calcul Ouest.

Dorothy Vaughan avait toujours aimé voyager et, à la retraite, elle s'accorda ce plaisir, sillonnant les Etats-Unis et l'Europe. Passé quatre-vingts ans, elle fit un voyage à Amsterdam avec sa famille. Chez elle, elle vivait aussi frugalement que durant la Grande Dépression et la guerre, sans pratiquer ni dépenses superflues ni gaspillages.

Quelques années après son départ à la retraite, une femme est venue à son domicile, pour essayer de l'associer à une procédure en recours collectif relative aux discriminations de salaires envers les employées de Langley. Dorothy était assise dans son canapé et écouta poliment cette femme, puis elle lui répondit : « Ils m'ont payé ce qu'ils m'ont promis de me payer », et cela n'alla pas plus loin. Elle n'avait jamais été femme à s'étendre sur le passé. Après sa fête de départ,

Dorothy Vaughan n'est jamais retournée à Langley. L'album photo, les récompenses pour ses états de service — elle avait rangé tout cela dans des boîtes à souvenirs, dans le fond d'un placard. Son véritable héritage, Christine Darden et la génération de jeunes femmes tant redevables aux Calculatrices Ouest, demeurait encore dans les bureaux.

Remerciements

Le titre de ce livre pourrait sembler inadéquat. L'histoire qui se dessine dans ces pages n'est pas restée dans l'ombre : elle est passée inaperçue, comme autant de bribes attendant patiemment leur heure dans des notes de bas de page, des anecdotes familiales ou des dossiers poussiéreux, avant de ressurgir en pleine lumière. Mes premiers remerciements s'adressent aux historiens et aux archivistes qui m'ont aidée à reconstruire cette histoire à travers ses documents : à Colin Fries au NASA History Office de Washington, à Patrick Connelly aux Archives nationales et à l'Administration des dossiers d'archives (NARA) de Philadelphie, à Meg Hacker à la NARA de Fort Worth, à Kimberly Gentile au Centre national des dossiers personnels, et à Tab Lewis à la NARA de College Park. Merci aussi à Donzella Maupin et Andreese Scott aux Archives de l'université Hampton, et à Ellen Hassig Ressmeyer et Janice Young à la bibliothèque Drain-Jordan de l'université d'Etat de Virginie occidentale.

Depuis ce jour, au milieu d'une tempête de neige de début de printemps, en 2014, où, sans m'annoncer, j'ai franchi la porte du bureau de David Bearinger et Jeanne Siler, à la Foundation for the Humanities de Virginie, j'ai été constamment soutenue par leur enthousiasme. Grâce à leur soutien, le Projct Ordinateur Humain, qui est né de mes recherches pour ce livre, sera en mesure de reprendre le flambeau des *Figures de l'ombre* en créant une base de données exhaustive de toutes les mathématiciennes qui ont travaillé à la NACA et à la NASA à l'âge d'or de l'Agence. Mes remerciements à Doron Weber, à la Fondation Sloan, qui a bien voulu accepter un dépliant sur un auteur débutant ; le soutien de la fondation m'a permis de me consacrer à plein temps à l'exhumation de cette histoire majeure.

Je n'aurais pas pu travailler avec une meilleure équipe que celle de William Morrow. Trish Daly, bien que tu sois maintenant parti vers de nouvelles aventures, je te serai toujours reconnaissante de l'obstination avec laquelle tu as placé *Les Figures de l'ombre* en tête de ta liste. Rachael Kahan, merci pour tes conseils avisés, qui m'ont aidée à mener ce livre à bien. Achever un livre est déjà assez exaltant en soi ; qu'il devienne simultanément un film constitue vraiment la chance d'une vie. Grâce à mon agent pour le cinéma, Jason Richman, à l'United Talent Agency, à mon avocat Kirk Schroeder, et surtout à Donna Gigliotti, la productrice des *Figures de l'ombre*, qui a su voir un film dans une proposition de livre de cinquante-cinq pages. C'est l'une des professionnelles les plus douées que j'aie jamais rencontrées, tous secteurs confondus.

Les Figures de l'ombre n'a nulle part reçu d'accueil plus chaleureux que dans ma ville natale de Hampton, en Virginie. Ma plus profonde gratitude va à Audrey Williams, présidente de la section de Hampton Roads de l'Association pour l'étude de la vie et de l'histoire des Afro-Américains (ASALH), qui m'a tenu lieu de mécène au stade séminal du Projet Ordinateur Humain. Merci à Mike Cobb et Luci Coltrane, au Musée d'histoire de Hampton, de m'avoir invitée à prendre la parole dans le cadre des conférences du musée, et à Wythe Holt et Chauncey Brown pour la vivacité de leurs souvenirs sur la vie à Hampton, qui m'ont permis d'ajouter de merveilleux détails et une belle texture à la trame narrative de l'ouvrage.

D'anciens employés du Centre de recherche de Langley, et d'autres, toujours en activité, trop nombreux pour que je les mentionne ici nommément, faute de place, ont soutenu ce projet de bien des manières ces dernières années, notamment Gail Langevin, du Bureau de Liaison histoire de la NASA à Langley. Andrea Bynum m'a invitée à présenter mes recherches, en cours de travail, à la commémoration du Mois d'histoire des femmes de Langley, en mars 2014, et s'est montrée un soutien infatigable du livre depuis lors. Mary Gainer Hurst, responsable du Service de Conservation historique de Langley, récemment partie à la retraite, est une historienne émérite de la chose publique ; grâce à elle, des milliers d'entretiens, de rapports de tests en soufflerie, de photos, de documents personnels, d'organigrammes, d'articles et d'autres matériaux primaires témoignant de l'extraordinaire histoire de Langley sont accessibles au public sur le site des Ressources culturelles de la NASA à Langley et sur la chaîne YouTube associée. J'ai puisé une part considérable du tissu conjonctif de cette histoire en consultant durant des heures les informations qu'elle a pu regrouper et ordonner de façon si experte.

Belinda Adams, Jane Hess, Janet Mackenzie, Sharon Stack et Donna Speller Turner ont toutes partagé les souvenirs du travail technique auquel elles ont pris part et des nouvelles opportunités qui se sont offertes aux femmes de Langley, avec les années. Harold Beck et Jerry Woodfill ont répondu à mes questions techniques concernant les mois précédant le vol orbital de John Glenn et la catastrophe d'Apollo 13, respectivement. Mon entretien avec l'ingénieur Thomas Byrdsong, l'un des premiers ingénieurs noirs à Langley, est un souvenir doux-amer, puisqu'il a eu lieu un mois avant sa disparition.

Ce livre n'aurait pas été possible sans la coopération et le soutien des femmes qui ont vécu cette histoire, et sans leurs amis, leurs familles et leurs collègues.

J'ai l'honneur d'avoir interviewé Bonnie Kathaleen Land, mon ancienne enseignante de l'école du Dimanche en 2010. C'était ma toute première interview. Elle est décédée en 2012 à quatre-vingt-seize ans. Merci à Ellen Strother, Wanda Jackson et Janice « Jay » Johnson pour leurs récits merveilleux sur la vie riche et active de Mary Jackson en dehors du bureau.

Bien que l'histoire de Gloria Rhodes Champine n'apparaisse que dans l'épilogue, plusieurs chapitres portent son empreinte. Sa connaissance des avions, de la culture et des gens de Langley a été indispensable pour m'aider à raconter cette histoire. Christine Darden est à la fois extrêmement douée et d'une modestie désarmante, et c'est pour moi une grande source de fierté d'en avoir appris assez sur l'aérodynamique, au cours de ces recherches, pour être capable de mesurer l'ampleur de ses réalisations. Merci à elles deux pour leur sagesse et les encouragements qu'elles m'ont prodigués depuis le début du travail sur les *Figures de l'ombre*.

Ann Vaughan Hammond, Leonard Vaughan et Kenneth Vaughan ont eu un rôle décisif en m'aidant à reconstituer en détail les débuts de la vie de leur mère, Dorothy Vaughan, et la trajectoire qui l'a amenée à Langley. Je les remercie de m'avoir permis de mieux la connaître, à travers leur regard.

Jim Johnson et ses histoires de la guerre de Corée ont été pour moi une preuve évidente de la puissance durable de la victoire avec un Double V. Joylette Goble Hylick et Katherine Goble Moore ont toute mon admiration pour tout ce qu'elles ont fait afin de préserver le legs de leur mère et d'autres femmes, dont les dons ont formé le socle du travail le plus gratifiant qu'il m'ait jamais été donné de réaliser.

Les leçons que j'ai apprises de Katherine Coleman Goble Johnson auraient pu remplir un autre livre. La générosité dont elle a fait preuve en partageant l'histoire de sa vie a changé la mienne, et je lui en serai éternellement reconnaissante.

L'essentiel de ce livre a été écrit à Valle de Bravo, au Mexique ; mes remerciements à tous les amis qui m'ont offert leur soutien et leurs encouragements quotidiens. Je leur dois mon « cabinet de cuisine », ces personnes qui, au cours des six dernières années, m'ont aidée à mener ce projet jusqu'à la ligne d'arrivée. Mes remerciements tout particuliers à Marcela Diaz, Jim Duncan, Larry Peterson et Sabine Persicke. Une mention particulière à Margot Lopez qui m'a généreusement prêté son studio chaque fois que j'avais besoin d'un endroit tranquille pour répondre à une échéance.

Melanie Adams, Jeffrey Harris, Regina Oliver, Chadra Pittman et Danielle Wynn ont constitué mon équipe de supporters dans ma ville natale, toujours occupés à partager des contacts, suggestions ou à prêter une oreille bienveillante. Susan Hand Shetterly, Robert Shetterly, Gail Page et Caitlin Shetterly n'ont jamais manqué de m'offrir leurs avis, leurs merveilleux repas et des îlots où lire en paix. Mes frères et sœurs Ben Lee, Lauren Lee Colley et Jocelyn Lee ont été une constante source d'inspiration, de souvenirs et d'encouragements.

Dès notre toute première conversation, mon agent littéraire, Mackenzie Brady Watson, s'est révélé l'une des plus grandes avocates des *Figures de l'ombre*. Sa vision ample et son sens des affaires m'ont aidée à donner à cette histoire une assise qui est allée au-delà de tout ce que j'aurais pu imaginer.

Fille d'un professeur d'anglais à l'université Hampton et d'un chercheur à la NASA, il était sans doute inévitable que j'écrive finalement un livre sur des scientifiques. Les professeurs Margaret G. Lee et Robert B. Lee III ont passé des coups de téléphone en mon nom, organisé des entretiens, passé leur mémoire au crible pour en exhumer des noms et des événements, m'ont apporté des éléments de contextualisation et proposé des suggestions dans la manière de raconter cette histoire. Ils ont assisté à certaines de mes conférences, m'ont accompagnée tôt le matin ou tard le soir à l'aéroport, reçu des colis, m'ont gentiment autorisée à transformer leur maison en bureau et m'ont soutenue dans mon écriture d'innombrables autres manières : maman et papa, je vous aime plus que les mots ne pourront jamais le dire.

Enfin, personne n'a plus donné à ce projet que mon mari, Aran Shetterly. Il a lu chaque version successive des *Figures de l'ombre*, à commencer par le tout premier jet de proposition de livre, m'aidant à l'améliorer, à chaque étape, grâce à son intelligence imparable et à son bon sens éditorial. Son expérience d'auteur et de chercheur a été précieuse, elle m'a aidé à comprendre comment explorer les archives pour m'y procurer les détails qui transforment l'histoire en récit et rendent vivante une histoire jamais divulguée. Ces douze dernières années, il a été mon premier critique, mon confident, mon plus proche conseiller et mon partenaire en toutes choses, et *Les Figures de l'ombre* n'aurait jamais vu le jour sans son soutien. Pour tout cela, Aran, tu as mon respect infini, ma plus profonde gratitude et mon amour infini.

NOTES

Prologue

1. W. Kemble Johnson à la NACA, « Fair Employment », 14 décembre 1951. National Archives at Philadelphia, désignées ci-après sous l'appellation NARA Phil.

2. Dossier administratif personnel de Blanche S. Fitchet, US Civil Service Commission. National Personnel Records Center, désigné ci-après sous l'appellation NPRC.

3. *Women Computers*, vidéo enregistrée à Langley, NASA, 13 décembre 1990. https://www.youtube.com/watch?v=o-MN3Cp2Cpc

4. *Ibid.*

5. « What's My Name ? » *Air Scoop*, 14 juin 1946.

6. Beverly Golemba, « Human Computers : The Women in Aeronautical Research », mémoire de doctorat, St. Leo College, 1994, 4. Accessible auprès de NASA Cultural Resources, http://crgis.ndc.nasa.gov/crgis/images/c/c7/Golemba.pdf

7. James R. Hansen, *Spaceflight Revolution : NASA Langley Research Center from Sputnik to Apollo*, National Aeronautics and Space Administration, Washington, 1995. La ville fut surnommée « Spacetown, USA », lors d'un défilé en hommage aux astronautes du Programme Mercury, le 5 octobre 1962. Le livre de Hansen (p. 78-79) contient de merveilleuses photos de cette journée.

1 - Une porte s'ouvre

8. Melvin Butler au Directeur des Opérations, télégramme, US Civil Service Commission, 13 mai 1943, NARA Phil.

9. M. J. McAuliffe aux Responsables du recrutement,

Quatrième bureau régional, « Recruiting Workers for National Advisory Committee for Aeronautics (Langley Memorial Aeronautical Laboratory) », 28 janvier 1944, NARA Phil.

10. *Ibid.*

11. C'est le serment prêté par tous les fonctionnaires fédérés. On en trouvera le texte complet (en anglais) à l'adresse https://www.law.cornell.edu/uscode/text/5/3331

12. W. Kemble Johnson, entretien avec Michael D. Keller, 27 juin 1967, Langley Archives Collection, désigné ci-après sous l'appellation LAC.

13. James Hansen, Engineer in Charge : A History of the Langley Aeronautical Laboratory, 1917-1958, National Aeronautics and Space Administration, Washington, 1987. Statistiques reprises de l'Appendice B, « Growth of Langley Staff, 1919-1958 », p. 413.

14. Franklin D. Roosevelt, Message au Congrès sur les dotations budgétaires de la défense nationale, 16 mai 1940, http://www.presidency.ucsb.edu/ws/?pid=15954

15. Arthur Herman, *Freedom's Forge : How American Business Produced Victory in World War II*, Random House Publishing Group, New York, 2012, p. 11.

16. Judy A. Rumerman, « The American Aerospace Industry During World War II », site Internet de l'US Centennial of Flight Commission, http://www.centennialofflight.net/essay/Aerospace/WWIIIndustry/Aero7.htm. Statistiques comparées de la production aéronautique sur Wikipedia : https://en.wikipedia.org/wiki/World_War_II_aircraft_production

17. « What's My Name ? », cf. note 5.

18. R. H. Cramer à R. A. Darby, « Computing Groups Organization and Practice at NACA », 27 avril 1942, http://crgis.ndc.nasa.gov/crgis/images/7/76/ComputingGroupOrg1942.pdf

19. *Ibid.*

20. *Ibid.*

21. 3 février 1942, Langley Archives Collection (désigné ci-après sous l'appellation LAC).

22. Jervis Anderson, *A. Philip Randolph : A Biographical Portrait*, University of California Press, Berkeley 1986, p. 259.

23. *Ibid.*

24. NARA Phil.

25. Jennifer Vanhoorebeck, « T. M. Butler, Hampton Leader, Dies », *Daily Press*, 11 mai 1996.

26. Selon sa charte, la NACA était chargée de « superviser et diriger l'étude scientifique des problèmes liés au vol dans le but de leur apporter une solution pratique ». L'approche pragmatique, empirique de la recherche aéronautique était l'une des caractéristiques définissant l'agence et imprégnait tous les aspects de son travail. Pour en savoir davantage sur les débuts de la NACA, voir Hansen, *Engineer in Charge*, chapitre 1.

27. Miriam Mann Harris, « Miriam Daniel Mann », 12 septembre 2011, LAC.

2 - MOBILISATION

28. « The Weather of 1943 in the United States », *Monthly Weather Review*, décembre 1943, consulté le 23 juillet 2015, http://docs.lib.noaa.gov/rescue/mwr/071/mwr-071-12 -0198.pdf

29. « A Short History of Camp Pickett », Camp Pickett Post Public Information Office, 6 avril 1951.

30. Dorothy J. Vaughan, dossier administratif personnel, US Civil Service, NPRC.

31. « A Short History of Camp Pickett », p. 3.

32. W.E.B. Du Bois, « The Negroes of Farmville, Virginia : A Social Study », *Bulletin of the Department of Labor*,

14 (janvier 1898), pp. 1-38, https://fraser.stlouisfed.org/docs/publications/bls/bls_ v03_00141898.pdf

33. Kathryn Blood, « Negro Women War Workers », Bulletin 205, US Department of Labor, Washington, DC, Women's Bureau, 1945, p. 8, http://digitalcollections.smu.edu/cdm/ref/ collection/hgp/id/431

34. Dossicr administratif personnel de Vaughan.

35. *Ibid.*

36. Fred McCuistion, « The South's Negro Teaching Force », *Journal of Negro Education*, 18 avril 1932.

37. *Ibid.*

38. Ann Vaughan Hammond, entretien avec l'auteur, 2 avril 2014.

39. *Ibid.*

40. Robert Margo, *Race and Schooling in the South, 1880-1950 : An Economic History*, University of Chicago Press, Chicago, 1950, p. 53.

41. *Ibid.*

42. Dossier administratif personnel de Mme Vaughan.

43. Dewey W. Fox, *A Brief Sketch of the Life of Miss Dorothy L. Johnson*, West Virginia African Methodist Episcopal Sunday School Convention, 1er janvier 1926, p. 3.

44. 1910 US Census. 1910 ; Census Place : Kansas Ward 8, Jackson, Missouri ; Roll. T624_787 ; Page : 16A ; Enumeration District : 0099 ; FHL microfilm : 1374800, Ancestry.com.

45. Fox, *A Brief Sketch*, p. 3.

46. *Ibid.*

47. *Ibid.*

48. Connie Park Rick, *Our Monongalia*, WV Headline Books, Terra Alta, 1999, p. 106 et 142. John Hunt rencontra Leonard Johnson lors d'un voyage d'affaires à Kansas City et fut si impressionné qu'il le convia à travailler pour lui à Morgantown. Cela avait valu au père de Dorothy d'être surnommé « Kansas City » Johnson et, par la suite, il ouvrit son propre restaurant.

49. Fox, *A Brief Sketch*, p. 6.

50. *Ibid.*, p. 6.

51. *Ibid.*, p. 8.

52. *Ibid.*, p. 5.

53. Ann Vaughan Hammond, entretien avec l'auteur, 30 juin 2014.

54. « Mathematicians of the African Diaspora : Dudley Weldon Woodard », Université de Buffalo, Département de mathématiques de l'Université de l'Etat de New York, http://www.math.buffalo.edu/mad/PEEPS/woodard_dudleyw.html

55. Johnny L. Houston, « Elbert Frank Cox », National Mathematical Association Newsletter, printemps 1995, 4.

56. Robert A. Margo, « Employment and Unemployment in the 1930s », *Journal of Economic Perspectives*, p. 7, n° 2, printemps 1993, p. 42.

57. Entretien avec Hammond, 30 juin 2014.

58. Dossier administratif personnel de Mme Vaughan.

59. *Ibid.*

60. Entretien avec Ann Vaughan Hammond, 2 avril 2014.

61. *Ibid.*

62. *Ibid.*

63. W. Kemble Johnson à Grace Lawrence, 5 février 1942,

et Mary W. Watkins à W. Kemble Johnson, 9 février 1942, NARA Phil.

64. *Ibid.*

65. Jervis Anderson, *A. Philip Randolph : A Biographical Portrait*, University of California Press, Berkeley 1986, p. 259.

66. Dossier administratif personnel de Vaughan.

67. « Paving the Way for Women Engineers », *Norfolk Journal and Guide*, 8 mai 1943.

68. « Hampton School Head Urges Students to Remain in School », *Norfolk Journal and Guide*, 4 septembre 1943.

69. « Paving the Way for Women Engineers ».

70. Miriam Mann Harris, entretien avec l'auteur, 6 mai 2014.

71. Dossier administratif personnel de Mme Vaughan.

72. *Ibid.*

3 - LE PASSÉ EN GUISE DE PROLOGUE

73. Jarl K. Jackson and Julie L. Vosmik, « National Historic Landmark Nomination: Robert Russa Moton High School », National Park Service, décembre 1994, https://www.nps.gov/nhl/find/statelists/va/Moton.pdf

74. *Ibid.*

75. « New NAACP Branches Formed in Two Counties », *Norfolk Journal and Guide*, 14 janvier 1939.

76. Bob Smith, *They Closed Their Schools : Prince Edward County, Virginia, 1951-1964*, University of North Carolina Press, Chapel Hill 1965, p. 60.

77. « 500 Students in VA State Music Festival », *Norfolk Journal and Guide*, 20 avril 1935.

78. *Ibid.*

79. Eloise Barker, « Farmville », *Norfolk Journal and Guide*, 11 décembre 1943.

80. « Farmville », *Norfolk Journal and Guide*, 28 novembre 1942.

81. *Ibid.*

82. *Ibid.*

83. Patrick Louis Cooney et Henry W. Powell, « Vagabond : 1933-1937 », *The Life and Times of the Prophet Vernon Johns: Father of the Civil Rights Movement*, Vernon Johns Society, http://www.vernonjohns.org/tcal001/ vjvagbnd.html

84. Dossier administratif personnel de Mme Vaughan ; Alan W. Garrett, « Mathematics Education Goes to War: Challenges and Opportunities during the Second World War », communication présentée lors de l'Assemblée annuelle du Conseil national des enseignants de mathématiques, 21 avril 1999.

85. Dossier administratif personnel de Mme Vaughan.

86. *Ibid.*

87. Barker, « Farmville », 11 décembre 1943.

88. Entretien avec Ann Vaughan Hammond, 30 juin 2014.

89. Entretien avec Ann Vaughan Hammond, 4 avril 2014.

90. Dossier administratif personnel de Mme Vaughan.

91. Entretien avec Hammond, 30 juin 2014.

92. *Ibid.*

93. *Ibid.*

94. *Ibid.*

95. Robert S. Conte, *The History of the Greenbrier : America's Resort*, Trans Allegheny Books, Parkersburg, Virginie Occidentale, 1989, p. 133.

96. Katherine Johnson, entretien avec l'auteur, 17 septembre 2011.

97. Katherine Johnson, entretien avec l'auteur, 27 septembre 2013.

98. *Ibid.*

99. Katherine Johnson, entretien avec l'auteur, 27 septembre 2013.

100. « University History : Pioneer African American Mathematicians », University of Pennsylvania, http://www.archives.upenn.edu/histy/features/aframer/math.html

101. *Ibid.*

102. Heather S. Deiss, « Katherine Johnson : A Lifetime of STEM », NASA.gov, 6 novembre 2013, http://www.nasa.gov/audience/foreducators/a-lifetime-of-stem.html

103. « Virginia Women in History : Alice Jackson Stuart », Library of Virginia, http://www.lva.virginia.gov/public/vawomen/2012/?bio=stuart

104. *Ibid.*

105. Albert P. Kalme, « Racial Desegregation and Integration in American Education : The Case History of West Virginia State College, 1891-1973 », mémoire de doctorat, Université d'Ottawa, 1976, p. 149.

106. Entretien avec Katherine Johnson, 6 mars 2011.

4 – *LE DOUBLE V DE LA VICTOIRE*

107 Charles F. Marsh, dir., *The Hampton Roads Communities in World War II*, University of North Carolina Press, Chapel Hill, 1951/2011, p. 77.

108. « Hampton Roads Embarkation Series, 1942-1946 », US Army Signal Corps Photograph Collection, Library of Virginia, archives numériques ; http://www.lva.virginia. gov/

exhibits/treasures/arts/art-m12.htm. Toutes les descriptions de ce paragraphe proviennent de photographies de la collection.

109. « What's a War Boom Like ? » *Business Week*, 6 juin 1942, p. 24.

110. *Ibid.*

111. Marsh, *The Hampton Roads Communities*, p. 77.

112. *Ibid.*

113. « What's a War Boom Like ? » *Business Week*, 6 juin 1942, p. 28.

114. *Ibid.*

115. Walt Disney Productions, 1943.

116. « What's a War Boom Like ? » Marsh, *The Hampton Roads Communities* ; William Reginald, *The Road to Victory : A History of Hampton Roads Port of Embarkation in World War II*, Newport News, City of Newport News, Virginie, 1946.

117. « Newsome Park Homes Defense Workers », *Norfolk Journal and Guide*, 6 mars 1943.

118. Dossier administratif personnel de Mme Vaughan.

119. W. Kemble Johnson au personnel, « Living Facilities for New Employees », 1er septembre 1942, NARA Phil.

120. « Local Housing Facilities Available to NACA Employees », janvier 1944, NARA Phil.

121. Ann Vaughan Hammond, entretien avec l'auteur, 30 juin 2014 ; 1940 US Census, Ancestry.com

122. *Ibid.*

123. « Smith's Pharmacy », National Register of Historic Places Registration Form, National Park Service, 18 avril 2002, http://www.dhr.virginia.gov/registers/Cities/

NewportNews/121-5066_Smiths_Pharmacy_2002_Final_Nomination.pdf

124. « Whittaker Memorial Hospital », National Register of Historic Places Registration Form, National Park Service, 19 août 2009, http://www.dhr.virginia.gov/registers/Cities/NewportNews/121-5072_Whittaker_Memorial_Hospital_2009_FINAL_NR.pdf

125. Virginius Dabney, « To Lessen Race Friction », Richmond Times Dispatch, 13 novembre 1943 ; « VPS Begins Two Man Operation », Norfolk Journal and Guide, 14 novembre 1942.

126. Theresa Holloman et Evelyn Fauntleroy, « Local Women Protest Bus Drivers' Discourtesies », *Norfolk Journal and Guide*, 5 juin 1943.

127. « An Investigation Is Indicated Here », *Norfolk Journal and Guide*, 17 mars 1945.

128. Franklin Delano Roosevelt, Les Quatre Libertés : Message au 77e Congrès, 6 janvier 1941, http://www.fdrlibrary.marist.edu/pdfs/fftext.pdf

129. *Ibid.*

130. Herbert Aptheker, « Status of Negroes in Wartime Revealed », *Norfolk Journal and Guide*, 26 avril 1941.

131. Genna Rae McNeil, *Groundwork : Charles Hamilton Houston and the Struggle for Civil Rights*, University of Pennsylvania Press, Philadelphie, 1983, 1283.

132. Samuel Krislov, *The Negro in Federal Employment*, Quid Pro Quo, New Orleans, 2012.

133. John A. Davis et Cornelius Golightly, « Negro Employment in the Federal Government », Phylon, 1942, p. 338.

134. John Temple Graves, « The Southern Negro and the War Crisis », *Virginia Quarterly Review*, automne 1942.

135. W. E. B. Du Bois, The Souls of Black Folk, 1903, University of Virginia, http://web.archive.org/web/2008 1004090243/http://etext.lib.virginia.edu/toc/modeng/public/DubSoul.html

136. Cooney et Powell, *The Life and Times of the Prophet Vernon Johns*. http://www.vernonjohns.org/tcal001/vjthelgy.html

137. Taylor Branch, *Parting the Waters: America in the King Years*, Simon & Schuster, New York, 2007, p. 6.

138. P. B. Young, « Service or Betrayal ? » *Norfolk Journal and Guide*, 25 avril 1942.

139. James G. Thompson, « Should I Sacrifice to Live "Half-American" ? » *Pittsburgh Courier*, 31 janvier 1942.

140. *Ibid.*

5 – UNE DESTINÉE MANIFESTE

141. « The First Epistle of the NACAites », *Air Scoop*, 19 janvier 1945.

142. F. R. Burgess, « Uncle Sam's Eagle's Saved Hampton », *Richmond Times Dispatch*, 13 janvier 1935.

143. Hansen, *Engineer in Charge*, p. 16.

144. *Ibid.*

145. Blood, *Negro Women War Workers*, pp. 19-23.

146. *Ibid.*

147. Enquête de population, 1940, US Bureau of the Census.

148. Hansen, *Engineer in Charge*, p. 188.

149. Margery E. Hannah, dossier administratif personnel, US Civil Service Commission, NPRC.

150. Edward Sharp to Staff, « Change in Computers' Telephone Number », 31 juillet 1935, NARA Phil.

151. « Frank Knox Praises NACA », *Air Scoop*, 6-12 novembre 1943.

152. Toutes ces descriptions émanent des archives photo de Langley L-35045, NASA Cultural Resources, 4 novembre 1943, http://crgis.ndc.nasa.gov/historic/File:L-35045.jpg

153. « Knox to Visit LMAL Nov. 4 », *Air Scoop*, 30 octobre - 4 novembre 1943. Ce jour-là, le laboratoire réorganisa les horaires de déjeuner habituels des employés afin de s'adapter à celui du discours de Knox.

154. Miriam Mann Harris, entretien personnel, 6 mai 2014 ; Miriam Mann Harris, « Miriam Daniel Mann Biography », NASA Cultural Resources, 12 septembre 2011, http://crgis.ndc.nasa.gov/crgis/images/d/d3/MannBio.pdf

155. « Girls Prepare to Move into Wythe Hall », *Air Scoop*, 20-26 novembre 1943.

156. Entretien avec Ruth Bate Harris.

157. *Ibid.*

158. Derek C. Catsam and Brendan Wolfe, « Morgan v. Virginia », (1946) », *Encyclopedia Virginia* , 20 octobre 2014.

159. Richard Goldstein, « Irene Morgan Kirkaldy, 90, Rights Pioneer, Dies », *New York Times*, 13 août 2007.

160. Entretien avec Ruth Bate Harris.

161. Sharon Loury, « Notes from The Beverley Family of Virginia », NASA Cultural Resources, 1956, http://crgis.ndc.nasa.gov/crgis/images/9/90/BeverleyFamily.pdf

162. « Hampton Institute Sells Farm to War Department », *Baltimore Afro-American*, 4 janvier 1941.

163. S. A. Haynes, « Navy Officials Praise Work at

Hampton Naval Training Station, First of Its Kind », *Norfolk Journal and Guide*, 11 septembre 1943.

164. James A. Johnson, entretien personnel, 11 juin 2011.

165. « Workers in War Industry Discussed in Conference », *Norfolk Journal and Guide*, 4 juillet 1942.

166. « White Colleges Urged to Employ Colored Profs », *Baltimore Afro-American*, 24 mai 1941.

167. « Dr. MacLean's Resignation Accepted by Hampton Board », *Baltimore Afro-American*, 6 février 1943.

168. La correspondance de H. J. E. Reid est un témoignage presque aussi intéressant des événements locaux que l'est sa chronique des opérations au laboratoire. NARA Phil.

169. « Dr. MacLean's Resignation Accepted by Hampton Board ».

170. Après six années de recherche, un document officiel qui ouvrait la voie à la création des locaux de la Zone de Calcul Ouest reste encore à trouver. Etant donné la nécessité d'installer des locaux ségrégués équipés de toilettes séparées pour les femmes noires, et connaissant la coutume de l'époque et de la région, cela semble certainement le genre de décision qui aurait requis d'informer le sommet de la hiérarchie et de recevoir son aval. Mais après avoir passé au crible les documents de MacLean à l'Institut Hampton, étudié les documents de la FEPC de l'époque où il était à la tête de la commission, et après avoir étudié longuement les archives de la NASA et de Langley au Centre de recherches de Langley et au quartier général de la NASA, après avoir examiné la correspondance de Reid et les dossiers de la Commission pour des pratiques non-discriminatoires en matière d'emploi à la NARA de Philadelphie, et m'être plongée dans les dossiers de l'époque de la guerre du Département de l'Education (qui supervisait les ESMWT, ou Programmes de formation à l'ingénierie, à la science et à la gestion en temps de guerre), ainsi que dans les dossiers de la fonction

publique et de la Commission de la main-d'œuvre en temps de guerre (à la NARA de College Park et à la NARA de Philadelphie, respectivement), je suis amenée à en conclure que ce fut un accord purement verbal.

171. *Women Computers.*

172. Katherine Johnson, entretien avec Aaron Gillette, 17 septembre 1992, NASA HQ.

173. Dave Lawrence, « Langley Engineer Is Remembered for Part in History », *Daily Press*, 21 août 1999.

174. *Ibid.*

175. Chaque livraison hebdomadaire d'*Air Scoop*, de 1942 à 1945, décomptait les titres d'obligations de guerre par groupe ; la Zone de Calcul Ouest figurait régulièrement en tête de la liste.

6 – OISEAUX DE GUERRE

176. *Norfolk Journal and Guide*, 27 mai 1944.

177. John Jordan, « Negro Pilots Sink Nazi Warship », *Norfolk Journal and Guide*, 8 juillet 1944.

178. *Ibid.*

179. « Missions Take Fliers into Five Countries », *Norfolk Journal and Guide*, 15 juillet 1944.

180. « New US "Mustang" Heralded as Best Fighter Plane of 1943 », *Washington Post*, 27 novembre 1942.

181. « Tuskegee Airman Reunites with "Best Plane in the World" », NASA, 10 juin 2004, http://www.nasa.gov/vision/earth/improvingflight/tuskegee.html

182. « Cites Importance of Research in War Effort », *Air Scoop*, 25-31 mars 1944.

183. *Air Scoop*, 25-31 mars 1944.

184. Hansen, *Engineer in Charge*, p. 254.

185. Pearl I. Young, entretien avec Michael D. Keller, 10 janvier 1966, LAC.

186. Parke Rouse, « Early Days at Langley Were Colorful », *Daily Press*, 25 mars 1990.

187. Milton A. Silveira, entretien avec Sandra Johnson, JSC, 5 octobre 2005.

188. *Women Computers.*

189. Golemba, « Human Computers », p. 37.

190. Alex Roland, *Model Research : The National Advisory Committee for Aeronautics 1915-1958*, NASA, Washington, DC, 1985, p. 275.

191. « Computers Attend Physics Classes », *LMAL Bulletin*, 28 juin 1943.

192. *Ibid.*

193. *Ibid.*

194. *Ibid.*

195. Hansen, *Engineer in Charge*, p. 116.

196. Katherine Calos, « Ann G. B. Carl, First US woman to Fly Jet, Dies », *Richmond Times-Dispatch*, 22 mars 2008.

197. « Transport : Damn Fool's Job », *Time*, 1er avril 1935.

198. Hansen, *Engineer in Charge*, p. 46.

199. Dossier administratif personnel de Blanche Sponsler Fitchett.

200. « We Backed the Attack », *LMAL Bulletin*, 24-30 juin 1944.

201. Sugenia M. Johnson, entretien avec Rebecca Wright, JSC, 2 avril 2014.

202. « Second Epistle of the NACAites », *Air Scoop*, 26 janvier 1945.

203. « We Backed the Attack » cf. note 200.

7 – *DANS LA DURÉE*

204. K. Elizabeth Paige, « Newsome Park Echoes », *Norfolk Journal and Guide*, 8 juillet 1944.

205. *Newsome Park Reunion : The Legacy of a Village*, programme d'événement, 3 septembre 2006, p.6, en possession de l'auteur.

206. Entretien avec Ann Vaughan Hammond, 30 juin 2014.

207. « Aberdeen Gardens », National Register of Historic Places Registration Form, National Park Service, 7 mars 1944, http://www.dhr.virginia.gov/registers/ Cities/Hampton/114-0146_Aberdeen_Gardens_HD_1994_Final_Nomination.pdf

208. *Ibid.*

209. W. R. Walker Jr., « Mimosa Crescent, Post-War Housing Project, Started », *Norfolk Journal and Guide*, 15 juillet 1944.

210. Catherine R. Weaver, « Memories of the Village », *Newsome Park Reunion*, programme d'événement, 3 septembre 2005, p. 6, en possession de l'auteur.

211. C. I. Wiliams, « City Greets Victory With Joyous Tumult », *Norfolk Journal and Guide*, 19 août 1945.

212. *Ibid.*

213. « Hampton Roads Area Faces Drastic Cut in Employment », *Washington Post*, 21 octobre 1945.

214. « Jobs Open for Whites Only », *Norfolk Journal and Guide*, 1er septembre 1945.

215. Glenn Feldman, *The Great Melding: War, the Dixiecrat*

Rebellion, and the Southern Model for America's New Conservatism, University of Alabama Press, Tuscaloosa, 2015, p. 211.

216. *Ibid.*, p. 299.

217. John Gunther, *Inside USA*, Harper and Brothers, New York, 1947, p. 705.

218. Ronald L. Heinmann, « The Byrd Legacy : Integrity, Honesty, Lack of Imagination, Massive Resistance », *Richmond Times-Dispatch*, 25 août 2013.

219. « Realtors Win Efforts for Post-war Riddance of Federal Housing Units », *Norfolk Journal and Guide*, 30 juin 1945.

220. *Ibid.*

221. Entretien avec Ann Vaughan Hammond, 30 juin 2014.

222. K. Elizabeth Paige, « Newsome Park Echoes », *Norfolk Journal and Guide*, 30 septembre 1944.

8 – CEUX QUI VONT DE L'AVANT

223. Katherine Johnson, entretien avec l'auteur, 13 mars 2011.

224. *Ibid.*

225. *Ibid.*

226. « Katherine Johnson, National Visionary », National Visionary Leadership Project, http://www.visionaryproject.org/johnsonkatherine/

227. *Ibid.*

228. Entretien avec Katherine Johnson, 13 mars 2011.

229. Mark St. John Erickson, « No Easy Journey », *Daily Press*, 1er mai 2004.

230. Entretien avec Katherine Johnson, 13 mars 2011.

231. Entretien avec Katherine Johnson, 27 décembre 2010.

232. « What Matters — Katherine Johnson : NASA Pioneer and "Computer" », WHRO Television Broadcast, 25 février 2011, https://www.youtube.com/watch? v=r8gJqKyIGhE

233. Katherine Johnson, National Visionary.

234. Entretien avec Katherine Johnson, 27 décembre 2010.

235. Conte, *The History of the Greenbrier* , p. 113.

236. *Ibid.*, pp. 148-149.

237. Robert S. Comte, entretien avec l'auteur, 12 septembre 2012.

238. Entretien avec Katherine Johnson, 27 décembre 2010.

239. *Ibid.*

240. *Ibid.*

241. Lorenzo J. Greene et Arvarh E. Strickland, *Selling Black History for Carter G. Woodson : A Diary,* University of Missouri Press, Columbia, 1996, p. 194.

242. « College and School News », *The Crisis*, janvier 1944 ; « James C. Evans Dies », *Washington Post*, 17 avril 1988.

243. Entretien avec Katherine Johnson, 6 mars 2011.

244. Margaret Claytor Woodbury et Ruth C. Marsh, *Virginia Kaleidoscope : The Claytor Family of Roanoke, and Some of Its Kinships, from First Families of Virginia and Their Former Slaves*, Ruth C. Marsh, 1994, p. 202.

245. *Ibid.*

246. *Ibid.*

247. Entretien avec Katherine Johnson, 11 mars 2011.

248. Entretien avec Ann Vaughan Hammond, 30 juin 2014.

249. « Pioneer African American Mathematicians »,

University of Pennsylvania, http://www.archives.upenn.edu/ histy/features/aframer/math.html

250. W.E.B. Dubois, « The Negro Scientist », *The American Scholar* 8, n° 3, Eté 1939, p. 316.

251. *Ibid.*

252. Jacqueline Giles-Girron, « Black Pioneers in Mathematics: Brown [sic], Granville, Cox, Claytor and Blackwell », *Focus : the Newsletter of the Mathematical Association of America* 11, n° 1, janvier-février 1991, p. 18.

253. Margaret Rossiter, Women Scientists in America: Before Affirmative Action 1940-1972, Johns Hopkins University Press, Baltimore, 1995, p. 137.

254. David Alan Grier, *When Computers Were Human*, Princeton University Press, Princeton, New Jersey, 1997, pp. 208-209.

255. Entretien avec Katherine Johnson, 27 décembre 2010.

256. Entretien avec Katherine Johnson, 13 mars 2011.

257. Entretien avec Katherine Johnson, 27 septembre 2013.

258. Albert P. Kalme, « Racial Desegregation and Integration and American Education : The Case History of West Virginia State College, 1891-1973 », mémoire de doctorat, Université d'Ottawa, 1973, p. 173.

259. Entretien avec Katherine Johnson, 27 septembre 2013.

260. *Ibid.*

261. *Ibid.*

9 – ABATTRE DES MURS

262. Leonard Vaughan, entretien avec l'auteur, 3 avril 2014.

263. Entretien avec Ann Vaughan Hammond, 2 avril 2014 ;

Joanne Cavanaugh Simpson, « Sound Reasoning », Johns Hopkins Magazine, septembre 2003.

264. « New Peninsula Beach Opens Memorial Day », *Norfolk Journal and Guide*, 27 mai 1944.

265. Entretien avec Ruth Bate Harris.

266. *Ibid.*

267. Mark St. John Erickson, « Remembering One of the South's Premier Black Seaside Resorts », *Daily Press*, 21 août 2013.

268. Dossier personnel de Mme Vaughan.

269. Martha J. Bailey et William J. Collins, « The Wage Gains of African-American Women in the 1940s », *Journal of Economic History* 66, n° 3, septembre 2006, pp. 737-777.

270. Michelle Webb, entretien avec l'auteur, 10 février 2016.

271. « Gen. Devers Takes Command of Fort Monroe, New AGF Base », *Washington Post*, 2 octobre 1946.

272. Dwight D. Eisenhower, « Farewell Address », 17 janvier 1961, https://www.ourdocuments.gov/doc.php?doc=90&page=transcript

273. Hansen, *Engineer in Charge*, p. 413.

274. Golemba, « Human Computers », p. 90.

275. *Ibid.*, pp. 90-91.

276. *Ibid.*

277. Dossier Personnel de Blanche Sponsler Fitchett.

278. *Ibid.*

279. Golemba, « Human Computers », p. 87.

280. « Blanche Sponsler Called in . . . », *Air Scoop*, 24 août 1945.

281. « Vacancies Open Here at Lab », *Air Scoop*, 9 août 1946.

282. Les Cadettes furent formées après que le laboratoire de Langley eut recommandé à Curtiss Wright d'adopter son dispositif de pôle de calcul féminin, comme précisé dans la note de R. H. Cramer du 27 avril 1942, « Computing Groups Organization and Practice at NACA » (voir LAC). Le livre de Natalia Holt, *Rise of the Rocket Girls : The Women Who Propelled Us, from Missiles to the Moon to Mars*, Little, Brown, New York, 2016, celui de David Alan Grier, *When Computers Were Human*, Princeton University Press, Princeton, New Jersey, 2005, et celui de Margaret Rossiter *Women Scientists in America : Before Affirmative Action 1940-1972*, Johns Hopkins University Press, Baltimore, 1995, proposent tous des récits captivants sur ces calculatrices qui travaillèrent dans d'autres entités que la NACA.

283. Walter T. Vicenti, *Robert Thomas Jones 1910-1999 : A Biographical Memoir*, National Academies Press, Washington, 2005.

284. William R. Sears, « Introduction », Collected Works of R. T. Jones, National Aeronautics and Space Administration, Moffett Field, 1976, ix.

285. John V. Becker, *The High Speed Frontier : Case Histories of Four NACA Programs, 1920-1950*, DC: NASA, Washington, 1980, p. 14.

286. Edward R. Sharp, « Smoker for Men Only », Memorandum for Section Heads and Division Chiefs, 26 novembre, 1935, NARA Phil.

287. Sheryll Goecke Powers, *Women in Flight Research at NASA Dryden Flight Research Center from 1946 to 1995*, National Aeronautics and Space Administration, Washington, 1997, p. 3.

288. *Ibid*, p. 12.

289. Après avoir mené une recherche approfondie de

noms dans le NASA Technical Reports Server (NTRS, ou Serveur des rapports techniques) et passé au peigne fin les références dans d'autres rapports de la NACA publiés dans les années 1930, 1940 et 1950, celui de Doris Cohen était le seul que j'aie pu y trouver jusqu'au milieu des années 1940, quand les noms d'autres femmes firent leur apparition dans ces publications. Le sien fut mentionné pour la première fois avec celui de Robert T. Jones dans « An Analysis of the Stability of an Airplane with Free Controls », Langley Aeronautical Laboratory, janvier 1941, NTRS.

290. *Ibid.*

291. David F. Salisbury, « Aerodynamics Pioneer R. T. Jones, Former Consulting Professor, Dies », Stanford University News Service, 24 août 1999. Leur partenariat professionnel personnel fut fructueux, et connut son apogée avec la publication d'un texte classique de l'aérodynamique, *High Speed Wing Theory*, Princeton University Press, Princeton, New Jersey, 1960.

292. « What's My Name ? », cf. note 5.

293. Floyd L. Thompson to All Concerned, « Disbanding of East Area Computing Pool », 17 septembre 1947, NASA Phil.

294. « Early Alumni and STEM Fields : Virginia Tucker », UNCG Special Collections and University Archives, 14 octobre 2014, http://uncgarchives.tumblr.com/post/100014 384990/early-alumni-and-stem-fields-virginia-tucker

295. *Women Computers*, cf. note 5.

296. Golemba, « Human Computers », p. 14.

297. Lisa Frazier, « Searching for Dorothy », *Washington Post*, 7 mai 2000.

298. Dorothy Hoover, Dossier Personnel, US Civil Service Commission, NPRC.

299. Entretien avec Sugenia Johnson.

300. Becker, *The High Speed Frontier*, p. 14.

301. Robert A. Bell, « Former "Discussion Groups" at the NACA Langley Aeronautical Laboratory » Memorandum for the Security Officer, NACA, 23 juillet 1954, Federal Bureau of Investigation (FBI), https://vault.fbi.gov/rosenberg-case/julius-rosenberg/julius-rosenberg-part-72-of-1

302. Dossier personnel de Hoover.

303. « Calculation of Tunnel-Induced Upwash Velocities for Swept and Yawed Wings », Langley Aeronautical Laboratory, 1948, NTRS.

304. *Air Scoop*, 24 octobre 1947.

305. Dossier personnel de Blanche Sponsler Fitchett.

306. *Ibid.*

307. *Ibid.*

308. *Ibid.*

309. *Ibid.*

310. *Ibid.*

311. *Ibid.*

312. *Ibid.*

313. *Ibid.*

314. *Ibid.*

315. *Ibid.*

316. *Ibid.*

317. *Ibid.*

318. *Ibid.*

319. *Ibid.*

320. *Ibid.*

321. Blanche Sponsler Fitchett, nécrologie, Daily Press, 31 mai 1949.

322. Certificat de décès de Blanche Sponsler Fitchett, Etat de Virginie, 29 mai 1949, Ancestry.com.

323. D'Eldridge H. Derring à toutes les personnes concernées, « Change in Organization of Research Services and Control », 12 avril 1949, NARA Phil.

324. *Ibid.*

10 – LA MAISON AU BORD DE LA MER

325. Chauncey E. Brown, entretien avec l'auteur, 19 juillet 2014 ; *Virginia Traditions, Virginia Work Songs*, Blue Ridge Institute of Ferrum College, Ferrum, Virginie, 1983.

326. Mark St. John Erickson, « The Night They Burned Old Hampton Down », *Daily Press*, 7 août 2013.

327. Robert F. Engs, *Freedom's First Generation : Black Hampton, Virginia 1861-1890*, Fordham University Press, New York, 2004, p. 158.

328. « Mary W. Jackson Federal Women's Program Coordinator », LHA, octobre 1979, http://crgis.ndc.nasa.gov/crgis/images/9/96/MaryJackson1.pdf

329. *Ibid.*

330. Golemba, « Human Computers », p. 40.

331. Dossier personnel de Mary W. Jackson, US Civil Service Commission, NPRC.

332. *Ibid.*

333. « Hampton USO Club Activities », *Norfolk Journal and Guide*, 30 mai 1942.

334. Programmes de la cérémonie funéraire pour Mary Winston Jackson, 2005, en possession de l'auteur.

335. « Hamptonian Observes 75th Birthday », *Norfolk Journal and Guide*, 7 septembre 1946.

336. « Bethel AME Rites Held for Mrs. Emily Winston », *Norfolk Journal and Guide*, 29 décembre 1962.

337. « USO Secretary Weds Navy Man », *Norfolk Journal and Guide*, 25 novembre 1944.

338. Janice Johnson, entretien avec l'auteur, 3 avril 2014.

339. *Ibid.*

340. Entretien avec Janice Johnson.

341. « Hostess to Girl Scout Troop », *Norfolk Journal and Guide*, 14 mars 1953 ; Entretien avec Janice Johnson.

342. Entretien avec Janice Johnson.

343. *Ibid.*

344. *Ibid.*

345. *Ibid.*

346. *Ibid.*

347. Dossier Personnel de Mme Jackson.

348. A. B. Chatham, « Dissemination of Combat Information », Office Chief of Army Field Forces [Chef du Bureau des forces armées opérationnelles], Fort Monroe, Virginia, 29 août 1952, http://koreanwar-educator.org/topics/reports/after_action/combat_information_bulletins/combat_information_bulletins_520829_350_05_56.pdf

349. Stephen Joiner, « The Jet That Shocked the West », *Air and Space Magazine*, décembre 2013.

350. Leon Schloss, écrivant dans le *Norfolk Journal and Guide*, 18 février 1950.

351. Légende Photo, *Air Scoop*, 16 mars 1951.

352. « Collier 1940-1949 Recipients », National Aeronautic Association, https://naa.aero/awards/awards-and-trophies/collier-trophy/collier-1940-1949-winners

353. Robert C. Moyer et Mary E. Gainer, « Chasing Theory to the Edge of Space : The Development of the X-15 at NACA Langley Aeronautical Laboratory », *Quest : The History of Spaceflight Quarterly* 19, n° 2, 2012, p. 5.

354. *Ibid.*

355. « 1247 Hypersonic Facilities Complex », NASA Cultural Resources http://crgis.ndc.nasa.gov/historic/1247_Hypersonic_Facilities_Complex. Achevé en 1952, le laboratoire changea de nom pour devenir le Complexe d'installations hypersoniques.

356. *Ibid.*

357. William R. Conklin, « Atom Spy Couple Sentenced to Die », *New York Times*, 6 avril 1951.

358. *How to Spot a Communist*, Armed Forces Information Film n° 5, 1950.

359. *Ibid.*

360. Ronald Radosh et Joyce Milton, The Rosenberg File, Yale University Press, New Haven, Connecticut, 1997, p. 300.

361. *Ibid.*, p. 299.

362. *Ibid.*

363. Entretien avec Sugenia Johnson. Joanne Cavanaugh Simpson, « Sound Reasoning », *Hopkins Magazine*, septembre 2003.

364. Entretien avec Ira H. Abbott, 27 octobre 1971, LHA.

365. Entretien avec Pearl Young.

366. *Ibid.*

367. *Ibid.*

368. Entretien avec Sugenia Johnson.

369. « List of groups compiled in Connection with Employees Loyalty Program », *Air Scoop*, 26 octobre 1951.

370. Mary Dudziak, *Cold War Civil Rights : Race and the Image of American Democracy*, Princeton University Press, Princeton, New Jersey, 2007, p. 871.

371. *Ibid.*, p. 878.

372. *Ibid.*, p. 755.

373. « The Beginnings of a New Era for African Americans in the Armed Services », Etat du New Jersey, http://www.nj.gov/military/korea/factsheets/afroamer.html

374. « Tan Yanks Face Action in Korea », *Norfolk Journal and Guide*, 8 juillet 1950.

375. Johnson, « Fair Employment ».

376. Walter McDougall, *The Heavens and the Earth : A Political History of the Space Age*, Johns Hopkins University Press, Baltimore 1997, p. 8.

377. Christine Richie, entretien avec l'auteur, 20 juillet 2014.

378. Elizabeth Kittrell Taylor, entretien avec l'auteur, 12 juillet 2014.

11 – La loi des aires

379. Richard Stradling, « Retired Engineer Remembers Segregated Langley », *Daily Press*, 8 février 1998.

380. *Ibid.*

381. « 14 Receive Service Emblems », *Air Scoop*, 3 décembre 1954.

382. Laboratoire aéronautique de Langley, Annuaire téléphonique, LHA, 1949.

383. W. E. B. Dubois, *The Souls of Black Folk*, A. C. McClurg and Co., Chicago, 1903.

384. En 1944, la Fondation Carnegie finançait un rapport exhaustif qui fit date sur l'état de l'Amérique noire, intitulé *An American Dilemma : The Negro Problem and Modern Democracy*, The MacMillan Company, New York,1946. Son auteur, l'économiste suédois Gunnar Myrdal, relevait la brutalité d'un système fermé qui discriminait les noirs dans presque tous les aspects de leur existence, avant de les fustiger quand ils ne réussissaient pas à atteindre le niveau fixé par les blancs.

385. Stradling, « Retired Engineer Remembers Segregated Langley ».

386. *Ibid.*

387. Donald D. Baals et William R. Corliss, Wind Tunnels of NASA, NASA History Office, Washington, 1981, p. 61.

388. *Ibid.*, p. 61.

389. La découverte de Richard Whitcomb : *Richard Whitcomb's Discovery : The Story of the Area Rule*, vidéo, NASA Langley CRGIS, https://www.youtube.com/watch?v=xZWBVgL8I54

390. « Air Scientist Whitcomb Cited for "Wasp-Waist" Theory », *Richmond News Leader*, 29 novembre 1955.

391. « Interview Set for Whitcomb with Cronkite », *Daily Press*, 15 octobre 1955.

392. *Daily Press*, 9 octobre 1955.

393. Baals et Corliss, *Wind Tunnels of NASA*, p. 71. Aeronautical Research Scientist, graded GS-9: Hoover Personnel file.

394. Dossier personnel de Mme Hoover.

395. Frank Malvestuto Jr. et Dorothy M. Hoover, « Supersonic Lift and Pitching Moment of Thin Sweptback Tapered Wings Produced by Constant Vertical Acceleration », Laboratoire aéronautique de Langley, mars 1951, http://ntrs.nasa.gov/archive/nasa/casi.ntrs.nasa.gov/ 19930082993 . pdf ; Frank Malvestuto Jr. et Dorothy M. Hoover, « Lift and Pitching Derivatives of Thin Sweptback Tapered Wings with Streamwise Tips and Subsonic Leading Edges at Supersonic Speeds », Laboratoire aéronautique de Langley, février 1951, http://ntrs.nasa.gov/archive/nasa/ casi.ntrs.nasa.gov/19930082953.pdf

396. « Mary W. Jackson, Federal Women's Program Manager », octobre 1979.

397. Julia G. Williams, entretien avec l'auteur, 20 juillet 2014.

398. *Ibid.*

399. *Ibid.*

400. Norman Tippens, « Tuskegee Airman James L. "Jim" Williams, 77 », *Daily Press*, 23 janvier 2004 ; entretien avec Jim Williams.

401. Entretien avec Jim Williams.

402. *Ibid.*

403. *Ibid.*

404. Golemba, « Human Computers », p. 64 ; Annuaire téléphonique du Langley Memorial Laboratory, 1952.

405. *Ibid.*

406. *Ibid.*

407. *Ibid.*

408. *Katherine Johnson : Becoming a NASA Mathematician*, Leadership Project, 8 mars 2010, https://www.youtube.com/watch?list=PLCwE4GdJdVRLOEyW4PhypNnZIJbYL-RTVd&v=jUsyYvrz2qQhttp://www.visionaryproject.org/johnsonkatherine/

409. « Miss Goble Is Bride of Cpl. Kane Jr. », *Norfolk Journal and Guide*, 30 août 1952. Tous les détails des tenues de la mariée et du marié, des décors du mariage et du voyage de noces proviennent de cet article.

410. « Marion, VA Couple Observes Golden Wedding Anniversary », *Norfolk Journal and Guide*, 19 septembre 1953.

411. *Katherine Johnson : Becoming a NASA Mathematician.*

412. *Ibid.*

413. *Katherine Johnson : Becoming a NASA Mathematician.*

414. « Newsome Park Community Center Dedicatorial Exercises Held », *Norfolk Journal and Guide*, 21 juillet 1945.

415. Entretien avec Katherine Johnson, 6 mars 2011.

416. Joylette Hylick Goble, entretien avec l'auteur, 10 octobre 2011.

417. Entretien avec Katherine Johnson, 17 septembre 2011.

418. « Joins USO Staff », *Norfolk Journal and Guide*, 9 mai 1953.

419. « Peninsula Spotlight », *Norfolk Journal and Guide*, 5 février 1949.

420. Entretien avec Katherine Johnson, 27 août 2013.

421. Katherine Johnson, entretien avec Aaron Gillette, 17 septembre 1992.

422. *Ibid.*

423. *Ibid.*

424. Entretien avec Katherine Johnson, 17 septembre 2011.

425. Entretien avec Katherine Johnson, 27 septembre 2013.

426. *Ibid.*

427. John Mayer, Carl Huss et Harold Hamer, « Investigation of the Use of Controls During Service Operations of Fighter Airplanes », NACA Conference on Aircraft Loads, Flutter and Structures, 2-4 mars 1953, Langley Aeronautical Laboratory.

428. Entretien avec Katherine Johnson, 27 septembre 2013.

429. Entretien avec Katherine Johnson, 17 septembre 1992 ; Annuaire téléphonique, Laboratoire aéronautique de Langley, 1952.

430. Entretien avec Katherine Johnson, 17 septembre 1992.

431. *Ibid.*

432. *Ibid.*

13 - TURBULENCE

433. Entretien avec Katherine Johnson, 17 septembre 1992.

434. « Computers Help Compile Handbook », *Air Scoop*, 17 août 1951.

435. « Spotlite by K-P », *LMAL Bulletin*, 30 novembre 1942.

436. On trouvera quantité d'informations de contexte sur le travail accompli par ces groupes dans W. Hewitt Phillips, *A Journey in Aeronautical Research : A Career at NASA Langley Research Center*, National Aeronautics and Space Administration, Washington, 1998.

437. *Katherine Johnson : Becoming a NASA Mathematician.*

438. *Ibid.*

439. *Ibid.*

440. Christopher C. Kraft Jr., « Flight Measurements of the Velocity Distribution and Persistence of the Trailing Vortices of an Airplane », Laboratoire aéronautique de Langley, mars 1955, NTRS.

441. *Katherine Johnson : Becoming a NASA Mathematician.*

442. *Women Computers.*

443. Entretien avec Katherine Johnson, 17 septembre 1992.

444. *Ibid.*

445. Entretien avec Katherine Johnson, 6 mars 2011.

446. *Ibid.*

447. Entretien avec Katherine Johnson, 27 septembre 2013.

448. *Ibid.*

449. C'est un sujet qui revint plus d'une fois lors de mes entretiens avec des gens qui l'ont connue.

450. Katherine Goble Moore, entretien avec l'auteur, 31 juillet 2014.

451. Entretien avec Katherine Johnson, 15 septembre 2015.

452. Entretien avec Katherine Goble Moore.

453. « Government Suspends Demolition », *Norfolk Journal and Guide*, 26 août 1950.

454. Colita Nichols Fairfax, *Hampton, Virginie*, Arcadia Publishing, Charleston 2005, p. 69. Ce document offre de bons éléments de contexte sur nombre de quartiers noirs de Hampton.

455. « Mimosa Crescent Project Expanded », *Norfolk Journal and Guide*, 23 mars 1946.

456. Entretien avec Katherine Goble Moore.

457. Entretien avec Katherine Johnson, 13 mars 2011.

458. « Funeral Services Held for James F. Goble », *Norfolk Journal and Guide*, 29 décembre 1956.

459. Entretien avec Katherine Goble Moore.

460. *Ibid.*

461. Entretien avec Joylette Hylick Goble.

462. *Ibid.*

463. Entretien avec Katherine Johnson, 27 décembre 2010.

14 – ANGLE D'ATTAQUE

464. Henry R. Luce, « The American Century », *Life*, 17 février 1941, pp. 61-65. Luce, éditeur et fondateur des magazines *Time* et *Life*, signa cet éditorial qui exerça une certaine influence en février 1941, enjoignant une Amérique partagée à prendre une position décisive dans la Seconde Guerre mondiale et à revendiquer la place qui lui revenait de plein droit sur la scène mondiale. « Le monde du XXe siècle, s'il doit advenir avec toute sa grandeur, sain et vigoureux, se doit d'être, dans une importante mesure, celui d'un Siècle américain ».

465. « Announce New Research Device », *Air Scoop*, 28 mars 1947.

466. *Ibid.*

467. *Ibid.*

468. *Ibid.*

469. *Ibid.*

470. *Ibid.*

471. Eldon Kordes, entretien avec Rebecca Wright, JSC, 19 février 2015.

472. Theresa Overall, « Mom and IBM », blog personnel, 15 février 2014.

473. Entretien avec Eldon Kordes.

474. *Ibid.*

475. Ann Vaughan Hammond, portrait biographique non publié de Dorothy Vaughan, non daté, en possession de l'auteur.

476. Teri Kanefield, *The Girl from the Tar Paper Shacks School : Barbara Rose Johns and the Advent of the Civil Rights Movement*, Harry L. Abrams, New York, 2014.

477. « Not Willing To Wait : NAACP Leaders Want Integration "Now !" », *Norfolk Journal and Guide*, 29 mai 1954.

478. Benjamin Muse, *Virginia's Massive Resistance*, Indiana University Press, Bloomington 1956, p. 22.

479. Johnson, « Fair Employment ».

480. « Adult Education Courses Offered », *Air Scoop*, 17 février 1956.

481. Stradling, « Retired Engineer Remembers Segregated Langley ».

482. Golemba, « Human Computers », p. 102.

483. K. R. Czarnecki et Mary W. Jackson, « Effects on Nose Angle 515 and Mach Number on Transition on Cones at Supersonic Speeds », Laboratoire aéronautique de Langley, septembre 1958.

484. Stradling, « Retired Engineer Remembers Segregated Langley ».

485. « Kitty O'Brien Joyner », LAC.

486. « Woman Engineer Gets Post with RCA Victor Company », *Norfolk Journal and Guide*, 15 novembre 1952.

487. Stradling, « Retired Engineer Remembers Segregated Langley ».

488. *Ibid.*

489. Dossier personnel de Mary Jackson.

490. Stradling, « Retired Engineer Remembers Segregated Langley ».

491. Thomas Byrdsong, entretien avec l'auteur, 4 octobre 2014.

492. *Ibid.*

493. Entretien avec Jim Williams.

15 – JEUNES, DOUÉES ET NOIRES

494. Christine Darden, entretien avec l'auteur, 3 mai 2012.

495. *Ibid.*

496. *Daily Press*, 5 octobre 1957.

497. *New York Times*, 5 octobre 1957.

498. « The Secret Bunker Congress Never Used », Radio publique nationale, 26 mars 2011, http://www.npr.org/2011/03/26/134379296/the-secret-bunker-congress-never-used

499. Ted Gup, « The Ultimate Congressional Hideway », *Washington Post*, 31 mai 1992.

500. David S. F. Potree, « One Small Ball in the Air : October 4, 1957-November 3, 1957 », *NASA's Origins and the Dawn of the Space Age, Monographs in Aerospace History 10*, National Aeronautics and Space Administration, Septembre 1998.

501. Ce fut seulement quelques années plus tard que les Etats-Unis apprendraient que la taille et les capacités de l'arsenal soviétique étaient grandement exagérées. Voir McDougall, *The Heavens and the Earth*, pp. 250-253.

502. Entretien avec Christine Darden.

503. « Reds List Sputnik Time for Little Rock », *Washington Post*, 10 octobre 1957.

504. Christine Darden, « Growing Up in the South During Brown v. Board », Unbound Magazine, 5 mars 2015.

505. Steven A. Holmes, « Jesse Helms Dies at 86 ; Conservative Force in Senate », *New York Times*, 5 juillet 2008.

506. Darden, « Growing Up in the South ».

507. *Ibid.*

508. Wini Warren, *Black Women Scientists in the United States*, p. 75.

509. *Christine Darden*, Indiana University Press, Bloomington 2000, The History Makers, 26 février 2013, http://www.thehistorymakers.com/ biography/christine-darden

510. *Ibid.*

511. *Ibid.*

512. *Ibid.*

513. *Ibid.*

514. *Ibid.*

515. *Ibid.*

516. *Ibid.*

517. Rob Neufeld, « Visiting Our Past : The Allen School in Asheville », *Asheville Citizen-Times*, 27 avril 2014.

518. *Ibid.*

519. Martha Rose Brown, « "For Colored Girls" : Professor Researching Former School for African-American Female Students », *Times and Democrat*, 11 mars 2011.

520. Christine Darden, entretien avec l'auteur, 10 octobre 2012.

521. « Letters of Intent », UNCG Magazine, printemps 2010,

http://www.uncg.edu/ure/alumni_magazineT2/2010_spring/feature_lettersofintent.htm

522. Benjamin Lee Smith, « Report of the Superintendent to the Greensboro City Board of Education regarding Brown v. Board of Education », 1956. http://libcdm1.uncg.edu/cdm/ref/collection/CivilRights/id/547

523. *Christine Darden*, The History Makers.

524. *Washington Post*, 23 février 1958.

525. *Ibid.* L'article signalait qu'à la même période les femmes ne représentaient qu'un pour cent des diplômés américains en ingénierie.

526. Sylvia Fries, « The History of Women in NASA », Women's Equality Day Address, Marshall Space Flight Center, 23 août 1991.

527. *Christine Darden*, The History Makers.

16 – EN UNE JOURNÉE, TOUT PEUT CHANGER

528. *Katherine G. Johnson*, The History Makers, 6 février 2013, http://www.thehistorymakers.com/biography/katherine-g-johnson-42

529. *Reference Papers Relating to a Satellite Study*, RA-15032, RAND Corp., Santa Monica, Californie, 1947 ; F. H. Clauser, *Preliminary Design of a World Circling Spaceship*, RAND Corp, Santa Monica, Californie, 1947.

530. Hansen, *Spaceflight Revolution*, p. 17.

531. Roland, *Model Research*, p. 262.

532. McDougall, *The Heavens and the Earth.*

533. *Ibid.*

534. Hansen, *Spaceflight Revolution*, p. 17.

535. Chris Kraft, *Flight : My Life in Mission Control*, Plume, New York, 2002, p. 63.

536. Hansen, *Spaceflight Revolution*, pp. 356-361.

537. Roger Launius, « NACA-NASA and the National Unitary Wind Tunnel Plan, 1945-1965 », 40th AIAA Aerospace Sciences Meeting & Exhibit, 14-17 janvier 2002, Reno, Nevada, http://crgis.ndc.nasa.gov/crgis/images/d/de/A02-14248.pdf

538. Launius, « NACA-NASA and the National Unitary Wind Tunnel Plan ».

539. Annuaire téléphonique du Laboratoire aéronautique de Langley, 1956.

540. Entretien avec Ruth Bates Harris.

541. « Association Thanks Helpers at Party », *Air Scoop*, 2 janvier 1953.

542. Kenneth Vaughan, entretien avec l'auteur, 4 avril 2014.

543. Mark St. John Erickson, « Colorblind Sword : Military Has Become Model for Race Reform, Experts Say », *Daily Press*, 28 juillet 1998.

544. Donald Lambro, « Pulitzer-winning Journalist Mary Lou Forbes Dies at 83 », *Washington Times*, 29 juin 2009. Des images d'archives du discours d'investiture d'Almond en 1958 sont visibles à l'adresse https://vimeo.com/131577357

545. John B. Henderson, « Henderson Speaks : Closing Schools No Way to Cope with Sputniks », *Norfolk Journal and Guide*, 23 novembre 1957.

546. Smith, *They Closed Their Schools*, p. 144.

547. James Rorty, « Virginia's Creeping Desegregation : Force of the Inevitable », *Commentary Magazine*, juillet 1956. L'article de Rorty propose un instantané captivant de la lutte qui se mena en Virginie contre la déségrégation dans

les années immédiatement postérieures à *Brown c. Board of Education*.

548. Paul Dembling, pièce au dossier, 7 juillet 1956.

549. Pendant des années, les gens qui avaient travaillé pour Langley avant 1958 étaient reconnaissables au fait qu'ils prononçaient le nom de la nouvelle agence à la manière de l'ancien, en détachant chaque lettre : « la N-A-S-A ».

550. The Space Act of 1958, http://www.hq.nasa.gov/ office/ pao/History/spaceact.html

551. McDougall, *The Heavens and the Earth*, p. 376.

552. Floyd L. Thompson à toutes les personnes concernées, « Change in Research Organization », 5 mai 1958, NARA Phil.

553. Entretien avec Katherine Johnson, 17 septembre 2011.

17 – L'espace infini

554. *Introduction to Outer Space : An Explanatory Statement Prepared by the President's Science Advisory Committee*, 1er janvier 1958. Les termes de la brochure à propos de cette « force de la curiosité qui pousse les hommes à tenter d'aller là où personne n'est encore allé auparavant » inspirèrent l'introduction bien connue de la série télévisée Star Trek : « Espace, frontière de l'infini, vers laquelle voyage notre vaisseau spatial. Sa mission de cinq ans : explorer de nouveaux mondes étranges, découvrir de nouvelles vies, d'autres civilisations, et au mépris du danger avancer vers l'inconnu. »

555. *Ibid.*

556. Forest Ray Moulton, *Introduction to Celestial Mechanics*, Macmillan, New York, 1914.

557. Claiborne R. Hicks, entretien avec Kevin M. Rusnak, JSC, 11 avril 2000.

558. Ce long délai m'a été rappelé chaque fois que je lisais un rapport de recherche de la NACA ou de la NASA : la couverture mentionne la date de publication, mais la date à laquelle les chercheurs ont véritablement achevé et soumis leur recherche à évaluation est indiquée à la fin du document.

559. Entretien avec Katherine Johnson, 15 septembre 2015.

560. Entretien avec Katherine Johnson, 27 septembre 2013.

561. *Ibid.*

562. *Ibid.*

563. Diana Pearl, « Rights Women Didn't Used to Have », MarieClaire.com, 18 août 2014, http://www.marieclaire.com/politics/news/a10569/things-women-couldnt-do-1920/

564. Ce dossier photo de Langley en 1959 était simplement étiqueté « Femmes scientifiques ». Il fut publié dans le livre de James Hansen, *Spaceflight Revolution*, p. 105, en 1995, mais sans les noms. Le site Cultural Resources de la NASA sélectionna cette photo pour son « Mystery Archive » de juillet 2013, « invitant les visiteurs à nous aider à identifier les femmes de ces portraits ; voir http://crgis.ndc.nasa.gov/historic/Mystery_Archives_2013

565. Annuaire téléphonique du Centre de recherches de Langley, 1959, LAC.

566. Dorothy B. Lee, entretien avec Rebecca Wright, JSC, 10 novembre 1999.

567. *Ibid.*

568. Dorothy B. Lee, « Flight Performance of a 2.8 KS 8100 Cajun Solid-Propellant Rocket Motor », Laboratoire aéronautique de Langley, 21 janvier 1957, NTRS.

569. Entretien avec Dorothy Lee.

570. Becker, *The High Speed Frontier*, p. 19.

571. Gloria R. Champine, entretien avec l'auteur, 2 avril 2014.

572. Entretien avec Katherine Johnson, 27 décembre 2010.

573. Entretien avec Katherine Johnson, 27 septembre 2013.

18 – AVEC TOUTE LA CÉLÉRITÉ REQUISE

574. Yanek Mieczkowski, *Eisenhower's Sputnik Moment : The Race for Space and World Prestige*, Cornell University Press, Ithaca 2013, p. 235.

575. Charles Murray et Catherine Bly Cox, *Apollo*, South Mountain Books, Burkittsville, Maryland, 2004, p. 322.

576. Lenoir Chambers, « The Year Virginia Closed the Schools », *The Virginian-Pilot*, 1er janvier 1959. *The Virginian-Pilot* fut le seul journal exclusivement blanc de Virginie à publier un éditorial en faveur de la déségrégation scolaire.

577. Kristen Green, *Something Must Be Done About Prince Edward County : A Family, a Virginia Town, a Civil Rights Battle*, HarperCollins, New York, 2015, pp. 1347-1349.

578. « Peninsula Social Whirl », *Norfolk Journal and Guide*, 14 juin 1958.

579. Katherine Goble Moore, entretien avec l'auteur, 7 février 2015.

580. James A. Johnson, entretien avec l'auteur, 11 juin 2011.

581. James A. Johnson, entretien avec l'auteur, 13 juin 2011.

582. James A. Johnson.

583. Catherine Bly Cox et Charles Murray, *Apollo*, ch. 1.

584. *Ibid.*

585. *Ibid.*

586. Le documentaire de LeAnn Erickson, Top Secret

Rosies, offre un point de vue détaillé sur l'université de Pennsylvanie. Voir https://www.facebook.com/topsecretrosies

587. *Katherine Johnson*, The History Makers.

588. Warren, *Black Women Scientists in the United States*, p. 143.

589. Ted Skopinski et Katherine G. Johnson, « Determination of Azimuth Angle at Burnout for Placing a Satellite over a Selected Earth Position », Centre de recherches de Langley, 1960.

19 – UN COMPORTEMENT MODÈLE

590. « Congratulations… », *Air Scoop*, 1er juillet 1960.

591. *Soapbox Derby Rules,* 1960.

592. « Hampton Youth Captures Area Derby Championship », *Norfolk Journal and Guide*, 2 juillet 1960.

593. *Ibid.*

594. Paul Dickson, « The Soap Box Derby », *Smithsonian Magazine*, mai 1995. Les filles ne s'alignèrent pas pour le derby avant les années 1970.

595. « Derby Day Is Your Day ! » *Boy's Life*, février 1960, p. 12.

596. « Science Fair Held at Y. H. Thomas Jr. High », *Norfolk Journal and Guide*, 31 mars 1962.

597. Entretien avec Janice Johnson.

598. Golemba, « Human Computers », p. 39.

599. « Report Listing from December 1949-October 1981 », Unitary and Continuous-Flow Hypersonic Tunnels, LAC, http://crgis.ndc.nasa.gov/crgis/images/a/aa/1251-001.pdf

600. « Girls' Group Hears Talk by 2 Women Engineers », *Norfolk Journal and Guide*, 16 février 1963.

601. *Ibid.*

602. « Girl Scout Pioneers Honored During Tribute in Hampton », *Norfolk Journal and Guide*, 6 novembre 1985.

603. Entretien avec Janice Johnson.

604. Entretien avec Janice Johnson.

605. *Ibid.*

606. « Hampton Youth Captures Area Derby Championship ».

607. Newport News, Virginia, Historical Weather, Almanac.com, 3 juillet 1962.

608. « Hampton Youth Captures Area Derby Championship ».

609. *Ibid.*

610. *Ibid.*

611. *Ibid.*

612. « Hampton Youth Captures Area Derby Championship ».

613. *Ibid.*

614. « Derby Day Is Your Day ! »

615. « Hampton Youth Captures Area Derby Championship ».

616. « Citizens Honor Local Soap Box Derby Champ », *Norfolk Journal and Guide*, 27 août 1960.

20 – DEGRÉS DE LIBERTÉ

617. Loyd S. Swenson Jr., James M. Grimwood, et Charles C. Alexander, *This New Ocean : A History of Project Mercury*, NASA, Washington, 1989, p. 256.

618. « The Greensboro Sit-In », History.com, http://www.history.com/topics/black-history/the-greensboro-sit-in

201 "Dear Mom and Dad": John "Rover" Jordan, « This Is Portsmouth », *Norfolk Journal and Guide*, 8 juin 1963.

619. Dr. William R. Harvey, « Hampton University and Mrs. Rosa Parks », *Daily Press*, 23 février 2013.

620. Arriana McLymore, « A Silenced History; Hampton's Legacy of Student Protests », *Hampton Script*, 6 novembre 2015.

621. « Hampton "Sit-down" : Students Seek Service ; 5 & 10 Counter Closes », *Norfolk Journal and Guide*, 20 février 1960.

622. Jimmy Knight, « Hamptonians Vow : Jail Will Not Stop Student Protests », *Norfolk Journal and Guide*, 5 mars 1960.

623. *Ibid.*

624. Christine Darden, entretien avec l'auteur, 30 avril 2012.

625. Entretien avec Ann Vaughan Hammond.

626. *Ibid.* Bien que je n'aie jamais pu trouver de documents à l'appui de cette thèse, beaucoup de gens dans le cercle d'amis d'Ann Vaughan Hammond avaient entendu la rumeur ; son souvenir de cette rumeur et l'enthousiasme qu'elle provoqua chez les étudiants restaient vifs.

627. Lenoir Chambers, « The Year Virginia Opened the Schools », *Virginian-Pilot*, 31 décembre 1959. Chambers, le rédacteur en chef du *Virginian-Pilot*, remporta le Prix Pulitzer pour cet article et les onze autres éditoriaux qu'il écrivit au cours de l'année 1959.

628. Smith, *They Closed Their Schools*, p. 190. Le livre de Smith est peut-être le meilleur récit historique de cette situation scolaire du comté de Prince Edward.

629. Thompson, « Change in Research Organization ».

630. Hansen, *Spaceflight Revolution*, p. 60.

631. Kraft, *Flight*, p. 132. Voir aussi Robert Gilruth, entretien avec David DeVorkin et John Mauer, National Air and Space Museum, 2 mars 1987, part 6, http://airand-

space.si.edu/research/projects/oral-histories/TRANSCPT/GILRUTH6.HTM

632. « Webb Receives Safety Award », *Air Scoop*, 30 juin 1961.

633. Swenson, Grimwood and Alexander, *This New Ocean*, p. 317.

634. *Ibid.*

635. *Ibid.*, p. 355.

636. *Ibid.*

637. John F. Kennedy, « Urgent National Needs : A Special Message to Congress by President Kennedy », 25 mai 1961, http://www.presidency.ucsb.edu/ws/?pid=8151.

638. Swenson, Grimwood et Alexander, *This New Ocean*, p. 508.

639. James Grimwood, *Project Mercury : A Chronology, National Aeronautics and Space Administration*, 1963, Washington, p. 147.

640. Harold Beck, « The History of Mission Planning for Manned Spaceflight », document publié en possession de l'auteur.

641. Katherine Johnson, entretien avec l'auteur, 27 septembre 2013.

642. Beck, « The History of Mission Planning for Manned Spaceflight ».

21 – NOTRE FUTUR EST NÉ DU PASSÉ

643. Colin Burgess, *Friendship 7: The Epic Orbital Flight of John H. Glenn Jr.*, Springer Praxis Books, New York, 2015.

644. Grimwood et Alexander, *This New Ocean*, p. 411.

645. Tom Wolfe, *L'étoffe des héros.*

646. « Astronaut Training at Langley », http://crgis.ndc.nasa.gov/ historic/Astronaut_Training

647. Kraft, *Flight.*

648. Swenson, Grimwood et Alexander, *This New Ocean*, pp. 273-283.

649. David A. Mindell, Digital Apollo, The MIT Press, Cambridge, Massachusetts, 2008, p. 175.

650. Sylvia Doughty Fries, *NASA Engineers in the Age of Apollo*, NASA, Washington, 1992.

651. Annie Easley, entretien avec Sandra Johnson, JSC, 21 août 2001.

652. Alice Dunnigan, « Two Women Help Chart Way for the Astronauts », *Norfolk Journal and Guide*, 6 juillet 1963.

653. *Ibid.*

654. Golemba, « Human Computers », p. 121.

655. Hansen, *Spaceflight Revolution*, p. 345.

656. Saul Gass, « Project Mercury Real-Time Computational and Data-Flow System », IBM, 1961.

657. James Bamford, *Body of Secrets*, Anchor Books, New York, 2001, Kindle ed., loc. 1525.

658. Entretien avec Katherine Johnson, 27 septembre 2013.

659. Swenson, Grimwood et Alexander, *This New Ocean.*

660. Entretien avec Katherine Johnson, 27 septembre 2013.

661. Burgess, *Friendship 7.*

662. *Ibid.*

663. *Ibid.*

664. *Ibid.*

665. Izzy Rowe, « Izzy Rowe's Notebook », *Pittsburgh Courier*, 10 mars 1962.

666. Hansen, *Spaceflight Revolution*, p. 77.

667. *Ibid.*

668. *Ibid.*

669. Entretiens avec Joylette Goble Hylick, Kenneth Vaughan et Christine Mann Darden.

670. Hansen, *Spaceflight Revolution*, p. 80.

671. « Lady Mathematician Played a Key Role in Glenn Space Flight », *Pittsburgh Courier*, 10 mars 1962.

672. *Pittsburgh Courier*, 10 mars 1962.

22 – *L'Amérique est à tout le monde*

673. US Department of Labor, avril 1963.

674. John P. Scheldrup à Edward Maher, 15 mai 1963, NARA Phil.

675. *Ibid.*

676. « America Is for Everybody ».

677. Robert Brauchle, « Virginia Changing Marker Denoting Where First Africans Arrived in 1619 », *Daily Press*, 19 août 2015. Pendant des années, Jamestown fut considérée comme le premier site de débarquement pour « une vingtaine » d'Africains qui furent amenés en tant qu'esclaves dans l'Amérique du Nord anglophone, mais des recherches récentes ont révélé qu'ils débarquèrent à Old Point Comfort, à Hampton, site de l'actuel Fort Monroe.

678. Swenson, Grimwood et Alexander, *This New Ocean*, p. 494.

679. Bien que les femmes aient joué un rôle essentiel en coulisses, en aidant à organiser les événements de cette

journée, aucune d'elles ne se vit accorder une place d'oratrice de premier plan ce jour-là.

680. Branch, *Parting the Waters*, p. 878.

681. Marian Anderson sur scène lors de la Marche sur Washington, 1963, https://www.youtube.com/watch?v=2HfNovwcaX8

682. Branch, *Parting the Waters*, p. 878.

683. Floyd L. Thompson à Dorothy J. Vaughan, 8 juillet 1963, Dossier personnel de Mme Vaughan.

684. *Ibid.*

685. Floyd L. Thompson à James E. Webb, 29 décembre 1961, NARA Phil.

686. Fries, *NASA Engineers in the Age of Apollo*, loc. 1385.

687. *Ibid.*

688. Warren, *Black Women Scientists in the United States*, p. 144.

23- AVANCER HARDIMENT

689. Entretien avec Mme Johnson, 27 septembre 2013.

690. *Ibid.*

691. Scott Christianson, « How NASA's Flight Plan Described the Apollo 11 Moon Landing », Smithsonian.com, 24 novembre 2015, http://www.smithsonianmag.com/us-history/apollo-11-flight-plan-18095 7225/?no-ist

692. « NASA Langley Research Center's Contributions to the Apollo Program », non daté, http://www.nasa.gov/centers/langley/news/factsheets/Apollo.html

693. « Alpha Kappa Alpha's 39th Mid-Western Regional Conference at LU », *The Langston University Gazette*, juillet 1969.

694. Weather History for Hampton, Virginia, Farmer's Almanac (accès sur le site Almanac.com).

695. Entretien avec Mme Johnson, 15 septembre 2013.

696. Le rose et le vert sont les couleurs officielles d'Alpha Kappa Alpha.

697. « Alpha Kappa Alpha's 39th Mid-Western Regional Conference at LU », *The Langston University Gazette*, juillet 1969.

698. *Ibid.*

699. Matt Birkbeck, *Deconstructing Sammy : Music, Money and Madness*, HarperCollins, New York, 2008, p. 162.

700. Wendy Beech, *Against All Odds : Ten Entrepreneurs Who Followed Their Hearts and Found Success*, Wiley, 2002, New York, p. 204.

701. Le Hillside était un pilier de ces publications noires, où sa petite publicité en noir et blanc paraissait régulièrement : « Pennsylvania's Famous Resort Hotel HILLSIDE INN in the Heart of the Poconos Mountains Air Conditioned Rooms, Swimming Pool. Color TV. . . »

702. Lawrence Louis Squeri, *Better in the Poconos : The Story of Pennsylvania's Vacationland*, Pennsylvania State Press, 2002, University Park, Pennsylvanie, p. 182.

703. *Ibid.*

704. CBS News, reportage sur le lancement d'Apollo 11, 17 juillet 1969, https://www.youtube.com/watch?v=yDhcYhrCPmc

705. *Ibid.*

706. *Ibid.*

707. *Ibid.*

708. Richard Paul et Steven Moss, We Could Not Fail : The

First African Americans in the Space Program, University of Texas Press, Austin, 2015, loc. 1902.

709. Nichelle Nichols, interview avec Neil deGrasse Tyson, StarTalk Radio, 11 juillet 2011, http://startalkradio.net/show/a-conversation-with-nichelle-nichols/

710. *Ibid.*

711. *Ibid.*

712. *Ibid.*

713. Entretien avec Katherine Goble Moore.

714. « CBS News coverage of Apollo 11 lunar landing », https://www.youtube.com/watch?v=E96EPhqT-ds

715. Neil Armstrong, interview avec Alex Malley, 2011, https://www.youtube.com/watch?v=jfj2jqpst_Q

716. Entretien avec Katherine Johnson, 27 décembre 2010.

717. 1920 US Census, Statistic of the Population.

718. Richard Orloff, Apollo by The Numbers : A Statistical Reference, National Aeronautics and Space Administration, Washington, 2005, http://histry.nasa.gov/SP-4029/Apollo_18-01_General_Background.htm

719. Entretien avec Katherine Johnson, 3 janvier 2011 ; Harold A. Hame et Katherine G. Johnson, « Simplified Interplanetary Guidance Procedures Using Onboard Optical Measurements », Langley Research Center, mai 1972, NTRS.

720. J. W. Young et M. E. Hannah, « Alternate Multiple-Outer-Planet Missions Using a Saturn-Jupiter Flyby Sequence », Langley Research Center, décembre 1973, NTRS. Marge Hannah et John Young reçurent une distinction de la NASA pour leur travail sur cet article. Voir : « Reid Award Committee Selects Best Directorate Papers for Honorable Mentions », *Langley Researcher*, 5 november 1974 ; John

Worth Young Obituary, http://www.memorialsolutions.com/sitemaker/ memsol_data/2061/1292572/1292572_2061.pdf

EPILOGUE

721. Entretien avec Katherine Johnson, 27 décembre 2010.

722. Entretien avec Katherine Johnson, 27 septembre 2013.

723. Warren, *Black Women Scientists in the United States*, p. 144.

724. Harold A. Hamer et Katherine G. Johnson, « An Approach Guidance Method Using a Single Onboard Optical Measurement », NASA Langley Research Center, octobre 1970.

725. Nancy Atkinson, « 13 Things That Saved Apollo 13, Part 6 : Navigating by Earth's Terminator », UniverseToday.com, 16 avril 2010.

726. James L. Hicks, « Negroes in Key Roles in US Race for Space: Four Tan Yanks on Firing Team », *New York Amsterdam News*, 8 février 1958.

727. L'Alpha Academy de Fayetteville, en Caroline du Nord, prévoit d'inaugurer son Katherine G. Johnson STEM Institute en 2016.

728. James Nyx Jr. et Marvin Gaye, « Inner City Blues », *What's Going On*, Sony/ATV Music Publishing, New York, 1971.

729. Robert Ferguson, NASA's First A : Aeronautics from 1958 to 2008 », National Aeronautics and Space Administration, Washington, 2012.

730. *Ibid.*

731. Alan Wasser, « LBJ's Space Race : What We Didn't Know Then, Part Two », The Space Settlement Institute, 27 juin 2005, http://www.thespacereview.com/article/401/1

732. Christine M. Darden, « Affordable Supersonic Transport : Is It Near ? », Japan Society for Aeronautical and Space Sciences lecture, Yokohama, Japon, 9-11 octobre 2002.

733. Hansen, *Spaceflight Revolution*, p. 102.

734. Lawrence R. Benson, *Quieting the Boom : The Shaped Sonic Boom Demonstrator and the Quest for Quiet Supersonic Flight*, National Aeronautics and Space Administration, Washington, 2013, p. 8.

735. *Ibid.*, p. 7.

736. « Exploring in Aeronautics: An Introduction to Aeronautical Sciences Developed at the NASA Lewis Research Center », NASA Lewis Research Center, 1971, p. 1.

737. Edgar M. Cortright, « Reorganization of Langley Research Center », 24 septembre 1970.

738. Hansen, *Spaceflight Revolution*, p. 102.

739. « Tenth Anniversary of John Glenn's Space Flight Observed », *Langley Researcher*, 3 mars 1972.

740. Dossier Personnel de Mme Jackson.

741. « Speaker's Bureau », *Langley Researcher*, 20 février 1976.

742. « Personnel Profiles », *Langley Researcher*, 2 avril 1976.

743. « Retirement Parties », *Langley Researcher*, 15 décembre 1978.

744. Mary Jackson, « Mary W. Jackson, Federal Women's Program Coordinator », LHA, octobre 1979.

745. Dunnigan, « Two Women Chart Way for Astronauts ».

746. Edgar Cortright à Grove Webster, « NASA Plans to Attract More Qualified Women to Government Positions », 11 juin 1971, NARA Phil.

747. H. Stack, entretien avec l'auteur, 22 avril 2014.

748. Entretien avec Champine.

749. Mary Winston Jackson, programme de l'éloge funèbre, 17 février 2005, en possession de l'auteur.

750. « Meet Your EEO Counselors: Mary Jackson », Langley Researcher , 23 juin 1972.

751. « Advisory Committee », *Langley Researcher*, 11 mai 1973.

752. Fries, « The History of Women in NASA ».

753. Gloria Champine, entretien avec l'auteur, 23 juillet 2014.

754. Gloria Champine, « XB-15 : First of the Big Bombers of World War II », Site NASA History, http://crgis.ndc.nasa.gov/historic/XB-15. L'équipage du père de Gloria travailla avec le chef pilote d'essai de la NACA, Melvin Gough, et un jeune Robert Gilruth pour produire ce rapport : « Stalling Characteristics of the Boeing XB-15 Airplane (Air Corps N° 35-277) », par M. N. Gough et R. R. Gilruth.

755. Entretien avec Champine.

756. Gloria Champine, entretien avec Sandra Johnson, JSC, 1er mai 2008.

757. « EEO Highlights », *Langley Researcher*, 20 juillet 1973.

758. Entretien avec Champine, 1er mai 2008.

759. Claudia Goldin, « The Female Labor Force and American Economic Growth, 1890-1980 », dans Stanley L. Engerman et Robert E. Gallman, éd., Long-Term Factors in American Economic Growth, University of Chicago Press, Chicago, 1986, pp. 557-604.

760. Wanda Jackson, entretien téléphonique, 15 février 2016.

761. Gloria Champine, « Mary Jackson », site de la NASA,

février 2005, http://crgis.ndc.nasa.gov/crgis/images/ 4/4a/ MaryJackson.pdf

762. Fries, *NASA Engineers in the Age of Apollo*, loc. 1741.

763. *Christine Darden*, The History Makers.

764. Entretien avec Darden.

765. *Ibid.*

766. John Becker, entretien avec l'auteur, 10 août 2014 ; Golemba, « Human Computers », p. 4.

767. « David Earl Fetterman Jr. », *Daily Press*, 5 mars 2003.

768. Christine M. Darden, « Minimization of Sonic-Boom Parameters in Real and Isothermal Atmospheres », Langley Research Center, 1975.

769. Warren, *Black Women Scientists in the United States*, p. 78.

770. Christine Darden, entretien avec l'auteur, 12 février 2012 ; Christine Darden, « Growing Up in the South During Brown v. Board », Old Dominion University Commencement Address, 15 décembre 2012, http://justiceunbound.org/carousel/growing-up-in-the-south-during-brown-v-board/

771. Warren, *Black Women Scientists in the United States*, p. 77.

772. Gloria Champine, entretien avec l'auteur, 23 juillet 2014.

773. Entretien avec Ann Vaughan Hammond, 4 avril 2014.

774. Cortright, « Reorganization of the Langley Research Center ».

775. *Ibid.*

776. *Ibid.*

777. Entretien avec Ann Vaughan Hammond, 3 avril 2014.

BIBLIOGRAPHIE

SOURCES

Sources d'archives

Archives du *Daily Press*, bibliothèque de Newport News, annexe de Main Street, Newport News, Virginie. Disponible seulement en microfiche.

Archives du *Farmville Herald*, Longwood College, Farmville, Virginia. Disponible seulement en microfiche.

Archives de l'université de Hampton, Hampton, Virginie.

Archives du Centre de recherches de Langley, Hampton, Virginie.

Service historique de l'Administration nationale de l'Aéronautique et de l'Espace (National Aeronautics and Space Administration History Office), Washington, DC (NASA HQ). http://history.nasa.gov/hqinventory.pdf

Archives et dossiers de l'administration nationale (National Archives and Records Administration - NARA), Antennes régionales :

Philadelphie, Pennsylvanie : Archives de l'Administration nationale de l'Aéronautique et de l'Espace (National Aeronautics and Space Administration), (RG 255) ; Archives de l'US Civil Service Commission (RG 146) ; Archives de la Commission de la main-d'œuvre en temps de guerre (War Manpower Commission), (RG 211).

College Park, Maryland : Archives de l'Administration nationale de l'Aéronautique et de l'Espace (National Aeronautics and Space Administration) ; Archives du Département fédéral de l'Education ; Archives de la Commission pour des pratiques non-discriminatoires en matière d'emploi.

Fort Worth, Texas : Archives de l'Administration nationale de l'Aéronautique et de l'Espace (National Aeronautics and Space Administration), (RG 255), Séries de documents de travail du Programme Mercury (Project Mercury Working Paper Series), numéros 104, 106, 191, 207, 212, et 217.

Saint-Louis, Missouri : Centre national des dossiers du personnel [National Personnel Records Center (NPRC)]. Documents du NPRC pour employés décédés du Service, disponibles sur demande écrite.

Tous les dossiers personnels cités dans le texte viennent de ces archives.

Archives de l'université d'Etat de Virginie occidentale, Virginie occidentale.

Sources Internet

Ancestry.com. Ancestry.com était la source pour les données du Bureau de recensement ; certificats de mariage, de naissance, et de décès et annuaires téléphoniques locaux.

Baltimore Afro-American. Archives consultées sur Google Books.

« Hampton Roads Embarkation Series, 1942-1946 », Collection photographique de l'US Army Signal Corps (Corps des transmissions), Bibliothèque de Virginie (HRE), http://www.lva.virginia.gov/exhibits/ treasures/arts/art-m12.htm

The History Makers. Ces archives vidéo consultables en ligne sont dédiées aux histoires orales d'éminents Afro-Américains contemporains. Les interviews consultées pour le livre comprennent celles de Christine Darden, Katherine Johnson, Woodrow Whitlow et James E. West ; http://www.thehistorymakers.com/ taxonomy/term/7298

Johnson Space Center Oral History Project (JSC) [Projet d'histoire orale du Centre spatial Johnson], http://www.jsc.nasa.gov/history/oral_histories/oral_histories.htm. Les histoires orales consultées dans cette collection comprennent celles de Harold Beck, John Becker, Jerry Bostick, Stefan Cavallo, Gloria Champine, Beverly Swanson Cothren, Annie Easley, John H. Glenn, Jane Hess, Claiborne Hicks, Shirley H. Hinson, Eleanor Jaehnig, Harriet Jenkins, Eldon Kordes, Christopher Kraft, Mary Ann Johnson, Dorothy B. Lee, Glynn Lunney, Charles Matthews, Catherine T. Osgood, Emil Schiesser, Alan Shepard, Milton Silveira et Ruth Hoover Smull.

Publications des NASA History Series (NH). Le catalogue de ces publications historiques de la NASA est tout bonnement spectaculaire. La plupart, y compris chacune des publications de la liste de livres ci-dessous, sont disponibles gratuitement en formats pdf et ebook sur http://history.nasa.gov/series95.html

NASA Langley Archives Collection (LAC), http://crgis.ndc.nasa.gov/historic/Langley_Archives_Collection. Les ressources suivantes ont été consultées : Langley Employee Newsletters [*LMAL Bulletin* (1942-1944) ; *Air Scoop* (1945-1962) ; *Langley Researcher* (1963-époque actuelle)] ; annuaires téléphoniques de Langley ; Oral Histories and Interviews (les histoires orales et interviews consultées comprennent celles d'Ira Abbott, John Becker, Sherwood Butler, T. Melvin Butler, Mary Jackson, W. Kemble Johnson, Arthur Kantrowitz et Pearl Young) ; P-51 Mustang Archives Collection ; et les pages relatives au Langley Historic Site et Building [Site et bâtiment historiques de Langley].

Chaîne NASA Langley sur YouTube. Les vidéos consultées sur cette chaîne incluent des interviews de Christine Darden, W. Hewitt Philipps, Richard Whitcomb, une interview groupée d'anciennes calculatrices (*When Computers Were Human* [Quand les ordinateurs étaient humains] et *Panel Discussion with Women Computers* [Table ronde avec des ordinateurs humains, animée par James R. Hansen]).

NASA Technical Reports Server (NTRS), http://ntrs.nasa.gov/. Cette base de donnés entièrement consultable en ligne contient la plupart des rapports de recherches produits par la NACA et la NASA depuis leur création jusqu'à ce jour.

National Visionary Leadership Project (NVLN). Ces archives vidéo contiennent des interviews d'éminents Afro-Américains âgés de plus de soixante-dix ans. Les interviews consultées comprennent celles d'Oliver Hill et Katherine Johnson.

New York Age. Archives consultées sur Newspapers.com.

Norfolk Journal and Guide. Archives consultées sur le site de la Bibliothèque de Virginie, http://www.lva.virginia.gov/

Pittsburgh Courier. Archives consultées sur Newspapers.com.

Entretiens avec l'auteur

John Becker, Lynchburg, Virginie, 20 août 2014.

George M. Brooks, Newport News, Virginie, 13 juillet 2014.

Thomas Byrdsong, Newport News, Virginie ; 4 octobre 2014.

Gloria R. Champine, Newport News, Virginie ; 24 janvier 2014 ; 2 avril 2014.

Robert W. Conte, White Sulphur Springs, Virginie occidentale 12 septembre 2013.

Christine M. Darden, Hampton, Virginie ; 3 mai 2012.

Joylette Hylick Goble, Mount Laurel, New Jersey, 10 octobre 2011.

Ann Vaughan Hammond, Hampton, Virginie ; 2 avril 2014 ; 30 juin 2014.

Miriam Mann Harris, Winston-Salem, Caroline du Nord.

Jane Hess, Newport News, Virginie.

Wythe Holt, Hampton, Virginie, 20 juillet 2014.

Wanda Jackson, Hampton, Virginie, 15 février 2016.

Eleanor Jaehnig, Hampton, Virginie, 7 mars 2014.

James A. Johnson, Newport News, Virginie ; 11 juin 2011.

Janice Johnson, Hampton, Virginie ; 3 avril 2014.

Katherine G. Johnson, Newport News, Virginie ; 27 décembre 2010 ; 6 mars 2011 ; 11 mars 2011 ; 17 septembre 2011 ; 27 septembre 2011 ; 27 septembre 2013.

Edwin Kilgore, Newport News, Virginie, 3 avril 2014.

Kathaleen Land, Hampton, Virginie ; 19 décembre 2010.

Janet Mackenzie, 9 octobre 2015, Newport News, Virginie.

Katherine Goble Moore, Greensboro, Caroline du Nord, 13 avril 2014 ; 7 juillet 2014 ; 7 février 2015.

Christine Richie, Newport News, Virginie, 20 juillet 2014.

Debbie Schwarz Simpson ; 12 septembre 2012.

Sharon Stack, Gloucester, Virginie, 22 avril 2014.

Elizabeth Kittrell Taylor, Yorktown, Virginie, 12 juillet, 2014.

Donna Speller Turner, 8 mars 2014.

Kenneth Vaughan, Hampton, Virginie, 2 avril 2014.

Leonard Vaughan, Hampton, Virginie ; 23 avril 2014.

Michelle Webb, Hampton, Virginie ; 19 février 2016.

Barbara Weigel, Newport News, Virginie, 2 avril 2014.
Jerry Woodfill, Houston, Texas, 29 avril 2016.

Transcriptions d'histoire orale

Documents non publiés

Beck, Harold. « Project Mercury Planning Activities from 1958 through 1962 », mai 2016. Document non publié en possession de l'auteur.

Beck, Harold. « Organization Timeline », mai 2016.

Champine, Gloria. *He's Got the Right Stuff*, 2014.

Fox, Dewey W. *A Brief Sketch of the Life of Miss Dorothy L. Johnson*. West Virginia African Methodist Episcopal Sunday School Convention [Convention des Ecoles du dimanche de l'église épiscopale méthodiste africaine de Virginie], 1926. Brochure en possession de l'auteur.

Jackson, Mary. Nécrologie.

Newsome Park Reunion, 12 septembre 2005.

Newsome Park Reunion : The Legacy of a Village, 6 septembre 2006.

« Notes on Space Technology », Langley Research Center, 1958, NTRS, http://ntrs.nasa.gov/archive/nasa/casi.ntrs.nasa.gov/19740074640.pdf

Vaughan, Dorothy. Biographie, non datée.

Sélection de livres et monographies

Anderson, Jervis, *A. Philip Randolph : A Biographical Portrait*, University of California Press, Berkeley, 1986.

Anderson, Karen, *Wartime Women : Sex Roles, Family Relations, and the Status of Women During World War II*, Greenwood Press, Westport, Connecticut, 1981.

Baals, Donald D. et William R. Corliss, *Wind Tunnels of NASA*, NASA History Office, Washington, 1981.

Becker, John V., *The High Speed Frontier : Case Histories of Four NACA Programs, 1920-1950*, National Aeronautics and Space Administration, Washington, 1980.

Bilstein, Roger, *Orders of Magnitude : A History of the NACA and NASA, 1915-1990.* National Aeronautics and Space Administration, Washington, 1989.

Blood, Kathryn, *Negro Women War Workers*, US Department of Labor, Washington, 1945.

Branch, Taylor, *Parting the Waters : America in the King Years 1954-63.* Simon & Schuster, New York, 2007.

Burgess, Colin, *Friendship 7 : The Epic Orbital Flight of John H. Glenn, Jr.*, Springer Praxis Books, New York, 2015.

Carpenter, M. Scott, Cooper, Gordon L. et al., *We Seven by the Astronauts Themselves*, Simon & Schuster, New York, 1962.

Chambers, Joseph R., *The Cave of the Winds : The Remarkable Story of the Langley Full-Scale Wind Tunnel*, National Aeronautics and Space Administration, Washington, 2014.

Clauser, F. H., *Preliminary Design of a World Circling Spaceship*, RAND Corp., Santa Monica, Californie, 1947.

Conte, Robert S., *The History of the Greenbrier : America's Resort*, Trans Allegheny Books, Parkersburg, Pennsylvanie, 1989.

Cooper, Henry S. F. Jr. Thirteen, *The Apollo Flight That Failed*, Johns Hopkins University Press, Baltimore, 1995.

Davis, Thulani, *1959*, Grove Press, New York, 1992.

Deighton, Len., *Goodbye Mickey Mouse*, Knopf, New York, 1982.

Dudziak, Mary L., *Cold War Civil Rights : Race and the Image of American Democracy*, Princeton University Press, Princeton, New Jersey, 2007.

Engs, Robert Francis, *Freedom's First Generation : Black Hampton, Virginia, 1861-1890*, University of Pennsylvania, Philadelphie, 1979.

Fairfax, Colita Nichols, *Hampton, Virginia*, Arcadia Publishing, Charleston, Caroline du Sud, 2005.

Fries, Sylvia Doughty, *NASA Engineers in the Age of Apollo*, National Aeronautics and Space Administration, Washington, 1992.

Gass, Saul I., « Project Mercury Real-Time Computation and Data Flow System », International Business Machines

Corporation, Washington, 1961. https://www.computer.org/csdl/proceedings/afips/1961/5059/00/50590033.pdf

Golemba, Beverly E., « Human Computers : The Women in Aeronautical Research ». Mémoire de doctorat, St. Leo College, 1994, accessible aux NASA Cultural Resources, http://crgis.ndc.nasa.gov/crgis/images/c/c7/ Golemba.pdf

Grier, David Alan, *When Computers Were Human*, Princeton University Press, Princeton, New Jersey, 2005.

Grimwood, J. M., C. C. Alexander et L. S. Swenson Jr., *This New Ocean : A History of Project Mercury*. National Aeronautics and Space Administration, Washington, 1966.

Hansen, James R., *Engineer in Charge : A History of the Langley Aeronautical Laboratory, 1917-1958*, National Aeronautics and Space Administration, Washington, 1987.

Hansen, James R., *Spaceflight Revolution : NASA Langley Research Center from Sputnik to Apollo*, National Aeronautics and Space Administration, Washington, 1995.

Harris, Ruth Bates, *Harlem Princess : The Story of Harry Delanay's Daughter*, Vantage Press, New York, 1991.

Herman, Arthur, *Freedom's Forge : How American Business Produced Victory in World War II*, Random House Publishing Group, New York, 2012.

Holt, Natalia. *Rise of the Rocket Girls : The Women Who Propelled Us, from Missiles to the Moon to Mars*, Little, Brown, New York, 2016.

Hoover, Dorothy, *A Layman Looks With Love At Her Church*, Dorrance, Philadelphie, 1970.

Kalme, Albert P., « Racial Desegregation and Integration in American Education : The Case History of West Virginia State College, 1891-1973 », mémoire de doctorat, université d'Ottawa, 1976.

Kessler, James H. et al., *Distinguished African American Scientists of the 20th Century*, Greenwood Publishing, Westport, Connecticut, 1996.

Kraft, Christopher C., *Flight : My Life in Mission Control*, Dutton, New York, 2001.

Kranz, Gene, *Failure Is Not an Option*, Simon & Schuster, New York, 2001.

Krislov, Samuel, *The Negro in Federal Employment : The Quest for Equal Opportunity*, Quid Pro Quo Books, New Orleans, 2012.

Lewis, Earl, *In Their Own Interests : Race, Class and Power in Twentieth-Century Norfolk, Virginia*, University of California Press, Berkeley, 1991.

Margo, Robert, *Race and Schooling in the South, 1880-1950 : An Economic History*, University of Chicago Press, Chicago, 1950.

Marsh, Charles F., éd. *The Hampton Roads Communities in World War II*, University of North Carolina Press, Chapel Hill, 1951/2011.

McDougall, Walter A. *The Heavens and the Earth : A Political History of the Space Age*, Johns Hopkins University Press, Baltimore, 1997.

McNeil, Genna Rae. *Groundwork : Charles Hamilton Houston and the Struggle for Civil Rights*, University of Pennsylvania Press, Philadelphie, 1983.

Michener, James A. *Space : A Novel*, Random House, New York, 1982.

Moulton, Forest Ray, *Celestial Mechanics*, The Macmillan Company, New York, 1914.

Muse, Benjamin, *Virginia's Massive Resistance*, Indiana University Press, Bloomington, 1956.

Myrdal, Gunnar, *An American Dilemma : The Negro Problem and Modern Democracy*, Harper, New York, 1944.

Pearcy, Arthur, *Flying the Frontiers : NACA and NASA Experimental Aircraft*, Naval Institute Press, Annapolis, Maryland, 1993.

Phillipps, William Hewitt, *Journey in Aeronautical Research : A Career at NASA Langley Research Center*, National Aeronautics and Space Administration, Washington, 1998.

Phillipps, William Hewitt, *Journey into Space Research : Continuation of a Career at NASA Langley Research Center*, National Aeronautics and Space Administration, Washington, 2005.

Powers, Sheryll Goecke, *Women in Flight Research at NASA Dryden Flight Research Center from 1946 through*

1995, National Aeronautics and Space Administration, Washington, 1997.

Reginald, William, *The Road to Victory: A History of Hampton Roads Port of Embarkation in World War II*, Ville de Newport News, Newport News, Virginie, 1946.

Rice, Connie Park. *Our Monongalia : A History of African Americans in Monongalia County, West Virginia*, Headline Books, Terra Alta, Virgnie occidentale, 1999.

Roland, Alex. *Model Research : The National Advisory Committee for Aeronautics, 1915-1958*, National Aeronautics and Space Administration, Washington, 1985.

Rossiter, Margaret W. *Women Scientists in America : Before Affirmative Action 1940-1972*, Johns Hopkins University Press, Baltimore, 1995.

Rouse, Jr. Parke S. *The Good Old Days in Hampton and Newport News*, Dietz Press, Petersburg, Virginie, 2001.

Smith, Bob. *They Closed Their Schools : Prince Edward County, Virginia, 1951-1964*, University of North Carolina Press, Chapel Hill, 1965.

Sparrow, James T. *Warfare State : World War II Americans and the Age of Big Government*, Oxford University Press, New York, 2011.

Stillwell, Wendell H. *X-15 Research Results*, National Aeronautics and Space Administration, Washington, 1964.

Warren, Wini, *Black Women Scientists in the United States*, Indiana University Press, Bloomington, 2000.

Wolfe, Tom. *The Right Stuff*, Macmillan, New York, 2004. *L'étoffe des héros*, Folio cinéma, 2009.

Woodbury, Margaret Claytor et Ruth C. Marsh. *Virginia Kaleidoscope : The Claytor Family of Roanoke, and Some of Its Kinships, from First Families of Virginia and Their Former Slaves*, Ruth C. Marsh, Ann Arbor, Michigan, 1994.

Wright, Gavin. *Sharing the Prize : The Economics of the Civil Rights Revolution in the American South*, Harvard University Press, Cambridge, Massachusetts, 2013.

ARTICLES

Bailey, Martha J. et William J. Collins. « The Wage Gains of African-American Women in the 1940s », National Bureau of Economic Research, 2004, http://www.nber.org/papers/w10621.pdf

Branson, Herman, « The Role of the Negro College in the Preparation of Technical Personnel for the War Effort », *The Journal of Negro Education*, juillet 1942, pp. 297-303.

Burgess, P. R. « Uncle Sam's Eagles Saved Hampton », *Richmond Times Dispatch*, 13 janvier 1935.

Collins, William J. Race. « Roosevelt and Wartime Production : Fair Employment in World War II Labor Markets », American Economic Review 91, n° 1, mars 2001, pp. 272-286.

Dabney, Virginius. « To Lessen Race Friction », *Richmond Times-Dispatch*, 13 novembre 1943.

Darden, Christine M. « Affordable Supersonic Transport: Is it Near? » Japan Society for Aeronautical and Space Sciences lecture, Yokohama, Japan, 9-11 octobre 2002.

Davis, John A. et Cornelius Golightly. « Negro Employment in the Federal Government », *Phylon*, 6, n° 4, 1945, pp. 337-346.

Dunnigan, Alice A., « Two Women Help Chart the Way for the Astronauts », *Norfolk Journal and Guide*, 6 juillet 1963.

« Four Women "Engineers" Begin Jobs », *Norfolk Journal and Guide*, 22 mai 1943.

Frazier, Lisa, « Searching for Dorothy », *Washington Post*, 7 mai 2000.

« Funeral Services Held for James F. Goble », *Norfolk Journal and Guide*, 29 décembre 1956.

Gainer, Mary E. et Robert C. Moyer, « Chasing Theory to the Edge of Space : The Development of the X-15 at NACA Langley Aeronautical Laboratory », *Quest Spaceflight Quarterly*, n° 2, 2012.

Goldstein, Richard, « Irene Morgan Kirklady, 90, Rights Pioneer, Dies », *New York Times*, 1er août 2007.

Gup, Ted, « The Ultimate Congressional Hideaway », *Washington Post*, 31 mai 1992.

Hall, Jacqueline Dowd, « The Long Civil Rights Movement and the Political Uses of the Past », *The Journal of American History*, mars 2005, pp. 1233-1263.

Hall, Phyllis A., « Crisis at Hampton Roads : The Problems of Wartime Congestion, 1942-1944 », *The Virginia Magazine of History and Bibliography*, juillet 1993, pp. 405-432.

Heinemann, Ronald L. « The Byrd Legacy: Integrity, Honesty, Lack of Imagination, Massive Resistance », *Richmond Times-Dispatch*, 25 août 2013.

Hine, Darlene Clark, « Black Professionals and Race Consciousness : Origins of the Civil Rights Movement, 1980-1950 », *Journal of American History*, mars 2003, pp. 1279-1294.

« Lady Mathematician Played Key Role in Glenn Space Flight », *Pittsburgh Courier*, 10 mars 1962.

Lawrence, Dave, « Langley Engineer Is Remembered for Part in History », *Daily Press*, 21 août 1999.

Lewis, Shawn D., « She Lives with Wind Tunnels », *Ebony Magazine*, août 1977, p. 116.

Light, Jennifer S., « When Computers Were Women », *Technology and Culture*, juillet 1999, pp. 455-483.

McCuiston, Fred, « The South's Negro Teaching Force », *The Journal of Negro Education*, avril 1932, pp. 16-24.

« Newsome Park to Open Soon ; Shopping Center Is Feature », *Norfolk Journal and Guide*, 27 mars 1943.

Reklaitis, Victor, « Hampton Archive : J. S. Darling : Leader of Seafood Industry in Hampton », *Daily Press*, 27 août 2006.

Rorty, James R., « Virginia's Creeping Desegregation : Force of the Inevitable », *Commentary Magazine*, juillet 1956.

Rouse, Parker, « Hampton Archive : Early Days at Langley Were Colorful », *Daily Press*, 25 mars 1990.

Shloss, Leon, « Russia Said to Have Fastest Fighter Plane », *Norfolk Journal and Guide*, 18 février 1950.

St. John Erickson, Mark, « No Easy Journey », *Daily Press*, 1er mai 2004.

Stradling, Richard, « Retired Engineer Remembers Segregated Langley », *Daily Press*, 8 février 1998.

Thompson, James G, « Should I Sacrifice to Live "Half-American" ? » *Pittsburgh Courier*, 31 janvier 1942.

Uher, Bill, « Tuskegee Airman Reunites with "Best Plane in the World" », NASA.gov, 10 juin 2004.

« USO Secretary Weds Navy Man », *Norfolk Journal and Guide*, 25 novembre 1944.

Vaughn, Tyra M., « After Civil War, Black Businesses Flourished in Hampton Roads », *Daily Press*, 14 février 2010.

Walker, W. R., « Mimosa Crescent, Post-War Housing Project, Started », *Norfolk Journal and Guide*, 15 juillet 1944.

Watson, Denise M., « Lunch Counter Sit-ins : 50 Years Later », *Virginian-Pilot*, 15 février 2010.

Weaver, Robert C., « The Employment of the Negro in War Industries », *The Journal of Negro Education*, Eté 1943, pp. 386-396.

« What's a War Boom Like? » *Business Week*, 6 juin 1942, pp. 22-32.

Composé et édité par HarperCollins France.

Achevé d'imprimer en janvier 2018.

CPI
BLACK PRINT

Barcelone

Dépôt légal : février 2018.

Pour limiter l'empreinte environnementale de ses livres, HarperCollins France s'engage à n'utiliser que du papier fabriqué à partir de bois provenant de forêts gérées durablement et de manière responsable.

Imprimé en Espagne.